GENIALE TIPPS UND TRICKS
für Ihr Zuhause

GENIALE TIPPS UND TRICKS
für Ihr Zuhause

So sparen Sie
* **Zeit**
* **Geld**
* **Aufwand**

Inhalt

KAPITEL 1

Sauberkeit ist Trumpf 8

Im Fokus:
Allzweckwaffe Zitrone   15

KAPITEL 2

Ordnung ist das halbe Leben 46

Im Fokus:
Der Computer als Ordnungs-Assistent   67

KAPITEL 3

Das behagliche Zuhause 78

Im Fokus:
Vielseitige Tontöpfe   111

KAPITEL 4

Kleidung und Accessoires pflegen 126

Im Fokus:
Alte Strumpfhosen, neu eingesetzt   133

KAPITEL 5

Gute Ideen rund um die Küche 148

Im Fokus:
Für vieles zu gebrauchen: Der Kaffeefilter   181

KAPITEL 6

Gesundheit und Sicherheit für die ganze Familie 190

Im Fokus:
Gesundheitshelfer Essig   207

KAPITEL 7

Mit der Haustechnik auf vertrautem Fuß 228

Im Fokus:
Das Smartphone, Mädchen für alles im „Smart Home"   265

KAPITEL 8

Das können wir selbst! Reparatur und Wartung 272

Im Fokus:
Multitalent Korkenzieher   285

ANMERKUNG FÜR DEN LESER

Das vorliegende Buch ist sorgfältig erarbeitet worden. Dennoch erfolgen alle Angaben ohne Gewähr. Weder Autoren noch Verlag übernehmen eine Haftung für eventuelle Nachteile oder Schäden, die aus den im Buch enthaltenen praktischen Hinweisen resultieren. Bevor Sie Tipps oder Anregungen übernehmen, die sich auf Angaben in diesem Buch stützen, sollten Sie die betreffenden Anweisungen eingehend studieren und sicher stellen, dass Sie auch alles richtig verstanden haben. Beachten Sie alle Warnungen und Ermahnungen zur Vorsicht. Testen Sie jede ungewöhnliche Reinigungsmethode, bevor Sie das Verfahren großflächig an auffallenden Stellen oder einem wertvollen Gegenstand anwenden.

Vorwort

Liebe Leserin, lieber Leser,

suchen Sie nach einem umfassenden Ratgeber voller Ideen, wie Sie Ihren Haushalt noch effizienter führen können, und zwar mit Freude und Schwung? Dann haben Sie ihn gefunden. „Geniale Tipps und Tricks für Ihr Zuhause" bietet Ihnen fachkundige Anleitungen zur Pflege Ihres Heims und Ihrer Garderobe, zur Ausstattung der Wohnung unter ästhetischen und Sicherheitsaspekten, zum souveränen Umgang mit der Haustechnik und zur fachgerechten Ausführung kleiner Reparaturen. Sie erfahren nicht nur, wie Sie dies alles bewerkstelligen können, sondern auch, mit welch pfiffigen Methoden Ihnen die Arbeit noch schneller, sparsamer und einfacher von der Hand gehen kann. Dabei kommt sowohl der Wissensschatz unserer Großmütter zu Wort als auch die Expertise der Fachleute von heute.

Wenn Sie diejenigen Ratschläge befolgen, die Ihnen besonders sinnvoll und nützlich erscheinen, werden Sie feststellen, dass Hausarbeit kein lästiges Übel ist, sondern wirklich Spaß machen kann. Auch wer auf eine jahrelange Erfahrung als Hausfrau oder Hausmann zurückblickt, wird manches Mal denken: „Natürlich! Darauf bin ich überhaupt noch nicht gekommen!" Lassen Sie sich also überraschen.

Viel Freude beim Lesen (und bei der Pflege Ihres Heims) wünscht Ihnen

Die Redaktion

Sauberkeit ist Trumpf

Wussten Sie, dass wir mit Putzen mehr Zeit verbringen als mit jeder anderen Tätigkeit im Haushalt? Erfahren Sie, wie sich dieser Aufwand durch methodisches Vorgehen verringern lässt. Dann macht die meist unbeliebte Arbeit sogar Spaß – und es winkt ein schöner Lohn: ein sauberes Heim, in dem man gerne lebt.

Putzen – aber gleich richtig

Im Putzen ist eigentlich jeder von uns Autodidakt. Aber auch für diesen Lebensbereich gibt es Fachleute, die professionelle Techniken entwickelt haben, mit denen Sie sich die Putzarbeit deutlich erleichtern können.

» *Sie brauchen das richtige Werkzeug und die richtigen Putzmittel – nicht mehr* «

HILFSMITTEL – welche Sie benötigen

Der Schmutz hört nie auf: Säubern ist nun mal ständig nötig. Mit dem richtigen Handwerkszeug kann man sich die Arbeit aber deutlich erleichtern. Dazu brauchen Sie gar nicht viel – aber das richtige Werkzeug und die richtigen Putzmittel in guter Qualität.

✶ Ein Stapel weicher Putzlappen, am besten aus Baumwolle, die auch zum Staubwischen dienen. Zum Säubern werden sie in der Waschmaschine gewaschen.

✶ Ein Stapel alter, ausrangierter Handtücher. Die können Sie unterlegen, wenn Putzarbeiten auszuführen sind, bei denen Schmutzwasser herabtropfen kann, z. B. beim Reinigen von Türen. Handtücher eignen sich dafür besser als Zeitungspapier.

✶ Ein Eimer für das Putzwasser. Für die meisten Aufgaben eignet sich warmes Wasser mit einigen Spritzern Universalreiniger oder Spülmittel am besten.

✶ Fensterwischer mit Abzieher, die auch für Spiegel und andere Glasflächen nützlich sind.

✶ Haben Sie haarende Haustiere, die auf die Polster dürfen, brauchen Sie unbedingt eine Fusselrolle (am bestens mit Klebstreifen) zum Entfernen der Tierhaare sowie eine dafür besonders geeignete Staubsaugerbürste.

✶ Wischmopp zum trockenen oder feuchten Säubern von Fußböden. Wählen Sie ein modernes System mit zugehörigem Behälter für das Wasser, in dem Sie den Mopp auch reinigen und auswringen können. Wichtig ist außerdem, dass sich der Mopp-Aufsatz leicht wechseln und in der Waschmaschine reinigen lässt sowie idealerweise nachkaufbar ist. Der Stiel sollte handlich und auf Ihre Körpergröße einstellbar sein.

✶ Alternativ ein Schrubber mit Schwammaufsatz, wenn Sie damit lieber arbeiten. Auch hier sollte der Stiel in der Länge verstellbar und das Schwammteil nachkaufbar sein.

Putzen – aber gleich richtig

✸ Besen und Handfeger zum Säubern größerer oder kleinerer Flächen. Der Besen sollte nicht zu schwer sein. Achten Sie auf die Schaufelkante: Kann man den Schmutz gut hinauffegen?

✸ Staubsauger gibt es mit und ohne Beutel. Beutellose sind in der Regel teurer und lauter, im Gebrauch auf Dauer aber billiger. Die Saugleistung von Beutel-Staubsaugern nimmt mit zunehmender Füllung deutlich ab, zudem geht der Beutelkauf ins Geld. Zusätzlich zum Bodenstaubsauger sollte ein leistungsstarker (möglichst auch beutelloser) Akku-Handstaubsauger vorhanden sein. Wählen Sie Modelle, die leicht zu entleeren sind und Zusatzfilter für die ausströmende Luft besitzen.

EINFACHER! Verzierungen, z. B. Schnitzereien, lassen sich am besten mit einem Schaschlikspieß oder einem Holz-Zahnstocher reinigen. Auch in feine Ritzen kommt man damit gut.

BILLIGER! Mit einer alten, ausrangierten Zahnbürste erreichen Sie den Schmutz in schlecht zugänglichen Ecken und Zwischenräumen genauso gut wie mit einer speziellen Reinigungsbürste.

PUTZMITTEL: Wenige genügen

Reinigungsmittel gibt es im Handel in reicher Auswahl und für fast alle Sonderfälle. Im Normalfall brauchen Sie aber nur ganz wenige.

✸ Ein guter Universalreiniger für die weitaus meisten Aufgaben. Für die alltägliche Reinigung geben Sie etwas davon ins warme Putzwasser. Gegen starke Verschmutzungen setzen Sie ihn in höherer Konzentration ein, meist zusammen mit heißem Wasser, und geben ihm Zeit zum Wirken. Anschließend gut nachspülen. Besorgen Sie sich eine Sprühflasche (wie fürs Blumenanfeuchten), und füllen Sie etwas Putzwasser hinein – dann können Sie es bequem auf zu reinigende Oberflächen sprühen und mit einem Putztuch in der anderen Hand nachwischen.

✸ Zitronensäure als Kalkentferner. Sie kaufen sie im Supermarkt billig in Form eines weißen Pulvers. Bei Gebrauch lösen Sie einige Teelöffel voll davon in heißem Wasser, geben eventuell noch etwas Universalreiniger dazu und legen das zu reinigende Teil hinein. Anschließend gut nachspülen. Atmen Sie Zitronensäure-Staub nicht ein, und bringen Sie ihn nicht in die Augen.

✸ Brennspiritus als Lösemittel. Damit können Sie manchen Schmutz lösen, etwa Klebereste. Zudem eignet sich eine Mischung von einem Drittel Spiritus mit zwei Dritteln warmem Wasser plus etwas Universalreiniger gut zum Fensterputzen. Brennspiritus ist brennbar!

✸ Soda (Waschsoda = Natriumkarbonat) gegen fetthaltigen Schmutz. Lösen Sie etwa eine Tasse voll in einem Liter heißem Wasser, und geben Sie etwas Universalreiniger dazu. Mit dieser Lauge können Sie nicht nur schmutziges Geschirr reinigen (etwa fettige Pfannen einweichen), sondern auch Schimmel beseitigen und Abflüsse reinigen. Tragen Sie beim Umgang damit am besten Gummihandschuhe, und bringen Sie keine Lauge ins Auge.

✸ Für besondere Fälle können Sie diese Sammlung noch ergänzen durch ein Scheuermittel für hartnäckigen Schmutz, einen speziellen Bad- und Fliesenreiniger und eine Möbelpolitur.

» Besorgen Sie sich eine Sprühflasche wie fürs Blumenanfeuchten «

> » Führen Sie für Ihre Putztücher ein Vierfarbsystem ein, für jeden Putzbereich eine eigene Farbe «

GUT GEPLANT ist halb gewonnen

Beherzigen Sie eine Grundregel: Vorbeugen ist besser als putzen. Lassen Sie zum Beispiel Fenster nicht zu lange offen, damit wenig Staub hereinfliegt. Sorgen Sie für Fußabtreter und Matten außen und innen an der Haustür, die einen Großteil des Straßenschmutzes auffangen. Gummistiefel bleiben draußen.

✸ Stellen Sie einen Putzplan fürs ganze Haus auf, in dem die täglichen, wöchentlichen und monatlichen Arbeiten verzeichnet sind. Gehen Sie dann freudig ans Putzen heran, hören Sie dabei eventuell Musik. Dann geht es schneller, und Sie arbeiten auch gründlicher.

✸ Räumen Sie zunächst auf, und entfernen Sie – zumindest vorübergehend – alles, was auf den zu reinigenden Flächen stört. Halten Sie einen Behälter bereit, in dem Sie umherliegende Gegenstände zunächst sammeln, um sie anschließend zu verstauen.

✸ Es macht keinen Spaß und kostet Zeit, wenn man immer wieder nach Putzsachen suchen oder sie aus anderen Räumen holen muss. Sammeln Sie daher in einem „Putzkorb" alles, was Sie ständig brauchen: Putzlappen, Handfeger und Schaufel, Fensterwischer, Zahnbürste, Gummihandschuhe, Putzmittel sowie einen Plastikbeutel für unterwegs aufgesammelten Müll. Und auch Besen, Mopp und Staubsauger sollten beim Putzen von Raum zu Raum immer mitgeführt werden. In einer mehrstöckigen Wohnung wäre ein Satz Putzgegenstände pro Stockwerk sinnvoll.

✸ Niemand mag es, wenn mit dem Badputztuch anschließend der Wohnzimmertisch abgewischt wird. Führen Sie daher ein Vierfarbsystem ein. Rote Tücher nutzen Sie für Toilette,

Kaufen Sie Sprühflaschen zum bequemen Auftragen und Dosieren des Putzmittels.
BESSER! Verwenden Sie Putzmittel sparsam – viel hilft nicht immer viel –, und schützen Sie beim Putzen Kleidung, Hände und Gesicht. Zahlreiche Putzmittel sind scharf.

BITTE NICHT!

Mischen Sie nie unterschiedliche Putzmittel, um die Wirkung zu steigern. Sie haben bereits die optimale Zusammensetzung für den vorgesehenen Zweck. Vor allem aber kann das Vermischen potenziell gefährliche chemische Reaktionen auslösen, etwa Chlorentwicklung.

EXPERTEN RAT

Universalputzmittel der Profis

Einige Profis verwenden gern ein einfach herzustellendes Universalputzmittel aus diesen Zutaten:
- *1 Liter handwarmes Wasser*
- *1 Teelöffel Feinwaschmittel*
- *1 Teelöffel Weinessig.*

Alles gut verrühren, sodass sich Schaum bildet. Mit einem Lappen anwenden.

Urinal und Bidet und deren Umgebung (Fliesen, Fußboden). Gelbe Tücher dienen zur Reinigung von Waschbecken, Badewanne und Spiegeln im Bad. Grüne Tücher bleiben allein der Küche vorbehalten, also für Arbeitsplatte, Geschirrspüler und Kühlschrank. Und Blau dient für Wohnzimmer, Stühle, Heizkörper, Regale usw.

SCHNELLER! Nutzen Sie, wo immer möglich, beide Hände, dann geht es rascher. Zum Beispiel mit links Putzmittel aufsprühen, mit rechts wischen.

STAUB WEG: Die besten Methoden

Die Entfernung von Staub zählt zu den unangenehmsten Arbeiten – zumal er meist rasch wieder da ist. Man kann sich aber die Arbeit erleichtern und dem Staub durchaus ein Schnippchen schlagen.

» Zum Staubwischen auf Holzmöbeln eignet sich gut eine mit Möbelpolitur leicht besprühte alte Socke «

✳ Nutzen Sie saubere weiße Staubtücher aus Baumwolle. Sie werden entweder mit Seifenwasser oder, bei feuchtigkeitsempfindlichen Holzmöbeln, mit Möbelpolitur leicht (!) angefeuchtet (zum Beispiel mit einer Sprühflasche). Wechseln Sie sie oft gegen frische aus; die verschmutzten Tücher werden normal ausgewaschen. Es gibt im Handel auch Staub anziehende Einmal-Staubtücher. Sie sind zwar relativ teuer, aber für wasserempfindliche Elektronik-Geräte gut geeignet. Vorsicht bei Mikrofasertüchern: Sie können empfindliche polierte Oberflächen zerkratzen.

✳ Gut geeignet ist auch eine alte, mit Wasser oder Möbelspray benetzte Socke, die man als Handschuh zum Staubwischen nutzt.

✳ Für kratzempfindliche Flächen eignen sich Staubfänger aus Lammwolle, die den Staub und

GOLDENE REGELN!

Putzen mit System

1. Ziehen Sie sich passend an: Eine Schürze hilft Ihnen, die Kleidung sauber zu halten. Wählen Sie ein Modell mit vielen Taschen für Putztücher und andere Kleinteile. Gummihandschuhe passender Größe schützen Ihre empfindliche Haut vor scharfen Putzmitteln und Schmutz. Pudern Sie vor Gebrauch die Innenseiten mit etwas Talkum, dann sind sie leichter an- und auszuziehen. Eine Schutzbrille sichert die Augen vor Putzmittel-Spritzern, und Knieschoner machen Arbeiten in Fußbodennähe angenehmer.

2. Putzen Sie gerade entstandene Verschmutzungen möglichst rasch weg – wenn sie erst eingetrocknet sind, wird es schwieriger und dauert länger. Beginnen Sie jeweils mit der sanftesten Reinigungsmethode, und wechseln Sie erst dann zu schärferen Mitteln, wenn sie nicht hilft.

3. Putzen Sie von oben nach unten und zuerst trocken (Staub wischen, fegen), dann nass.

4. Lesen Sie die Etiketten auf den Putzmittel-Behältern. Sie geben Tipps zur richtigen Anwendung und Menge und warnen vor Problemen. Testen Sie bei Zweifeln das Putzmittel an einer unauffälligen Stelle.

SAUBERKEIT IST TRUMPF

» Mit dem weichen Bürstaufsatz des Staubsaugers kann man eine gesamte Buchreihe auf einmal absaugen «

etwaige Spinnweben auch binden. Ein Staubfänger mit Teleskopstiel erspart oft das unfallträchtige Klettern auf Leitern oder gar Stühle.
✸ Bewegen Sie sich langsam durch den Raum, um nicht unnötig Staub aufzuwirbeln, und arbeiten Sie von oben nach unten, also erst Lampen, Bilderrahmen und Möbeloberseiten, dann Flächen in Augenhöhe und tiefer, schließlich Fensterbretter und Scheuerleisten.
✸ Ganz zum Schluss tritt der Staubsauger in Aktion – zunächst an etwaigen Polstermöbeln, dann im Zimmer entlang der Scheuerleisten und Möbel und schließlich auf dem Boden von hinten nach vorn. Gehen Sie systematisch vor, und saugen Sie eine Fläche zuerst in Längs- und dann nochmals in Querrichtung dazu. Vergessen Sie nicht, zuletzt mit der Fugendüse die Ritzen und Ecken auszusaugen – gerade hier sammeln sich gern Schmutz und Kleintiere.

`SCHNELLER!` Ein dank Ladehalterung stets griffbereiter, leistungsstarker Handstaubsauger ist außerordentlich nützlich. Allerdings sollte man bei der Anschaffung auf genügend Saugleistung achten und nicht das billigste Modell nehmen. Am besten sind Geräte, die keinen Beutel brauchen.

`BESSER!` Bücher sollte man niemals mit dem Staubtuch abstauben; man drückt den Staub nur zwischen die Seiten. Besser ist es, den Staub (aus dem Fenster) abzublasen. Anschließend öffnet man das Buch einmal und klappt es kräftig wieder zu; so entfernt man auch Staub, der noch im Buch selbst sitzt. Wem das zu umständlich ist, der saugt eine gesamte Buchreihe mit dem weichen Bürstaufsatz des Staubsaugers ab.

EXPERTENRAT

Top-Staubbläser Föhn

Mit dem Föhn kann man nicht nur Haare trocknen – dieses praktisch in jedem Haushalt vorhandene Gerät lässt sich auch zu anderen Zwecken nutzen. So kann man mit dem kühlen Luftstrom etwa Bücher, Nippes mit vielen kleinen Oberflächen oder andere Kleinteile abstauben – natürlich nicht im Raum selbst, sondern am offenen Fenster oder auf dem Balkon, damit der Staub nicht in der Wohnung verbleibt.

ALLZWECKWAFFE ZITRONE

Die gelben Südfrüchte sind dank ihres Vitamin-C-Gehalts nicht nur gesund, sie sind auch praktisch. Denn sie lassen sich dank ihres Säuregehalts sogar zum Putzen einsetzen. Nicht ohne Grund werben daher zahlreiche käufliche Putzmittel mit abgebildeten Zitronen.

NATÜRLICHER KALKLÖSER

Schmutzränder in der Badewanne, auf Spiegeln und in Porzellanbecken lassen sich mit einer halbierten Zitrone wegreiben – sie löst den darin enthaltenen Kalk. Für größere Mengen Kalk, etwa in Wasserkochern oder Kaffeemaschinen, ist Zitronensäure in Pulverform besser (Staub nicht einatmen oder an die Augen bringen!). In warmem Wasser lösen, eine halbe bis eine Stunde einwirken lassen, gründlich nachspülen.

FRISCHE FÜR DIE TOILETTE

Auch gegen Urinstein- und Kalkablagerungen in der Toilette ist Zitronensäure gut geeignet, zumal wenn Sie sie in heißes Wasser geben und die Lösung dann in die Schüssel schütten. Nach längerem Einwirken gründlich spülen!

HELFER GEGEN FARBFLECKEN

Das Vitamin C in der Zitrone ist darüber hinaus bekannt für seine Wirkung gegen manche Arten von Farbflecken. So hilft es etwa gegen verfärbte Finger nach dem Schälen von Gemüse oder Obst, die Hände mit Zitronensaft abzureiben.

DUFTSPENDER

Wenn man Luftbefeuchtern etwas Zitronensaft zusetzt, lässt sich die Raumluft verbessern, und eine halbe Zitrone im Kühlschrank bindet auch dort Gerüche.

WO VORSICHT GEBOTEN IST

Allerdings dürfen Sie auf keinen Fall säureempfindliche Materialien mit Zitrone behandeln. Dazu zählen Marmor und Kalksandsteinfliesen, aber auch manche Fliesenfugenzemente.

SAUBERKEIT IST TRUMPF

Böden und Teppiche reinigen

Die richtige Pflege des Bodens ist wichtig, damit er lange schön bleibt. Die unterschiedlichen Materialien, etwa Holz, Kunststoffe, Fliesen oder Teppich, verlangen jeweils die korrekte Behandlung. Falsche Putzmittel nehmen manche Bodenbeläge übel.

HOLZFUSSBÖDEN müssen gut gepflegt werden

Holzdielen zählen zu den ältesten und heute am meisten geschätzten Bodenbelägen überhaupt. Meist genügt es, sie regelmäßig zu fegen. Nutzen Sie dafür einen Zimmerbesen guter Qualität. Die Borsten sollten nicht zu hart sein. Zum Staubsaugen wählen Sie eine Düse mit Bürste, die keine Kratzer hinterlässt. Fegen und Saugen ist auch insofern wichtig, da Sandteilchen von Schuhen winzige Kratzer hinterlassen, die durchaus sichtbar sind. Beseitigt Fegen oder Saugen nicht allen Schmutz, muss der Boden anschließend feucht gewischt werden. Dabei darf der Mopp nur gerade eben feucht sein („nebelfeucht"), denn Holz verträgt nicht viel Wasser, sonst bekommt es Flecken oder quillt gar auf.

✹ Es gibt heute so viele unterschiedliche Arten von Parkett, dass Sie sich vom Händler oder Parkettleger beraten lassen sollten, welche Pflege die angemessene für Ihr Parkett ist.

✹ Für unversiegeltes Parkett kann man Bohnerwachs nehmen, wie in alten Zeiten. Wer die natürliche Anmutung unversiegelter Dielen schätzt, sollte die aufwendige Pflege des Bohnerns auf sich nehmen. Das Bohnerwachs

> » Es gibt viele unterschiedliche Arten von Parkett; erkundigen Sie sich, welche Pflege für das Ihre die richtige ist «

bildet eine Schutzschicht, die allerdings häufig (etwa einmal im Monat) erneuert werden muss. Und hinterher wird poliert! Man macht das mit einem weichen Baumwoll-Mopp. Wem das zu aufwendig ist, der greift zu einem modernen Parkettpflegemittel und wendet es nach Anweisung auf der Flasche oder Packung an. Zu teuer? Dann geben Sie einen Schuss Leinöl ins Wischwasser und wischen nebelfeucht, sonst gibt es Wasserflecken.

> » Die Behandlung mit Wachs und Öl vermindert die elektrostatische Aufladung des Bodenbelags «

✳ Die Behandlung mit Wachs und Öl vermindert die elektrostatische Aufladung des Bodenbelags – man bekommt keinen „Schlag" beim Berühren von Metall.
✳ Bei versiegeltem Parkett, das durch eine Lackschicht geschützt ist, denken Sie daran, dass die Versiegelung des Holzes zwar das feuchte Wischen risikoarm macht, aber keinen zuverlässigen Schutz gegen Nässe bietet: Wenn Wasser in die Fugen dringt, kann das Holz trotzdem aufquellen.
✳ Ein besonderes Problem sind Bleistift- und Wachsstiftstriche, wenn Kinder ihre künstlerischen Versuche ausgerechnet auf dem Fußboden verwirklicht haben, ehe man sie daran hindern konnte. Bleistiftstriche entfernt man mit einem weichen, nicht abfärbenden Künstler-Radiergummi bzw. Knet-Radiergummi. Auf Wachsstiftstriche legt man einen Eisbeutel oder eine Kaltkompresse, die man in der Apotheke bekommt und im Gefrierfach aufbewahrt. Die entstehenden Krümel kratzt man vorsichtig mit einem Kunststoff-Spatel (Pfannenwender für beschichtete Pfannen) oder mit dem Fingernagel ab.
✳ Für alle anderen Flecken gilt: So schnell wie möglich mit einem gut saugenden Tuch oder Löschblatt aufnehmen und keinesfalls antrocknen lassen.

SCHNELLER! Haben Sie ein Baby im Haus? Dann können Sie verschüttete Flüssigkeiten mit einer Zellstoffwindel rasch aufnehmen. Sie ist saugfähiger als jedes Küchenpapier.

EINFACHER! Manchmal sammelt sich Schmutz in den schmalen Parkettfugen, die herkömmlichen Bürsten und auch der alten Zahnbürste nicht zugänglich sind. Mit einem kleinen, spitzen Zahnstocher oder – bei breiteren Fugen – einem Wattestäbchen kann man die Schmutzteilchen jedoch herauskratzen.

BESSER! Befestigen Sie von Anfang an Filzgleiter unter den Stuhlbeinen, sonst ruinieren Sie Ihr Parkett rasch.

> » Mit einem Wattestäbchen kratzt man Schmutzteilchen aus den Fugen heraus «

BITTE NICHT!

Unversiegelte (d. h. gewachste oder geölte) Holzfußböden dürfen nicht mit einem Mikrofasermopp gewischt werden, da das Gewebe dem Holz Feuchtigkeit entzieht. Es wird spröde und bekommt mit der Zeit Risse.

SAUBERKEIT IST TRUMPF

> **» Geben Sie dem Wischwasser einen Schuss Olivenöl bei «**

LAMINAT in Schuss halten

✱ Laminat besteht aus einer Holzfaserplatte, auf der ein Dekorpapier (Kunststofffolie mit Parkettfotos) und eine harte Melamin-Kunstharzschicht liegen. Wenn es, wie meist, als Dielen oder Fliesen in Klick-Technik verlegt ist, kann Wasser in die Fugen eindringen, sodass die Holzfaserplatte aufquillt. Reinigen Sie es durch Fegen oder Saugen – und zwar häufig, denn hereingetragene harte Sandkörnchen im Schmutz wirken als Schmirgel auf der Kunstharzschicht. Wenn Sie feucht wischen wollen, dürfen Putztuch oder Mopp nur gerade eben nebelfeucht sein. Geben Sie gelegentlich ins Wischwasser etwas Neutralreiniger, aber keine alkalischen oder seifenhaltigen Mittel.
EINFACHER! Wenn Sie in Verlege-Richtung wischen, fallen etwaige Streifen weniger auf.
BESSER! Geben Sie dem Wischwasser einen Schuss Olivenöl bei. Es vermindert die elektrostatische Aufladung des Laminatbodens.

BITTE NICHT!

Alle Mittel, die für Parkett gedacht sind (z. B. Wachse), eignen sich nicht für Laminat; sie erzeugen Schlieren.

TEPPICHE – hartnäckigen Schmutz beseitigen

Teppiche und Teppichböden reinigt man am besten mit dem Staubsauger (Düse auf „Teppich" eingestellt), und zwar mindestens einmal wöchentlich. Stark genutzte Bereiche auch häufiger, damit sich der Schmutz nicht tief eintritt.

✱ Saugen Sie möglichst mit dem Strich, also in Florrichtung, denn das ist schonender. Nur ab und zu sollten Sie gegen den Strich saugen, um Schmutz auch aus tieferen Bereichen zu lösen. Glätten Sie den Teppich aber anschließend wieder in Strichrichtung.

✱ Falls Sie die Möglichkeit haben, einen Teppich draußen aufzuhängen, greifen Sie zum guten alten Teppichklopfer. Sie werden staunen, was da alles an Staub und Schmutz herauskommt!

> **» Saugen Sie den Teppich mit dem Strich, also in Florrichtung «**

✱ Einen insgesamt verschmutzten Teppich oder Teppichboden kann man mit einem Dampfreiniger säubern, den man sich im Baumarkt ausleiht und genau nach Vorschrift bedient. Stark verschmutzte Teppiche können Sie mit einer Teppichreinigungsmaschine bearbeiten, die man ebenfalls ausleihen kann. Füllen Sie zunächst warmes Wasser plus Reinigungsmittel in den Tank. Beginnen Sie in einer entgegengesetzten Ecke, und bewegen Sie sich dann Richtung Tür, damit Sie den behandelten Teppich nicht betreten müssen – er sollte vor Benutzung einige Stunden trocknen. Zwischendurch leeren Sie den Schmutzwassertank und füllen Frischwasser nach.

✱ Nach der Generalreinigung ist die Imprägnierung, mit der ein Teppichboden ausgeliefert wird und die ihn relativ widerstandsfähig gegen Flecken macht, abgetragen. Deshalb sprüht man hinterher wieder eine Imprägnier-

Substanz auf, die man dort bekommt, wo man die Reinigungsmaschine ausgeliehen hat.

✱ Einen Orientteppich geben Sie in die Teppichwäscherei, vor allem, wenn der Flor mit Pflanzenfarben gefärbt wurde. Dort wird der Teppich nach dem Waschen mit einer schützenden Rückfettung versehen, die als Imprägnierung wirkt.

SCHNELLER! Tierhaare lassen sich nur mühsam per Hand vom Teppich lösen, und die für Polster sinnvollen Fusselrollen eignen sich für große Teppichflächen nicht. Am raschesten arbeitet eine Elektrobürste am Staubsauger; sie nimmt die Haare mit einer Bürstenwalze auf. Wenn Sie Katzen- oder Hundebesitzer sind, lohnt sich die Anschaffung allemal.

BESSER! Bevor Sie Flecken im Teppich mit organischen Lösungsmitteln wie beispielsweise Reinigungsbenzin behandeln, prüfen Sie erst an unauffälliger Stelle, ob sie damit keinen Schaden anrichten.

BILLIGER! Statt einer recht teuren Teppich-Shampoonierung per Maschine können Sie bei einem lose aufliegenden Teppich auch einen schneereichen Winter nutzen. Lassen Sie den Teppich zunächst im Freien einige Stunden auskühlen, etwa auf dem Balkon. Dann legen Sie ihn mit dem Muster nach unten auf eine saubere Schneeschicht, klopfen ihn gründlich aus und staunen über die Staubmengen, die den Schnee färben. Nun drehen Sie den Teppich herum, bedecken ihn mit sauberem Schnee und fegen diesen mit einem sauberen Besen gründlich ab. Holen Sie den Teppich wieder ins Zimmer, lassen ihn trocknen und saugen die Oberseite dann, um die Florspitzen wieder voneinander zu trennen.

> » Legen Sie Ihren Teppich mit dem Muster nach unten auf eine saubere Schneeschicht «

EXPERTEN**RAT**

Ein Fleck im Teppich?

Grundregel: Den Fleck nicht eintrocknen lassen.
- Flecken unbekannter Art mit Teppich-Shampoo behandeln. Aufsprühen, den Fleck mit einem Lappen bearbeiten und das Shampoo absaugen.
- Rotweinflecken erst mit Küchenpapier aufsaugen und den Rest mit warmem, kohlensäurehaltigem Mineralwasser oder Glasreiniger beträufeln; sofort mit dem Papier aufsaugen. Bei aggressiveren Mitteln (Wasserstoffperoxid, Chlor) besteht die Gefahr, dass man hinterher einen hellen Fleck hat. Großmutters Rat, Rotweinflecken mit Salz zu beseitigen, bringt nicht viel. Der Fleck ist dann zwar trocken – das Salz saugt die Flüssigkeit auf –, die Farbe aber bleibt.
- Kaffee mit Küchenpapier aufsaugen und den Fleck mit kohlensäurehaltigem Mineralwasser behandeln.
- Frische Fettflecken mit weißem Ton aus der Apotheke bestreuen. Am nächsten Tag absaugen.
- Auf Wachsflecken Löschpapier legen und mit dem Bügeleisen darüberfahren, das nur gerade so warm sein soll, dass das Wachs schmilzt. Den Vorgang mehrfach mit frischem Löschpapier wiederholen.
- Schokolade und Kaugummi mit Kälteakku oder Eisbeutel hart machen und die Stückchen herauskratzen.

SAUBERKEIT IST TRUMPF

» *Mit Wasser ohne Zusatz machen Sie bei Feinsteinzeugboden nichts falsch* «

FLIESEN: Wie man schonend mit ihnen umgeht, damit sie schön bleiben

Fliesen und Böden aus Marmor, Terrakotta, Schiefer oder Granit sind außerhalb des Hauses seit langem üblich. Sie werden aber auch im Innenbereich immer beliebter, denn sie sind robust, schön anzuschauen und sehr leicht sauber zu halten.

✷ Entscheidend für die Reinigung ist es, ob die Fliesen glasiert oder unglasiert sind. Während glasierte Fliesen nichts übelnehmen, keine Flecken bekommen und überhaupt kein Putzmittel im Wasser brauchen, ist der Umgang mit unglasierten Fliesen schwieriger. Man muss sich beim Hersteller oder Händler nach der richtigen Behandlung für genau die verwendete Fliesensorte erkundigen.

✷ Bei Feinsteinzeug reicht es, den Boden zu fegen oder zu saugen und mit einem Mikrofaser- oder Schwamm-Mopp feucht oder auch nass zu wischen – wasserempfindlich ist der Boden nicht. Wer Feinsteinzeugboden besonders schön pflegen will, gibt einen Schuss Weichspüler in das Wischwasser. Der Weichspüler sorgt für schnelles Trocknen, hinterlässt keinen Schmierfilm und duftet angenehm.

✷ Während Granit ziemlich robust gegen alle Reinigungsmittel ist, müssen Sie bei Marmor, Juraplatten und anderen Kalksteinen vorsichtig sein. Am besten werden sie nur gefegt und gesaugt und mit klarem Wasser gewischt.

✷ Unbehandeltes Terrakotta ist schön und bringt mediterranes Flair ins Haus. Damit es widerstandsfähig gegen Flecken wird, wischt man es mit einer Wachs-Emulsion, die man beim Fliesenhändler bekommt, am besten bei einem Italiener! Dann kann man Flecken mit warmem Seifenwasser entfernen. Im Übrigen gehören Alterungszeichen und Patina zum Charme eines solchen Bodens.

BESSER! Feinste Glassplitter kann man nicht zuverlässig zusammenfegen oder aufsaugen. Besser nimmt man sie mit einer Kleberolle (Fusselrolle) auf, wie man sie zum Entfernen von Tierhaaren nutzt. Notfalls geht es auch mit einer Scheibe frischen Brotes, die man hinterher in den Abfall wirft.

BILLIGER! Zur Grundreinigung jeglicher Art von Steinfußboden braucht man nicht unbedingt einen teuren Grundreiniger aus dem Baumarkt: Man befeuchtet den Boden mit

BITTE NICHT!

Wischen Sie Marmor und Kalkstein nie mit sauren Mitteln (Essig oder Zitronensäure). Diese Mittel greifen sie an, machen sie stumpf und fleckig. Auch das bisweilen empfohlene Polieren von Marmor mit Leinöl ist keine gute Idee: Er könnte ebenfalls fleckig werden.

> *Moderne Linoleum-Sorten sind pflegeleicht und können in der Regel mit Wasser und einem Schuss Geschirrspülmittel gesäubert werden* «

einem gut ausgewrungenen Mopp, bestreut ihn dann mit Sägemehl aus dem Baumarkt und schrubbt ihn mit einer harten Bürste. Anschließend das Sägemehl zusammenkehren und den Rest aufsaugen.

LINOLEUM – gute und schädliche Pflegemittel

Mit dem aus Großmutters Zeiten bekannten Bodenbelag haben die modernen Linoleum-Sorten nur noch wenig zu tun. Sie sind fußwarm, robust und pflegeleicht und können in der Regel mit Wasser und einem Schuss Geschirrspülmittel oder Allzweckreiniger gesäubert werden. Häufiges Fegen oder Saugen tut dem Belag gut, denn Linoleum ist – wie Parkett und Laminat – empfindlich gegen eingetragene Sandkörnchen. Sie zerkratzen den Boden.

BILLIGER! Nicht immer muss es ein teures Linoleum-Pflegemittel sein. Die Reinigung mit einer 1:1 mit Wasser verdünnten Milch gibt dem Linoleum neuen Glanz.

BITTE NICHT!

Scheuermittel, ob als Pulver oder Scheuermilch, sollten Sie bei Linoleum meiden. Sie können den Boden fleckig und stumpf machen, und er wird schneller verschmutzen.

EXPERTENRAT

Flecken auf Terrakotta, Marmor oder Kalkstein entfernen

- *Unbehandelte Terrakottafliesen sind porös und daher fleckempfindlich. Man kann versuchen, sie mit warmem Wasser zu reinigen, in das man einige Esslöffel Essig gegeben hat. Fettflecken erfordern Spezialmittel aus dem Fachhandel.*
- *Von Marmor und Kalkstein (Juraplatten) lassen sich Flecken meist mit warmem Wasser entfernen. Gegen fetthaltige Flecken geben Sie etwas Spülmittel hinein, versuchen es mit Terpentinersatz, oder Sie nutzen Wasser mit etwas Spiritus darin.*

PVC und Vinyl sind leicht zu reinigen

Seit Jahrzehnten sind Fußböden aus gerolltem PVC in Gebrauch, denn sie sind billig, robust und in vielen Farben und Mustern erhältlich. Außerdem kann man sie leicht selbst und ohne große Vorkenntnisse verlegen.

✳ Teurer, aber noch weit robuster sind moderne Böden aus Vinyl, das es als Dielen oder Fliesen gibt. Man kann sie in einer Vielzahl von Variationen bekommen; vielfach sind sie von Holz oder Stein kaum noch zu unterscheiden. Und: Sie sind extrem widerstandsfähig, nicht nur gegen Feuchtigkeit, auch gegen mechanische Beschädigungen.

✳ Zudem sind sie dank der glatten Oberfläche leicht zu reinigen. Meist reicht Fegen oder

SAUBERKEIT IST TRUMPF

Saugen, notfalls wischt man feucht, eventuell mit etwas Neutralreiniger im Wischwasser. Starken Verschmutzungen kann man aber auch problemlos mit Grundreinigern zu Leibe rücken. Vinyl nimmt fast nichts übel.

KORK – schön und leicht zu reinigen

Dieses Naturprodukt aus der Rinde der Korkeiche ist fußwarm, schalldämmend, sehr haltbar und lässt sich vergleichsweise leicht reinigen, denn Korkböden sind versiegelt. Meist reicht Fegen oder Saugen aus.

✳ Zum Feuchtwischen darf der Wischlappen nur nebelfeucht sein. Zu viel Wasser ist schädlich, es lässt den Kork aufquellen. Als Schutz gibt man ins Wischwasser ein spezielles Korkpflegemittel.

✳ Meiden Sie Parkettputzmittel, die die Versiegelung des Korks zerstören.

BESSER! Nehmen Sie Verschüttetes möglichst sofort auf, damit es nicht einzieht, den Kork quellen lässt und einen bleibenden Fleck hinterlässt. Ältere Flecken auf Korkböden sind nur mühsam zu entfernen, am schonendsten noch mit warmem Wasser und etwas Spülmittel. Wenn das nichts bringt, besorgen Sie sich einen Fleckenreiniger für Korkböden.

》 *Vinyl ist robust und nimmt fast nichts übel* 《

》 *Besorgen Sie sich Möbel-Transportrollen und einen Transportheber* 《

SCHWERE MÖBEL verrücken

Will man ein Zimmer richtig und gründlich säubern, muss man auch hinter und unter den Möbeln putzen. Das geht meist nur, wenn man sie vorübergehend verrückt. Dafür gibt es Tricks – allerdings sollten Sie sich besonders bei schweren Möbelstücken Helfer holen und auf Ihren Rücken achten: Muten Sie ihm nicht zu viel zu!

✳ Besorgen Sie sich im Baumarkt oder im Internet Möbel-Transportrollen und einen passenden Transportheber. Jetzt brauchen Sie einen oder zwei Helfer, je nach Größe des Möbelstücks.

✳ Machen Sie das Möbelstück möglichst leicht, indem Sie es leer räumen. Prüfen Sie, ob das Möbelstück als Sicherung gegen Umfallen an der Wand befestigt ist. Wenn ja, lösen Sie die Verbindung. Die Helfer stehen jetzt bereit.

✳ Heben Sie eine Ecke des Möbels mit dem Transportheber an und schieben eine Transportrolle darunter. Ist das Möbelstück sehr hoch, hindern die Helfer es am Umkippen. Schieben Sie die übrigen Transportrollen unter alle Ecken bzw. Beine. Nun können Sie das Möbel ohne große Kraftanstrengung von der Stelle rollen.

Immer an der Wand lang

An Wänden, Türen, Fenstern und Heizkörpern lagert sich Schmutz ab, den man eher übersieht als Schmutz auf dem Boden oder Staub auf den Möbeln. Es lohnt sich also, diesen Teilen des Hauses besondere Aufmerksamkeit zu schenken.

GESTRICHENE WÄNDE UND TAPETEN
ziehen unmerklich Staub an

Der Staub aus der Luft setzt sich an den winzigen Rauigkeiten von Anstrich oder Tapete fest. Wenn Sie über eine vermeintlich saubere Wand streichen und plötzlich schmutzige Finger haben, sollten Sie aktiv werden.

» *Reinigen Sie immer eine ganze Wandfläche in einem Zug, sonst können unschöne Ränder entstehen* «

✳ Wischen Sie die Wand zunächst mit einem trockenen Mikrofasermopp ab. Bei empfindlichen Wandbelägen wie etwa Textiltapeten sollten Sie nicht mehr tun. Gestrichene Wände können Sie, falls wirklich nötig, mit einem angefeuchteten Wischtuch reinigen. Geben Sie einen Spritzer Geschirrspülmittel ins Putzwasser. Nie mit scharfen Putzmitteln oder gar Scheuermitteln herangehen oder zu viel daran reiben. Sonst sind Farbveränderungen und hässliche Flecken die Folge.

✳ Arbeiten Sie ausnahmsweise von unten nach oben, denn auf dem sauberen Teil kann man die ablaufenden Wassertropfen besser entfernen. Allerdings sollten Sie diese Tropfen sofort mit dem Lappen abwischen.

✳ Reinigen Sie immer eine ganze Wandfläche in einem Zug, ohne Pausen, sonst können unschöne Ränder entstehen.

✳ Insektenkot befeuchten Sie mit Wasser und Geschirrspülmittel. Dann warten Sie, bis er sich gelöst hat, und tupfen ihn mit einem Mikrofasertuch vorsichtig weg. Nicht reiben!

✳ Treppengeländer – ob aus Holz, Schmiedeeisen oder Edelstahl – wischt man mit einem feuchten Tuch ab.

✳ Scheuerleisten aus Holz, auch aus lackiertem, sind immer ein Sorgenkind. Sie verschmutzen leicht, sind schwer zu säubern – vor allem, wenn sie profiliert sind – und werden im Lauf der Zeit unweigerlich unansehnlich. Wenn das Reinigen mit Seifenwasser nichts mehr bringt, hilft nur eins: frisch streichen oder lasieren.

SCHNELLER! Versuchen Sie nicht, einen kleinen Fleck auf einer weißen Wand wegzuscheuern. Er könnte verschmieren, sodass alles schlimmer und die Arbeit immer aufwendiger wird. Tupfen Sie lieber ein wenig Tipp-Ex darauf, das geht rasch und wirkt.

» *Empfindliche Tapeten sollten Sie mit einem trockenen Mopp behutsam abwischen* «

SAUBERKEIT IST TRUMPF

» Der ideale Pinsel zum Entstauben verzierter Bilderrahmen ist ein weicher Kosmetikpinsel «

EINFACHER! Der ideale Pinsel zum Entstauben von verzierten Rahmen ist ein schlichter Kosmetikpinsel – die extrem weiche Sorte, mit der Rouge auf die Wangen gegeben wird.

BESSER! Hat Ihr Kind oder Enkel eine Schranktür mit einer Bleistiftzeichnung verziert? Rücken Sie dem Lack nicht mit einem Scheuermittel zu Leibe – versuchen Sie es lieber mit einem Stück frischem Roggenbrot.

EXPERTENRAT

Der Umgang mit Ölgemälden

Ölgemälde sollten Sie in Ruhe lassen; höchstens ein zarter Staubwedel aus weichen Federn darf sie berühren. Der Allzweck-Staubbläser Föhn ist hier nur angebracht, wenn er eine Kaltluftfunktion hat; warme Luft tut den Farben nicht gut. Ist ein altes Gemälde stark nachgedunkelt, geben Sie es zum Restaurator für eine professionelle Reinigung, und Ihr Bild wird wieder in leuchtenden Farben erstrahlen.

TÜREN UND BESCHLÄGE gründlich wischen

Bei glatten, gestrichenen Türblättern reicht ein trockenes Staubtuch, notfalls ein mit Wasser und Geschirrspülmittel befeuchtetes Putztuch. Reinigen Sie die Tür stets von oben nach unten, und waschen Sie das Putztuch oft aus, damit Sie den Schmutz nicht wieder auf der Tür verteilen. Gebeizte Holztüren säubern Sie mit einem nur ganz schwach feuchten Tuch. Sie können sie danach mit einer farblich passenden Möbelpolitur verschönern.

✳ Was gern vergessen wird, ist der Staub oben auf den Türblättern. Es lohnt sich, diesen Stellen bisweilen einen Blick zu gönnen oder sie gleich von unten her mit zu wischen.

» Gebeizte Holztüren reinigen Sie mit einem nur ganz schwach feuchten Tuch; danach das Holz mit Möbelpolitur verschönern «

✳ Schwierigkeiten können auch Türverzierungen machen, in deren kleine Winkel das Putztuch nicht gelangt. Eine alte Zahnbürste, mit Spülwasser schwach angefeuchtet, notfalls auch ein Zahnstocher, tun hier gute Dienste.

✳ Die Behandlung der Metallteile an der Tür, also Klinken, Beschläge und Scharniere, hängt von deren Material ab. Bei Edelstahl und Chrom reicht warmes, mit einigen Tropfen Geschirrspülmittel versetztes Wasser. Mit einem weichen trockenen Lappen nachpolieren.

✳ Messingteile, sofern sie nicht mit farblosem Lack geschützt sind, erfordern ein spezielles Vorgehen. Geben Sie ein Messingputzmittel auf ein weiches Tuch, und verteilen Sie es reibend auf dem Messing. Anschließend wischen Sie das Putzmittel mit lauwarmem Wasser ab und polieren mit einem trockenen weichen Tuch nach.

✳ Türschlösser werden meist nicht besonders schmutzig. Bei Naturholztüren sollten Sie die

Immer an der Wand lang

» Messing können Sie mit Zahnpasta putzen «

Schlüssellöcher äußerlich mit etwas Küchenpapier und innen mit Wattestäbchen säubern. Sind Ihre Türen lackiert oder mit Kunststoff beschichtet, können Sie bei stärkeren Verschmutzungen zu einem radikaleren Mittel greifen. Schützen Sie den Boden unter dem Schloss mit Zeitungspapier und sprühen dann vorsichtig Kriechöl (etwa WD-40) durch das dünne Röhrchen an der Dose ins Schloss. Das Kriechöl läuft wieder heraus und nimmt dabei einen Großteil des Schmutzes mit. Drücken Sie zerknülltes Küchenpapier gegen das Schlüsselloch, um das ablaufende Öl aufzunehmen.
BILLIGER! Messingteile können Sie statt mit speziellen Putzmitteln auch mit Zahnpasta reinigen: Mit einer alten Zahnbürste auftragen, trocknen lassen, nass abwischen und polieren.

BITTE NICHT!

Angelaufene Messingbeschläge dürfen keinesfalls mit Essig geputzt werden, weil die Säure das Metall angreift.

DIE KUNST DES FENSTERPUTZENS

Es hängt vor allem von der Lage ab, wie oft ein Fenster gereinigt werden muss. Scheint die Sonne hindurch, wird der Schmutz besonders deutlich sichtbar. Putzen Sie die Fenster nicht gerade an heißen Tagen: Dann verdunstet das Wasser viel zu rasch und hinterlässt Flecken.

1 Geben Sie Geschirrspülmittel in einen Eimer mit warmem Wasser, und wischen Sie die Rahmen mit einem weichen Tuch feucht ab. Dann erneuern Sie das Wasser und geben etwas Spülmittel hinein.

2 Fügen Sie etwas Brennspiritus hinzu (höchstens 100 ml Spiritus auf 5 l). Ziehen Sie das Wasser mit einem Scheibenabzieher mit Gummilippe waagrecht von der linken zur rechten oberen Ecke ab.

3 Dann das Wasser in überlappenden senkrechten Bahnen abziehen. Fangen Sie das abtropfende Wasser ständig mit einem Tuch auf, und wischen Sie die Gummilippe vor jeder neuen Bahn ab.

» Feuchtes Wischen ist bei Rippenheizkörpern die beste Methode «

HEIZKÖRPER REINIGEN – sie ziehen viel Staub an

Spätestens vor Beginn der Heizperiode sollten Sie alle Heizkörper säubern. Besonders Rippenheizkörper sammeln erstaunliche Mengen Schmutz an, der mit dem Staubsauger schlecht wegzubekommen ist. Besser ist Feuchtwischen.

✷ Zuerst die Verkleidung – falls vorhanden – abnehmen. Meistens muss man dafür einige Schrauben lösen (gut aufbewahren).

✷ Glatte Heizkörper wischt man zunächst mit einem mit Allzweckreiniger befeuchteten Lappen ab und entfernt den restlichen Schmutz mit einem feuchten Tuch. Die Rückseite reinigt man, da sie in der Regel schlecht zugänglich ist, mit einem alten feuchten Handtuch, das man von oben an der Rückseite entlang zieht.

» Die kaum zugänglichen Innenrippen eines glatten Heizkörpers reinigen Sie mithilfe eines Zollstocks «

✷ Zum Reinigen von Rippenheizkörpern legen Sie zunächst Zeitungspapier oder feuchte Tücher unter den Heizkörper. Nun schrubben Sie den meist festsitzenden Staub mit einer langen, befeuchteten Heizkörperbürste oder einem flachen Mopp von den Zwischenräumen der Rippen ab. Das Papier wird dann mitsamt dem Schmutz entsorgt, die Tücher kommen ins Kochprogramm der Waschmaschine.

✷ Zum Schluss bringen Sie die Verkleidung wieder an und schrauben sie fest.

SCHNELLER! Einen Großteil des zwischen den Rippen gesammelten Staubs kann man auch entfernen, indem man hinter den Heizkörper ein feuchtes Tuch hält und den Staub mit dem Föhn dagegen bläst. Das geht zwar schnell, ist aber nicht so gründlich wie feuchtes Wischen.

EINFACHER! An die Innenrippen von glatten Heizkörpern kommt man kaum heran. Da hilft folgende Methode: Umwickeln Sie das Endglied eines Zollstocks mit einem Streifen Mikrofasertuch (das zerschneiden Sie für diesen Zweck), fixieren es mit Klebeband und führen diesen „Putzstab" senkrecht zwischen die Innenrippen.

BITTE NICHT!

Seien Sie besonders vorsichtig mit Wasser in der Nähe von Schaltern und Steckdosen. Reiben Sie verschmutzte Plastikabdeckungen mit einem angefeuchteten Tuch ab, aber lassen Sie kein Wasser ins Innere dringen.

DER KAMINOFEN und der offene Kamin

Ein Kaminofen gibt angenehme Wärme ab und bietet dazu den gemütlichen Anblick des brennenden Feuers. Das gilt natürlich erst recht für den offenen Kamin. Doch damit man lange Freude an einer solchen Wärmequelle hat, muss man sie gut sauberhalten.

✸ Leeren Sie regelmäßig den Aschenkasten, am besten am Morgen nach einem gemütlichen Abend am Ofen, denn dann ist die Asche weitgehend abgekühlt. Achten Sie aber dennoch auf Glutstücke, die niemals in einen Plastik-Mülleimer geraten dürfen – so etwas hat schon Wohnungsbrände ausgelöst.

✸ Vergessen Sie nicht, den Bereich unter der Ascheschublade zu putzen.

✸ Zum Reinigen des Ofen-Innenraums nehmen Sie Handfeger und Schaufel. Nötig ist dies aber nur, wenn sich viel Unverbranntes angesammelt hat sowie am Ende der Heizperiode. Dann sollten Sie den Ofen sowieso gründlich innen und außen putzen.

✸ In regelmäßigen Abständen wird der Schornsteinfeger den Kamin reinigen, um Ruß zu entfernen. Das ist auch nötig, denn Ruß kann sich entzünden und einen Schornsteinbrand verursachen. Achten Sie aber darauf, dass das Rohr zwischen Ofen und dem gemauerten senkrechten Kaminzug, das der Schornsteinfeger normalerweise nicht erreicht, ebenfalls überprüft und gereinigt wird.

✸ Offene Kamine sind aus Umweltschutzgründen derzeit nur noch für gelegentliche Nutzung erlaubt. Das Herausnehmen der Aschelade und das Reinigen – mit Kaminbesen und Schaufel – muss hier besonders vorsichtig geschehen, um keine Asche aufzuwirbeln und Aschestaub im Zimmer zu verteilen.

BILLIGER! Zum Reinigen der Glasscheiben Ihres Kaminofens brauchen Sie kein teures Putzmittel zu kaufen. Feuchten Sie Küchenpapier an, nehmen damit helle Holzasche auf und wischen (natürlich bei kalter Scheibe!) über die braunen Ablagerungen und Rußschichten. Sie werden staunen, wie leicht sie nun abgehen. Ursache ist die in der Asche enthaltene Pottasche (Kaliumkarbonat), ein natürliches Putzmittel.

» Auch das Rohr zwischen Ofen und dem gemauerten Kaminzug muss regelmäßig gereinigt werden «

BITTE NICHT!

Setzen Sie Ihren normalen Staubsauger nicht zum Aschesaugen ein. Sie könnten das Gerät und seinen Filter zerstören und es darüber hinaus so verschmutzen, dass es kaum noch zu reinigen ist. Für das gründliche Aussaugen des Kamin(ofen)s gibt es Aschesauger, die Sie an Ihren Staubsauger anschließen können.

Womit wir uns umgeben: Möbel

Das Wohnzimmer ist das Zentrum des Hauses. In den Einrichtungsgegenständen drücken wir uns aus und zeigen unseren Geschmack. Vor allem aber wollen wir uns dort wohlfühlen. Und das geht nur, wenn wir alles sauber und gepflegt halten.

» *Dunkle Möbel werden durch die Behandlung mit Antikwachs besonders schön* «

HOLZMÖBEL: Die Schönheit erhalten

Ihre Möbel haben nur dann eine lange Lebensdauer, wenn Sie sie korrekt und regelmäßig reinigen und pflegen. Dazu zählt nicht nur die angemessene Behandlung der Oberflächen, sondern zum Beispiel auch, dass Sie sie nicht dem Sonnenlicht aussetzen. Das Licht verändert mit der Zeit das Aussehen des Holzes. Die Möbel dürfen auch nicht nahe an der Heizung stehen: Das Holz kann sich unterschiedlich stark verziehen, sodass unter Umständen der Lack reißt, Verbindungen sich lösen oder Furniere absplittern.

✺ Besitzen Sie geerbte alte Möbel, an denen Ihr Herz hängt, oder gar wertvolle antike Stücke, so holen Sie für deren Pflege den Rat von Fachleuten ein – zu unterschiedlich und zu empfindlich sind ihre Materialien. Eine Schellack-Oberfläche zum Beispiel kann man schnell ruinieren.

✺ Bei modernen Möbeln hingegen liegen Sie fast nie falsch, wenn Sie sie mit Möbelpolitur in der passenden Farbe behandeln. Dunkles Holz wird auch besonders schön, wenn Sie Antikwachs hauchdünn auftragen. Das ist allerdings noch teurer als normale Möbelpolitur.

✺ Nicht immer muss man ein teures Möbelpflegemittel nutzen. Mit ein paar Tropfen Weichspüler auf dem feuchten Putzlappen hält man gereinigte Flächen länger staubfrei. Der Grund dafür ist die antistatische Wirkung des Weichspülers.

✺ Hochglanzflächen (Kunststoff oder Lack) nur mit einem weichen feuchten Tuch abwischen. Mikrofasertücher sind ungeeignet, sie könnten feinste Kratzer hinterlassen.

EINFACHER! Feuchte Pflegetücher für den Babypopo, die man einzeln verpackt oder in Spenderboxen bekommt, eignen sich auch gut für die Möbelpflege. Einfach aus der Packung nehmen, und los geht's. An unauffälliger Stelle ausprobieren.

BESSER! Weiße Ringe auf Holz, die von feuchten Gläsern herrühren, bekommt man mit Zahnpasta weg. Geben Sie ein wenig auf ein feuchtes Tuch, und wischen Sie damit über den

Fleck. Hilft das noch nicht, fügen Sie ein wenig Backpulver (Natron plus Säuerungsmittel) zur Zahnpasta zu. Trocknen lassen und den Tisch wie gewohnt mit Möbelpolitur behandeln.

BITTE NICHT!

Niemals naturbelassenes, unbehandeltes Holz mit Möbelpolitur, Möbelwachs oder Öl einreiben. Dieses Holz muss ohne Ihre Einflussnahme vor sich hin altern. Sie können es aber mit einem nebelfeuchten Tuch abwischen und irgendwann einmal abschleifen.

» *Veranstalten Sie keine Kletterpartien; wo Sie mit der Hand nicht hinkommen, hilft der Staubwedel* «

GOLDENE REGELN!

Staubwischen – gewusst wie

1. Idealerweise wischt man einmal pro Woche Staub. Bewaffnen Sie sich mit einem fusselfreien weichen Staubtuch, einem Staubwedel, einem weichen Pinsel und Ihrem Staubsauger mit Fugendüse und eventuell Staubpinselaufsatz.

2. Wischen Sie von oben nach unten. Wenn Sie möchten, geben Sie etwas farblich passende Möbelpolitur auf das Staubtuch.

3. Veranstalten Sie keine gefährlichen Kletterpartien. Wo Sie mit der Hand nicht hinkommen, hilft der Staubwedel. Schaffen Sie sich einen mit langem Stiel oder Teleskopstiel an.

4. Verzierungen und Schnitzereien säubern Sie nicht mit dem Staubtuch, denn damit reiben Sie den Staub erst richtig in die Ritzen ein. Für diese Bereiche haben Sie den Staubpinsel oder den Staubsauger mit Staubpinselaufsatz.

5. Probieren Sie einen der modernen „Staubmagnet"-Wedel aus, die aus staubanziehenden Fasern hergestellt werden. Sie wischen deutlich effektiver als ein Staubtuch, müssen allerdings hin und wieder ersetzt werden.

LEDERMÖBEL – mit Behutsamkeit behandeln

Sitzmöbel, die mit unbeschichtetem, also naturbelassenem, offenporigem Leder bezogen sind, strahlen eine edle Schönheit aus. Leider verschmutzen sie leicht. Flecken und speckige Stellen sind schwer wegzubekommen – wenn überhaupt. Wer also kleine Kinder oder Haustiere hat, sollte sich überlegen, ob er nicht doch pflegeleichtere Bezüge wählt.

✳ Behandeln Sie das Leder regelmäßig mit mildesten Verfahren, also nebelfeuchtem Wischen und Saugen mit weicher Pinseldüse, um Staub und Schmutz zu entfernen. Schon Mikrofasertücher sind zu hart für diese Oberfläche; Flecken und speckige Bereiche kann man vorsichtig mit einem weichen Künstler-Radiergummi (Knetradierer) behandeln. Zudem schädigen Licht und Wärme das Leder; sie trocknen es aus und machen es spröde. Stellen Sie die Möbel also nicht zu nahe an die Heizung oder ans Fenster.

> » Ledermöbel sollten mit mildesten Verfahren gereinigt werden «

✳ Beschichtetes Leder ist weniger empfindlich gegen Verschmutzung. Staub und Verunreinigungen lassen sich meist leicht feucht abwischen. Ein oder zwei Mal pro Jahr sollten Sie das Leder mit einem vom Hersteller empfohlenen Pflegemittel einreiben; es stellt die versiegelte Oberfläche wieder her und trägt Schmutz ab.

BITTE NICHT!

Ledermöbel sollten Sie nicht mit Schuhpflegemitteln behandeln. Ausnahme: Schadhafte Stellen, an die Sie nicht mit der Kleidung kommen, etwa rückwärtige Bezüge, könnten Sie mit farbiger Schuhcreme unsichtbar machen.

KUNSTLEDERBEZÜGE sind unempfindlich

Modernes Kunstleder hat nicht mehr die plastikhafte Anmutung wie früher. Ästhetisch ist es heute durchaus eine Alternative zu echtem Leder. Und die Pflege ist viel einfacher.

✳ Behandeln Sie das Möbelstück zwei- oder dreimal im Jahr mit einem geeigneten Kunstleder-Protektor. Staub entfernen Sie mit einem angefeuchteten Lappen. Gegen stärkere Verschmutzungen können Sie etwas flüssiges Vollwaschmittel ins Putzwasser mischen oder zu einem Kunstleder-Reiniger greifen. Farbflecken sollten Sie unbedingt so rasch wie möglich entfernen, damit der Farbstoff nicht in den Kunststoff einzieht.

BITTE NICHT!

Nutzen Sie bei Kunstleder auf keinen Fall Lederpflegemittel mit Ölen oder Wachsen; sie können mit dem Kunststoff reagieren und die Oberfläche angreifen.

POLSTERMÖBEL in Schuss halten

Saugen Sie oft die Oberfläche ab: Veloursstoffe mit der Bürste der Polsterdüse, Flachgewebe mit der glatten Polsterdüse. So vermeiden Sie, dass der Schmutz durchs Sitzen zu tief in den Stoff gedrückt wird. Nicht ausklopfen, das können die Polstermaterialien, die Schichten zwischen Bezugsstoff und Polsterkern, nicht ab.

✹ Vermeiden Sie möglichst, mit Jeans auf den Polstern zu sitzen – der Denim schleift den Stoff mit der Zeit ab, auch kann er an helle Polster Farbe abgeben. Wenn Sie meist Jeans tragen, legen Sie eine Decke auf Ihr Polstermöbel.

> » *Denim schleift den Bezugsstoff mit der Zeit ab; schützen Sie Ihre Polstermöbel deshalb mit einer Decke* «

✹ Meist besitzen moderne Polstermöbelbezüge einen Fleckenschutz. Um ihn zu erhalten, versuchen Sie, den Stoff so lange es geht nur mit einem feuchten Tuch zu reinigen, am besten sogar mit entionisiertem Wasser.

✹ Mikrofaser-Bezugsstoffe sehen schön aus, neigen aber bei mechanischer Beanspruchung zum Pilling, zur Bildung kleiner Knötchen auf der Oberfläche. Deshalb darf man sie nicht reibend reinigen oder saugen.

✹ Ebenfalls empfindlich gegen mechanische Beanspruchung sind Naturfasern wie Leinen und Baumwolle. Da oft die edelsten Stoffe aus diesen Materialien bestehen, müssen sie vorsichtig mit einem weichen Bürstaufsatz des Staubsaugers gereinigt werden.

✹ Wenn Sie nun Ihre Polstermöbel mitsamt allen Ritzen gesaugt haben, vergessen Sie nicht die Bereiche unter den Möbeln. Dort saugen Sie mit der Fugendüse Ihres Staubsaugers, denn die ist schmal und passt auch unter die Couch. Alle paar Monate kippen Sie die Polstermöbel und saugen die Unterseite mit dem Bürstaufsatz des Staubsaugers ab.

» *Mit der schmalen Fugendüse kommen Sie auch unter die Polstermöbel* «

✹ Haben Sie eine Katze oder einen Hund? Tierhaare bekommt man mit der Fusselrolle weg. Wenn gerade keine im Haus ist, bieten sich auch Trocknertücher an, wie man sie als Weichspüler-Ersatz in den Wäschetrockner gibt.

EINFACHER! Für Flecken auf Stoffbezügen gelten dieselben Regeln wie für Flecken auf Teppichen. Oberstes Gesetz: Nie mit scharfen Mitteln herangehen! Erst mit Wasser versuchen, am besten mit entionisiertem Wasser oder mit Mineralwasser.

BESSER! Wechseln Sie die Möbelstücke oder wenigstens, soweit möglich, die losen Polster. Denn meist hat man bestimmte bevorzugte Sitzplätze und verschmutzt daher dort das Polstermaterial stärker – das Umstellen vermindert diese ungleichmäßige Veränderung.

SAUBERKEIT IST TRUMPF

» Silber läuft mit der Zeit an; um die Oxidschicht zu entfernen, gibt es mehrere Methoden «

DEKO-GEGENSTÄNDE – Vielfalt an Materialien

Wer viel reist, sammelt bald eine bunte Vielfalt von Souvenirs an, die im Lauf der Jahre stetig wächst. Man stellt auch gern andere Lieblings-Deko-Stücke im Wohnzimmer aus, um eine freundliche Atmosphäre zu schaffen. So taucht alsbald das Problem auf, wie man sie säubert, zumal die meisten von ihnen die reinsten Staubfänger darstellen.

✹ Problemlos sind Stücke aus glattem Kunststoff, Glas oder Porzellan. Sie lassen sich, wenn Abstauben nicht reicht, mit einem feuchten weichen und fusselfreien Putztuch säubern, eventuell gibt man zum Putzwasser einen Spritzer Universalreiniger. Oder man wäscht sie gleich ab – wie Geschirr.

✹ Holzgegenstände reinigt man am besten mit einem trockenen Staubtuch. Sind sie lackiert, halten sie auch ein angefeuchtetes Tuch aus.

✹ Für Kupfer- und Messingteile sind die entsprechenden käuflichen Putzmittel ratsam. Alle anderen Putzmittel bergen das Risiko, dass das Material fleckig wird. Ist das Metall allerdings lackiert, kann nicht viel passieren. Dann nimmt man warmes Wasser mit etwas Spülmittel.

✹ Stark verschmutztes Silber säubern Sie mit einem Silberputztuch. Oder Sie legen das Stück über Nacht in warmes Wasser mit einem Spritzer Spülmittel. Ist das Silber schwarz angelaufen, geben Sie in eine Plastikschüssel warmes Wasser, in dem Sie einen Teelöffel Natron (Natriumhydrogenkarbonat) gelöst haben, und legen auf den Schüsselboden ein Stück Alufolie. Platzieren Sie das Silberstück so in der Schüssel, dass es mit der Folie Kontakt hat. Nach einigen Stunden ist es wieder blank – ein elektrochemischer Vorgang macht den chemischen Prozess des Anlaufens rückgängig. Doch Achtung! Weist das Stück absichtlich geschwärzte (antikisierte) Ornamente auf, so werden bei der Alu-Methode auch diese hell und bleiben verschwunden.

EINFACHER! Stücke aus Stoff, z. B. Trachtenpuppen, sind schwer zu reinigen. Man kann den Stoff mit einem feuchten Tuch abtupfen, doch einfacher und erfolgversprechender ist folgende Methode: Geben Sie die Figuren zusammen mit einem Teelöffel Natron in eine Tüte, schütteln diese gründlich und pinseln dann das Natron vorsichtig ab. Dank seiner Waschkraft nimmt das Natron einen Teil des Oberflächenschmutzes mit. Genauso kann man übrigens Spielkarten auffrischen, die durch langen Gebrauch klebrig geworden sind.

» Klebrig gewordene Spielkarten kann man mit Natron auffrischen «

Womit wir uns umgeben: Möbel

BESSER! Kostbare und empfindliche Stücke sollten Sie in einer Vitrine aufbewahren, wo sie vor Staub geschützt sind.
BILLIGER! Wer keinen geeigneten Platz für eine Vitrine hat, kann Einzelstücke, die besondere Staubfänger sind (z. B. ein Modellbauschiff), auch unter einen transparenten Sturz stellen. Dafür eignet sich ein preiswertes Kunststoff-Aquarium.

LAMPEN PUTZEN: So strahlt das Licht wieder

Lichtquellen sind nicht nur Staubfänger, sie locken oft auch Insekten an, die darin umkommen. Daher muss man Lampen oft putzen.

✳ Grundsätzlich gilt: Zunächst die Lampe ausschalten und abkühlen lassen. Und Vorsicht mit Wasser – es könnte einen Kurzschluss geben.

✳ Falls Sie einen Lampenschirm abschrauben müssen: Bewahren Sie die Schrauben gut auf, und merken Sie sich, wo sie saßen.

✳ Glas- und Kunststoffteile der Lampe vorsichtig mit einem feuchten Tuch auswischen. Etwaige tote Insekten heraussaugen oder ausschütten. Bei starken Verschmutzungen können Sie abnehmbare Glasteile auch im Spülbecken mit warmem Wasser und Geschirrspülmittel reinigen. Legen Sie zuvor ein dickes Handtuch auf den Boden des Beckens, damit es keine Scherben gibt.

✳ Zum Entfernen des Staubes an Lampenschirmen aus Kunststoff oder Metall eignet sich am besten die Bürstendüse des Staubsaugers oder ein angefeuchtetes Mikrofasertuch.

✳ Lampenschirme aus dünnem Stoff oder Papier reinigen Sie idealerweise mit einem Pinsel. Genähte Stoffschirme können Sie auch vorsichtig in der Badewanne mit warmem Wasser und etwas Spülmittel einweichen. Spülen Sie dann mit klarem Wasser nach und trocknen den Schirm – zunächst durch Aufsaugen der Feuchtigkeit mit saugfähigem Papier, dann mit dem Föhn. Das muss rasch

» *Lampenschirme aus Glas kann man zwischendurch abstauben; ab und zu sollten sie aber abgewaschen werden* «

und gründlich geschehen, damit die Metallteile des Schirms nicht rosten.

✳ Wer einen Kristallleuchter besitzt, hat herrliches Licht – und Arbeit. Bereits beim Installieren sollten Sie dafür sorgen, dass das gute Stück absenkbar ist, damit Sie es besser reinigen können. In der Regel kommt nun der Staubwedel zum Einsatz, und zwar recht häufig, damit die Glasprismen auch funkeln. Werden die facettierten Elemente mit der Zeit blind, müssen Sie sie einzeln abnehmen und im Spülbecken wie normale Gläser abwaschen. Bestehen die Prismen aus Kunststoff, z. B. Acryl, wäscht man sie genauso ab.

BILLIGER! Nutzen Sie die Gelegenheit, die Glühbirne gegen eine sparsame LED-Birne zu tauschen. Sie ersparen sich nicht nur jetzt das Reinigen, sondern in Zukunft auch viel Strom.

Heimtextilien: Alles soll frisch sein

Gardinen, Handtücher, Tischdecken, Bettwäsche: Alles, was im Haushalt aus Stoff ist, trägt zum Wohlbefinden bei, wenn es sauber, duftend und glatt daherkommt. Dank moderner Pflegemittel ist es leicht, diese Annehmlichkeiten zu erzielen.

ÜBERGARDINEN und Stores

Wenn Sie die Fenster putzen, ist der ideale Moment, sich auch um die Gardinen zu kümmern. Zwar brauchen Sie sie nicht unbedingt zum Fensterputzen abzunehmen, aber ein sauberes Fenster, vor dem angestaubte Gardinen hängen, ist doch kein so schöner Anblick.

✸ Stores, die meist aus Synthetikfasern bestehen, werden im Feinwaschgang der Maschine gewaschen und behutsam angeschleudert, wie es der Feinwaschgang vorgibt. Abschließend feucht aufhängen, dann werden die Stores von allein glatt. Dabei sollten die Fenster geöffnet sein, wenn das Wetter es erlaubt, damit die Feuchtigkeit nicht im Raum hängen bleibt.

» *Weiße Stores waschen Sie mit einem bleichenden Gardinenwaschmittel* «

✸ Schwere Vorhänge, die man nicht waschen kann oder sollte und die in die Reinigung gegeben werden müssen, können Sie zwischendurch mit der Polsterdüse des Staubsaugers absaugen, natürlich bei reduzierter Saugleistung. Zu den Materialien, die man nicht selbst waschen sollte, gehören vor allem Brokatstoffe, Samt und Chintz.

✸ Baumwollstoffe kann man zwar in der Waschmaschine im Schonprogramm waschen, doch man muss damit rechnen, dass sie einlaufen, wenn sie zum ersten Mal gewaschen werden. Dagegen kann man Vorkehrungen treffen. Entweder werden die Vorhänge mit doppeltem Saum genäht, sodass man einen davon auslassen kann, wenn die Gardine nach dem Waschen kürzer geworden ist. Diese Methode hat allerdings den Nachteil, dass man den Knick möglicherweise nicht einwandfrei weggebügelt bekommt.

BESSER! Gardinen, die einlaufen könnten, näht man oft ein ganzes Stück länger, als man eigentlich braucht, sodass sie auf dem Boden aufliegen. Da dies sehr dekorativ aussieht, werden heute auch nichteinlaufende Gardinen gern so großzügig abgemessen.

GARDINEN richtig waschen

Waschen Sie alle Gardinen eines Zimmers auf einmal – wenn es viele sind, an zwei oder höchstens drei aufeinanderfolgenden Tagen, damit alle gleichmäßig sauber sind. Das gilt vor

allem für Raucherhaushalte und Küchengardinen, weil dort die Gardinen schnell muffig werden, vergrauen und vergilben. Aber auch der Kaminofen, der offene Kamin und brennende Kerzen zählen zu den Hauptverschmutzern.

✴ Nehmen Sie Gardinen immer erst kurz vor dem Waschen ab, denn durch längeres Liegen bilden sich leicht unschöne Knitterfalten, die möglicherweise drin bleiben.

✴ Entfernen Sie vor dem Waschen alle Metallteile (Nadeln, Ringe, Bleiband usw.); sie könnten in der Trommel den Stoff beschädigen.

✴ Kunststoffröllchen können Sie an der Gardine lassen, aber stecken Sie die Gardine dann vor dem Waschen in ein großes Wäschenetz. Auf diese Weise verhaken sich die Röllchen nicht so leicht im Gardinenband.

✴ Auch sehr empfindliche zarte Gardinenstoffe sind in einem Wäschenetz besser gegen die mechanischen Stöße der Trommel geschützt.

✴ Weiße Stores waschen Sie mit einem bleichenden Gardinenwaschmittel, um den Grauschleier herauszubekommen. Und geben Sie Appreturflüssigkeit ins Weichspülerfach, dann kommen die Stores glatter aus der Maschine und verschmutzen nicht so schnell wieder.

✴ Moderne Waschmaschinen waschen mit sehr wenig Wasser. Das ist für Gardinen nicht so günstig: Sie müssen locker in der Waschlauge schwimmen, sonst knittern sie. Stellen Sie also ein „Wasser-Plus"-Programm ein.

✴ Sehr empfindliche Gardinenstoffe können Sie per Hand in der Badewanne waschen. Erst mit klarem Wasser spülen, dann sanft durch die lauwarme Waschlauge ziehen. Zum Schluss mehrfach gründlich klarspülen. Nicht wringen, sondern nass auf eine Leine über der Badewanne hängen. Sobald die Gardine nicht mehr tropft, hängen Sie sie an ihrem gewohnten Platz am Fenster auf.

BESSER! Statt darauf zu hoffen, dass Flecken beim Waschen schon herausgehen werden, behandeln Sie sie mit (flüssiger) Gallseife vor.

» Decken aus Baumwolle bügeln Sie heiß, solange sie noch nicht ganz trocken sind «

BITTE NICHT!

Gardinen und Stores, aus welchem Material auch immer, gehören nicht in den Trockner, sondern werden feucht aufgehängt – außer sie kommen aus der chemischen Reinigung.

DER TISCH mit gepflegter Decke

Tischdecken können aus ganz unterschiedlichen Materialien bestehen. Achten Sie daher auf die Wäschezeichen: Darf die Decke überhaupt in der Waschmaschine gewaschen werden und bei welcher Temperatur? Oder muss sie in die chemische Reinigung? Darf sie geschleudert werden, und wenn ja, bei welcher Temperatur? Ist Bleichen erlaubt? Und auf welcher Stufe darf man sie bügeln? (Siehe S. 132 „Die Wäschezeichen – was bedeuten sie?").

✴ Tischdecken aus Baumwolle oder Leinen weichen Sie vor der ersten Wäsche eine Nacht lang kalt ein, das mindert das Einlaufen. Dann können Sie sie bei 60 °C waschen – weiße Stoffe mit Vollwaschmittel. Für farbige Stoffe wählen Sie ein Colorwaschmittel. Heiß bügeln, solange die Decke noch nicht ganz trocken ist.

SAUBERKEIT IST TRUMPF

✳ Am einfachsten ist die Pflege von Polyester-Decken. Sie knittern kaum und sind unempfindlich gegen Schmutz. Man wäscht sie bei 40 °C, maximal 60 °C mit Vollwaschmittel (weiße Decken) oder Colorwaschmittel (farbige Stoffe). Tischdecken mit Spitzen oder Stickerei geben Sie in ein Wäschenetz. Die Trommel nicht zu dicht befüllen. Bei niedriger Temperatur feucht und mit wenig Druck bügeln.
EINFACHER! Einen Fettfleck behandeln Sie möglichst rasch, solange er noch frisch ist, dann geht es am leichtesten. Wenn er erst einmal eingetrocknet ist, wird es mühsamer. Da Fett sich bei 60 °C löst, halten Sie den Fleck zunächst im Waschbecken unter heißes fließendes Wasser. Die Reste bestreichen Sie mit Gallseife, lassen diese einwirken – und ab damit in die Waschmaschine bei der für das jeweilige Gewebe richtigen Temperatur.
BESSER! Festliche Damast-Tafeltücher aus Leinen oder Halbleinen sind insofern problematisch in der Pflege, als man sie nicht tadellos glatt gebügelt bekommt, auch nicht bei höchster Temperatur und mit Stärke- oder Bügelleicht-Spray. Die Lösung: Solche Tücher müssen gemangelt werden. Also geben Sie sie in die Wäscherei oder in die Heißmangel.

ALLES ZUM ABTROCKNEN häufig wechseln

Handtücher, Badetücher und Waschlappen sind Brutstätten für Keime. Umso wichtiger ist häufiges Wechseln und Waschen bei höchstmöglichen Temperaturen.
✳ Werfen Sie feuchte Handtücher nicht in den Wäschekorb, sondern breiten Sie sie, wenn Sie sie nicht gleich waschen können, zuvor zum Trocknen aus. Sonst gibt es Bakterienwachstum und schlechte Gerüche.

> » *Handtücher vertragen hohe Schleuderzahlen; umso rascher sind sie trocken* «

✳ Sortieren Sie Ihre Handtücher vor dem Waschen zunächst nach Farben: dunkle, weiße, rote oder andersfarbige. Sonst haben Sie nach der Wäsche statt weißen vielleicht auf einmal rosa Handtücher.
✳ Farbige Frottier-Handtücher können Sie bei 60 °C waschen, das reicht in normalen Fällen auch für die Hygiene. Darunter sollten Sie aber nicht gehen. Weißen Handtüchern bekommen auch 95 °C gut.
✳ Handtücher vertragen hohe Schleuderzahlen. Um so rascher sind sie trocken. Wer keinen Wäschetrockner hat, hängt sie draußen auf die Leine, dann werden sie weich. In der Wohnung, womöglich in der Nähe der Heizung getrocknete Tücher werden starr und hart.
✳ Bügeln sollte man Handtücher nicht, auch wenn das besser aussehen mag. Der Druck des Bügeleisens presst den Stoff zusammen und mindert das Wasseraufnahmevermögen.

> » *Bügeln Sie Handtücher nicht; streichen Sie sie einfach glatt und falten sie sorgfältig* «

Streichen Sie die Handtücher einfach glatt, und falten Sie sie sorgfältig zusammen.

BESSER! Auch wenn Sie aus Gründen der Energie-Ersparnis auf regelmäßige Waschgänge bei 95 °C verzichten: Diese Temperatur tötet nicht nur Bakterien und Pilze in den Textilien, sie säubert auch die Maschine selbst gründlich.

BILLIGER! Wenn Sie eine Trommel mit Handtüchern beladen, können Sie sie richtig vollstopfen. Das verhindert nicht nur, dass die Trommel in Unwucht gerät, weil Handtücher sich vollsaugen und sehr schwer werden – es spart auch Waschmittel, Wasser und damit Geld.

BITTE NICHT!

Wer farbige Handtücher in der Sonne trocknen lässt, darf sich über ein Verblassen der Farben nicht wundern: Ultraviolettes Licht erzeugt aus Wasser Bleichmittel.

BETTBEZÜGE pflegen

Stapelweise Bettbezüge aus weißem Damast waren früher der Stolz der Hausfrau und haben jede Menge Arbeit gemacht. Heute gibt es pflegeleichte Bezüge, bei denen das Waschen, Trocknen und Wiederaufziehen schnell geht. Umfangreiche Wäschevorräte sind da nicht mehr nötig.

✳ Bügelfrei sind Jersey, Seersucker, Frottier, Mikrofaser und die angerauten Stoffe Biber und Flanell. Diese sollte man bei 60 °C waschen.

✳ Gewebte Baumwollqualitäten sowie Leinen sind meist kochfest, aber nicht bügelfrei.

✳ Weiß und Bunt müssen getrennt in die Wäsche. Reißverschlüsse sollten geschlossen werden; das gilt vor allem für preiswertere Jersey-Bezüge, die sich dann weniger verziehen. Hochwertige Mako-Bezüge verziehen sich nicht.

SCHNELLER Wenn Sie die Trommel nur schwach beladen, wählen Sie ein Kurzprogramm. Auch bei verkürzter Waschzeit wird die Wäsche perfekt sauber.

EXPERTEN**RAT**

Weichspüler: Vor- und Nachteile

Am Weichspüler scheiden sich die Geister. Hier einige Argumente dafür und dagegen – und eine Alternative.

Vorteile:

- *Die Wäsche wird weicher. Das kommt empfindlicher Haut entgegen. Und sie duftet angenehm.*
- *Weichspüler mindern die elektrostatische Aufladung der Kleidung, besonders von Kunstfasern: An Frosttagen holt man sich weniger leicht einen „Schlag" beim Berühren von Metall.*
- *Mit Weichspüler behandelte Wäsche lässt sich leichter bügeln; die Fasern knittern weniger.*

Nachteile:

- *Für Allergiker können bestimmte Substanzen im Weichspüler problematisch sein.*
- *Handtücher werden zwar weicher, aber weniger saugfähig.*

Die Alternative zum Weichspüler:

Schaffen Sie sich einen Wäschetrockner an. Dort kommt die Wäsche weich und flauschig (Handtücher!) heraus. Auch Feinwäsche, die Sie lieber aufhängen, geben Sie nach dem Trocknen kurz in den Wäschetrockner (bei niedriger Temperatur oder Kaltluft), dann wird sie weich und meist auch glatt. Und wenn die Wäsche fein duften soll, legen Sie ein Trocknertuch mit in die Trommel.

Schlafraum: Reinlichkeit tut Not

Im Schlafzimmer verbringen wir ein Drittel unserer Lebenszeit – auch wenn man den Aufenthalt meist verschläft. Da wir dort weitgehend immobil, tief atmend und oft auch schwitzend liegen, müssen Bettwerk und Matratzen gut sauber gehalten werden.

IN DIESEM RAUM besonders häufig putzen

Weil das Bettzeug, der Kleiderwechsel und nicht zuletzt der Mensch selbst besonders viel Staub freisetzen, muss im Schlafzimmer häufig gesaugt bzw. gewischt und staubgewischt werden. Vergessen Sie auch nicht, von Zeit zu Zeit den Nachttisch mitsamt Schubfächern und die diversen weiteren Aufbewahrungsorte auszuräumen, zu säubern und wieder einzuräumen. Der Kleiderschrank sollte zweimal im Jahr feucht ausgewischt werden, wenn Sie Ihre Garderobe zu Beginn der neuen Saison sowieso durchsehen.

EIN GEPFLEGTES BETT für den erholsamen Schlaf

Es lohnt sich, in gutes Bettzeug, angenehme Kopfkissen, rückenfreundliche Matratzen und ein stabiles Bettgestell zu investieren. Denken Sie dabei daran, dass jeder Mensch unterschiedliche Vorgaben hat. Der eine schwitzt nachts leicht, der andere friert ständig; diese Unterschiede erfordern die jeweils richtige Decke. Auch für Sommer und Winter braucht man eventuell unterschiedliches Bettzeug. Manche Menschen wollen eine harte Matratze, andere ziehen es vor, weich zu liegen. Auch die Höhe des Betts selbst und etwaige Verstellmöglichkeiten von Kopf- und Fußteil sind zu beachten. Immerhin: Bei guter Pflege und Reinlichkeit hat man viele Jahre lang Freude an der Ausstattung.

> » Unterschiede in den Schlafgewohnheiten erfordern die jeweils richtige Decke «

DAS BETTZEUG, ganz nah an unserem Körper

Bei aller Ordnungsliebe: Machen Sie das Bett nicht gleich nach dem Aufstehen. Lassen Sie es erst einige Zeit gut auslüften und auskühlen, möglichst bei offenem Fenster. Dann verliert sich die große Menge Feuchtigkeit, die das Bettzeug während der Nacht vom Schläfer aufgenommen hat.

✳ Wechseln Sie alle zwei Wochen den Bezug und waschen ihn bei 60 °C. Bei Krankheit und starkem Schwitzen wechseln Sie natürlich häufiger, unter Umständen täglich.

✳ Daunen- und Federfüllungen müssen täglich aufgeschüttelt werden, damit sie wieder „aufblühen" können und die Bettbezüge faltenfrei werden.

» Lassen Sie Ihr Bett morgens einige Zeit auslüften und auskühlen, möglichst bei offenem Fenster «

✳ Daunen- und Federbetten können Sie heute meist bei 60 °C in der Waschmaschine waschen, jedenfalls theoretisch. Denn es ist von der Füllmenge abhängig, ob die Decke überhaupt in die Waschmaschine passt. Meist passt sie nämlich nicht hinein; dann gehen Sie in den Waschsalon, wo es Maschinen mit größerem Fassungsvermögen gibt, oder Sie geben sie in die Reinigung; meist sind es Betten-Fachgeschäfte, die dies anbieten und die auch das Inlett überprüfen und gegebenenfalls reparieren. Die Füllung wird bei dieser Gelegenheit ebenfalls ergänzt. Ob sich das finanziell lohnt oder ob Sie sich nicht lieber eine neue Decke kaufen, müssen Sie entscheiden.

✳ Synthetikfüllungen, die es aus unterschiedlichen Fasern gibt, sind besser zu waschen als Daunen und Federn und das ideale Füllmaterial für Allergiker. Aber auch hier müssen Sie das Etikett konsultieren, welche Waschtemperatur

ratsam ist und wie man die Decke trocknen sollte. Der Vorteil bei Synthetikdecken: Sie passen meist in die Waschmaschine.

✳ Eiderdaunen-Decken aus den Unterfedern der Eiderente sind das feinste und leichteste Füllmaterial überhaupt – der absolute Gipfel

---

GUTE PLANUNG!

Damit das Bett hygienisch bleibt

Täglich	*Bettdecken bei offenem Fenster auslüften*
Alle zwei Wochen	*Bettbezüge wechseln*
Einmal im Monat	*Matratze – ob Federkern-, Latex- oder Schaumstoffmatratze – hochstellen und Lattenrost wischen*
Alle drei Monate	*Kopfkissen waschen*
Zweimal im Jahr	*Sommer- und Winterdecken austauschen und Matratze wenden; das Wenden ist besonders wichtig bei Futons, um Schimmelbildung vorzubeugen; bei Matratzen mit unterschiedlichen Härtezonen darauf achten, dass sie wieder richtig herum eingelegt werden*
Alle drei Jahre	*Daunendecken waschen oder reinigen lassen*
Alle acht Jahre	*Eine neue Matratze kaufen*

> **Bei kostbaren Eiderdaunen-Decken lohnt sich das professionelle Reinigen und Aufarbeiten**

des Schlafkomforts. Da solche Decken leicht 2000 Euro und mehr kosten können, lohnt sich das professionelle Reinigen, Nachfüllen und Aufarbeiten des Inletts.

✱ Füllungen aus Tierhaar (Kamelhaar, Schurwolle) dürfen nicht gewaschen werden; sie erfordern daher besonders gründliches Auslüften. Ab und zu müssen sie in die Reinigung.

✱ Kopfkissen sollten Sie öfter waschen als Bettdecken: etwa alle drei Monate. Da sie gut in die Maschine passen, ist das kein Problem.

SCHNELLER! Legen Sie eine maschinenwaschbare Matratzenauflage oder – wenn Sie leicht frieren – ein dünn gefülltes, am besten abgestepptes Synthetik-Unterbett auf die Matratze. Etwaige Flecken lassen sich daraus schneller auswaschen, als wenn Sie die Matratze bearbeiten müssten.

BESSER! Wenn Sie – was ratsam ist – separates Bettzeug für Sommer und Winter besitzen, sollten Sie das jeweils nichtgebrauchte nach dem Waschen oder Reinigen in einem preiswerten Vakuumbeutel lagern. Sie stopfen es hinein, saugen mit dem Staubsauger die Luft heraus und verschließen die Saugöffnung. Das hat zwei Vorteile: Es spart Platz, und es schützt zuverlässig vor Milben.

BITTE NICHT!

Geben Sie keinen Weichspüler in die Maschine, wenn Sie Federbetten waschen – er fördert das Verklumpen.

DAS TROCKNEN – gewusst wie

Nach dem Waschen müssen Daunenbett und Synthetikbett so trocknen, dass innen nichts verklumpt. Das funktioniert richtig gut nur im Wäschetrockner, aber die meisten Wäschetrockner sind dafür zu klein. Wenn Sie die Decke hineinstopfen, können sich die Daunen nicht entfalten. Trocknen Sie sie also im Waschsalon, und geben Sie einen weißen Tennisball oder einen speziellen Trocknerball (siehe Abb. Seite 242) mit in die Trommel.

✱ Sollten Sie die Decke an der frischen Luft trocknen wollen, halten Sie sie fern von direkter Sonnenbestrahlung – sie macht die Daunen und Federn brüchig.

> **In einer großen Trocknertrommel können sich die Federn gut entfalten**

Küche und Bad erfordern Sorgfalt

Küche und Bad haben gemeinsam, dass sie Wasser- und Abwasseranschlüsse und die entsprechende Ausstattung haben. Sie zählen im Jargon der Architekten zu den „Feuchträumen" und erfordern aus hygienischen Gründen eine besonders sorgfältige Reinigung.

IN DER KÜCHE alles im Griff

Betritt man morgens eine saubere, aufgeräumte Küche, fängt der Tag schon mal gut an. Das bedeutet allerdings auch, dass man regelmäßig einiges tun sollte. Mit ein paar geschickten Handgriffen geht das aber relativ rasch.

✳ Herumstehendes Geschirr und Besteck in die Spülmaschine einräumen. Grobe Speisereste in den Müll geben oder anspülen. Große Töpfe und Pfannen sollten Sie am besten rasch per Hand spülen; sie füllen die Spülmaschine unnötig. Wenn Sie Pfannen einige Minuten lang mit heißem Wasser und etwas Spülmittel einweichen, kann die Spülbürste die Fettreste sehr leicht ablösen. Dann abtrocknen und wieder in den Schrank stellen.

✳ Abfall kommt in den entsprechenden Mülleimer, gebrauchter Filter aus der Kaffeemaschine ebenso. Wasserkocher entleeren, dann verkalkt er nicht so schnell.

✳ Kochplatte und Arbeitsplatte mit Geschirrspülmittel, das ja ohnehin an der Spüle steht, abwischen. Wenn das täglich geschieht, löst sich frischer Schmutz rasch. Fest haftende Speisereste auf dem Glaskeramik-Kochfeld zunächst mit Wasser kurz einweichen; ein spezieller Schaber mit Rasierklinge (Baumarkt) löst sie dann leicht ab. Falls Sie Kinder oder Enkel haben, die gern etwas an Fensterscheiben kleben, eignet sich dieser Schaber übrigens auch hervorragend zum kratzfreien Entfernen von Tesafilm-Spuren am Glas.

✳ Das Spülbecken täglich innen abschrubben, es neigt zum Fleckigwerden. Kalkränder entfernen Sie bei Edelstahl-, Email- oder Keramikspülen mit Kalklöser oder einer halben Zitrone. Fettreste mit Scheuermilch beseitigen. Gut nachspülen und mit einem Lappen blank reiben.

✳ Da Küchenlappen zu den schmutzigsten Gegenständen in der Wohnung zählen, noch vor der Klobrille, sollten Sie die Lappen täglich wechseln. Je nach Material werfen Sie sie weg oder geben sie in die Waschmaschine (60 °C-Wäsche oder Kochprogamm).

SCHNELLER! Wenn Sie einen Lappen oder Schwamm rasch brauchen und keinen sauberen zur Hand haben, können Sie ihn auch für

> » Das Spülbecken täglich innen abschrubben, es neigt zum Fleckigwerden «

SAUBERKEIT IST TRUMPF

einige Minuten feucht bei höchster Wattzahl in die Mikrowelle legen – das heiße Wasser halten nur wenige Bakterien aus.

EINFACHER! Sie bekommen Ihr Glaskeramik-Kochfeld ruckzuck sauber, wenn Sie es mit einem Spülmaschinen-Tab abreiben.

BESSER! Für Edelstahl-Spülbecken brauchen Sie nicht unbedingt Spezialreiniger. Umweltschonender ist eine Mischung aus Schlämmkreide (Apotheke) und billiger Flüssigseife. Mit einem gelbgrünen Schwamm anwenden.

BILLIGER! Eine erstaunliche Reinigungswirkung für dünne Beläge auf Edelstahl entwickelt eine halbierte rohe Kartoffel. Das funktioniert auch mit Kartoffelschalen.

KÜCHENSCHRÄNKE sauber halten

Unter- und Oberschränke sollte man zweimal im Jahr ausräumen und feucht auswischen. Besonders wichtig ist die regelmäßige Säuberung der Schubladen, weil sich in ihnen gern Krümel sammeln. Woher die kommen, bleibt oft ein Rätsel, da man ja nur gereinigtes Besteck und andere saubere Kleinteile hineinlegt. Am besten, man saugt die Krümel heraus, mit einem Wischlappen bekommt man sie schlecht aus den Ecken.

✳ Deutlich schmutziger als die Innenräume der Schränke werden deren Außenseiten, denn an ihnen lagern sich die Küchendünste ab; das verhindert auch keine Dunstabzugshaube, sie vermindert es nur. Die Schicht aus einem Fett-Staub-Gemisch (Wrasen) ist nicht ganz leicht abzuwischen. Versuchen Sie es zunächst mit sehr warmem Wasser und einem fettlösenden Geschirrspül- oder Wäschewaschmittel, das können alle Möbelfronten ab. Ein Neutralreiniger kommt ebenfalls infrage; ihn kann man auch bei Holzfronten einsetzen.

>> *Möbelfronten niemals mit Reinigungsmitteln mit Putzkörpern behandeln, sie rauen die Oberfläche auf* <<

✳ Niemals zu Reinigungsmitteln mit Putzkörpern greifen – etwa Scheuersand, Scheuermilch oder Putzstein –, obwohl es damit am schnellsten geht: Sie rauen die Oberflächen auf, sodass diese schneller wieder verschmutzen.

✳ Die Griffe der Möbeltüren sollten Sie mit sehr warmem Wasser und einem kräftigen Schuss Universalreiniger abreiben.

✳ Starke Waschlauge ist auch für die schmutzige Fettschicht auf der Oberseite der Küchenschränke nötig, auf der sich in der Regel ein besonders dicker Film ablagert.

EINFACHER! Legen Sie auf die Schrankoberseiten Zeitungspapier, das Sie mit Klebeband so fixieren, dass man es von unten nicht sieht (Küchenpapier ist hier weniger geeignet). Schmutziges Papier wird einfach gewechselt – und Sie haben sich viel Schrubben erspart.

BILLIGER! Als ebenso wirksames wie billiges Mittel gegen Verschmutzungen bietet sich Soda (Waschsoda = Natriumkarbonat) an. Entweder als Lösung in warmem Wasser anwenden oder, bei starker Verschmutzung, das Pulver auf einen feuchten Lappen streuen.

>> *Als wirksames und billiges Mittel gegen Verschmutzungen bietet sich Soda an* <<

DAS BAD – hygienisch und strahlend

Wie überall ist das Putzen auch im Bad am einfachsten, wenn man es regelmäßig und oft tut. Alter Schmutz lässt sich nur sehr schlecht entfernen.

✱ Waschbecken sollten Sie täglich reinigen, denn hier sammelt sich ständig Schmutz vom Händewaschen. Aber auch Haare, Seifen- und Zahnpastareste werden meist nur unzureichend weggespült. Bei normaler Verschmutzung genügt ein Universalreiniger, mit dem Sie auch die Armaturen putzen. Bei stärkeren Verschmutzungen schrubben Sie Keramik- oder Emailbecken mit Scheuermilch. Kalk- und Schmutzablagerungen an schlecht zugänglichen Stellen bekommen Sie mit Badreinigungs-Spray und einer alten Zahnbürste in den Griff. Spülen Sie immer mit klarem Wasser nach und trocknen das Becken gut ab.

✱ Waschbecken aus Mineralwerkstoffen (beispielsweise Corian®) werden mit Scheuermilch gereinigt. Immer das ganze Becken mitsamt den Ablageflächen behandeln, damit es keine Unterschiede gibt. Das Material ist empfindlich gegen intensivfarbige Flecken, etwa Haartönungsmittel: Sie müssen sofort weggewischt werden. Zur Behandlung von Fleckenrückständen unbedingt die Pflegeanleitung des Herstellers beachten.

✱ Wenn Sie pflegende Badezusätze verwenden, bleibt an den Wannenwänden ein öliger Film zurück. Sprühen Sie die Badewanne, ob Email oder Acryl, mit einem fettlösenden Putzmittel ein, reiben die Fläche mit einer alten Feinstrumpfhose ab und brausen anschließend die Rückstände weg.

✱ Die Wandfliesen reinigen Sie mit einem Universalreiniger und Putztuch. Vorsicht bei sauren Reinigern – sie greifen Zementfugen an. Stark verschmutzte Fugen behandeln Sie mit einer Paste aus Soda und wenig Wasser, bürsten sie nach etwa einer Stunde Einwirkzeit sauber und spülen gut mit Wasser nach. Gegen

>> *Besonders glänzende Armaturen bekommen Sie, wenn Sie etwas Klarspüler auftragen* <<

Kalkkrusten setzen Sie saure Kalkentferner wie Zitronensäure ein, wässern aber vorher die Fugen mit klarem Wasser und spülen auch hinterher gut nach, damit die Fugen keinen Schaden nehmen.

✱ Vergessen Sie nicht, die Türdrücker innen und außen abzuwischen – immerhin werden sie ständig angefasst.

BESSER! Besonders glänzende Armaturen bekommen Sie, wenn Sie etwas Klarspüler (von der Geschirrspülmaschine) auftragen und damit die Kalkablagerungen abreiben. Dann spülen Sie gut mit Wasser und polieren sie mit trockenem Tuch.

BILLIGER! Für Spiegel brauchen Sie keinen Glasreiniger. Nehmen Sie eine Mischung aus zwei Teilen entionisiertem Wasser (Baumarkt)

SAUBERKEIT IST TRUMPF

und einem Teil Spiritus. Diese Lösung entfernt auch klebrige Niederschläge von Haarspray. Reiben Sie den Spiegel danach gut trocken.

> **BITTE NICHT!**
>
> *Behandeln Sie Kalkränder an verchromten Armaturen nicht mit Essig-Essenz, denn diese beschädigt die dünne Chromschicht und greift das Messing darunter an.*

DIE DUSCHE pflegen

Säubern Sie Duschbecken, Armaturen, Wände und Abtrennungen möglichst unmittelbar nach dem Benutzen. Sonst setzt sich mit der Zeit ein Belag aus Kalk, Seife und Shampoo an der Duschabtrennung und den Wänden fest, besonders in den Fugen der Kacheln.

✹ Sprühen Sie zum Reinigen alle Teile der Dusche mit Badreiniger ein und lassen sie einige Minuten lang einweichen. Putzen Sie dann mit einem feuchten Putzlappen sauber. Schmutz, der so nicht verschwindet, können Sie mit einer Bürste entfernen – an schlecht zugänglichen Stellen mit einer alten Zahnbürste. Anschließend gut mit klarem Wasser nachspülen und mit einem Handtuch trocknen, um Kalkflecken vorzubeugen.

✹ Schmutzige Stellen am Fugenkitt können Sie mit einer Paste aus Soda und wenig Wasser einreiben. Nach etwa einer Stunde schrubben Sie den Schmutz mit einer alten Zahnbürste weg und spülen gut nach.

✹ Auch Schimmelflecken auf Silikonfugen können Sie, wenn sie noch nicht zu alt sind,

EINEN PERLATOR ENTKALKEN

Der Perlator ist das aufgeschraubte Endstück des Wasserhahns. Das feine Sieb, das sich darin befindet, sorgt dafür, dass der Wasserstrahl weich, eben „perlend", ausströmt. Diese feinen Öffnungen setzen sich besonders in Gebieten mit kalkhaltigem Leitungswasser mit der Zeit mit Kalk zu. Sie merken das am schief heraussspritzenden Wasserstrahl.

1 Ist auch der Außenring verkalkt, in dem das Perlatorsieb steckt, wird es höchste Zeit zum gründlichen Entkalken.

2 Schrauben Sie den Außenring mit einer Wasserpumpenzange ab. Als Schutz vor Kratzern legen Sie ein dünnes Tuch dazwischen.

3 Legen Sie Außenring und Sieb für einige Stunden in eine Schale mit Entkalkerlösung. Dann beides abspülen und wieder anschrauben.

Küche und Bad erfordern Sorgfalt

mit einer Paste aus Soda und wenig Wasser sowie einer Bürste entfernen. Reicht das nicht, greifen Sie zu Schimmelentfernern (Baumarkt). Helfen auch diese nicht, muss das Silikon erneuert werden.

✹ Die Kunststoff- oder Glasabtrennungen verschmutzen rasch, zudem sind Flecken hier besonders auffällig. Zur normalen Reinigung genügen Putztuch und Bad- oder Universalreiniger. Hartnäckigen Kalk können Sie mit Kalkentferner behandeln, zum Beispiel einem in Zitronensäurelösung getauchten Schwamm. Spülen Sie mit klarem Wasser nach, und trocknen Sie die Duschabtrennung mit einem weichen Tuch. Auf unstrukturierten, ebenen Flächen können Sie das Wasser auch mit einem Abzieher entfernen, wie beim Fenster.

✹ Stockflecken an Duschvorhängen können Sie mit einer Paste aus Soda und wenig Wasser behandeln, dann gut abreiben und gründlich nachspülen. Danach sollten Sie den Duschvorhang bei 30 °C in der Maschine waschen. Aber nicht schleudern!

DIE TOILETTE: Perfekt sauber

Reinigen Sie zuerst mit Klobürste und WC-Reiniger den inneren Bereich des WCs. Lassen Sie den WC-Reiniger dabei etwa eine halbe Stunde lang einwirken, erst dann spülen Sie mit klarem Wasser nach. Während der Reiniger wirkt, sprühen Sie mit Badreiniger den WC-

BITTE NICHT!

Verwenden Sie für Duschabtrennungen aus Kunststoff nie lösungsmittelhaltige Reiniger. Abgesehen davon, dass diese Mittel umwelt- und gesundheitsschädlich sind, werden Kunststoffflächen davon matt und klebrig, weil das Material angelöst wird.

» *Statt eines WC-Reinigers können Sie auch einen Gebissreiniger-Tab verwenden, den Sie einige Stunden einwirken lassen* «

Rand, die Brille und den Deckel ein und wischen mit einem Putztuch nach, das danach in die Waschmaschine kommt (Kochgang).

✹ Vergessen Sie auch die Armatur, den Papierspender und den Wasserkasten nicht. Zudem sollten Sie bei jeder WC-Reinigung auch die WC-Bürste sowie deren Behälter reinigen; weil diese Dinge stark verschmutzen, sollten sie ab und zu ausgetauscht werden.

EINFACHER! Wenn Sie keinen WC-Reiniger zur Hand haben oder verwenden möchten (das sind immer sehr aggressive Mittel), schütten Sie 100 ml Mundwasser oder den Inhalt einer Cola-Dose in die Toilette. Nach einer halben Stunde das WC mit der Klobürste schrubbben, dann nachspülen.

BILLIGER! Statt eines WC-Reinigers können Sie bei nicht so festen Belägen einen Geschirrspül-Tab oder auch einen Gebissreiniger-Tab verwenden, den man einige Stunden einwirken lässt. Anschließend mit der WC-Bürste nacharbeiten und gut spülen.

Ordnung ist das halbe Leben

Ordnung spart uns kostbare Lebenszeit, in der wir schönere Dinge tun können als Suchen. Natürlich versteht jeder unter Ordnung etwas anderes – was der eine für aufgeräumt hält, ist für den anderen Chaos. Doch wichtig ist allein, ob wir schnell das finden, was wir brauchen. Einige Grundregeln und zahlreiche Ideen werden Ihnen helfen, dieses Ziel zu erreichen.

Alles hat seinen festen Platz

Hierzulande besitzt jeder Mensch im Durchschnitt 10 000 Dinge – bei manchen Leuten sind es sogar erheblich mehr. Es ist daher gar nicht so leicht, in einer Wohnung Ordnung zu schaffen und zu halten. Doch zum Glück gibt es dafür wirksame Strategien.

ORDNUNG IST WICHTIG, um stressfrei durch den Alltag zu kommen

Angesichts der Fülle von Kleidungsstücken, Haushaltsgegenständen, Büchern, CDs und DVDs, Wäschestücken, Werkzeugen, Erinnerungsstücken und vielen anderen Dingen ist es eigentlich kein Wunder, dass die Wohnung meist nicht besonders gut aufgeräumt wirkt. Oft muss man nach bestimmten Dingen lange suchen – oder hat komplett vergessen, dass man sie besitzt.

> » Aufräumen ist eine anstrengende Tätigkeit – die aber Spaß macht, wenn man den Erfolg sieht «

Wenn jedoch alle Sachen einen festen Platz haben, der ihnen zugewiesen ist, kann man sie nach Gebrauch wieder dort unterbringen. Andernfalls ist Aufräumen nicht möglich, und man ist gestresst, weil man Dinge von einer Stelle zur anderen schiebt oder von einem Platz zum anderen trägt.

✳ Aufräumen ist eine anstrengende Tätigkeit, die aber Spaß macht, wenn man den Erfolg sieht – obwohl man ständig hin und her läuft, Körbe oder Kartons schleppt, Schränke und Schubladen aus- und wieder einräumt. Zudem verbindet man meist – sinnvollerweise – das Aufräumen mit dem Putzen.

✳ Kaum weniger anstrengend als die körperliche Betätigung sind die ständigen Entscheidungen beim Aufräumen: Wo soll ein bestimmter Gegenstand aufbewahrt werden? Wie bringt man ihn so unter, dass man ihn später wiederfindet? Will man ihn überhaupt behalten – oder vielleicht doch entsorgen –, oder könnte man ihn vielleicht noch einmal gebrauchen?

✳ Deshalb: Bevor Sie eine größere Aufräumaktion angehen, bedenken Sie, was für Arten von aufzuräumenden Dingen im Raum verteilt sind (Spielzeug, Zeitschriften, Kleidungsstücke, DVDs, Kleinkram ...). Als Nächstes überlegen Sie, wie Sie diese am besten geordnet unterbringen und an welcher Stelle des Raumes oder der Wohnung. Dann besorgen Sie die dazu eventuell nötigen Behälter in passender Menge und Größe. Der Handel bietet Ordnungssysteme und -hilfen in überwältigender Vielfalt: Kartons, Kunststoffgefäße jeder Art und Größe und teils sogar mit Schubladen versehen, Zeitschriftensammler, Schubladenteiler, Mappen, Körbe usw. Nutzen Sie diese Möglichkeiten geschickt aus.

SCHNELLER! Wägen Sie immer wieder ab: Wie viel Zeit benötige ich jetzt, um alles einzuräumen und zu kennzeichnen, und wie viel Zeit erspart mir dieser Aufwand, wenn ich etwas irgendwann einmal suche. So brauchen Sie vermutlich weniger Zeit, ein bestimmtes Buch in einem Regal mit 200 Büchern durch Überfliegen der Rückentitel zu finden, als zum peniblen Ordnen und Katalogisieren der Bücher.

BITTE NICHT!

Verlangen Sie beim Aufräumen keine Perfektion von sich selbst, sonst werden Sie immer scheitern. Schließlich ist ein bisschen Unordnung normal in einer Wohnung, in der Menschen leben – zumal, wenn Kinder und Haustiere zur Familie gehören.

GUTE PLANUNG!

Wie man strategisch vorgeht

Sich nicht überfordern	*Nehmen Sie sich nicht zu viel auf einmal vor. Wählen Sie jeden Tag ein Fleckchen, das Sie aufräumen, z. B. eine Schublade.*
Erfolgserlebnisse schaffen	*Beginnen Sie beim Aufräumen immer dort, wo Sie in kurzer Zeit am meisten erreichen (oder wo es am nötigsten ist). Das motiviert.*
Gleich ausmisten	*Halten Sie beim Aufräumen einen Karton bereit, in dem Dinge landen, die Sie in den Müll geben, an Freunde oder Verwandte verschenken oder auf einem Flohmarkt anbieten möchten.*

AUFRÄUMEN IST BESSER ALS SUCHEN
und kostet weniger Zeit

Ganz entscheidend ist, dass alles in der Wohnung einen Platz hat, an den es gehört, d. h. an den man etwas legen (stellen) kann, wenn es nicht in Gebrauch ist. Gegenstände, die nie einen festen Platz hatten, werden von Ort zu Ort geschoben bzw. umgelagert und sind doch immer irgendwie im Weg. Legen Sie also für alle Dinge einen bestimmten Platz fest, und bringen Sie sie nach Benutzung baldmöglichst wieder dorthin zurück. Wirklich bald!

✳ Räumen Sie abends vor dem Schlafengehen noch rasch die wichtigsten Sachen weg.

✳ Unterstützen Sie den Ordnungssinn Ihrer Familienangehörigen, indem Sie ihnen das Ordnunghalten möglichst einfach machen.

Warum nicht einen zusätzlichen Schmutzwäschekorb ins Kinderzimmer stellen, wo die Kleinen ihre getragene Wäsche selbst hineinwerfen können? Oder im Flur ein Körbchen für eingegangene Post vorsehen, damit sie nicht auf dem Küchentisch oder irgendeinem Stuhl landet? Und im Wohnzimmer einen Zeitschriftenständer anbieten, damit die Hefte nicht auf Tisch, Sofa und Sesseln liegen?

✳ Ordnen Sie alle Dinge in „ständig nötig", „seltener gebraucht" und „ganz selten gebraucht, wenn überhaupt". Der ersten Kategorie weisen

» Räumen Sie abends vor dem Schlafengehen noch rasch die wichtigsten Sachen weg «

Sie gut zugängliche Plätze zu, Gegenstände aus der zweiten Kategorie können weiter hinten in den Schränken aufbewahrt werden, und was in die letzte Sparte fällt, landet im Keller bzw. auf dem Dachboden – oder wird weggeworfen.
`EINFACHER!` Reservieren Sie in Diele oder Küche einen Platz, an dem alles gesammelt wird, was gerade nicht weggeräumt werden kann, weil man keine Zeit dafür hat – etwa eine bestimmte Schublade oder einen Korb. Sichten Sie dieses Behältnis häufig, damit nichts Wichtiges verkramt wird.

WOHN-, ESS- UND MEDIENZIMMER
brauchen ausreichend Schrankraum

Für jedes Zimmer gilt, dass man nur Ordnung halten kann, wenn genügend Schrankraum vorhanden ist. Für Wohn- und Esszimmer sind das z. B. Schränke für Geschirr sowie Regale für Bücher und CDs/DVDs. Geschirr sollte immer gleich nach dem Spülen in den Schrank gestellt werden, und zwar die häufig gebrauchten Teile nach vorn (wenn Sie sie nicht sowieso in der Küche aufbewahren), das „gute Geschirr" nach hinten. Medien stellt man nach Benutzung gleich wieder ein: CDs, DVDs, Bücher, Alben und Zeitschriften bleiben nicht auf dem Tisch liegen, sonst hat man es bald mit einer Haufenbildung zu tun. Und Stapel neigen zum Wachstum – je länger die Dinge herumliegen, desto aufwendiger wird das Aufräumen.

✹ Haben Sie mehrere Fernbedienungen? Diese können abends, bevor Sie schlafen gehen, in einem Körbchen oder einer speziellen Schublade Platz finden, anstatt störend herumzuliegen.

✹ Sieht man die Zuleitungskabel, können Sie diese mit Plastik-Strips (gibt es in hell und schwarz und diversen Größen) zu einem Bündel zusammenbinden. Oder Sie installieren Kabelkanäle bzw. nutzen Kabelschläuche, die man um die Kabelbündel wickeln kann.

✹ Gewöhnen Sie sich an, mehrmals am Tag alles wegzuräumen, was nicht ins Wohnzimmer gehört – etwa leere Flaschen und Gläser oder gebrauchtes Geschirr. Das geht rasch, und schon sieht es ordentlich aus.

✹ Schaffen Sie Plätze, wo ständig gebrauchte Dinge optimal untergebracht sind und wo sie auch zuverlässig immer liegen. Portemonnaie, Handy, Autoschlüssel, Autobrille und Hausschlüssel sollten stets an einer ganz bestimmten Stelle zu finden sein.

`SCHNELLER!` Betreiben Sie mehrere Elektronikgeräte (Fernseher, DVD-Player, Stereoanlage) an einer Steckdosenleiste, markieren Sie die Kabel mit Etiketten. Bei Problemen wissen Sie dann sofort, welcher Stecker zu ziehen ist.

» Bücher und Alben stellt man nach Benutzung gleich wieder ein «

Alles hat seinen festen Platz

» Portemonnaie, Schlüssel und Handy sollten stets an einer ganz bestimmten Stelle zu finden sein «

SCHNELLER! Eine Garderobe mit Namensschildchen über den betreffenden Haken für jedes Familienmitglied hilft beim schnellen Finden und ordentlichen Aufhängen der Kleidungsstücke. Kinder sollten eine eigene, niedriger angebrachte Garderobe haben.

EINFACHER! Wenn Sie sehr viele Einzelschlüssel haben, ist Ihnen mit einer Hakenleiste oder einem Schlüsselkasten nicht gedient. Montieren Sie ein Lochbrett in der Diele, in das Sie zahlreiche Haken für ebenso viele Schlüssel einklinken können.

BESSER! Jeder Einzelschlüssel – aber wirklich jeder – braucht einen Anhänger, auf dem steht, wofür dieser Schlüssel ist.

BITTE NICHT!

Vorsicht vor Stapeln! Sie wirken zwar aufgeräumt, aber gesuchte Dinge sind in einem Haufen schwer zu finden.

BITTE NICHT!

Das Schlüsselbrett und das Körbchen oder die Schublade für Autoschlüssel, Portemonnaie und Handy dürfen nicht für jemanden erreichbar sein, der vor oder in der Tür steht. Sie könnten sonst zu leicht gestohlen werden.

EINE EINLADENDE DIELE ist die Visitenkarte des Hauses

Im Eingangsbereich ist der optimale Platz für Haken, ein Körbchen oder ein Schränkchen mit einer Schublade, wo Sie Haustürschlüssel, Autoschlüssel, Fahrkarten, ausgehende und eingegangene Post, Einkaufszettel, Hundeleine, Sonnenbrille usw. deponieren, sodass sie stets zur Hand sind. Damit der Raum einen ordentlichen, gepflegten Eindruck macht, ist er tabu für Plastiktüten aus dem Supermarkt.

✹ Hierhin gehört eine Abstellmöglichkeit für Straßenschuhe, damit Schmutz und Nässe nicht ins Haus getragen werden. In der Regel ist der Fußboden hier leicht zu wischen.

✹ Eine Taschenlampe sollte im Flur deponiert werden, damit bei Stromausfall nicht danach gesucht werden muss. Vergewissern Sie sich, dass alle Familienmitglieder Bescheid wissen, wo sich die Taschenlampe befindet.

DIE KÜCHE, in der man alles findet

Organisieren Sie Ihre Arbeitsplatte gut. Wenn Sie nicht gerade viel Platz haben, sollten dort nur die ständig gebrauchten Dinge stehen, z. B. Kaffeemaschine und Toaster. Schränke und Schubladen sollten praktische Einteilungen haben, also die Schränke ausreichend Borde, die Schubladen Stege oder Körbe.

✹ Halten Sie Ordnung auf der Arbeitsplatte, sodass nicht etwa Putz- und Lebensmittel durcheinander liegen. Achten Sie bereits beim Auspacken Ihrer Einkäufe darauf, dass diese beiden Produktgruppen voneinander getrennt bleiben. Das Scheuermittel für die Spüle hat nichts neben den Äpfeln zu suchen.

✹ Ständig in Griffweite brauchen Sie Küchenpapier, Lappen, Schürze, Flaschenöffner, Folien und Küchenschere – und eine Löschdecke.

`EINFACHER!` Da das oberste Bord in Oberschränken schlecht erreichbar ist, kommen darauf die selten gebrauchten Dinge. Und damit Sie sehen, was sich dort befindet, lassen Sie sich vom Glaser für wenig Geld ein Bord aus schlagfestem Glas zuschneiden. Dann haben Sie auch von unten den Durchblick.

`BESSER!` Man sollte kein gebrauchtes Geschirr herumstehen lassen, auch nicht in der Spüle. Wer keinen Platz für einen Geschirrspüler hat, in den man das Geschirr gleich nach Gebrauch einräumen kann, sollte die Anschaffung eines Mini-Geschirrspülers erwägen, den man auf die Arbeitsplatte stellen kann.

DAS KINDERZIMMER, der potenziell chaotischste Ort

Fangen Sie rechtzeitig an, Ihr Kind an Ordnung zu gewöhnen (ist es erst in der Pubertät, wird das schwierig). Denn eigentlich haben Kinder noch keinen Sinn für Ordnung und sitzen meist glücklich in ihrem kreativen Chaos. Doch nach dem Spielen sollte aufgeräumt werden (Ausnahme: „Bauwerke", die für weiteres Bespielen stehen bleiben sollen). Machen Sie dem Kind den Hauptgrund für Ordnung klar: Man braucht nicht ewig nach etwas zu suchen, weil alles seinen Platz hat. Unterstützen Sie das Kleine, indem Sie im Zimmer genügend Aufbewahrungsmöglichkeiten bereitstellen.

✹ Helfen Sie Ihren Kindern beim Aufräumen, da sie oft auch bei gutem Willen diese Aufgabe kaum oder gar nicht bewältigen. Dann sind Sie alle schnell fertig.

» Helfen Sie Ihren Kindern beim Aufräumen, da sie oft auch bei gutem Willen diese Aufgabe kaum oder gar nicht bewältigen «

✹ Strukturieren Sie, wenn möglich, das Zimmer in Tätigkeitsbereiche, zum Beispiel: Schlafbereich (muss abends frei sein), Bastelecke (nur hier ist Malen und Klecksen gestattet), Kuschelecke (mit Kissen, zum Lesen und Musikhören), Bauecke (hier können Lego-Modelle auch mal einige Tage stehen bleiben) und Arbeitsecke (für Hausaufgaben). Eventuell kommen noch Puppenstube oder Modelleisenbahnecke dazu.

✹ Sortieren Sie das Spielzeug zusammen mit dem Kind in Boxen unterschiedlicher Farbe. Also etwa Lego-Steine, Plüschtiere, Computerspiele, Malbücher. Seien Sie dabei nicht zu systematisch und pingelig: Wenn Teddy unbedingt seinen Ball bei sich braucht, dann kommt der Ball eben in die Kiste mit den Plüschtieren.

`SCHNELLER!` Anstatt lange zu überlegen, wo Dinge hinkommen sollen, die nicht spontan ihren Platz finden, stellen Sie einen Kasten für diese Art von Teilen bereit.

Alles hat seinen festen Platz

BESSER! Sorgen Sie, wenn sich mehrere Kinder den Raum teilen, für klare Trennmöglichkeiten der Besitztümer. Dann gibt es keinen Streit.

IM SCHLAFZIMMER muss vieles strategisch untergebracht werden

Um im Schlafzimmer Ordnung zu halten, brauchen Sie nicht nur einen ausreichend großen Kleiderschrank und idealerweise eine Wäschekommode, sondern auch eine kluge Inneneinrichtung für beide Möbelstücke. Für alle Arten von Kleidungsstücken gibt es Kasten- und Hängesysteme. Überlegen Sie, welche Ordnungshelfer Sie benötigen.

✱ Kästen aller Art sind besonders nützlich für Kleinteile wie Halstücher, Gürtel, Krawatten und Socken. Diese Kästen sollten durchsichtig sein, damit man gleich sieht, was drin ist. Aus demselben Grund sollten Innenschubladen von Kleiderschränken eine Glasfront haben.

SCHNELLER! Falls Sie den Kleiderschrank bzw. die Wäschekommode nicht allein nutzen, sollte jeder seinen festen Bereich haben. Dann braucht niemand lange zu suchen.

BESSER! Anstatt abends Ihre Kleidung irgendwohin zu werfen, stellen Sie einen Stuhl bereit, über den Sie die Sachen ordentlich legen, sodass sie nicht kraus werden. Außerdem können sie dort auslüften, bevor Sie sie wieder in den Schrank hängen oder in die Wäsche geben.

BILLIGER! Falls Ihnen eine aufwendige Inneneinrichtung Ihres Kleiderschranks zu teuer sein sollte – vor allem die Kosten für Innenschubladen darf man nicht unterschätzen –, stellen Sie bunte Plastikkörbe hinein. Auch hübsche Behältnisse, etwa dekorative Schachteln oder Keksdosen, bieten sich an.

SPANNBETTLAKEN ORDENTLICH ZUSAMMENLEGEN

Bei dem Versuch, Spannbettlaken zusammenzulegen, kann man schier verzweifeln. Doch es gibt eine Methode, Chaos im Wäscheschrank zu vermeiden. Hier sehen Sie, wie es geht.

1 Das Spannbettlaken so ausbreiten, dass das Gummi oben liegt. Nun nach innen greifen und erst eine hintere Ecke, dann die andere hintere Ecke nach außen stülpen.

2 In beide Ecken hineingreifen und diese Ecken unterhalb des Gummis in die beiden vorderen Ecken hineinschieben. Jetzt hat man nur noch zwei Ecken.

3 Das Ganze um 180 Grad drehen, damit man besser drankommt. Das Laken an den beiden Ecken anfassen und es mehrfach zu einem glatten, schmalen Paket falten.

Zusätzlichen Stauraum schaffen

Raum ist in der kleinsten Hütte. Und mit einigen Tricks und Hilfen kann man auch noch unscheinbare oder bisher übersehene Winkel zum Einräumen von Gegenständen nutzen.

DACHSCHRÄGEN optimal nutzen

Das Problem ist, dass die meisten Möbel für Zimmer mit geraden Wänden einer bestimmten Höhe konstruiert sind. Wer Dachschrägen in den Zimmern hat, muss sie frei lassen – oder selbst planen und bauen bzw. bauen lassen. Es gibt aber durchaus flexible Regalsysteme mit verstellbaren Böden, die man Schrägen anpassen kann. So lassen sich nicht nur Wohnräume im Obergeschoss, sondern auch Dachräume besser nutzen. Den Kniestock, das untere gerade Wandstück bis zur Dachschräge, kann man ebenfalls sehr gut mit Regalen oder niedrigen Schränken bestücken. Es ist ein idealer Aufbewahrungsplatz für Kunststoffboxen mit Deckel und Rollen. Sie bieten viel Stauraum und lassen sich, wenn man den Inhalt braucht, leicht hervorziehen.

✷ Wandern Sie durch Möbelhäuser für den schmaleren Geldbeutel. Oft bieten sie den Kunden überraschend pfiffige und schön gestaltete Aufbewahrungslösungen für Dachgeschosswohnungen mit schrägen Wänden an.

» *Sehr stilvoll ist ein System aus stapelbaren Schubladen, das die treppenförmige Abstufung übernimmt* «

BITTE NICHT!

Bauen Sie nicht jede Schräge zu, sonst wirkt ein Raum eingeengt. Auch sollten Sie Wände und Decken nicht mit dunklen Farben gestalten, denn dann erscheint der Raum kleiner als er tatsächlich ist.

DEN TREPPENBEREICH nicht leer lassen

In den meisten Wohnungen als Stauraum wenig genutzt sind Treppen. Dabei gibt es hier eine Fülle von Möglichkeiten. Welche Sie verwirklichen können oder wollen, hängt natürlich von Art und Standort der Treppe ab –

nahe der Haustür, im Keller, oder zum Beispiel innerhalb einer Maisonette-Wohnung.

✱ Sehr stilvoll ist ein System aus stapelbaren Schubladen an der Treppenwand, das die Treppenschräge durch Abstufung übernimmt.

✱ Bei Holztreppen kann man sogar die Stufen selbst als Schubladen gestalten, also praktisch unter jeder Stufe eine Schublade einbauen. Sie stören dort überhaupt nicht, ergeben aber eine gewaltige Menge an Stauraum.

✱ Auch der Raum unter der Treppe lässt sich vielfältig gestalten, je nachdem, was Sie dort unterbringen möchten. Denken Sie aber daran, dass bei offenen Treppenstufen viel Staub und Schmutz herabrieselt.

✱ Um den Bereich unter einer geschlossenen Treppe zum Kleiderschrank umzufunktionieren, schließen Sie ihn mit Jalousietüren aus dem Baumarkt. Dort, wo der Raum dahinter hoch ist, hängen Sie Mäntel, in den niedrigeren Bereich Jacken, und der ganz niedrige bietet sich für Kinderkleidung oder auch Taschen, Beutel und Schirme an.

✱ Bücherliebhaber haben selten genügend Platz. Sie können den Raum unter Treppen als Bücherregal gestalten. Auch entlang breiter Treppen kann man an der Wand Bücherregale anbringen; sie sind dank der Stufen besonders gut zugänglich.

BILLIGER! Der sichere, aber ohnehin schon teure Stellplatz für Ihre Fahrräder soll noch mehr kosten? Hängen Sie sie doch an Haken aus dem Baumarkt unter der Kellertreppe auf.

EINEN RAUM teilen

Bei nicht zu kleinen Zimmern haben Sie die Möglichkeit, einen Teil des verfügbaren Bereichs mit einer Leichtbauwand aus Aluminiumprofilen und Gipskartonplatten abzuteilen. Den so entstehenden Raum können Sie als begehbaren Kleiderschrank nutzen. Oder Sie gestalten ihn als kleines Schlafgemach für

» *Ein Raumteiler in Form eines frei stehenden Regals kann von beiden Seiten bestückt werden* «

ein Kind bzw. als Gästezimmer. Je nach Verwendung kann der Zugang offen bleiben oder verschließbar sein – bei Platzmangel eventuell mit einer Schiebetür, die innerhalb der Abtrennwand läuft.

BESSER! Haben Sie schon mal an einen Raumteiler in Form eines frei stehenden Regals gedacht? Man kann es von beiden Seiten aus bestücken. Ein nur zwei Meter langer Raumteiler kann bis zu 30 Meter Regallänge bieten. Achtung: Ein solcher Raumteiler sollte sicherheitshalber mit stabilen Winkeln an der Decke verankert werden.

KREATIV werden

Mit etwas Fantasie bieten selbst scheinbar vollgestellte Wohnräume noch reichlich Platz. Denn die meisten Menschen denken horizontal, nicht vertikal. Oben an der Wand, also über Kopfhöhe, kann man Längsregale anbringen – zum Beispiel im Flur – die dort nicht stören.

ORDNUNG IST DAS HALBE LEBEN

>> *Der Dachboden eignet sich für all die Dinge, die Temperaturschwankungen gut vertragen* «

dann bitte vorher genau ausmessen, damit sich die Türen noch schließen lassen!

✱ Im Schlafzimmer existiert noch ein weiterer meist ungenutzter Raum: unter dem Bett. Für diesen Platz gibt es Kunststoffboxen, in denen große Mengen Bettwäsche, Kleidung oder Kissen Platz finden. Die Boxen sollten allerdings wirklich gut schließen, denn unter dem Bett ist es staubig.

✱ In Küchenschränken kann man die tiefen Regale mit Stufen aus zusätzlichen Regalbrettern versehen, die auf zwei Backsteinen liegen. So sehen Sie, was hinten steht, und verschenken den Raum nicht.

✱ In vielen Küchen ist auf den Hängeschränken noch reichlich Platz. Hier können Sie Krüge und Schüsseln oder Terrinen aufstellen, die für die Küchenschränke zu sperrig sind. Sie sollten sie aber vor Gebrauch gründlich abwaschen, denn Staub und Wrasen haben auf Hängeschränken ihren Lieblingsruheplatz.

✱ Über Waschmaschine und Trockner sowie unter der Spüle kann man mit Wandschränken bzw. Regalen viel nutzbaren Raum schaffen.

DEN DACHBODEN optimal nutzen

Lassen Sie Dachboden und Keller nicht zu Gerümpelkammern verkommen. Der Dachboden ist der bevorzugte Aufbewahrungsraum für Dinge, die Temperaturschwankungen gut vertragen. Hierzu gehören Kleidung, Spielsachen, unbenutzte Sportgeräte und Zeitschriften, die aufbewahrt werden sollen. Alles muss gut eingepackt und vor Staub, Feuchtigkeit und Tierfraß geschützt sein.

✱ Natürlich bietet sich gerade auf dem Dachboden der Ausbau mit flexiblen Regalsystemen

✱ Bei Möbeln, die wenige Innenregale haben, bietet es sich an, weitere Regalböden einzusetzen und so den „Luftraum" innerhalb des Schranks nicht ungenutzt zu lassen.

✱ Eine gute Idee ist es auch, die Kleidungsstücke im Kleiderschrank nach Länge zu ordnen und so unter den kürzeren Teilen wie Jacken und Blusen Platz für Boxen zu gewinnen. Es gibt Boxensysteme, die man einfach in den bestehenden Schrank hineinstellt – aber

an, die Sie an die Dachschräge anpassen können. Schauen Sie im Baumarkt nach preiswerten, stabilen Regalsystemen.

SCHNELLER! Notieren Sie die auf den Dachboden
gebrachten Dinge, zumindest grob, auf einer
Liste, und schreiben dazu, in welchem Behälter
die Sachen verstaut sind und wo er steht. Diese
Liste bewahren Sie griffbereit in der Wohnung
auf. Selbstverständlich muss auch der Behälter
ein Etikett mit Inhaltsangaben tragen – am
besten je ein Etikett auf jeder Seite, sodass es
egal ist, wie herum er steht.

> *Da die Kellerdecken meist fast*
normale Raumhöhe haben, kann man
hier alte Schränke oder auch große
Regale aufstellen «

AUCH DEN KELLER nicht gering schätzen

Reichlich Raum bietet oft auch der Keller. Weil
die Decken hier fast normale Höhe aufweisen,
kann man z. B. alte Schränke oder große Regale
aufstellen und so eine gewaltige Menge Stau-
fläche schaffen. Allerdings ist die Luft im Keller
oft feucht und kühl. Das ist ideal etwa für
Kartoffeln, aber die meisten anderen Dinge
sollte man gut einpacken. Der Handel bietet
dafür eine reiche Auswahl an perfekt schließenden Behältern.

EINFACHER! Beschriften Sie die Aufbewahrungs-
gefäße, damit Sie in dem vielleicht engen,
schlecht beleuchteten und selten begangenen
Raum nicht lange herumsuchen müssen. Ideal
ist natürlich eine Liste an der Kellertreppe, die
alle Gegenstände und deren Aufbewahrungsort benennt. Dann findet eventuell auch ein
Familienmitglied, das sich im Keller nicht so
gut auskennt, das Gesuchte.

BESSER! Nutzen Sie Stauraum bis in den
letzten Winkel aus. Das funktioniert am besten
mit viereckigen Behältern, nicht mit runden.

GOLDENE REGELN!

Schubladen braucht jeder

1. Damit die Sachen nicht durcheinan-
derkullern, nutzen Sie Schubladen-
einsätze oder Trennstäbe, die es in
unterschiedlichen Ausführungen gibt.
Kleinste Teile bewahren Sie am besten
in durchsichtigen Plastikschachteln in
der Schublade auf. Dann sehen Sie
sofort, was sich darin befindet.

2. Nutzen Sie für kleinere Gegenstände
besser Boxen mit Schubladen, die es
aus Kunststoff, Pappe und Holz in
dekorativen Ausführungen gibt.

3. In Büro oder Nebenräumen können
Etiketten den Schubladeninhalt gut
anzeigen. Im Wohnzimmer wirkt das
etwas übertrieben.

4. Wenn Sie einen Schrank
kaufen, wählen Sie möglichst
ein Modell mit Schubladen in
unterschiedlicher Größe und
Höhe. Schränke mit Innen-
schubladen sind aller-
dings deutlich teurer als
Schränke, die lediglich
Regale als Innenein-
richtung aufweisen.

Was kann weg, was sollte bleiben?

Den wenigsten Raum beanspruchen Dinge, die man nicht mehr hat. Es fällt zwar nicht immer leicht, sich zu trennen – aber es vereinfacht das Leben. Man muss nur zwischen Wichtigem und Entbehrlichem unterscheiden.

AUSSORTIEREN ist ein Willensakt

Haben Sie schon einmal mit jemandem gesprochen, der den Haushalt seiner verstorbenen Eltern aufgelöst hat? Vermutlich hat die Person Ihnen erzählt, wie schwer es ihr fiel – dass sie aber dennoch, einfach aus Platzmangel, die meisten Dinge in den Müll gegeben oder verschenkt hat. Weniges hat sie vielleicht verkauft und nur einige Dinge behalten. Genau so wird es Ihnen in gleicher Lage gehen – und dann Ihren Nachkommen. Wäre es nicht eine gute Idee, zumindest wenn Sie bereits in etwas fortgeschrittenem Alter stehen, schon jetzt mit dem Aussortieren zu beginnen?

» Wenn der Platz knapp wird, sollte man allmählich ans Entsorgen denken «

✸ Allerdings ist es oft gar nicht einfach, sich von etwas zu trennen. Vieles hat man lange Zeit mit Freude benutzt oder sich von knappem Geld zugelegt. An manchen Sachen hängen Erinnerungen, viele, selbst scheinbar unwichtige Dinge sind uns irgendwie ans Herz gewachsen. Und man weiß ja auch nie, ob man weggeworfene Dinge nicht doch wieder brauchen könnte – ein häufiger Grund für Hemmungen, etwas auszusortieren.

✸ Manchmal bietet es sich an, bestimmte Sachen nicht zu entsorgen, obwohl man sie selbst nicht mehr benötigt; einfach weil man weiß, dass sie noch jemandem zugute kommen könnten, der sie wirklich braucht.

✸ Wenn der Platz in der Wohnung trotz vieler Stauräume langsam knapp wird, sollten Sie ans Entsorgen denken. Das wird nicht angenehm sein, weil man ständig zwischen Wichtigem und Unwichtigem unterscheiden muss, aber Sie werden dann auch erleben, wie befreiend es sein kann, sich von Gegenständen zu trennen, die bei näherem Hinsehen vielleicht doch eher Ballast waren.

✸ Aufräumen und entsorgen wollen ist zunächst einmal ein Willensakt. Geben Sie sich einen Ruck, und beginnen Sie einfach. Nehmen Sie sich aber nicht zu viel auf einmal vor – fangen Sie mit einem Regal oder einem Schrank an, nicht gleich einem ganzen Zimmer.

> **Bei manchen Dingen werden Sie sich nicht sicher sein, ob Sie sie wirklich weggeben wollen**

EINFACHER! Räumen Sie den Bereich, den Sie ausmisten möchten, zunächst leer, und säubern Sie ihn. Dann geht das Entsorgen und Wiedereinräumen leichter von der Hand.

DAS GEHEIMNIS DES ERFOLGS:
Drei große Behälter

Stellen Sie drei große Behälter bereit. Einer ist für Dinge, die Sie unbedingt behalten möchten. Sind Sie nicht ganz sicher, überlegen Sie: Habe ich das Teil in den letzten beiden Jahren benutzt? Wenn es mir jemand stehlen würde – wäre ich bereit, es mir neu zu kaufen? Wenn Sie das Teil noch brauchen, es noch gut funktioniert und/oder Erinnerungen daran hängen, dann legen Sie es in den Behälter. Haben Sie etwas in mehrfacher Ausfertigung, behalten Sie das besterhaltene Exemplar.

✸ In einen anderen Behälter kommen Dinge, die weggeworfen werden sollen: kaputte, überflüssige oder überholte Sachen, vielleicht Gegenstände, die Ihnen eigentlich noch nie gefallen haben. Bei manchem werden Sie sich nicht sicher sein, ob Sie es weggeben oder doch lieber noch behalten möchten. Halten Sie sich nicht lange damit auf, und legen Sie diese Gegenstände einfach in den dritten Behälter.

✸ Die Gegenstände der ersten Kategorie räumen Sie nun wieder ein, oder finden einen anderen Platz für sie. Den dritten Behälter beschriften Sie mit Inhaltsangabe und stellen ihn auf den Speicher, in den Keller, in die Garage oder einen anderen geeigneten Ort. Nach sechs oder zwölf Monaten (aber nicht vergessen!) nehmen Sie sich die Sachen erneut vor – vermutlich werden Sie jetzt einen großen

EXPERTENRAT

Analysieren Sie Ihr Kaufverhalten

• *Neigen Sie dazu, Sachen zu kaufen, nur weil sie gerade im Sonderangebot sind oder „Schnäppchen" im Supermarkt, ohne dass Sie sie aktuell brauchen?*
• *Schauen Sie sich gern Fernsehwerbung oder gar die Angebote der Verkaufssender an? Nutzen Sie diese gelegentlich?*
• *Kaufen Sie bisweilen Dinge, die Sie eigentlich gar nicht haben wollten, nur weil es ein Gratisgeschenk dazu gibt? Auf diesen beliebten Marketingtrick fallen immer wieder viele Menschen herein.*
• *Lieben Sie es, zu Schlussverkäufen, Flohmärkten oder Auktionen zu gehen?*
• *Besitzen Sie Waren, die Sie nach dem Kauf noch nicht ausgepackt, geschweige denn jemals benutzt haben?*

> **In einen anderen Behälter kommen Dinge, die weggeworfen werden sollen, vielleicht Gegenstände, die Ihnen eigentlich noch nie gefallen haben.**

Teil davon doch aussortieren. Den Rest räumen Sie wieder ein, die Sachen bleiben im Haus.

✳ Überlegen Sie dabei gut, ob Sie etwa nie benutzte Erbstücke längst verblichener Verwandter oder Fehlkäufe, die Sie nie nutzen, wirklich behalten möchten. Gehen Sie nicht danach, was ein Gegenstand Sie einmal gekostet hat, sondern was er Ihnen heute wert ist. Und unterliegen Sie nicht dem Fehlschluss, man müsse alles im Haus hamstern oder für alle Eventualitäten bereithalten – in Mitteleuropa stehen keine Notzeiten vor der Tür.

> » Unterliegen Sie nicht dem Irrtum, man müsse alles für alle Eventualitäten bereit halten – in Mitteleuropa stehen keine Notzeiten vor der Tür «

✳ Was geschieht nun mit dem Inhalt des zweiten Behälters? Das hängt ganz davon ab, was darin ist, wieder ist Sortieren angesagt: in Dinge, die man noch weggeben kann, und solche, die in den Müll gehören – und die wiederum sortieren Sie gemäß den an Ihrem Wohnort geltenden Müllrichtlinien.

AUSRANGIERTES entsorgen oder weggeben

Falls Sie auch Möbel oder sperrige Gegenstände loswerden wollen, geben Sie diese in den Sperrmüll. Erkundigen Sie sich: Muss man einen Termin machen? Wo soll man den Sperrmüll zur Abholung bereitstellen? Oder ist es besser, die Sachen zum Recyclinghof zu fahren?

✳ Kleidung und Textilien können Sie je nach Art und Zustand über Second-Hand-Läden verkaufen, an die Arbeiter-Wohlfahrt oder das Rote Kreuz geben oder in Sammeltonnen für Textilien werfen. Second-Hand-Läden gibt es mittlerweile sogar im Internet; Sie können die Sachen nach Anmeldung per Paket dorthin schicken. Auch nehmen manche Modehäuser und Kleiderläden alte Kleidung zurück, um sie an soziale Projekte weiterzuleiten.

✳ Bücher, gut erhaltene interessante Zeitschriften, funktionsfähige Elektrogeräte, elektronische Medien (CDs usw.), Spielzeug, Werkzeug, Kunst- oder Dekorationsgegenstände (Uhren, Vasen, Nippes) und Ähnliches können Sie auf dem Flohmarkt anbieten.

✳ Für Spielzeug und Kinderbücher ist vielleicht der örtliche Kindergarten dankbar.

✳ Alte, eventuell defekte Elektrogeräte geben Sie bei Sondermüll-Sammelstellen ab.

> » Falls Sie auch sperrig Gegenstände loswerden wollen, geben Sie sie in den Sperrmüll «

✱ Kunstgegenstände, Schmuck und gut erhaltene ältere Bücher nehmen eventuell Antiquitätenhändler bzw. Antiquariate. Schmuck kann auch ein Juwelier bewerten und Ihnen vielleicht abkaufen. Bei vermutlich wertvollen Edelsteinen wäre es allerdings besser, sich an einen vereidigten Sachverständigen zu wenden.

✱ Das Internetauktionshaus eBay bietet eine Plattform, mit der Sie Gegenstände jeglicher Art versteigern können. Sie sollten sich aber zuvor mit den Verkaufsbedingungen vertraut machen und zudem nach ähnlichen Angeboten suchen, um die zu erzielenden Preise und die Nachfrage abschätzen zu können.

EINFACHER! Der amerikanische Brauch des „Garage Sale" (Verkauf in der Garage), des privaten Flohmarkts, ist auch bei uns immer häufiger zu beobachten. Machen Sie in der Nachbarschaft mit Handzetteln auf Ihre Aktion und den Termin aufmerksam.

BILLIGER! Dinge, bei denen man auf Interessenten hofft, kann man meist kostenlos in Anzeigenblättchen anbieten.

NICHT WIE IM RAUSCH gleich alles wegwerfen

Geben Sie geerbte alte Holzmöbel nicht leichtfertig weg! Prüfen Sie, ob man sie nicht aufarbeiten kann, denn so manches hässliche Entlein kann sich noch als schöner Schwan entpuppen. Insbesondere alte Kommoden lassen sich bestens weiter verwenden, weil sie viel Stauraum bieten.

✱ Die einzelnen Arbeitsschritte hängen stark vom Zustand und der bisherigen Lackierung des Stücks ab. Meist muss man nach der Grundreinigung die Beschläge abschrauben und den alten Lack entfernen, je nach Art mit einer Heißluftpistole und Abschaben mit dem Spachtel oder durch Abschleifen mit Schleifpapier bzw. Stahlwolle. Dicke Farbschichten lässt man besser im Fachbetrieb abbeizen.

✱ Schließlich wird das Möbel grundiert und mit Schellack oder Acryllack gestrichen.

✱ Die Griffe werden ebenfalls gereinigt und schließlich wieder angeschraubt. Oder Sie kaufen stilechte neue Beschläge.

✱ Wenn Sie möchten, können Sie schließlich mit feinem Schleifpapier die Kanten bearbeiten, um dem Möbel einen modischen „Shabby Chic" zu verleihen.

✱ Sollte das Möbelstück Reparaturen benötigen, siehe S. 296 „Möbel mit Macken".

EINFACHER! Alte Schubladen klemmen gern. Streifen Sie in diesem Fall mit einer Kerze auf den gleitenden Holzteilen oder Laufschienen entlang. Das Wachs wirkt als Schmiermittel.

» Geben Sie geerbte alte Möbel nicht leichtfertig weg; so manches hässliche Entlein kann sich nach dem Aufarbeiten als schöner Schwan entpuppen «

ORDNUNG IST DAS HALBE LEBEN

Sammlungen geordnet verwahren

Jeder von uns besitzt Gegenstände, die er gezielt gesammelt hat und nicht missen möchte. Die Aufbewahrung und Ordnung solcher Schätze ist nicht immer einfach, aber es gibt viele Hilfsmittel, die diese Aufgabe erleichtern.

WAS ALLES SO GESAMMELT WIRD –
die Möglichkeiten sind unendlich

Die meisten Menschen bewahren Familienfotos auf, nicht zuletzt von den eigenen Kindern und Enkeln. Musik-CDs, Film-DVDs und Bücher werden in vielen Haushalten ebenfalls gehortet. Und dann gibt es noch die Unzahl von Objekten, die Sammler gezielt zusammentragen – Autogramme, Bierdeckel, Modellautos, Mineralien, Militaria, Zigarettenbilder, Stickschablonen, Muscheln, Knöpfe, Blechspielzeug, Autografen von Dichtern oder Komponisten bis hin zu alten Schreibmaschinen. Viele Hobbys ergeben sich aus dem Beruf des Sammlers: So stammen die Sammler von Minibüchern oft aus dem Druckereigewerbe, die Sammlerinnen von antiken Modemagazinen sind oft Schneiderinnen oder Kostümbildnerinnen.

✸ Jede Sammlung wirft vor allem drei Fragen auf: Wie bewahre ich die Stücke platzsparend und schonend auf? Oder präsentiere ich sie lieber? Und: Wie kann ich die zu einem bestimmten Gegenstand gehörenden Informationen – einschließlich dem Aufbewahrungsort – am besten speichern und gezielt durchsuchen?

✸ Wer 20 Segelschiffmodelle oder 10 Oldtimer besitzt, hat vielleicht ein Platzproblem, aber kein Problem mit dem Speichern der zugehörigen Informationen. Dafür genügen Karteikarten.

✸ Sammelt man hingegen kleine Gegenstände, die oft in die hunderte oder gar tausende gehen, so stellt sich nicht nur die Frage der Aufbewahrung, sondern auch die der Speicherung der Informationen über die Stücke. Wie man das heute elegant löst, lesen Sie auf Seite 67 „Der Computer als Ordnungs-Assistent".

BILLIGER Wenn Sie der Typ „geborener Sammler" sind, also viel besitzen wollen, sollten Sie sich ein nicht allzu teures Sammelgebiet suchen: lieber Kronkorken statt Oldtimer!

>> Blechspielzeug ist ein beliebtes Sammelgebiet <<

Sammlungen geordnet verwahren

SAMMELSTÜCKE UNTERBRINGEN:
Gar nicht so einfach!

✳ Zum staubdichten Lagern größerer Gegenstände eignen sich die transparenten Kunststoffkästen, die man in diversen Größen bekommen kann. Sie sind stapelbar, größere besitzen sogar Rollen.

✳ Zur sicheren Aufbewahrung und gleichzeitigen Präsentation von Briefmarken, Münzen, Fotos, Ansichtskarten und anderen praktisch zweidimensionalen Dingen gibt es Alben, die man ins Bücherregal stellen kann.

✳ Dreidimensionale Stücke stellt man in einer Vitrine oder einem Schrank mit Glastür aus. Dort sind Sammelstücke wie z. B. Puppen, Teddys, Kleinplastiken, silberne Krüge und Geschirrteile aus kostbarem Porzellan staubgeschützt untergebracht. Wer ein besonders schönes Sammelobjekt besitzt, sollte es als „Solist" in Szene setzen und offen präsentieren. Man muss es dann allerdings öfter säubern.

» Wer ein besonders schönes Sammelobjekt besitzt, sollte es als „Solist" in Szene setzen «

» Wenn man kleine Stücke wie Modellautos, Zinnsoldaten oder Muscheln offen ausstellen möchte, muss man sie mit dem Föhn abstauben «

✳ Kleine Stücke wie Modellautos, Mineralien, Uhren, Zinnsoldaten, Fossilien oder Muscheln lassen sich in Pappschachteln mit Deckel aufbewahren. Dann sieht man sie aber nicht. Wer sie deshalb lieber offen ausstellen möchte, greift zum Föhn, um sie abzustauben (siehe S. 14 „Top-Staubbläser Föhn").

✳ Bücher bewahrt man natürlich am besten in Regalen auf. Vermeiden Sie aber, sie zweireihig zu stellen – es ist recht umständlich, ein Buch aus der hinteren Reihe zu finden und herauszunehmen. Ganz zu schweigen davon, dass man vergisst, was dort steht. Wer mehr Bücher als Platz hat, legt die nicht unterzubringenden Exemplare quer auf die anderen Bücher. Dann kann man die Buchrücken lesen, und das Regal sieht nicht ganz so pedantisch geordnet aus.

✳ Von Reisen bringt man oft Landkarten, kleine Hefte mit Informationen zu Museen und Sehenswürdigkeiten, Ansichtspostkarten und Andenken mit, die man gemeinsam aufbewahren möchte. Dafür eignen sich verschließbare Sammelboxen aus dekorativer bunter Pappe, die man beschriften („Wien, Herbst 2008") und ins Regal stellen kann.

✳ Zeitschriften verstaut man am besten im Bücherregal – wenn sie liegend zu hohen Stapeln anwachsen, kann man nur schwer ein bestimmtes Heft finden. Damit sie nicht umknicken, sollte man sie jahrgangsweise in Stehsammlern unterbringen. Allerdings sind Stehsammler mit hohem Eingriff für Zeitschriften wenig geeignet. Deshalb bietet der Bürofachhandel Modelle an, die eine ganz niedrige vordere Kante haben, dank derer man die Rückenbeschriftung der Hefte vollständig lesen und einzelne Magazine leicht herausnehmen kann.

✳ Autogrammkarten oder Ansichtskarten bewahrt man am besten in Klarsichthüllen auf, die man in einem Büro-Ordner abheftet.

ORDNUNG IST DAS HALBE LEBEN

» Sehr kleine Schätze sind in Eierkartons sicher untergebracht «

Mithilfe von Register- bzw. Trennblättern lässt sich Struktur in den Inhalt bringen.

✸ Sehr kleine Sammelstücke sind in handelsüblichen Eierkartons sicher untergebracht. Und die winzigsten Schätze, z. B. pastellig schimmernde Zuchtperlen, passen gut in die meist goldfarbenen Pralinenschachtel-Einsätze.

`EINFACHER!` Wer keine Vitrine hat und ein schönes Einzelstück vor Staub schützen, aber dennoch anschauen möchte, besorgt sich ein Kunststoff-Aquarium, das es in verschiedenen Größen und Formen gibt. Der Kunststoff erlaubt einen klaren und verzerrungsfreien Blick auf das Sammelobjekt.

`BILLIGER!` Heutzutage muss man sich nicht unbedingt CDs oder DVDs kaufen. Viele Musikstücke kann man sich legal gegen eine geringe Gebühr aus dem Internet herunterladen und auf der Festplatte speichern. Das gleiche gilt für E-Books, die man auf dem Bildschirm liest.

ORDNEN und den Überblick behalten

Aufbewahren ist natürlich nur eines der zu lösenden Probleme. Das zweite ist das Ordnen: Was kann man tun, um rasch zum Beispiel die Bilder vom Ostseeurlaub vor fünf Jahren wiederzufinden? Wie findet man am schnellsten die genauen Informationen, wann und wo man den römischen Sesterz gekauft hat, aus welchem Jahr er stammt und wo genau man ihn einsortiert hat?

✸ Bei Büchern, CDs und DVDs lohnt sich eine bestimmte Ordnung natürlich nur ab einer gewissen Anzahl. Immerhin hat in Deutschland jeder zweite Haushalt mehr als 50 Bücher, jeder zwanzigste sogar mehrere hundert. Es kann sich lohnen, vor dem Aufräumen den Bestand durchzusehen und Bücher auszusortieren, die man definitiv nicht mehr braucht. Vielleicht hat ein Antiquariat dafür ja noch Interesse. Aber Vorsicht beim Entsorgen – eventuell möchten Sie nach vielen Jahren mal wieder in Ihre alten Jugendbücher schauen, und die sind dann kaum wiederzubekommen.

✸ Wenn jeder bei der Heirat viele Bücher mitgebracht hat, bewahrt man sie am besten in getrennten Regalen auf. Nicht im Hinblick auf eine spätere Scheidung, sondern weil jeder seine Bücher am besten kennt und daher weiß, wo man ein bestimmtes Buch suchen muss.

» Bei Büchern ist das Einstellen nach Größe nicht das schlechteste Sortierkriterium, wenn man keinen Platz zu verschenken hat «

✸ Ein zweites Ordnungskriterium kann sich bei einer großen Menge Bücher allein aus dem Platzbedarf ergeben: das Einordnen nach der Größe. Denn man spart viel Platz, wenn man in hohe Regale nur die großformatigen Bücher stellt und normal hohe und Taschenbücher in niedrigeren Regalen unterbringt. Das kann sehr praktisch sein – in der Regel weiß man von einem bestimmten gesuchten Buch dessen Größe, oft auch die Farbe des Rückens – und allein diese beiden Angaben reichen fast immer für die Suche – bzw. das Finden – aus.

✸ Bei einem noch größeren Buchbesitz empfehlen sich weitere Kriterien – etwa die Trennung zwischen Sachbuch und Roman. Sachbücher kann man nach dem Fachgebiet sortieren, bei Romanen bietet es sich an, die Autoren alphabetisch einzuordnen.

`SCHNELLER!` Die kleine Schrift auf dem Rücken von CDs ist schwer zu lesen, vor allem, wenn das Regal nur dürftig beleuchtet ist. Kleben Sie daher auf die Vorderkanten der Regalböden beschriftete Etiketten, sodass Sie sofort wissen, was im jeweiligen Abschnitt steht.

`BESSER!` Da sowohl CDs als auch DVDs weitgehend gleich hoch sind, bietet es sich an, die Regalböden für diese Medien in den dazu passenden Höhen in die Regale zu legen. Das spart deutlich Platz.

BITTE NICHT!

Lagern Sie Bücher auf keinen Fall im Keller. Sie werden im Lauf der Jahre unweigerlich muffig – von Beschädigungen durch Feuchtigkeit, Insekten oder Nagern ganz zu schweigen.

EXPERTENRAT

Wenn man sehr viele Bücher hat

Falls Sie einige tausend Bücher haben – und die kommen in Jahrzehnten tatsächlich oft zusammen, auch durch ererbte Exemplare –, sollten Sie es den Bibliothekaren gleichtun und eine Bestandsliste aufstellen. Das ist aber bei einer großen Zahl von Büchern, und erst dann lohnt es sich wirklich, eine mühevolle Arbeit, die Wochen in Anspruch nehmen kann. Am besten, man übernimmt diese Aufgabe zu zweit: Einer liest die Titel vor, der andere schreibt sie in den Computer.

» Kleben Sie Etiketten auf die Vorderkanten der Regalböden «

MASSENHAFT ALTE FOTOS: Wie man da noch System hineinbekommt

Viele Familien hüten einen Bestand an Fotoalben, in die einst ein Familienmitglied sorgsam die Bilder eingeklebt und kommentiert hat. Noch häufiger allerdings ist der Besitz eines oder mehrerer Schuhkartons, der unsortierte Fotos früherer Jahre enthält. Vor der Aufgabe, sie zu ordnen und einzukleben, hat bereits so mancher kapituliert. Doch irgend jemand in der Familie sollte sich dazu aufraffen, denn wenn man zu lange damit wartet, können vielleicht jüngere Nachkommen nicht mehr die dargestellten Personen erkennen,

ORDNUNG IST DAS HALBE LEBEN

> » Scannen Sie die besten und wichtigsten Bilder ein, und bewahren Sie sie in digitaler Form auf «

obwohl sie höchstwahrscheinlich gern wüssten, wer das gewesen ist.

✱ Werfen Sie die Bilder beim Ausräumen nicht durcheinander – vermutlich sind sie zumindest grob zeitlich geordnet, und das ist kein schlechtes Ordnungsschema. Sortieren Sie sie dann, soweit es geht, nach Jahrzehnten, und schreiben Sie auf die Rückseiten der besten und wichtigsten Fotos die Namen, möglichst auch die ungefähre Zeit der Aufnahme, den Ort und was sonst vielleicht noch interessant ist („um 1970 in Berlin-Steglitz, auf dem Weg zur Schule"). Wissen Sie gar nichts über ein Bild, fragen Sie noch lebende Verwandte oder Freunde, ob sie Ihnen weiterhelfen können.

> » Wissen Sie gar nichts über ein Bild, fragen Sie noch lebende Verwandte «

✱ Suchen Sie nun auch diejenigen Fotos heraus, die zu jeweils einem bestimmten Ereignis gehören, etwa Taufe, Hochzeit, Urlaubsreise – meist sind es ja mehrere oder sogar viele Bilder zu einem Thema. Sie sind in der Regel recht gut zu kennzeichnen und werden zusammen aufbewahrt.

✱ Am einfachsten haben Sie es natürlich, wenn bei den Bildern auch die Negative liegen – vielfach wurden die Tüten ja so abgelegt, wie sie vom Entwickeln kamen. Dann sind oft auch die Aufnahmedaten erkennbar.

✱ Viele Hobbyfotografen haben früher auf Diafilmen fotografiert. Diese Dias sind meist in Boxen aufbewahrt worden. Für solche Boxen gab es spezielle Diaschränke, die man bisweilen heute noch gebraucht bekommen kann. **BESSER!** Wenn Ihnen die Bilder wichtig sind, wäre es vielleicht besser, sie einzuscannen und in digitaler Form abzuspeichern.

BITTE NICHT!

Nehmen Sie sich nicht zu viel vor, etwa, dass Sie die Bilder nun auch noch in Alben kleben müssten. Es genügt, wenn Sie sie geordnet und beschriftet haben. Die Fotos können dann in Schachteln bleiben.

DER COMPUTER ALS ORDNUNGS-ASSISTENT

Heute sind Computer enorm leistungsfähig, sodass sie sich zum Ordnen zahlloser Dinge unterschiedlichster Art eignen. Das gilt auch für Tablet-Computer.

SAMMELHELFER FÜR ALLE ZWECKE

Es gibt Apps (Applications = kleine Programme), die speziell für Sammlungen geeignet sind. Ob Bierdeckel, Fotos oder die Puppenkollektion – man gibt Informationen zu jedem Stück ein, einschließlich dessen Standort. Dann können Sie Ihre Sammlung nach jedem dieser Stichworte durchsuchen, aber auch ordnen.

REICHLICH RAUM FÜR MUSIK UND FILME

Für Fotos und Musik bietet sich der Computer besonders an, etwa um den Inhalt alter Schallplatten oder gekaufter CDs zu archivieren. Und auch Privatkopien gekaufter Filme sind erlaubt, soweit das ohne Umgehung eines Kopierschutzes möglich ist. Natürlich kann man auch selbst gedrehte Videofilme überspielen. Einige Firmen bieten sogar das Umkopieren von Videokassetten oder uralten Super-8-Filmen an.

FOTOALBUM AUF DER FESTPLATTE

Mit preisgünstigen Fotoscannern kann man Dias, Papierabzüge oder Negative selbst einscannen, notfalls technisch noch verbessern und einordnen – sei es mithilfe selbst vergebener Titel oder, besser, mit Stichworten („tags" genannt). Moderne Programme erkennen vielfach sogar die dargestellten Personen und zeigen auf Mausklick etwa alle Bilder von „Opa" an.

KOPIEN DER SCHÄTZE AN ANDEREM ORT

Sie können Fotos, Musik, Filme oder Sammlungsdaten auf DVDs oder externe Festplatten überspielen und diese auslagern. Das kann im Ernstfall hilfreich bei Verhandlungen mit der Versicherung sein. Und Sie haben die Möglichkeit, Ihre Lieblingsdateien im Smartphone ständig bei sich zu haben.

System in Schreibtisch und Ablage

Selbst ein privater Haushalt muss in unserer Zeit eine Fülle von Dokumenten verwalten und bearbeiten – teils auf Papier, teils in digitaler Form. Ein gutes Ordnungssystem für den Schreibtisch hilft, diese oft wichtigen Unterlagen richtig zu behandeln und aufzubewahren.

» Eine clever genutzte Ecke im Flur ersetzt ein ganzes Arbeitszimmer «

Es sind Dokumente ganz unterschiedlicher Art, die uns nahezu täglich ins Haus flattern. Neben Unmengen von Reklame sind es meist Rechnungen, die bezahlt, Verträge und Kontoauszüge, die geordnet und wiederauffindbar abgeheftet werden müssen, Briefe und E-Mails, die auf Antwort warten. Und oft entdeckt man in Zeitschriften oder im Internet interessante Artikel, die man aufbewahren möchte – aber natürlich so, dass man sie auch nach langer Zeit rasch wiederfindet.

✸ Diese Anforderungen an eine moderne Verwaltung erfüllt nur ein durchdachtes und konsequent umgesetztes System. Entziehen kann man sich dieser Aufgabe nicht – wer Rechnungen nicht bezahlt, Steuerunterlagen nicht vollständig beisammen hat oder Versicherungsverträge verschlampt, muss im Ernstfall zumindest mit viel Ärger und vielleicht sogar mit finanziellen Einbußen rechnen.

DEN SCHREIBTISCH EINRICHTEN
und nicht alles hineinstopfen

Die Verwaltung des Haushalts mit all dem Papierkram macht weit weniger Mühe, wenn man sie an einem gut ausgestatteten Schreibplatz erledigen kann. Wer ein ganzes Arbeitszimmer sein eigen nennt, hat Glück, aber eine clever genutzte Ecke im Flur tut es auch. Hauptsache, dieser Platz dient zu nichts anderem als zur Erledigung der häuslichen Verwaltung. Zur unverzichtbaren Ausstattung

System in Schreibtisch und Ablage

zählen selbstverständlich Schreibtisch und Stuhl. Im Idealfall verfügen Sie auch über Computer, Drucker und Scanner. Sehr hilfreich ist ein Regal in der Nähe, auf dem sich Aktenordner und eventuell Handbücher zu Computer und Programmen unterbringen lassen.

» *Die Verwaltung des Haushalts macht weniger Mühe, wenn man sie an einem gut ausgestatteten Schreibtisch erledigen kann* «

✱ Beschriften Sie die Schubladen Ihres Schreibtischs mit der Inhaltsangabe, die Ablagekästen z. B. mit „Reklame", „Posteingang", „Postausgang", „Zu erledigen" oder ähnlich. Sollte Ihr Schreibtisch keine oder ganz wenige Schubladen haben – die modernen Modelle sind oft so minimalistisch, dass der Gesichtspunkt „Stauraum" vernachlässigt wird –, beschaffen Sie sich Hängemappen, für die es kleine Gestelle auf Rollen gibt, sodass sie nicht mehr Platz einnehmen als ein Beistelltischchen. Die Mappen sollten unterschiedliche Farben und aufgesteckte Reiter mit Etiketten haben, die den Inhalt des jeweiligen Ordners bezeichnen.

✱ Eine Schublade des Schreibtischs reservieren Sie für Büromaterialien wie etwa Locher, Stifte, Klebeband und Büroklammern. Haben Sie dafür keine Schublade frei, stellen bzw. legen Sie diese Dinge in Behältern auf die Schreibtischplatte – was allerdings das Staubwischen etwas mühsamer macht. Ablagekästen (Briefkörbe, die es in schönen Farben gibt) dienen als Zwischenablage für unerledigte Papiere.

GESCHENKBAND GEPFLEGT AUFBEWAHREN

Geschenkbandrollen bewahrt man meist in einem Kasten auf, wo sie kraus werden oder gar verknoten. Zudem hat man eine schlechte Übersicht über seinen Bestand an dekorativen Bändern. Die Lösung: ein Geschenkbandhalter, den man an zwei Haken aufhängt, sodass man das benötigte Band leicht abrollen und in der benötigten Länge abschneiden kann. Sie brauchen: eine Papprolle, z. B. die innere Rolle von Küchenpapier, gemustertes Klebeband, farbige Schnur und eine Schere.

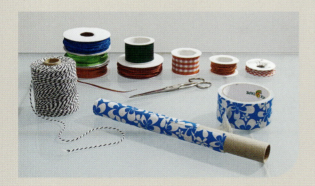 

1 Die Papprolle mit dem gemusterten Klebeband so umwickeln, dass keine Spalten zwischen den aufgeklebten Bahnen sichtbar bleiben.

2 Die Schnur durch die Papprolle fädeln und die Geschenkbandrollen aufziehen. Die Enden der Schnur verknoten und den Halter an zwei Haken aufhängen.

ORDNUNG IST DAS HALBE LEBEN

» **Heften Sie lose Belege mit bunten Wäscheklammern zusammen** «

BILLIGER! Damit Belege, die Sie noch nicht verarbeitet haben, nicht herumliegen, heften Sie sie mit einfachen Wäscheklammern zusammen. Besorgen Sie sich hübsche bunte.

BITTE NICHT!

Auch wenn es hart klingt: Erlauben Sie anderen nicht, Ihren Schreibtisch zu benutzen. Es wird nicht lange dauern, und Ihr Arbeitsplatz wird ständig belegt sein.

UNENTBEHRLICH: ORDNER,
und zwar mehrere

Ein weiterer entscheidender Schritt zum funktionierenden häuslichen Büro ist die Anlage einiger Ordner. Für langfristig wichtige Dokumente legen Sie einen Dokumentenordner an. Da Sie viele dieser Bescheinigungen vielleicht nicht gern lochen, stecken Sie sie in Klarsichthüllen und heften diese in den Ordner.

✳ Unterteilen Sie den Ordner in Kategorien wie: Persönliche Papiere (Geburtsurkunde, Abschlusszeugnisse, Heiratsurkunde, Patientenverfügungen, Arbeitsverträge); Kinder (Geburtsurkunden, Schulzeugnisse); Wohnen (Mietverträge, Eigentumsurkunden, Grundrisse, Grundbuchauszüge); Gesundheit (Krankenversicherungsunterlagen, Gesundheitszeugnisse, Arztbriefe); Auto (Kfz-Brief, Leasingverträge, Kopien von Werkstattrechnungen wg. Garantieansprüchen, TÜV-Berichte); Versicherungspolicen; Verträge (Darlehensverträge, Handyverträge, Vollmachten, Kaufverträge, Abos); Wertsachen (Wertgutachten, Rechnungen, Bestandslisten und Fotos der Wertgegenstände.

✳ Diesen Dokumentenordner brauchen Sie wohl nur gelegentlich in die Hand zu nehmen – nämlich dann, wenn Sie etwas aktualisieren müssen (z. B. eine neue Versicherung abschließen) oder ein bestimmtes Dokument benötigen. Heften Sie es nach Gebrauch rasch wieder an seine Stelle! Zumindest einmal im Jahr sollten Sie den Ordner durchsehen und prüfen, ob etwa ein Abo abläuft, ein Versicherungsvertrag aktualisiert werden sollte oder ob der Handyvertrag noch zeitgemäß ist.

» **Ein weiterer Schritt zum funktionierenden häuslichen Büro ist die Anlage einiger Ordner** «

✳ Ein zweiter Ordner ist nur für kurzfristig wichtige Unterlagen. Das sind vor allem Rechnungen und Quittungen aller Art. Sie werden nach Erledigung in zeitlicher Reihenfolge abgeheftet. Das gilt auch für Kontoauszüge und Abrechnungen von Kreditkartenunternehmen. Am Jahresanfang nehmen Sie sich diesen Ordner vor und prüfen, was Sie davon steuerlich geltend machen können. Den Rest heften Sie wieder ein. Denken Sie an etwaige Aufbewahrungsfristen – Kontoauszüge z. B. zehn Jahre.

✳ Gehen Sie jeden Tag Ihre Post durch und legen Rechnungen zunächst in einen Ablagekorb. Sobald Sie die Rechnung bezahlt haben oder der Betrag abgebucht wurde, heften Sie sie in den Rechnungsordner. Dort kommen auch die Quittungen Ihrer Einkäufe hinein, soweit sie steuerlich oder als Garantiebeleg wichtig sind.

✳ Eventuell legen Sie noch einen dritten Ordner für private Post an – etwa Geburtstagsbriefe oder Briefe der Kinder. Dort können Sie auch Kopien Ihrer eigenen Briefe ablegen.

SCHNELLER! Wer einmal umständlich nach Gebrauchsanweisungen für Haushaltsgeräte gesucht hat, sollte diesen Tipp beherzigen: Sammeln Sie Gebrauchsanweisungen in einem Stehsammler, den Sie in ein Regal stellen.

BESSER! Nehmen Sie sich die Zeit und fertigen vom Inhalt Ihres Dokumentenordners Fotokopien an. Diese heften Sie ebenfalls ab und bringen sie außer Haus unter, etwa in einem verschlossenen Umschlag bei einem Verwandten oder in einem Bankschließfach. Nach einem Brand oder einem Einbruch werden Sie diesen Aufwand zu schätzen wissen.

BITTE NICHT!

Werfen Sie Einkaufsquittungen nicht verfrüht weg. So können Sie z. B. im Kaufhaus belegen, dass Sie die Ware bezahlt haben.

GUTE PLANUNG!

Der Weg zum papierarmen Büro

Der Computer	*Nutzen Sie den Computer! Auf eine Festplatte passen mehr Dokumente, als in Ihrer ganzen Wohnung Platz hätten.*
Der Scanner	*Schaffen Sie sich einen preiswerten Scanner an. Scannen Sie Ihre Dokumente – Verträge, Urkunden, Briefe und Rechnungen –, und speichern Sie sie als pdf-Dateien ab.*
Dokumente bezeichnen	*Wichtig für das Wiederfinden jedes Dokuments ist die Bezeichnung. Man stellt das Datum voran; schreiben Sie es als JJJJ-MM-TT, den 8. Januar 2001 also als 2001-01-08. Dann folgt, nach einem Unterstrich, die Beschreibung: Rechnungen markieren Sie zudem mit Rech, Urkunden mit Urk, Verträge mit Vertr, Briefe mit Mail. Sie können sich natürlich weitere Kategorien ausdenken; wichtig ist nur, dass Sie sie immer vollkommen identisch schreiben.*
Dokumente wiederfinden	*Mit einem Suchbefehl können Sie sich nun alle Rechnungen von 2010 zeigen lassen oder alle Briefe von Onkel Otto. Dateien würden also z. B. so heißen: 2013-12-03_Rech_Wasser. Oder: 2014-04-05_Mail_Onkel Otto.*

ORDNUNG IST DAS HALBE LEBEN

Organisieren Sie sich selbst

Viele Menschen klagen über die Hektik des Alltags und darüber, dass sie keine Zeit haben und es immer schwieriger ist, noch die Übersicht zu behalten. Aber solche Probleme kann durchaus jeder für sich lösen – etwa durch bessere Nutzung der Zeit und geschickte Selbstorganisation.

ZEITFRESSERN keine Chance geben

Wir haben nur eine bestimmte Menge Zeit, die wir nicht vergrößern können. Doch wir können durchaus bestimmen, wie wir unsere Zeit nutzen wollen. Jeder von uns muss für sich klären, was er mit seiner verfügbaren Zeit machen möchte, was ihm wirklich wichtig ist und was nicht – und wie weit er Fremdbestimmung und Zeitdiebe dulden will. Das bedeutet aber auch, das man sich im Alltag nicht treiben lässt, sondern bewusst plant und diese Planung dann auch zumindest ungefähr einhält.

✱ Stellen Sie sich für einen Moment vor, Sie erführen, Sie hätten nur noch sechs Monate zu leben. Was würden Sie tun, was würden Sie lassen? Auch wenn dies etwas morbid klingt – es ist die beste Methode, um sich seine eigenen Prioritäten klar zu machen.

✱ Schreiben Sie ein paar Tage lang genau auf, wie Sie Ihre Zeit verbringen. Prüfen Sie, ob Sie all diese Dinge wirklich gewollt haben. Versuchen Sie, typische Zeitfresser zu meiden. Das ist an erster Stelle Fernsehen, wenn man einfach nur davor sitzt und sich berieseln lässt. Auch am Computer kann man viel Zeit verschwenden, etwa durch Surfen in sozialen Netzwerken („Mal schauen, was so bei Twitter/

> » *Ein großer Zeitfresser ist das Fernsehen, wenn man sich einfach nur berieseln lässt* «

Facebook los ist") und Lesen all der vielen Artikel, die man sich per Mausklick auf den Bildschirm holen kann. Fragen Sie sich, welche dieser Artikel Sie wirklich interessieren und die Sie lesen sollten – in der Zeitung lesen Sie ja auch nicht alle Artikel.

✽ Versuchen Sie, Zeitverluste im Alltag zu minimieren. Schreiben Sie beispielsweise auf, was Sie für die nächsten Tage einkaufen wollen, und erledigen Sie dann alle Einkäufe auf einmal. Das kostet weit weniger Zeit, als wenn Sie für eine vergessene Besorgung noch einmal aus dem Haus müssen – verbunden mit all den unvermeidlichen Zeitfressern: auf den Bus warten, durch die halbe Stadt fahren, an jeder zweiten Ampel stehen, nach einem Parkplatz suchen etc.

✽ Nutzen Sie unvermeidliche Wartezeiten oder Zugfahrten vernünftig – hören Sie Hörbücher, wenn Sie im Stau stehen, und haben Sie immer etwas Interessantes zum Lesen oder Hören dabei. Optimale Auswahl bietet in solchen Fällen natürlich der CD-Player im Auto, ein gut bestückter E-Book-Reader, ein Tablet-Computer oder MP3-Player.

» *Sorgen Sie dafür, dass Sie immer etwas Interessantes zum Lesen oder Hören dabei haben* «

EINFACHER! Klären Sie, welches Haushaltsmitglied bestimmte Aufgaben regelmäßig übernehmen soll, um Sie zu entlasten. Sorgen Sie dafür, dass dieses System auch eingehalten wird. Nötigenfalls erinnern Sie die betreffende Person daran, und zwar rechtzeitig – nicht unter Vorwürfen, wenn es zu spät ist!

INDIVIDUELLE PINNWAND

Notizen, Abholscheine usw. stecken Sie am besten an eine Pinnwand. Es gibt im Handel zahlreiche Typen, aber vielleicht möchten Sie Ihre Pinnwand selbst gestalten, zum Beispiel aus Korkscheiben. Das hat einen Vorteil: Sie können jedem Haushaltsmitglied eine Scheibe zuordnen und eine Scheibe für allgemeine Informationen (Telefonnummern, Öffnungszeiten) reservieren.

1 Besorgen Sie sich mehrere Topfuntersetzer aus Kork sowie im Baumarkt eine farbige Acrylplatte. Befestigen Sie die Acrylplatte mit Dübeln und Schrauben an der Wand, z. B. in der Küche.

2 Befestigen Sie die Untersetzer mit Korkkleber oder doppelseitigem Klebeband auf der Platte. Nicht mit der Heißklebepistole arbeiten, das Acryl könnte schmelzen. Nun können Sie Ihre Belege mit bunten Pinn-Nadeln anheften.

ORDNUNG IST DAS HALBE LEBEN

» *Lernen Sie, auf diplomatische Art „Nein" zu sagen* «

BESSER! Verplanen Sie höchstens 50 Prozent Ihrer Zeit mit festen Aufgaben. So haben Sie noch Reserven – für Unvorhergesehenes und für die Muße, die Sie zum Krafttanken und zum Nachdenken brauchen.

NEIN SAGEN kann man lernen

Will jemand etwas Zeitraubendes von Ihnen, nehmen Sie sich Bedenkzeit und überlegen, mit wie viel Mühe das verbunden ist. Wollen Sie den damit sicher einhergehenden Zeitaufwand, oft auch Ärger und Stress, investieren? Überlegen Sie aber auch, was Sie eventuell davon haben, wenn Sie die Aufgabe übernehmen.

✷ Prüfen Sie sich, warum Sie eventuell „Ja" sagen würden. Handelt es sich tatsächlich um eine Sache, die Sie machen müssen – etwa einem Freund in Not helfen oder jemanden bei einer Aufgabe vertreten, die nur Sie beherrschen? Nur wenn Sie wirklich hinter einer Sache stehen, sagen Sie „Ja" – aber auch nur dann. Denn vielleicht haben Sie ja nur Sorge, dass Sie mit einem „Nein" Ansehen oder Freunde einbüßen? Oder verlangt es Sie nach dem Gefühl, gebraucht zu werden?

✷ Lernen Sie, auf diplomatische Art „Nein" zu sagen. Immerhin ist es Ihre unwiederbringliche Zeit, die andere von Ihnen verlangen. Begründen Sie es plausibel, zeigen Sie Verständnis, und bedanken Sie sich für die Ehre. Machen Sie vielleicht einen Gegenvorschlag.

AUFSCHIEBERITIS lässt sich überlisten

„Morgen, morgen nur nicht heute, sagen alle faulen Leute" lernten unsere Vorfahren noch. Heute nennt man das Aufschieberitis oder Prokrastination. Es geht um das Problem vieler Menschen, eine bestimmte Aufgabe anzugehen. Bei manchen ist das sogar ein Fall für den Psychologen. An sich kein Wunder, denn – auch das weiß schon das Sprichwort – „Aller Anfang ist schwer".

✷ Doch es gibt einige Tricks, wie man den inneren Schweinehund überwinden kann. Wichtig ist dabei eine To-do-Liste (Zu-Erledigen-Liste), die man täglich führt und anschaut. Ihr Vorteil liegt zum einen darin, dass man wichtige Vorhaben nicht vergisst (oder verdrängt), aber noch größer ist das angenehme Gefühl beim Abhaken erledigter Arbeiten.

» *Legen Sie nie ein leeres Blatt Papier vor sich hin, um gleich mit dem Schreiben anzufangen* «

✷ Für viele Menschen stellt es ein Problem dar, wenn sie etwas schreiben sollen, etwa einen Brief. Alter Autorentrick: Legen Sie nie ein leeres Blatt Papier vor sich hin, um gleich mit dem Schreiben anzufangen. Es gibt kaum etwas, das die Gedanken so sehr tötet und den Kopf so leer macht. Machen Sie sich

erst Notizen, sammeln Einfälle und Stichworte. Danach sind Sie so gut in der Sache drin und haben so viele Ideen an der Hand, dass das Schreiben leicht von der Hand geht.
SCHNELLER! Hilfreich sind auch kleine Listen, auf denen z. B. steht, welche Werkzeuge man für eine bestimmte Arbeit braucht – etwa um ein Bild aufzuhängen, das schon lange herumsteht. Legen Sie die nötigen Werkzeuge nach und nach zwischendurch bereit und streichen Sie diese auf der kleinen Liste aus. Wenn Sie sich dann endlich aufgerafft haben, ist alles beieinander, und das Aufhängen des Bildes ist schnell erledigt.

GEGEN DIE VERGESSLICHKEIT:
Kalender führen

Wir alle haben zahlreiche private Termine zu beachten und Aufgaben zu erledigen – die Haushaltsroutine mit Putzen, Einkaufen und Kochen, dazu Arzt- und Friseurbesuche, Schultermine der Kinder, Geburtstage, Werkstatt- und TÜV-Termine fürs Auto, Steuern, Bankgeschäfte und so weiter. Da kann es leicht geschehen, dass man Wichtiges übersieht. Die sicherste Möglichkeit, solche Pannen zu vermeiden, ist das Führen eines Terminkalenders.

✻ Haben Sie am liebsten alles auf Papier? Ist es wichtig, dass auch andere Mitglieder des Haushalts die Termine vor Augen haben? Dann wäre ein großer Jahreskalender sinnvoll, der in der Küche hängt. Dort tragen Sie nicht nur die in diesem Jahr aktuellen Termine ein – etwa den Beginn einer Reise und den Tag der Rückkunft –, sondern auch wiederkehrende Termine wie z. B. Geburts- oder Hochzeitstage.

✻ Eine weitere Möglichkeit, besonders für langfristige Termine, ist die Terminkartei. Sie besteht aus einem offen stehenden Karteikasten mit DIN-A6-Karten sowie 13 Trennkarten, für jeden Monat eine sowie eine für „nächstes Jahr". Für Ordnungs- und Planungsfanatiker

GOLDENE REGELN!

Termine stressfrei verwalten

1. Tragen Sie jeden neuen Termin sofort ein – sonst besteht die Gefahr, dass Sie es eventuell vergessen.

2. Gewöhnen Sie es sich fest an, Ihren Kalender jeden Morgen zu überprüfen. Werfen Sie auch einen Blick auf die folgenden Tage. Denn viele Termine brauchen Vorbereitungszeit, etwa zum Zusammensuchen der nötigen Dokumente.

3. Schreiben Sie alle nötigen Angaben dazu, vor allem die Telefonnummer, aber auch etwaige wichtige Informationen – etwa was Sie vorbereiten oder mitbringen müssen oder wichtige Daten und Adressen. Dann brauchen Sie sie nicht mühevoll nachzuschlagen, wenn es zeitlich eng wird.

4. Haben Sie Ihren Kalender stets dabei, auch auf Reisen. Dann vergessen Sie auch nicht, von Mallorca aus Onkel Albert zum Geburtstag zu gratulieren.

eröffnet sich hier ein weites Feld. Jeder Termin bekommt eine Karte, ob einmalig oder regelmäßig, mit allen nötigen Angaben (Datum und Zeit, Art des Termins, Telefonnummer, nötigenfalls Adresse und Notizen dazu). Am Beginn jeden Monats nehmen Sie die jeweiligen Karten heraus und hängen sie geordnet an ein Schwarzes Brett oder eine Pinnwand, die jeder im Haushalt einsehen kann. Karten in unterschiedlicher Farbe zeigen jedem sofort, ob der Termin für ihn relevant ist.

BITTE NICHT!

Wenn ein Familienmitglied keine Lust hat, sich an Ihr ausgeklügeltes System zu halten, nehmen Sie es ihm nicht übel! Nicht jeder hat Sinn dafür. Erinnern Sie die betreffende Person eben mündlich an anstehende Termine.

DER ELEKTRONISCHE KALENDER
erleichtert das Leben enorm

Gehen Sie viel mit Computern und Smartphones um? Dann sollten Sie Ihren Kalender und die Liste Ihrer Kontakte elektronisch führen und Ihre Geräte über eine Cloud („Wolke", d. h. einen Server im Internet) verknüpfen. Wenn Sie dann auf einem der Geräte einen Termin eintragen, erscheint er auch auf allen angeschlossenen Geräten – auf Wunsch sogar auf denen anderer Mitglieder des Haushalts. EINFACHER! Lassen Sie sich vom elektronischen Kalender automatisch an Termine erinnern.

PÜNKTLICHKEIT erspart viel Stress

Es gibt Menschen, denen sagt man nach, sie würden selbst zu ihrer eigenen Beerdigung zu spät kommen. Falls Sie zu dieser Personengruppe gehören, sollten Sie die Neigung zur Unpünktlichkeit bekämpfen, denn sie bedeutet, dass man stets in Hetze und Stress ist und andere verärgert. Ein paar Tipps können helfen, sich Pünktlichkeit anzugewöhnen.

☀ Versuchen Sie niemals, noch vor einem Termin „schnell" etwas anderes zu erledigen. Das ist eine unfehlbare Methode, nicht rechtzeitig loszukommen.

☀ Legen Sie rechtzeitig alles zusammen, was Sie mitnehmen möchten, damit Sie nicht im letzten Moment damit anfangen. In der Hetze vergessen Sie die Hälfte.

☀ Planen Sie für Fahrten genügend Puffer ein für Staus oder Verspätungen der öffentlichen Verkehrsmittel. Damit ist immer zu rechnen. BILLIGER! Wenn Sie spät dran sind und keinen Parkplatz finden, stellen Sie sich nicht irgendwo ins Halteverbot. Das kostet nur Geld. Suchen Sie also weiter, kommen eben zu spät und fahren nächstes Mal früher los.

SO ORDNEN SIE IHRE FINANZEN – das ist nicht so schwer, wie es klingt

Die einfache Grundregel „Nicht mehr ausgeben als einnehmen" bedeutet, dass man über die eigene Finanzsituation genau Bescheid weiß – und daran hapert es oft. Ein paar Tipps mögen helfen, sie in Ordnung zu bringen.

» Über die eigene Finanzsituation muss man genau Bescheid wissen «

☀ Im ersten Schritt klären Sie, über welches Jahreseinkommen der Haushalt verfügt. Das ist meist relativ leicht festzustellen.

☀ Suchen Sie nun zusammen, welche Fixkosten anfallen: Miete, Strom, Heizung, Müll, Versicherungen, Steuern, Handy, Ratenverträge, Zinszahlungen, Abonnements, Kindergartengebühren usw. Das finden Sie am leichtesten mittels Durchsicht Ihrer Kontoauszüge heraus.

Organisieren Sie sich selbst

✳ Der dritte Kostenfaktor sind die variablen Ausgaben für Lebensmittel, Kleidung und Benzin. Addieren Sie auch diese grob für einige Monate. Wenn Sie beim Einkaufen und Tanken stets mit Kreditkarte zahlen, ist das Zusammenrechnen anhand der monatlichen Kreditkartenabrechnung einfach, andernfalls notieren Sie einige Monate lang jeden Betrag.

✳ Addieren Sie jetzt die fixen und die variablen Kosten, und überschlagen Sie, wie viel Geld pro Monat übrig bleibt. Ist nichts übrig, sondern Sie geraten chronisch ins Minus, müssen Sie sich fragen: Ist meine Wohnung zu teuer? Habe ich ein zu kostspieliges Hobby? Neige ich dazu, unnötige Dinge zu kaufen?

BILLIGER! Um schnell aus dem Minus herauszukommen, sprechen Sie mit Ihrer Bank über einen Kleinkredit. Die Zinsen für Kontoüberziehungen wären auf jeden Fall höher.

GUTE PLANUNG!

Eine Reise vorbereiten

Liste schreiben	*Schreiben Sie eine Liste, was eingepackt werden soll: Kleidungsstücke, Bademantel, Schuhe, Kulturbeutel, Lektüre, Elektronikgeräte (plus Ladegeräte!) und eventuell Netzadapterstecker.*
Fluggepäck	*Klären Sie vor einer Flugreise, was ins Handgepäck soll bzw. darf. Achtung: Bei manchen Billigfliegern darf nur Handgepäck mitgenommen werden. In diesem Fall kann aufzugebendes Gepäck Extrakosten verursachen, die eventuell höher sind als die Kosten für das Flugticket.*
Gepäck kennzeichnen	*Da die meisten Koffer heute schwarz sind, kennzeichnen Sie den Ihren mit einem bunten Anhänger, Aufkleber oder Gurt. Vergessen Sie nicht den Anhänger mit Ihrer Urlaubs- und Ihrer Heimatadresse.*
Reiseunterlagen sichern	*Schicken Sie vor Reiseantritt Scans Ihrer Reisedokumente (Flugtickets, Pass) an die eigene E-Mail-Adresse. Bei Verlust unterwegs laden Sie sie in einem Internet-Cafe herunter und drucken sie aus. Diese Kopien vereinfachen das Ausstellen von Ersatzdokumenten erheblich.*

Das behagliche Zuhause

Nur wenige Dinge im Leben sind wichtiger für unsere innere Harmonie als ein Zuhause, in das wir uns zurückziehen und in dem wir entspannen können. Entdecken Sie, was Sie tun können, um Ihr Heim noch angenehmer und zu einer wahren Wohlfühloase zu machen!

DAS BEHAGLICHE ZUHAUSE

Welche Wohnung passt zu mir?

Wenn Sie sich in Ihren vier Wänden wohlfühlen, entspricht Ihr Zuhause perfekt Ihren Bedürfnissen. Wenn das aber nicht so ist, überlegen Sie, was Ihnen an Ihrer Wohnung nicht gefällt. Falls Sie zu dem Ergebnis kommen, dass Sie umziehen sollten, so machen Sie sich zuvor einige Gedanken, damit sich die alten Fehler nicht wiederholen.

DIE EIGENEN BEDÜRFNISSE kennen

Wer mit seiner Wohnung nicht zufrieden ist oder aus anderen Gründen umziehen muss, sollte zunächst herausfinden, wie die Wohnverhältnisse sein sollten, die den eigenen Bedürfnissen entsprechen.

✻ Die Größe der Wohnfläche hängt in erster Linie von der Anzahl der Personen ab, die die Räume bewohnen. Wenn Sie allein oder zu zweit leben, muss die Wohnung nicht unbedingt sehr groß sein. Als Familie hingegen benötigt man wesentlich mehr Platz.

✻ Wenn man den Umzug in eine Etagenwohnung ins Auge fasst, ist es wichtig, in welchem Stockwerk diese liegt, falls kein Aufzug vorhanden ist. Im vierten oder fünften Stock hat man meist eine wunderbare Aussicht, weil kaum ein anderes Gebäude dem Fernblick im Wege steht. Wer noch jung und sportlich ist, wird mit dem Treppensteigen keine Probleme haben. Allerdings: Mit Einkaufstüten oder einem Wasserkasten geraten sogar junge Leute außer Atem, bis sie oben angekommen sind.

✻ Ältere Menschen sollten sich dagegen genau überlegen, ob sie in eine solche Wohnung einziehen. Dasselbe gilt für Familien mit Kindern oder gar einem Baby, das täglich mehrmals treppauf und treppab zu schleppen ist. Diese beiden Gruppen sollten die Probleme, die sich aus einer hoch gelegenen Wohnung ohne Fahrstuhl ergeben, nicht unterschätzen und in eine untere Etage oder in ein Haus mit Fahrstuhl ziehen.

» **Im fünften Stock hat man meist eine wunderbare Aussicht – doch ein Fahrstuhl muss im Haus sein** «

DIE LAGE sollte sorgsam bedacht werden

Es hängt auch von der Lage ab, ob man mit seinem Zuhause zufrieden ist oder nicht. Die ideale Wohnlage ist abhängig von den persönlichen Ansprüchen, z. B. vom Lebensalter, denn junge Menschen haben andere Ansprüche an ihr Wohnumfeld als jemand, der über 60 oder 70 Jahre alt ist. Auch der Familienstand spielt eine Rolle. Eine Familie mit Kindern wird sich für eine Wohngegend im Grünen entscheiden. Spielplatz, Kindergarten und Schule sollten in

» Eine ideale Einrichtung für Senioren ist das Einkaufszentrum, wo man unabhängig vom Wetter einkaufen kann «

der Nähe sein. Singles und junge Menschen ziehen eine Stadtwohnung dem Leben am Stadtrand oder auf dem Lande vor. In jedem Fall ist eine gute Verkehrsanbindung unerlässlich.

✱ Ältere Menschen sollten darauf achten, dass der Weg zum Supermarkt, zum Arzt und zur Apotheke nicht weit ist. Eine ideale Einrichtung für Senioren ist das Einkaufszentrum, wo man zahlreiche Geschäfte beieinander hat und unabhängig vom Wetter einkaufen kann. Fahrstühle, Geldautomaten, offene Cafés, wo man Bekannte treffen kann, vor der Tür Taxis und öffentliche Verkehrsmittel – dort gibt es alles, was man braucht.

WAS BEI DER WOHNUNGSSUCHE zu beachten ist

Wenn Sie umziehen möchten und nach einer Wohnung suchen, ist es empfehlenswert, die Besichtigung nicht an einem Sonntagnachmittag stattfinden zu lassen. Besser geeignet ist ein Termin während der Woche nach 16.00 oder 17.00 Uhr – dann ist sowohl auf der Straße als auch im Wohnhaus viel los, weil die meisten der Berufstätigen zu Hause sind. Sie bekommen mit, wie laut der Aufzug bei Dauerbetrieb ist, ob man das Rumpeln der Waschmaschine der Nachbarin hört oder ob die Kinder in der oberen Wohnung ausgiebig an ihrem Musikinstrument üben. Auch auf den Straßenlärm während des Berufsverkehrs ist zu achten.

BESSER! Versuchen Sie, nach einem Besichtigungstermin, von dem Sie annehmen, dass er auf einen Miet- oder Kaufvertrag hinauslaufen

EXPERTENRAT

Wie groß muss eine Wohnung sein?

Wie groß eine Wohnung sein sollte, hängt von den individuellen Wünschen und den finanziellen Möglichkeiten ab. Im Normalfall berechnet sich der Flächenbedarf danach, wie viele Personen in einem Haushalt leben. Der Bedarf für eine Einzelperson liegt in Deutschland bei etwa 45 m^2, wobei sich die Quadratmeterzahl bei einem Zwei- und Mehrpersonenhaushalt nicht entsprechend vervielfacht, weil bestimmte Räume (Küche, Bad, Flur) gemeinsam genutzt werden und nicht größer sein müssen als in einem Single-Haushalt. Die durchschnittliche Wohnungsgröße für 2 Personen liegt bei etwa 80 m^2.

» *Ein großer, offener Wohnbereich ist ideal für Familien mit mehreren Kindern* «

wird, mit den unmittelbaren Nachbarn zu sprechen. Was können diese über das Haus, die anderen Bewohner und die Wohngegend erzählen? Das könnte aufschlussreicher sein als die Auskünfte des Maklers, der Baugesellschaft oder des Vormieters.

DER GRUNDRISS ist wichtig

Von großer Bedeutung ist die Aufteilung der Wohnfläche. Viele Wohnungen bestehen aus Wohn-, Ess- und Schlafzimmer sowie Küche und Bad, in anderen verschmelzen Wohnzimmer, Küche und vielleicht die Diele zu einem multifunktionalen Raum.

✱ Ein großer, offener Raum, in dem die Küche in den Wohnbereich übergeht, ist ideal für Familien mit mehreren Kindern. Da die Essenszubereitung in großen Familien naturgemäß viel Zeit in Anspruch nimmt, ist derjenige, der in der Küche werkelt, nicht vom übrigen Familienleben ausgeschlossen. Der Nachteil: Eine unaufgeräumte Küche ist den Blicken von Besuchern offen ausgesetzt, und Kochdünste dringen auch in den Wohnbereich.

✱ Ältere Ehepaare werden vermutlich eine traditionell eingeteilte Wohnung als angenehm empfinden. Sie legen im Allgemeinen Wert auf einen repräsentativen Wohnraum und ein Schlafzimmer, in dem man sich auch in Zeiten der Bettlägerigkeit wohlfühlt – schließlich ist die Gesundheit im Alter nicht mehr so stabil.

BESSER! Damit es nach dem Bezug einer neuen Wohnung keine Konflikte gibt, ist vorher zu klären, wie viel Freiraum jeder Bewohner benötigt, das heißt, wer ein Zimmer für sich allein beansprucht. Solche Bedürfnisse sollten deutlich angemeldet werden.

DER EINGANGSBEREICH: Schenken Sie ihm Aufmerksamkeit

Eine durchdachte Planung ist nicht nur für die Wohnung selbst wichtig – auch der Eingangsbereich sollte den Bedürfnissen angepasst sein.

✱ Ob man mit dem Einkaufstrolley, dem Kinderwagen, einer Gehhilfe oder dem Rollstuhl unterwegs ist: Rampen anstelle von Stufen erleichtern den Zugang zum Haus. Auch Stufen im Garten lassen sich problemlos durch Rampen ersetzen.

✱ Lampen im Eingangsbereich sorgen für ausreichend Sicherheit und leuchten den Vorplatz darüber hinaus dekorativ aus.

✱ Die Beleuchtung der Hausnummer ist in manchen Bundesländern Vorschrift. Gut sichtbar sollte sie auf jeden Fall sein, aus Rücksicht auf den Briefträger, den Paketboten, den Zeitungsausträger und den Lieferanten.

✱ Die Türklingel sollte, falls Kinder oder Rollstuhlfahrer im Haus wohnen, niedrig genug angebracht sein.

✱ Ist Ihr Briefkasten schon einige Jahrzehnte auf dieser Welt? Dann werden Sie die Erfahrung gemacht haben, dass er für das heutige Postaufkommen zu klein ist – allen E-Mails

Welche Wohnung passt zu mir?

> » Das Problem der Schwelle löst sich von selbst, wenn man zwischen Innen- und Außenbereich eine Schiebetür hat «

zum Trotz. Statt sich zu ärgern, dass Ihre Post verknickt drinsteckt, schaffen Sie einen ausreichend großen Kasten an.

BILLIGER! Lassen Sie nur die Haustürbeleuchtung die ganze Nacht brennen. Andere Außenleuchten statten Sie mit Bewegungsmeldern aus. Das schreckt nicht nur ungebetene Gäste ab, es hilft auch Strom sparen.

BALKON UND TERRASSE – wer sie hat, ist gut dran

Im Frühling und Sommer wird der Balkon oder die Terrasse zu einem zweiten Wohnzimmer. Damit man seine grüne Oase ungetrübt genießen kann, sollte man sich über die Gestaltung und Ausstattung einige Gedanken machen.

✳ Leider haben viele Balkon- und Terrassentüren hohe Türschwellen. Der Höhenunterschied kann mit einer Holzrampe, die an die Schwelle gelegt wird, mit relativ wenig Aufwand ausgeglichen werden. Wollen Sie das gesamte Bodenniveau des Balkons anheben, so muss wegen der Materialien der Fachmann gefragt werden. Infrage kommen beispielsweise Holz wie etwa Bankirai, Gießharz oder frostfeste Fliesen. Außerdem ist zu bedenken, dass bei einer Erhöhung des Bodenniveaus nicht selten auch die Höhe der Balkonbrüstung angepasst werden muss.

✳ Das Problem der Schwelle löst sich von selbst, wenn man zwischen Innen- und Außenbereich eine Schiebetür hat. In neueren Bauten ist sie oft vorhanden; bewohnt man ein älteres Haus, kann man sich von einem Architekten beraten lassen, wie groß der Aufwand wäre, wenn man die Dreh-Kipp-Türen durch Schiebetüren ersetzt.

✳ Ob Balkon oder Terrasse – der Bodenbelag muss möglichst rutschfest sein.

✳ Bei der Balkonbrüstung ist darauf zu achten, dass der Abstand zwischen senkrechten Streben 12 cm nicht überschreitet, damit der Kopf eines Kindes nicht hindurchpasst. Zwischen waagrecht angebrachten Elementen sollte nicht mehr als 2 cm Platz sein, damit ein Kind nicht hoch klettern kann.

BITTE NICHT!

Nehmen Sie das Belegen Ihres Balkons mit Fliesen nicht ohne den Rat eines Statikers in Angriff. Fliesen bringen ein enormes Gewicht mit. Sind Sie Mieter, müssen Sie das Vorhaben ohnehin mit dem Hauswirt absprechen.

DAS BEHAGLICHE ZUHAUSE

Die Gestaltung der Räume

Die Wohnung ist der Ort zum Zurückziehen und Entspannen, insbesondere nach der Arbeit. Deshalb sollten Sie es sich so gemütlich wie möglich machen, damit Sie sich wohlfühlen und sich gern in diesem privaten Bereich aufhalten.

» *Heitere, verspielte und kreative Menschen haben gern eine farbenreiche, helle Wohnung* «

WELCHER STIL entspricht mir am besten?

Man sagt: „Zu Hause ist es am schönsten", und damit es auch so wird oder bleibt, sollte man zunächst den eigenen Einrichtungsstil finden und dann ab und zu Veränderungen vornehmen – ob durch andere Farben für Wände und Möbel oder die Neugestaltung von lange unangetastet gebliebenen Lieblingsplätzen.

✻ Der Stil, in dem Sie Ihre Wohnräume einrichten, ist wichtig, damit aus Ihren vier Wänden auch wirklich Ihr Zuhause wird. Manche mögen es gern klassisch und lieben Antiquitäten, während andere für ein modernes Design schwärmen; wieder andere mischen verschiedene Stilrichtungen und drücken so ihre Persönlichkeit aus. Die zu einem passende Umgebung zu schaffen ist gar nicht so schwer. Man muss sich nur ein paar Gedanken über sich selbst machen.

✻ Der Charakter und die individuellen Interessen des Bewohners (oder der Bewohner) bestimmen den Einrichtungsstil. Heitere, verspielte und kreative Menschen haben gern eine farbenreiche, helle Wohnung. Rational-sachlich veranlagte Menschen hingegen fühlen sich in einer kühlen und schlichten Umgebung wohl und sollten ihre Wohnung minimalistisch einrichten, mit wenigen, hochwertigen Einzelstücken, klaren Linien und einem einheitlichen Farbkonzept. Bevorzugen Sie eine rustikale Umgebung, könnte der Landhausstil für Sie richtig sein. Wer viel reist oder von fernen Ländern träumt, kann seine Wohnung asiatisch einrichten, mit Afrika-Deko für Exotik sorgen oder sich den Orient im Stil von „1001 Nacht" ins Haus holen. Und wer sich mit Begeisterung handwerklich betätigt, kann Möbel aufpeppen und einen Stil-Mix kreieren.

UNTERSCHIEDLICHE Herangehensweisen

Natürlich ist es ein Unterschied, ob Sie einen leeren Raum einrichten oder eine bestehende Einrichtung verändern wollen. In jedem Fall

Die Gestaltung der Räume

gilt: Lassen Sie sich Zeit! Für das leere Zimmer muss erst ein Raumgefühl entstehen. Halten Sie sich zu unterschiedlichen Tageszeiten in dem Raum auf, um die sich ändernden Lichtverhältnisse wahrnehmen zu können. Bei einem bereits eingerichteten Zimmer, das Sie verändern möchten, versuchen Sie, die Gesamtheit mit neuen Augen zu sehen, um festzustellen, an welcher Stelle Handlungsbedarf besteht. Oft genügen einige Ideen oder Handgriffe, um eine Wohlfühloase zu schaffen.

BILLIGER! Machen Sie nicht den Fehler, innerhalb von kurzer Zeit komplett neue Möbel zu kaufen bzw. alles gleich umzudekorieren. Denn wie oft ärgert man sich über Fehlkäufe, die man so lange im Blickfeld erträgt, bis man sie durch neue, teure Anschaffungen ersetzt!

> **BITTE NICHT!**
> Wenn Sie sich neu einrichten, sollten Sie den Wohnstil, für den Sie sich entschieden haben, nicht mit eiserner Konsequenz realisieren. Dadurch wirkt eine Einrichtung starr. Scheuen Sie nicht vor kleinen Stilbrüchen zurück.

✳ Wenn Sie sich nicht klarwerden können, wie ein leerer Raum später aussehen soll, ist es ratsam, in einige neutrale Grundbestandteile zu investieren. Schaffen Sie sich deshalb bei einer Neueinrichtung einige erste Möbelstücke, die Sie brauchen – ob Couch, Regal oder Tisch –, in zurückhaltenden Farben wie Weiß, Grau, Beige oder Schwarz an, die sich später mit allen Farben kombinieren lassen, die Ihnen angenehm sind. Auch mutige Trendfarben von Lila und Pink über Orange bis hin zu verschiedenen Grün- und Blautönen werden problemlos zu den neutralen Tönen passen.

DIE LEBENSUMSTÄNDE berücksichtigen

Lassen Sie auch die praktischen Aspekte nicht außer Acht. Leben Sie allein? Dann können Sie sich vollkommen auf Ihre eigenen Wünsche konzentrieren. Oder haben Sie Familie? In diesem Fall müssen Sie praktisch denken und Rücksicht auf die Vorlieben und Abneigungen der anderen nehmen. Ziehen Sie häufig um? Wer öfter die Wohnung wechselt, sollte sich vielleicht nicht gerade den riesigen Barockschrank anschaffen, der im Antiquitätengeschäft so toll aussieht, sondern sich mit leichten und multifunktionalen Möbeln einrichten.

EINFACHER! Anstatt die Möbelhäuser der Umgebung zu durchstreifen und Ihre Nerven zu strapazieren, setzen Sie sich zu Hause gemütlich hin und holen sich Anregungen aus Wohnzeitschriften und Büchern. Oder stöbern Sie im

> » Rational-sachlich veranlagte Menschen fühlen sich in einer kühlen und schlichten Umgebung wohl «

DAS BEHAGLICHE ZUHAUSE

» Wenn Sie mit kleinen Veränderungen eine große Wirkung erzielen möchten, greifen Sie zu neuen Heimtextilien «

Internet auf den Websites von Möbelherstellern und von Shops, die Heimtextilien und Deko-Gegenstände anbieten. Diese Quellen werden Ihnen bei der Entwicklung Ihrer eigenen Ideen helfen.

NEUER LOOK für die alte Wohnung

Mit den Einrichtungstrends ist es ähnlich wie in der Mode – was heute total im Trend liegt, ist morgen schon wieder out. Auch hat man sich irgendwann an den alten Sachen satt gesehen. Also braucht die Wohnung einen neuen Look! Das bedeutet aber nicht, dass man sich völlig neu einrichten muss, denn wer hat schon Zeit, Geld und Lust genug, seine Wohnung alle paar Jahre komplett neu zu gestalten. Meist kann man mit einigen Handgriffen und wenig Geld viel Abwechslung in das Zuhause bringen.

» Dass man irgendwann manche Sachen nicht mehr mag, kann mit der eigenen persönlichen Weiterentwicklung zu tun haben «

✹ Erster Schritt: Man sollte sich manchmal von Dingen trennen, denn was einem vor einigen Jahren gefallen hat, muss es heute nicht mehr tun. Dass man irgendwann bestimmte Sachen nicht mehr mag, kann mit der eigenen persönlichen Weiterentwicklung zu tun haben oder auch mit einer neuen Lebenssituation. Ziehen Sie die Konsequenzen, und bewahren Sie nichts auf, das Sie nicht mehr mögen.
✹ Wenn Sie mit kleinen Veränderungen eine große Wirkung erzielen möchten, greifen Sie zu neuen Heimtextilien wie Gardinen, Decken oder Kissen. Stoffe in modischen Farben und Mustern zaubern im Handumdrehen eine neue Atmosphäre.
✹ Seien Sie mutig, und geben Sie dem Raum, den Sie verändern wollen, Individualität, indem

EXPERTENRAT

Hohe Räume ausstatten

Altbauwohnungen sind extrem beliebt, und jeder schwärmt von Stuck und hohen Räumen. Doch hier ergibt sich ein Problem: Bei Deckenhöhen von 3 bis 4 Metern ist es schwer, eine gemütliche Atmosphäre zu schaffen.
• *Eine Lösung bieten lange Hängelampen, deren Licht nach unten abgestrahlt wird, oder mehrere im Raum verteilte Stehlampen.*
• *Eine weitere Lösung wäre eine – vom Boden aus gesehen – etwa 1,20 Meter hohe, von der übrigen Wand abgesetzte Tapete, die von einer waagrechten Bordüre begrenzt wird.*
• *All diese Maßnahmen lenken das Hauptaugenmerk auf die untere Hälfte des Zimmers. Um die Großzügigkeit, derentwegen man solche Räume schätzt, dennoch zu erhalten, wählt man bodenlange, eventuell sogar auf dem Boden aufstoßende Gardinen und hängt große Bilder auf.*

Sie ihn durch ganz besondere Dinge bereichern. Denkbar wäre ein spektakulärer neuer Stoff für eine Couch, eine ungewöhnliche Vase oder Schale vom Flohmarkt, Bilder mit auffälligen Motiven oder Farben oder ein prachtvoller Stuhl aus Großmutters Nachlass. Zu jedem dieser Gegenstände sollten Sie eine emotionale Beziehung haben. So ausgefallen er auch sein mag – Sie müssen ihn wirklich gern leiden mögen, sonst bleibt er ein Fremdkörper in Ihrem Zuhause. In diesem Bereich sollte man ruhig etwas wagen, denn wenn man sich vertan hat, lässt sich der Fehlgriff meist ohne erhebliche Kosten und Mühen korrigieren.

✳ Große Wirkung erzielen Sie mit neuen Tapeten. Tapeten sind in den letzten Jahrzehnten etwas aus der Mode gekommen, doch seit einiger Zeit erleben sie ein Comeback. Ob Sie die nackten Wände erstmalig tapezieren oder die vorhandene Wandverkleidung übertapezieren – eine neue Tapete verändert die Optik eines Raums enorm, setzt neue Akzente und sorgt für ein verändertes Wohngefühl.

BILLIGER! Tapezieren Sie selbst, weil es billiger ist, als einen Maler zu engagieren. Es geht recht einfach. Lassen Sie sich im Baumarkt beraten.

MÖBEL UMSTELLEN kann die Lösung sein

Ein völlig neues Raumgefühl kann auch durch das Umstellen von Möbeln entstehen.

✳ In einem Raum, der mehrere Funktionen erfüllt, etwa dem Wohnzimmer, kann man durch eine Umstrukturierung getrennte Bereiche schaffen. Hierfür eignen sich optische Raumteiler wie ein offenes Regal oder ein großzügiges Sofa besonders gut.

✳ Ein solches Umstellen der Möbel korrigiert auch einen „Fehler", der bei der Einrichtung des Wohnzimmers oft gemacht wird, nämlich dass man alle Möbel an die Wand gestellt hat. Die gängige Vorstellung, dass durch die Anordnung der Möbel an der Wand entlang ein Raum

» Neue Stoffe und Accessoires zaubern im Handumdrehen einen frischen Look in die Wohnung «

optisch größer wirke, stimmt keineswegs immer. Das Sofa, in der Mitte des Raumes platziert, oder das Regal, rechtwinklig zur Wand aufgestellt, schafft Perspektiven und damit Raumtiefe. Allerdings gibt es eine Ausnahme: Wenn das Zimmer sehr klein ist, hat man keine Wahl und muss die Möbel an die Wand stellen.

BESSER! Probieren Sie das gewünschte Arrangement zuerst auf Millimeterpapier aus, auf dem Sie die maßstabsgerecht ausgeschnittenen Möbel hin und her schieben. Möglicherweise kommen Sie dabei auf Lösungen, die Ihnen bisher nicht eingefallen sind.

DAS BEHAGLICHE ZUHAUSE

Die Wirkung von Farben

Welchen Einrichtungsstil Sie auch mögen – es sind vor allem die Farben, die Stimmung und Wohlbefinden der Bewohner beeinflussen. Damit dieser Einfluss ein positiver ist, sollte man einiges über Farben und ihre Wirkung wissen.

» Die Auswahl der Farben ist eine schöne Aufgabe, die aber etwas Fingerspitzengefühl erfordert «

KLEINE FARBENLEHRE für Ihr Zuhause

Beim Einrichten das perfekte Zusammenspiel zwischen Materialien, Licht und Farben zu schaffen ist eine schöne Aufgabe, die aber etwas Fingerspitzengefühl und einige Grundkenntnisse erfordert, damit alles angenehm wirkt. Das betrifft vor allem die Wahl der Farben.

✻ Eine einfache Gruppierung der Farben ist die nach den Eigenschaften Warm und Kalt sowie Dunkel und Hell, wobei es natürlich viele Abstufungen und Mischformen gibt. Jede dieser vier Gruppen übt eine ganz bestimmte Wirkung auf uns aus.

» In Räumen, in denen die Rot-Gelb-Skala vorherrscht, scheint die Temperatur höher zu sein «

✻ Warme Farben, z. B. strahlende Rot- und Gelbtöne, regen zu Aktivität an und sollten daher in Räumen, die der Entspannung dienen, nicht verwendet werden. Da solche Farben den Eindruck von Sonnenlicht vermitteln, sind sie besonders geeignet für nach Norden ausgerichtete Zimmer. Außerdem scheint in Räumen, in denen die Rot-Gelb-Skala vorherrscht, die Temperatur höher zu sein, als sie tatsächlich ist.

✻ Kalte Farben, das sind alle Blau- und Grüntöne, wirken beruhigend auf uns. Daher sind sie besonders für Schlafzimmer sinnvoll. Leuchtendes Blau sowie Mint und Türkis eignen sich wegen des Eindrucks der Kühle, die sie vermitteln, besonders für nach Süden ausgerichtete Räume, die sich im Sommer leicht zu stark aufheizen.

✻ Helle Farben, das sind Farben mit einem hohen Weißanteil, also zarte Grün- und Blautöne sowie helles Gelb und mildes Orange, wirken freundlich, fröhlich und leicht und heben die Stimmung.

Die Wirkung von Farben

✳ Dunkle Farben wie Braun, Anthrazit, kräftiges Violett sowie Dunkelblau (mit einem hohen Schwarzanteil) wirken düster und einengend. Werden sie aber an der richtigen Stelle eingesetzt, kann ein Gefühl von Gemütlichkeit und Geborgenheit entstehen.

BITTE NICHT!

Es heißt, dass Rot die Aggressionsbereitschaft fördert. Daher sollte man Kinderzimmer nicht in einem vorherrschenden Rot gestalten.

MIT FARBEN BAULICHE MÄNGEL
ausgleichen

Bauliche Gegebenheiten kann man mithilfe von Farben beeinflussen, z. B. Räume größer, kleiner, höher oder niedriger erscheinen lassen. Die bekannteste allgemeine Farbregel ist, dass dunkle Farben verkleinern und beengen, während helle Farben mehr Weite und Höhe schaffen. Diese Wirkungen kann man sich zunutze machen.

✳ Kleine Räume wirken großzügiger und luftiger, wenn sie in möglichst hellen Farben gehalten werden.

✳ Große Räume strahlen mehr Gemütlichkeit aus, wenn man dunkle, warme Farben, etwa dunkle Rottöne, wählt.

✳ Niedrige Räume wirken höher, wenn man die Decke in einem helleren Farbton als die Wand streicht. Setzen Sie eine schmale Leiste in den Winkel zwischen Wand und Decke, damit der Absatz sauber ist.

✳ Hohe Räume sehen bei einer dunklen Decke optisch niedriger aus. Doch Vorsicht: Bei einer sehr dunklen Deckenfarbe scheint die Decke herunterzukommen – ein bedrückender Effekt.

✳ Schlauchartige Flure wirken durch helle, leuchtende Farben weiter und breiter.

✳ Dunkle Räume mit kleinen, womöglich nach Norden weisenden Fenstern erhalten mit warmen, leuchtenden Farben,

EXPERTENRAT

Der Farbkreis – das Zusammenspiel der Farben

Der Farbkreis ist eine Darstellungsform von Farbbeziehungen. Er wurde von dem Maler und Kunstpädagogen Johannes Itten in den 1920er-Jahren entwickelt. Nach Ittens Farbtheorie gibt es die drei Grundfarben Rot, Blau und Gelb, die drei gemischten Sekundärfarben Grün (Gelb und Blau), Violett (Blau und Rot) und Orange (Rot und Gelb) sowie die sechs Tertiärfarben Blaugrün, Blauviolett, Purpurrot, Orangerot, Dunkelgelb und Hellgrün, die durch die Mischung einer Grundfarbe mit einer Sekundärfarbe entstehen. Der Farbkreis zeigt die Verhältnisse, in denen die Farben zueinander stehen. Bei der Farbwahl für Ihre Wohnung kann Ihnen dieses System helfen.

• Sie können sich bei der Einrichtung für eine einzige Farbe entscheiden, diese aber in unterschiedlichen Helligkeitswerten einsetzen. Das schafft Ruhe.

• Oder Sie entscheiden sich für Farben, die im Kreis nebeneinander liegen; hier entsteht ein Eindruck von natürlicher Harmonie.

• Eine andere Möglichkeit bietet die Kombination von Komplementärfarben; diese liegen einander im Kreis gegenüber und bilden den größtmöglichen Kontrast. Die Wirkung ist eine lebhafte.

DAS BEHAGLICHE ZUHAUSE

» *Beschränken Sie sich auf eine einzige Farbe, so erzielen Sie ein sehr ruhiges Ambiente* «

wie beispielsweise Gelb, einen wohltuenden Ersatz für das fehlende Sonnenlicht.
BILLIGER! Helle Wände reflektieren das Licht, sodass Sie weniger Lampen und Leuchten benötigen. Auf diese Weise sparen Sie Strom.

EIN FARBKONZEPT für die eigenen Räume finden

Wenn es an die farbliche Ausgestaltung Ihres Heims geht, sollten Sie methodisch vorgehen. Schauen Sie sich die unveränderlichen, also festliegenden Farben genau an, z. B. den Fußboden und die Möbel, die bleiben sollen, und stimmen Sie die neuen Farben darauf ab. Es ist wichtig, mit den vorhandenen Farben zu arbeiten und nicht gegen sie.

✹ Anders gehen Sie vor, wenn Sie einen gesamten Raum farblich neu gestalten können. In diesem Fall sind Sie ganz frei, sollten sich aber an den Lichtverhältnissen orientieren.

✹ Wenn Sie sich über die Farbigkeit nicht recht klar sind, ist es ratsam, für die großen Flächen einen eher neutralen Grundton zu wählen, wie z. B. Weiß, Hellbeige oder Zartgrau. So wirkt ein Raum grundsätzlich erst einmal ruhig. Wände und Teppiche sollten in dieser Farbe gewählt werden, wobei der Grundton in seinem Helligkeitswert variieren kann.

✹ Dann folgt die Ausstattung des Raums mit Polsterbezügen, Vorhängen, Kissen und Accessoires. Beschränken Sie sich dabei auf eine einzige Farbe, so erzielen Sie zwar ein sehr ruhiges Ambiente, aber es besteht ein wenig die Gefahr der Langeweile. Dieser können Sie entgegenwirken, indem Sie unterschiedliche Materialien einsetzen – Hölzer, Stoffe sowie Accessoires aus Keramik, Glas und Metallen. Denn Ihre Grundfarbe wird auf jedem Material anders aussehen.

✹ Eine andere Möglichkeit, Ihre einheitliche Farbgestaltung interessanter zu machen, ist die Verwendung unterschiedlicher Muster auf Polstern, Vorhängen und Kissen, wobei alle Ihre Grundfarbe aufweisen.

✹ Entscheiden Sie sich für Begleittöne, die im Farbkreis neben dem Grundton liegen, etwa unterschiedliche Grüns, von Grasgrün über Gelbgrün bis Blaugrün, so wird die Anmutung harmonisch und trotzdem lebendig sein.

» *Die Grundfarbe wird auf jedem Material anders aussehen* «

✹ Effektvollere Farbwirkungen setzen Sie mit zwei Komplentärfarben – etwa Rot und Grün –, wenn das übrige Raumkonzept zurückhaltend ist, also Weiß, Beige oder Grau, sodass die spektakuläre Wirkung aufgefangen wird und es optische Ruhepole gibt. Komplementärfarben lassen sich nicht nur als Akzente einsetzen, also bei Kissen, Vorhängen oder Accessoires, sondern auch großflächiger, beispielsweise an einer Wand, einem Teppich oder einem Polstermöbelbezug.

Die Wirkung von Farben

✹ Möchten Sie sehr starke Farbakzente setzen, beschränken Sie diese zunächst auf Kissen und Accessoires, um den Effekt abschätzen zu können. Experimentieren Sie mit Rot, Grün, Blau, Orange, Pink, Lila, Türkis – alles ist möglich, wenn es Ihnen gefällt.

PRAKTISCHE ERWÄGUNGEN sind
nicht unwichtig

Damit Sie nach dem Einkauf keine bösen Überraschungen erleben – die strahlend lila Vorhänge sahen im Laden doch so toll aus! –, beschaffen Sie sich so viel Info-Material wie möglich, z. B. Farbkarten von Wandfarben im Baumarkt oder Tapeten- und Stoffmusterbücher im Fachhandel. Soll der Fußboden neu belegt werden, beschaffen Sie sich Holzproben beim Parkettleger oder Teppichmusterbücher im Teppichhandel. Diese Entscheidungshilfen schauen Sie sich nicht nur im Geschäft an, sondern vor allem zu Hause. Dann können Sie die Wirkung im Zusammenspiel mit den vorhandenen Dingen und dem Licht beurteilen.

EINFACHER! Kaufen Sie Wohnzeitschriften. Das Thema „Farbe" findet sich dort regelmäßig, und Fachleute demonstrieren gelungene Kombinationen, die natürlich auch modische Trends berücksichtigen.

BILLIGER! Fehlkäufe bleiben oft nicht aus. Vergewissern Sie sich deshalb, ob Sie Kissenbezüge und Decken zurückgeben können.

>> *Eindrucksvolle Farbwirkungen erzielen Sie mit zwei Komplementärfarben, etwa Rot und Grün* <<

BITTE NICHT!

Haben Sie viele Bücherregale im Wohnzimmer? Dann überladen Sie den Raum nicht mit Farben. Denn meist sind Buchrücken bunt und bringen bereits viel Farbigkeit in einen Raum.

DAS BEHAGLICHE ZUHAUSE

Schöne Materialien für die Wohnung

Bei der Gestaltung der Wohnung spielen neben Einrichtungsstil, Accessoires und Farben auch die Materialien für Wände, Böden und Heimtextilien eine Rolle. Die richtige Wahl der Materialien sorgt für ein angenehmes Wohngefühl.

WELCHE BODENBELÄGE eignen sich für meine Räume?

Kuscheliger Teppichboden, robuste Fliesen, edles Parkett oder preisgünstiges Laminat – es gibt eine Reihe gängiger Bodenbeläge, unter denen Sie den für Ihre Bedürfnisse am besten geeigneten auswählen können. Einige Informationen über das Material sowie über die jeweiligen Vor- und Nachteile sollen die Entscheidung erleichtern.

✳ Parkett ist der Klassiker und gilt auch heute als der edelste unter den Fußböden. Die einzelnen Parkettstreifen können in unterschiedlichen Mustern zusammengesetzt werden. Ob im Stäbchen-, Fischgrät- oder Würfelmuster verlegt – Parkett ist sehr vielseitig. Es besteht entweder aus massivem Hartholz oder hartholzfurniertem Weichholz. Es sind viele Hölzer möglich, von Ahorn über Birnbaum, Buche, Eiche und Kirschbaum bis hin zur Zeder. Diese Vielfalt bietet zahlreiche Gestaltungsmöglichkeiten und passt zu jedem Wohnstil.

✳ Parkettböden haben noch mehr Vorteile: Sie sind widerstandsfähig und langlebig. Ist die Oberfläche unansehnlich geworden, kann sie abgeschliffen werden – wie oft, hängt von der Dicke der Massivholzschicht ab. Preiswerte Parkettböden erlauben nur ein einmaliges

» *Parkett ist der Klassiker und gilt auch heute als der edelste unter den Fußböden* «

Schöne Materialien für die Wohnung

» Teppichböden haben viele Vorteile: Sie sind rutschfest, wärmend und schalldämmend «

Abschleifen, wohingegen eine dicke Massivholzschicht mehrfach abgeschliffen werden kann. In der Regel wird der Parkettboden dann neu versiegelt, damit er resistent gegen Flecken wird, besonders gegen Nässeflecken.

✳ Da Holz feuchteregulierend ist, sorgt Parkett für ein gutes Raumklima. Wegen seiner guten Wärmedämmeigenschaft ist es fußwarm. Außerdem eignet sich Parkett für Fußbodenheizung. Ein Nachteil dieses Bodenbelags ist, dass er Schall und Trittgeräusche überträgt und für das Bad nur in einer besonderen Ausführung geeignet ist. Es können auch Risse entstehen. Außerdem ist Parkett je nach Qualität und Ausführung recht teuer.

✳ Laminat zählt zu den beliebtesten Bodenbelägen. Es besteht aus einer Trägerschicht – meist MDF (Mitteldichte Faserplatten) – und einer Dekorschicht, wobei die Oberfläche mit einem Harz versiegelt ist. Da alle Schichten unter hohen Temperaturen und Druck zusammengepresst werden, ist Laminat besonders strapazierfähig. Außerdem ist es stoßfest, pflegeleicht und einfach zu verlegen, auch auf einem anderen Bodenbelag. Inzwischen gibt es eine große Auswahl an Designs, und hochwertige Ware sieht nicht wie eine billige Holzimitation aus, sondern wirkt natürlich und edel. Trotzdem ist Laminat relativ preisgünstig.

✳ Ein Nachteil: Laminat ist nässeempfindlich und daher für Bäder nur bedingt geeignet. Da Trittgeräusche stark übertragen werden, ist eine Schalldämmung notwendig. Außerdem lädt sich Laminat leicht statisch auf, sodass es passieren kann, dass man einen „Schlag" bekommt. Das gilt allerdings gleichermaßen für Teppichböden aus Kunstfasern.

✳ Auch ein Teppichboden übt einen großen Einfluss auf die Atmosphäre eines Raumes aus. Deshalb sollten Sie sich bei der Wahl genau überlegen, aus welchem Material er bestehen soll. Farbe und Muster sind ebenfalls wichtig, damit sie mit der Einrichtung harmonieren. Schließlich darf man sich nicht allzu schnell daran satt sehen, denn einen Teppichboden wechselt man nicht so häufig.

» Hochwertiges Laminat wirkt natürlich und edel und ist trotzdem preisgünstig «

✳ Textiler Teppichboden wird entweder aus Wolle oder aus synthetischen Materialien wie Nylon oder Polyester hergestellt. Auch Mischfasern sind häufig. Der Flor besteht entweder aus festen Schlingen (Bouclé) oder aufgeschnittenen (Velours). Die Unterseite ist meist aus Schaumstoff oder Jutegewebe. Auslegware kann aber auch aus Pflanzenfasern wie Sisal, Jute oder Kokosfaser gewebt sein. Diese Teppichböden sind glatt und ohne Flor.

✳ Teppichböden haben viele Vorteile: Sie sind rutschfest, wärmend, schalldämmend, sorgen für ein weiches Laufgefühl und bieten eine große Gestaltungsvielfalt. Allerdings können

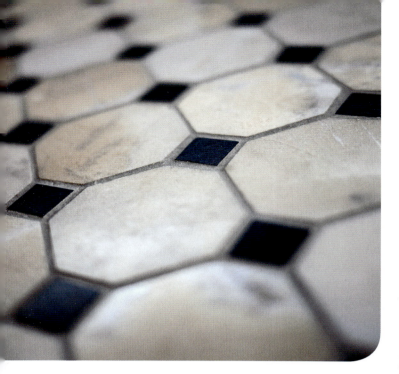

> » Fliesen sind strapazierfähig und pflegeleicht und eignen sich für alle Wohnbereiche «

sich dort Milben ansiedeln, was Allergiker unbedingt berücksichtigen sollten. Ein weiterer Nachteil ist, dass Teppichböden nicht einfach zu reinigen sind. Vor allem die „Straßen" – viel begangene Wege in der Wohnung – stellen ein Reinigungsproblem dar. Nicht nur das: Solche Strecken sind festgetretener als der übrige Teppichboden, oft auch abgenutzter. Da hilft nur: eine Brücke oder einen Teppich darüberlegen, bis der ganze Teppichboden erneuert wird.

✱ **Fliesen** sind Multitalente und eignen sich für alle Wohnbereiche – ob Küche, Bad, Flur, Wohnzimmer oder Terrasse. Sie sind strapazierfähig und pflegeleicht. Das Angebot reicht von hitzebeständigen Arten für die Kaminumrandung bis hin zu frostbeständigem Material für Balkon und Terrasse. Durch moderne Fertigungstechniken lassen sich die unterschiedlichsten Oberflächen realisieren, die in Optik und Struktur natürlichem Sandstein, Marmor oder Granit entsprechen oder auch farbige Dekors aufweisen. Die Formate reichen von kleinem Mosaik (2 × 2 cm) bis zu großen Platten (40 × 80 cm), wobei die Kombination von Platten und Mosaik stark im Trend liegt.

✱ **Fliesen** haben den Vorteil, dass sie sich als durchgängiger Boden im ganzen Haus eignen, ohne störende Stufen oder Schwellen. Außerdem lassen sie sich feucht oder nass wischen, deshalb sind sie der ideale Fußbodenbelag für Hausstauballergiker. Fliesenböden sind strapazierfähig und haben eine hohe Lebensdauer, was die Umwelt und den Geldbeutel schont: Wenn man diesen Bodenbelag austauscht, dann in der Regel nur, weil er nicht mehr gefällt. Ein Nachteil ist, dass ein gefliester Boden im Vergleich zu anderen Belägen im Winter kälter sein kann. Bei einem Neubau sollte man deshalb Fliesen im Wohnbereich mit einer Fußbodenheizung kombinieren.

EINFACHER! Möchten Sie die Pflegeleichtigkeit von Fliesen mit der edlen Anmutung von Holz kombinieren, z. B. im Eingangsbereich oder im Bad? Dann lassen Sie sich im Fachhandel Fliesen in Holzoptik zeigen – sie sind von echtem Holz praktisch nicht zu unterscheiden.

BESSER! Mit dem Verlegemuster von Fliesen oder auch Parkett können Sie den Raumeindruck verändern, z. B. einen schmalen Raum breiter wirken lassen. Da man so etwas als Laie schwer beurteilen kann, holen Sie sich im Fachhandel Rat.

BITTE NICHT!

Kaufen Sie Parkett nicht bei einer möglicherweise unseriösen Quelle, z. B. im Internet. Das gilt vor allem für Tropenhölzer, deren Ausfuhr verboten sein kann. Es existiert ein Schwarzmarkt, der für illegales Abholzen sorgt und solche Hölzer nach Europa bringt. Halten Sie sich lieber an den Parketthandel vor Ort.

Schöne Materialien für die Wohnung

BILLIGER! Haben Sie Räume mit Böden, die stark strapaziert werden, möchten aber auf Teppichboden nicht verzichten? Dann entscheiden Sie sich für Nadelfilz. Dieses Material ist robust und vor allem preiswert.

FARBE, PUTZ, TAPETE, STOFF: Womit man die Wände „anziehen" kann

Mit einer neuen Wandgestaltung kann man Räumen eine ganz neue Atmosphäre verleihen. Wände müssen auch nicht immer weiß sein. Also: Wer sich innerhalb seiner vier Wände nicht mehr wohlfühlt oder diese langweilig findet, sollte für Abwechslung sorgen – ob mit Farbe, Strukturputz, Tapete, einer Bespannung mit Stoff oder einer Holztäfelung.

> » Dispersionsfarben lassen sich gut auftragen, riechen kaum und trocknen schnell «

✹ Streichen mit Wandfarbe ist die einfachste Möglichkeit der Wandgestaltung. Wichtig ist, für welche Art von Wandfarbe man sich entscheidet. Bei den meisten Wandfarben handelt es sich um Dispersionsfarben, die aus Wasser, Farbpigmenten und Bindemitteln bestehen. Wer selbst streicht, sollte beim Einkauf auf Angaben über Deckkraft und Nassabrieb (Beständigkeit bei Reinigung) achten. Meist genügt eine normale Wandfarbe von guter Qualität. Empfehlenswert sind hochdeckende Wandfarben der Deckkraftklasse 1 und der Nassabriebklasse 2, denn hierbei spart man sich in der Regel mehrmalige Streichgänge. Dispersionsfarben lassen sich glatt und gleichmäßig auftragen, riechen kaum und trocknen schnell, sodass der renovierte Raum nach ausreichender Lüftung bald wieder genutzt werden kann.

✹ Neben herkömmlichen Dispersionsfarben werden im Handel Naturfarben angeboten, die frei von Lösungsmitteln sind. So sorgen sie für ein gesundes Raumklima und sind auch für Allergiker geeignet.

✹ Eine top-moderne Lösung ist der Struktur- bzw. Wischputz, den man aus mediterranen Ländern kennt und der zahlreiche Gestaltungsmöglichkeiten erlaubt. Auf den sauberen Untergrund wird zunächst der Putz, von dem es je nach gewünschtem Aussehen diverse Sorten gibt, aufgetragen. Bringt man ihn mit einer Strukturrolle oder mit der Kelle auf die Wand, so ist man praktisch schon fertig und hat einen Strukturputz. Aufwendiger ist der Wischputz, der mit Pinsel, Bürste oder Schwamm verrieben wird, sodass ein lebendiges Muster mit attraktiven Licht- und Schatteneffekten entsteht. Nach dem Trocknen wird eine Farblasur aufgetragen. Sehr beliebt sind Erdtöne, die die mediterrane Anmutung noch verstärken.

✹ Tapeten gehören zu den beliebtesten Materialien für die Wandgestaltung und sind wieder absolut im Trend. Es gibt unzählige Farben, Muster und Formen in allen denkbaren Stilen. Damit ist es kein Problem, die Wände zum Blickfang zu machen. In unendlich großer

> » Tapeten gehören zu den beliebtesten Materialien und sind wieder absolut im Trend «

> » Eine Holzvertäfelung bietet sich an, wenn die Wand dahinter extreme Unebenheiten aufweist oder eine Tapete für den Platz zu empfindlich wäre «

✳ Vliestapeten sind eine praktische Alternative. Sie bestehen aus Kunststoff und sind einfach zu tapezieren, da der Kleister direkt auf die Wand aufgebracht wird. Zum Einkleistern braucht man keinen Tapeziertisch mehr. Außerdem lassen sie sich ebenfalls spalten und trocken abziehen. Auch diese Tapeten überspielen Unebenheiten des Wandputzes.

✳ Sehr edel sehen Textiltapeten aus, deren Oberfläche mit einer Textilschicht versehen ist. Dafür werden u. a. Seide, Leinen, Baumwolle, Jute oder Kunststofffaser verwendet. Je nach Textilstoff kann eine glatte, gekräuselte, feine oder grobe Oberfläche entstehen. Textiltapeten haben eine lange Lebensdauer.

✳ Eine Wandverkleidung bietet sich an, wenn die Wand extreme Unebenheiten aufweist oder eine Tapete für den Platz zu empfindlich wäre. Bei dieser Art der Wandgestaltung werden auf eine Unterkonstruktion Elemente montiert, die aus den unterschiedlichsten Materialien bestehen können. Zu nennen wäre die klassische Holzvertäfelung, die vielfältige Lösungen erlaubt – von preiswerten Paneelen aus dem Baumarkt bis hin zu erlesenen Kassetten vom Tischler. Weiterhin kommen infrage: textiler Stoff, lackierte Spanplatten, farbige Acrylplatten, Edelstahl und sogar Glas.

Auswahl erhältlich sind gemusterte Papiertapeten, also die Klassiker. Dabei ist die Dicke des Papiers zu beachten. Bei dünnen Tapeten nämlich drückt sich die kleinste Unebenheit des Untergrundes durch; in solchen Fällen klebt man zuerst eine Makulaturtapete auf. Dicke Tapeten sowie Strukturtapeten sind eher in der Lage, Unebenheiten zu kaschieren. Manche Tapeten sind spaltbar, d. h., man kann beim Neutapezieren die obere Schicht trocken abziehen, während die Unterschicht als Makulaturtapete an der Wand verbleibt.

✳ Der andere Klassiker ist die Raufasertapete in unterschiedlichen Körnungen, seit Jahrzehnten beliebt, preiswert und passend zu jeder Einrichtung, ob Apfelsinenkistenstil in der Studentenbude oder Salon mit antiken Möbeln. So ist es kein Wunder, dass die Raufasertapete noch immer am häufigsten verwendet wird. Ihr großer Vorteil besteht darin, dass sie in jeder Farbe überstrichen werden kann, dezent oder spektakulär, alles geht.

✳ Nicht einfach zu verarbeiten ist die schwere Struktur- oder Prägetapete. Die reliefartige Oberfläche ist mit Kunststoff aufgespritzt bzw. aufgeschäumt. Tapeten mit geprägter Struktur können überstrichen werden, genau wie Raufasertapeten.

BITTE NICHT!

Außenwände, besonders an der kalten Wetterseite des Hauses, sollten keine Wandverkleidung bekommen. Es könnte sich dahinter Schimmel bilden.

Richtiges und gutes Licht

Das Tageslicht ist das wichtigste Licht in der Wohnung. Zwar erlaubt die Raumaufteilung nicht immer, dass ausreichend Tageslicht einfällt, doch künstliche Lichtquellen, richtig eingesetzt, schaffen ebenfalls eine angenehme Atmosphäre.

GUTE BELEUCHTUNG ist kein Zufall

Das Licht in den eigenen vier Wänden muss sorgfältig geplant sein, um einen Raum richtig in Szene zu setzen und eine behagliche Stimmung zu schaffen. Ob Wohn-, Schlaf-, Kinder- oder Arbeitszimmer – die richtige Innenbeleuchtung beeinflusst die Wirkung eines Raums stark, sodass man sich auf jeden Fall vorab Gedanken darüber machen sollte. Denn ein gut durchdachtes Beleuchtungskonzept bringt das Licht genau da hin, wo es gebraucht wird.

✹ Jeder Raum und jeder Bewohner hat andere Anforderungen an die Innenbeleuchtung: Während indirektes Licht im Wohnbereich sowie im Schlafzimmer meist ausreichend ist und für mehr Behaglichkeit sorgt, sollte es über dem Esstisch durchaus heller sein – dort schaffen nach unten abstrahlende Pendelleuchten das richtige Licht. Über der Küchenarbeitsplatte sorgt eine gute Ausleuchtung für mehr Sicherheit beim Schneiden, Hacken und Kochen. Auch im Badezimmer achte man auf Helligkeit und könnte sich z. B. für eine Kombination aus Deckenleuchte und Spots am Spiegel entscheiden. Das Licht im Kinderzimmer wird nach Zweck und Kindesalter ausgesucht. Für ältere Kinder, die am Schreibtisch Hausaufgaben machen, muss der Arbeitsplatz punktuell beleuchtet werden. Bei kleinen Kindern sorgt ein Nachtlicht für beruhigtes Einschlafen. Und bei der Auswahl der Kinderzimmerbeleuchtung sollte man nur Lampen und Leuchtmittel wählen, die keine Gefahr darstellen (siehe auch S. 194 „Machen Sie die Wohnung kindersicher").

✹ Falls Sie bauen, eine neu erstellte Wohnung beziehen oder Renovierungsarbeiten in Ihren Räumen durchführen lassen möchten, sollten Sie ein paar zusätzliche Steckdosen einplanen, damit Sie mehr Möglichkeiten haben, Lampen anzuschließen.

✹ Ein sehr heller, lichtdurchfluteter Raum ohne Schatten wirkt monoton und ungemütlich; er vermittelt eine Art Wartesaal-Atmosphäre. Wenn Sie aber mit dezentralen Lichtquellen Lichtinseln schaffen, entsteht eine abwechslungsreiche Wohnlandschaft. Spielen Sie mit

> » Wenn Sie mit dezentralen Lichtquellen Lichtinseln schaffen, entsteht eine abwechslungsreiche Wohnlandschaft «

DAS BEHAGLICHE ZUHAUSE

Licht, besonders mit Spots, z. B. zum Hervorheben von Bildern, Büchern oder besonderen Details. Keine Angst vor solchen Inszenierungen, denn das Licht kann man ja jederzeit wieder ausschalten.

✳ Achten Sie beim Kauf darauf, dass das Leuchtmittel richtig abgeschirmt ist, denn kaum etwas stört mehr, als wenn man direkt in eine Glühbirne blicken muss. Besonders die gewendelten Energiesparlampen gehören unter einen Schirm, denn erstens sehen sie nicht besonders dekorativ aus, und zweitens entfalten sie ihre volle Leuchtkraft nur dann, wenn sie gut abgeschirmt sind.

BILLIGER! Licht brennt oft auch in Räumen oder an Plätzen in der Wohnung, obwohl sich niemand dort aufhält. Also: Sparen Sie Strom, indem Sie das Licht ausschalten, wenn Sie einen Raum verlassen. Auch über der Küchenarbeitsplatte brennt die Beleuchtung oft sinnlos und kostenträchtig vor sich hin.

TAGESLICHT: NICHT GENUG in der Wohnung?

Beim Entwerfen von Häusern oder Wohnungen wird in der Regel berücksichtigt, dass Wohn- und Esszimmer möglichst hell und daher auf die Südseite ausgerichtet sein sollten. Auch gehört das Schlafzimmer eher auf die Ostseite, da Morgensonne für positive Energie sorgt. Aber was tun, wenn diese Idealaufteilung nicht möglich ist? Es gibt Methoden, um dunkle oder sehr helle Bereiche einer Wohnung dennoch stimmungsvoll zu gestalten.

✳ Erreicht direktes Sonnenlicht kein Fenster, können Sie im fensternahen Bereich eine Wandverkleidung aus Spiegelfliesen anbringen, die das Licht reflektiert, sodass auch dunkle Ecken erhellt werden.

✳ Flure, von denen die Wohnräume abgehen, sind oft lang, schmal und dunkel. Damit ein solcher Flur heller und freundlicher wirkt, sollte er gleichmäßig ausgeleuchtet werden. Eine gut durchdachte Flurbeleuchtung besteht aus mehreren Lichtquellen, die den Raum strukturieren. Für schmale oder niedrige Flure eignen sich sogenannte Downlights, das sind in die Decke eingelassene Strahler, die bei entsprechender Anbringung und Ausrichtung Lichtbögen an den Wänden entstehen lassen. Eine flexiblere Variante sind Strahler an einem Seil- oder Stangensystem, deren Position man jederzeit ohne Aufwand ändern kann.

✳ In vielen Häusern grenzen Räume wie Badezimmer, Flure oder Treppenhäuser nicht an die Außenwand und haben deshalb auch keine Fenster. Diese Bereiche wirken oft bedrückend, wenn man sie nicht optimal künstlich ausleuchtet. Es gibt spezielle Tageslicht-

> *Spielen Sie mit Spots, um Bilder, Bücher oder besondere Details hervorzuheben* «

inen effektiven Sonnen- und Blendschutz en verstellbare Senkrechtlamellen «

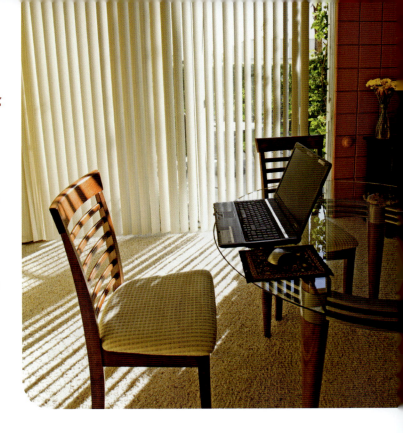

systeme, die in fensterlosen Räumen für eine freundlichere Atmosphäre sorgen. Diese modernen Systeme fangen das Tageslicht auf dem Dach durch eine Lichtkuppel aus Acrylglas ein und leiten dieses Licht durch eine optische Röhre, einen sogenannten Lichtkamin, ins Innere des Gebäudes. Auch wenn die Installation nicht ganz billig ist: Danach reduzieren sich die laufenden Kosten durch Stromersparnis.

SONNEN- UND BLENDSCHUTZ für
Innenräume

Wir genießen es, wenn die Sonne scheint, doch so angenehm sonnendurchflutete Zimmer auch wirken – in Innenräumen kann das Sonnenlicht v. a. im Hochsommer stark blenden und die Augen stören. Außerdem können Polster, Teppiche oder Holzmöbel ausbleichen. Es gibt aber mehrere Möglichkeiten, Innenräume vor starker Sonnenstrahlung zu schützen.
✱ Häufig dienen Rollläden und Jalousien als Sonnenschutz. Sie werden in der Regel außen vor den Fenstern angebracht, damit sie das Sonnenlicht wirksam reflektieren können.
✱ Einen effektiven Sonnen- und Blendschutz bieten Senkrechtlamellen. Solche Lamellenkonstruktionen, die aus textilem Stoff oder Kunststoff bestehen, hängen innen, wie Gardinen. Die Lamellen können gezielt eingestellt und so an den Sonnenstand angepasst werden.
✱ Flächenvorhänge, die man wie Paneele an Schienen verschiebt, sehen nicht nur attraktiv

EXPERTEN**RAT**

Das optimale Licht zum Lesen

Wenn Sie abends gern lesen, brauchen Sie das richtige Licht dafür.
• Die optimale Leselampe sollte punktgenau auf das aufgeschlagene Buch ausgerichtet sein, sonst verschwimmen bald die Buchstaben vor den Augen. Das Licht sollte immer von der Seite kommen, um störende Reflexe zu vermeiden, z. B. wenn das Licht auf die glänzende Oberfläche von Buchseiten trifft.
• Als Leselicht eignen sich alle gängigen Leuchtmittel, von der Energiesparlampe über die Halogenleuchte bis hin zu LEDs. Dabei sollte man nicht vergessen, dass man im Alter doppelt so viel Helligkeit für gutes Sehen benötigt wie in jungen Jahren.

> **Mit Lampions, in die Sie Teelichter stellen, erzeugen Sie eine zauberhafte Atmosphäre – ganz ohne Stromverbrauch**

✱ Durch eine Beleuchtung, die die gesamte Außenfläche umfasst, verschwindet der Garten nicht einfach im Dunkeln, sondern kann, besonders im Sommer, auch am Abend genutzt werden, ob für ein Abendessen im Freien oder ein geselliges Beisammensein mit Freunden.

✱ Mit Gartenleuchten können Sie auch schöne Akzente setzen. Lichterketten schmücken jede Gartenparty, während Bodenleuchten für Lichtpunkte auf dem Rasen sorgen. Sehr edel wirken z. B. die „Moonlight"-Kugeln aus Polyäthylen, die Temperaturen von –40 bis +80 °C vertragen, also draußen fest installiert werden können. Die Kugeln lassen sich auf Sockel aufschrauben, auf den Boden setzen oder als Pendelleuchte aufhängen. Da sie wasserdicht sind, eignen sie sich sogar als Schwimmelemente für den Gartenteich. Wer es gern noch ausgefallener hat, sollte sich für leuchtende Gartenmöbel entscheiden, wie Sitzhocker und Beistelltische.

✱ Dekorative Gartenbeleuchtung ist nicht nur im Sommer angesagt. Gerade im Winter, wenn es früh dunkel wird, erscheint ein Garten mit Licht wie eine Märchenlandschaft – vor allem wenn Schnee liegt.

EINFACHER! Wenn Sie auch bei der Gartenbeleuchtung Abwechslung lieben und flexibel bleiben möchten, sollten Sie sich für Strahler oder Scheinwerfer entscheiden, die nicht fest installiert, sondern mit einem Spieß in den Boden gesteckt werden. So können Sie immer wieder andere Elemente hervorheben, z. B. einen prächtigen Bambus oder einen Strauch, der gerade in voller Blüte steht.

BILLIGER! Mit klassischen Lampions, in die Sie Teelichter stellen, erzeugen Sie im abendlichen Garten eine zauberhafte Atmosphäre – ganz ohne Stromverbrauch.

aus, sondern bieten darüber hinaus einen guten Sonnen- und Blendschutz. Sie dämpfen direktes Licht und lassen dennoch Helligkeit herein. Auf diese Weise bleiben alle Bereiche im Raum blendfrei.

DEN AUSSENBEREICH beleuchten

Ob am Eingang vor dem Haus, auf der Terrasse oder im Garten – Licht im Außenbereich sorgt für mehr Sicherheit und verbreitet auf dem Vorplatz, auf der Terrasse und im Garten eine stimmungsvolle Atmosphäre.

✱ Licht im Eingangsbereich, also an der Haustür und der Garageneinfahrt, ist unverzichtbar. Eine gute Beleuchtung weist den Weg zum richtigen Haus bzw. zum richtigen Eingang. Sie macht auch Stufen und andere Stolperfallen sichtbar, vor allem im Winter, wenn es früh dunkel wird. Allerdings müssen die Leuchten so angebracht sein, dass sie weder die Gäste noch die Passanten blenden.

✱ Wege im Garten sollten ebenfalls mit Lampen versehen werden. Werden Wege ausreichend beleuchtet, übersieht man keine Stufen oder Hindernisse und stolpert nicht so leicht. Je nach Länge des Weges sollte man mehrere Lampen in kurzen Abständen anbringen, damit die gesamte Fläche hell genug ist und man „Schwarze Löcher" vermeidet.

Grüner wohnen mit Pflanzen

Blühende und grüne Pflanzen verschönern unser Leben. Nicht nur im Garten, auch in Wohnräumen, Hausfluren und auf dem Balkon können Sie blühende Oasen schaffen, wenn Sie die Ansprüche der Pflanzen kennen.

WELCHE STANDORTE FÜR TOPFPFLANZEN hat die Wohnung zu bieten?

In unseren gemäßigten Breiten träumen wir gern von Pflanzen aus den Mittelmeerregionen, den Tropen und Subtropen. Wer möchte, kann seine Umgebung im und am Haus in ein blühendes Paradies verwandeln, denn die schönen Exoten gedeihen bei uns als Zimmer-, Balkon- und Kübelpflanzen. Damit die Freude an Pflanzen in Gefäßen lange Zeit anhält, brauchen die Gewächse einen Standort, der ihrem ursprünglichem Lebensraum nahekommt.

✱ Berücksichtigen Sie dabei auch, dass die Helligkeit in einem Raum nicht das ganze Jahr gleich ist. Steht z. B. ein großer Laubbaum vor einem Südfenster, so wird es auf der Fensterbank im Sommer ziemlich warm, aber nicht unbedingt hell und sonnig. Im Winter dagegen kann die Sonne ungehindert auf die Pflanzen scheinen, da der Baum kahl ist. Ein Nordfenster in den oberen Stockwerken eines Wohnhauses ist heller als ein Südfenster im Erdgeschoss, vor dem immergrüne Sträucher stehen. Sogar zarte Gardinen mindern die Lichtintensität in einem Raum. Auch die Größe des Fensters und die unterschiedlichen Tageslängen im Lauf eines Jahres spielen eine wichtige Rolle und müssen berücksichtigt werden.

✱ Die meisten Zimmerpflanzen bevorzugen einen hellen, aber nicht sonnigen, warmen Standort und nicht zu trockene Luft. Unter solchen Bedingungen gedeiht beispielsweise eine der schönsten, formenreichsten und robustesten Orchideen, die Phalaenopsis.

✱ Sonnige, warme, aber lufttrockene Plätze findet man an Süd-, Ost- oder Westfenstern und in Wintergärten. In diesen Bereichen kann es viele Stunden am Tag sehr sonnig sein. Für solche Standorte eignen sich Pflanzen, die aus den Tropen und Subtropen stammen, z. B. Agave, Dattelpalme, Echeverie, Elefantenfuß, Keulenlilie, Oleander, Palmfarn, Peitschenkaktus, Strelitzie, Zwergpalme und Zylinderputzer.

✱ An halbschattigen, warmen, luftfeuchten Plätzen fühlen sich Gewächse wohl, deren

» Die Orchideen der Gattung Phalaenopsis gedeihen an einem hellen, warmen, nicht zu lufttrockenen Platz «

Heimat die Urwälder in den Tropen und Subtropen sind. Ein Fenster in einem Badezimmer und ein Wintergarten, in dem für ausreichende Luftfeuchtigkeit gesorgt wird, bieten eine gute Umgebung z. B. für Kolbenfaden, Alokasie, Binsenkaktus, Drehfrucht, Flamingoblume, Frauenhaar, Hirschzungenfarn, Miltonie, Streifenfarn und Usambaraveilchen. In einem hellen Bad gedeihen auch Farne, Grünlilien und die Kentia-Palme. Wenn Platz vorhanden ist, sieht ein kleinwüchsiger Bambus dekorativ aus.

✽ Für eine schattige, kühle Ecke in einem Raum, etwa an der Nordseite, gibt es nicht viel Auswahl an Pflanzen, denn nur wenige Arten mögen solche Bedingungen. Sie stammen meist aus kühlen Bergwäldern tropischer und subtropischer Regionen. Zu diesen Pflanzen gehören u. a. Bubiköpfchen, Efeu, Fuchsie, Saumfarn und Schusterpalme.

✽ An hellen, kühlen Plätzen wie Eingangshallen und Treppenhäusern fühlen sich Pflanzen aus den Hochgebirgen der wärmeren Klimazonen und aus dem Mittelmeergebiet wohl. Ab und zu vertragen sie auch direkte Sonne. Im Sommer bringt man sie auf den Balkon oder die Terrasse. Zu diesen Pflanzen zählen Alpenveilchen, Azalee, Geißklee, Glockenblume, Schönmalve, Spindelstrauch, Zimmeralie, Zimmertanne und Zitrusgewächse.

✽ An windgeschützten Plätzen wie der Loggia, dem Atriumhof oder der Terrasse mit seitlicher Mauer oder Pergola fühlen sich sicher: Begonie, Bleiwurz, Bougainvillea, Dahlie, Engelstrompete, Erdbeerbaum, Hibiskus, Köcherblume, Trompetenblume und Zierbanane.

✽ Schutz vor Regen brauchen Gewächse aus trockenen Gebieten, aber auch Arten, deren Blüten bei Regen leiden. Ein Dach über dem Kopf benötigen z. B. Aukube, Bleiwurz, Fleißiges Lieschen, Gazanie, Heliotrop, Hibiskus, Oleander, Pantoffelblume, Petunie, Portulakröschen, Schönmalve, Yucca und Zwergpalme.

» Die dekorative Kentia-Palme gedeiht in einem hellen Bad besonders gut «

BITTE NICHT!

Kaufen Sie im Gartencenter nicht die größten Pflanzen. Jüngere und kleinere Exemplare gewöhnen sich meist besser und schneller an eine andere Umgebung.

DIE RICHTIGE PFLEGE für Topfpflanzen

Pflanzen, die in einem Gefäß wachsen, sind weit mehr auf die helfende Hand des Menschen angewiesen als Gartenpflanzen. Eine sorgsame

Grüner wohnen mit Pflanzen

» Die Bougainvillea braucht einen windgeschützten Platz «

GUTE PLANUNG!

Pflanzen überlegt einkaufen

Vorher den Standort bestimmen	*Bevor Sie Ihre Zimmer- oder Balkonpflanzen kaufen, überlegen Sie, welche Standortbedingungen Sie den Pflanzen bieten können. Bei Kübelpflanzen ist auch an deren Überwinterung zu denken.*
Wo kauft man am besten ein?	*Im Supermarkt sind Angebot und Qualität oft nicht schlecht, doch teure Gewächse sollten Sie in einem Fachgeschäft kaufen. Hier können Sie sicher sein, dass die Pflanzen gesund und gepflegt sind.*
Worauf man immer achten sollte	*Wichtig ist das Erscheinungsbild der Pflanze: gleichmäßiger Wuchs, saubere und straffe Blätter, ein erkennbarer Neuaustrieb und mäßig feuchte Erde. Bei Blütenpflanzen müssen viele Knospen zu sehen sein. Gelbe, fleckige Blätter deuten auf Schäden hin. Auf den Unterseiten verbergen sich oft Schädlinge, daher Blätter umdrehen!*

und den jeweiligen Ansprüchen entsprechende Pflege fördert Wachstum und Blütenfülle. Die Nachteile, die durch die Begrenzung des Wurzelraums entstehen, müssen durch verschiedene Maßnahmen ausgeglichen werden. Das fängt beim richtigen Einpflanzen an und reicht über richtiges Gießen und Düngen bis hin zur sachgemäßen Überwinterung.

✱ Jedes Pflanzgefäß muss ein Abzugsloch haben (oder mehrere). Um den Wasserabzug noch zu verbessern, empfiehlt es sich, den Topfboden mit einer etwa 2 bis 5 cm hohen Drainageschicht auszustatten. Als Material dafür eignen sich z. B. mittelfeiner Kies, Blähton, Tongranulat sowie Scherben alter Tontöpfe.

✱ Gefäßpflanzen können sich nur entwickeln, wenn sie in die richtige Topfgröße gesetzt werden. Ist der Topf zu groß, bleibt die Blüte oft aus; zu tiefes Einpflanzen kann zu Fäulnis führen, zu hohes – also wenn der Wurzelballen über das Substrat ragt – zum Vertrocknen.

✱ Wichtig ist auch das Substrat. Meist genügt eine gute Blumenerde, es gibt aber auch Spezialerden wie z. B. Rhododendronerde für Pflanzen, die ein saures Milieu brauchen.

✱ Die Versorgung mit Wasser ist für jede Topfpflanze die lebensnotwendigste Maßnahme. Wie viel und in welchen Zeitabständen gegossen werden muss, hängt von mehreren Faktoren ab: vom Standort, vom aktuellen Wettergeschehen, vom Substrat und natürlich den Bedürfnissen der jeweiligen Art. Ob gewässert werden muss oder nicht, erkennt man mit der Fingerprobe: Den Finger etwa 2 cm tief ins Substrat drücken und fühlen, ob dieses noch

DAS BEHAGLICHE ZUHAUSE
104

» Nährstoffe werden auch durch das Gießwasser ausgewaschen, deshalb muss man düngen «

leicht feucht ist. Gegossen wird erst, wenn sich die Erde wirklich trocken anfühlt.

✸ Da Pflanzen in Gefäßen nur über eine eingeschränkte Substratmenge verfügen, ist auch der Vorrat an Nährstoffen begrenzt. Außerdem werden die Nährstoffe durch das Gießwasser ausgewaschen. Also muss man Topfpflanzen Dünger verabreichen, um gleichbleibende Wachstumsvoraussetzungen zu schaffen. Es gibt verschiedene Arten von Dünger:

✸ Mineraldünger und Kunstdünger werden aus verschiedenen mineralischen Bestandteilen hergestellt. Sie sind überwiegend Volldünger, d. h. sie enthalten die Hauptnährstoffe Stickstoff, Phosphor und Kalium und zusätzlich noch weitere Nährstoffe sowie Spurenelemente. Ihre Wirksamkeit setzt sofort ein.

✸ Naturdünger oder organischer Dünger wirken langsamer, weil die darin enthaltenen Nährstoffe in einer Form vorliegen, in der sie von den Pflanzen nicht aufgenommen werden

EIN KRESSEHERZ ZUM MUTTERTAG

Kinderleicht und schnell lässt sich ein dekoratives Herz aus Kressesamen heranziehen – ein schönes und praktisches Geschenk für die Mutter.

1 Küchenpapier oder Watte auf eine Schale legen und befeuchten. Darauf eine Herzschablone aus Pappe legen und Kressesamen aufstreuen.

2 Die Kultur zweimal täglich mit Wasser besprühen, damit sie stets feucht bleibt.

3 Nach 4 bis 5 Tagen sind die Samen aufgegangen, die Kresse wächst grün heran, und das Herz für die Mutter ist fertig.

können. Sie müssen erst von den Mikroorganismen im Substrat aufgespalten werden. Naturdünger sind tierische Produkte (z. B. Hornspäne, Knochenmehl, Guano) oder pflanzlichen Ursprungs (Produkte aus Rübenschnitzel, Kakaoschalen oder Algen). Pflanzendünger werden in flüssiger und pulverisierter Form, als Stäbchen oder Kegel angeboten.

EINFACHER! Kaffeesatz ist ein bekannt guter Dünger und lockert auch die Blumenerde schön auf. Ebenso nützlich ist Tee. Vor allem Ihre Farne und andere Gewächse, die saure Böden mögen, sollten Sie ab und zu mit schwarzem Tee gießen. Oder arbeiten Sie feuchte Teeblätter in die Erde ein. Das verleiht den Pflanzen ein gesundes Aussehen und Glanz.

BESSER! Zum Gießen verwendetes Leitungswasser sollte abgestanden sein. So nimmt es Raumtemperatur an, und Kalk setzt sich ab, was das Wasser weicher macht. Zudem können gasförmige Schadstoffe wie Chlor entweichen.

BITTE NICHT!

Achten Sie darauf, dass Ihre Topfpflanzen keine „nassen Füße" bekommen, denn bei Staunässe faulen die Wurzeln. Überschüssiges Gießwasser in Übertöpfen und Untersetzern ist deshalb gleich auszuleeren.

MEHR LICHT für Zimmerpflanzen

Ohne Licht kann keine Pflanze überleben. Wenn die Helligkeit an einem Standort nicht ausreicht, helfen Pflanzenleuchten, die eine dem natürlichen Tageslicht vergleichbare und für Pflanzen notwendige spektrale Strahlungsverteilung bieten. Erforderlich sind Mindestbeleuchtungsstärken von 500 Lux bei Blattpflanzen mit geringerem Lichtbedarf und 1000 bis 1500 Lux bei Blütenpflanzen.

GOLDENE REGELN!

Richtig düngen

1. Geben Sie eher zu wenig als zu viel Dünger. Es bekommt den Pflanzen besser, wenn sie häufiger mit schwächerer Dosierung gedüngt werden, als wenn man ihnen seltener hohe Konzentrationen verabreicht.

2. Streuen Sie niemals Dünger auf ein trockenes Substrat, da die feinen Haarwurzeln verbrennen würden. Düngen Sie am besten zusammen mit dem Gießwasser.

3. Düngen Sie nur während der Vegetationsperiode, niemals während der Ruhezeit. Nach der Winterruhe werden die Düngergaben langsam gesteigert und im Spätsommer, vor der Vegetationsruhe, ebenso langsam wieder reduziert.

4. Wer wenig Zeit hat oder vergesslich ist, sollte auf Düngestäbchen mit Langzeitwirkung zurückgreifen.

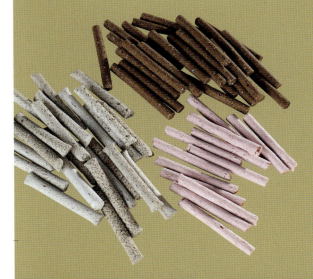

» *Die Spektralverteilung von Leuchtstofflampen kommt dem Tageslicht sehr nahe*

Pflanzen. Daher sind diese Lampen die ideale Lösung für den Wohnbereich, wenn man kleinere Pflanzenarrangements mit künstlichem Licht versorgen möchte.

✳ Eine moderne und stromsparende Möglichkeit oder Ergänzung zu den traditionellen Pflanzenlampen ist eine LED-Beleuchtung, die viele Vorteile bietet. LED-Pflanzen- und Wachstumsleuchten haben eine lange Lebensdauer (6 bis 8 Jahre) und entwickeln kaum Wärme. Da sie zudem keine umwelt- und gesundheitsgefährdenden Stoffe enthalten, z. B. Quecksilber, bestehen keine Unfallrisiken.

DIE URLAUBSBEWÄSSERUNG, wenn niemand zum Gießen verfügbar ist

Wer zuverlässige Nachbarn und Freunde hat, braucht sich während der Urlaubszeit um seine Pflanzen keine Sorgen zu machen. Doch nicht immer stehen die freundlichen Helfer zur Verfügung. Damit Ihre Pflanzen diese Zeit trotzdem unbeschadet überstehen, gibt es einige Methoden.

✳ Gießt man seine Topfpflanzen prinzipiell eher sparsam, passen sie ihr Wurzelwerk und auch das Wachstum der Triebe an die geringe Feuchtigkeit an. So ertragen sie immer längere Trockenperioden und können auch Zeiten Ihrer Abwesenheit überbrücken.

✳ Für einige Tage Selbstversorgung eignet sich die Flaschenbewässerung. Man füllt Flaschen (Glas oder Kunststoff) randvoll mit Wasser, verschließt sie mit durchbohrten Korken und steckt sie kopfüber ins Substrat.

✳ Eine hilfreiche Lösung bieten hohle Tonkegel (Gartencenter, Internet), die mit Wasser gefüllt, verschlossen und in das Substrat gesteckt werden. Der Tonkegel wird über einen Schlauch

✳ Herkömmliche Glühlampen, sofern man noch welche hat, sind ungeeignet, da der hohe Anteil an Rotlicht den Geilwuchs mit langen, schwachen Trieben fördert und zu viel Wärme produziert. Außerdem macht die geringe Lichtausbeute bei hohem Energieeinsatz diese Lampen unwirtschaftlich.

✳ Metalldampflampen eignen sich zwar gut als Pflanzenlicht, sind aber für den Heimbereich zu groß und relativ teuer.

✳ Eine gute Alternative bieten Leuchtstofflampen, die heute auch in kompakter Form mit dem weit verbreiteten Schraubsockel E27 angeboten werden. Ihr Anteil an Rotlicht ist minimal, die Spektralverteilung kommt dem Tageslicht sehr nahe, und der hohe Anteil an UV-Licht fördert ein kompaktes Wachstum der

Grüner wohnen mit Pflanzen

mit einem Wasserbehälter verbunden. Es gibt auch Tonkegel mit Gewinde, auf das man eine wassergefüllte PET-Flasche schrauben kann.

✴ Wer viele Pflanzen zu versorgen hat, sollte sich eine automatische Bewässerungsanlage anschaffen. Damit überstehen die Pflanzen die Urlaubszeit gut.

EINFACHER! Eine automatische Bewässerungsanlage ist auch eine feine Lösung für Leute, die wenig Zeit oder Lust haben, ihre Balkon- oder Terrassenpflanzen während der gesamten Saison regelmäßig zu gießen.

BITTE NICHT!

Es ist keine gute Idee, Pflanzen vor dem Urlaub „auf Vorrat" gießen zu wollen. Man riskiert Wurzelfäule, genau wie beim normalen Übergießen.

VORPLATZ, BALKON UND TERRASSE
mit Pflanzen gestalten

Der Eingangsbereich des Hauses ist unsere Visitenkarte, sodass wir ihn so einladend wie möglich gestalten möchten – am besten mit Blumen, Grünpflanzen und Sträuchern, die entweder in Beete gepflanzt oder in Töpfen und Kübeln kultiviert werden. Solche Gewächse setzen Akzente und bieten oft auch Sicht- und Windschutz.

✴ Balkon und Terrasse bilden den Übergang vom geschlossenen Wohn- zum offenen Lebensraum. Durch eine fantasievolle Bepflanzung lässt sich der Eindruck vermitteln, man säße – geschützt – mitten in der Natur.

✴ Was die Standortverhältnisse und die Auswahl der geeigneten Pflanzen betrifft, so sind alle Regeln, die für die Innenräume gelten, auch für den Außenbereich gültig. Wie hell ist es zu welcher Tageszeit? Wie lange scheint die

» *Tonkegel, die in das Substrat gesteckt werden, bieten eine einfache Art der Urlaubsbewässerung* «

Sonne? Diese Punkte sollten Sie klären, bevor Sie eine Auswahl an Pflanzen treffen. Wie sonnig ein Balkon oder eine Terrasse ist, hängt in erster Linie von der Himmelsrichtung ab. Aber auch das, was gegenüber liegt, ist von Bedeutung, denn hohe Häuser und Bäume können Schatten werfen, die selbst einen Südbalkon in einen halbschattigen Platz verwandeln. Ideal für die meisten Pflanzen sind unverbaute Ost- oder Westlagen mit Sonne am Morgen bis in den Vormittag bzw. vom Nachmittag bis Sonnenuntergang. Sind Balkon, Terrasse oder Vorplatz überdacht, so kann dies Vor- und Nachteile haben: Ihre Pflanzen sind zwar vor Regen und meist auch vor Wind geschützt, aber es staut sich dort die Wärme.

✴ Wenn die Standortverhältnisse geklärt sind, muss man bei der Gestaltung von Balkonen und Dachterrassen unbedingt auf die Statik achten. Pflanzen, Kübel und Blumenkästen, Substrat und Möbel bringen ein ziemlich großes Gewicht zusammen. Natürlich darf man auch das Gewicht der Menschen, die sich an diesen Plätzen aufhalten werden, nicht vergessen. Denken Sie daran, dass ein üppig

DAS BEHAGLICHE ZUHAUSE

> » *Balkonkästen sollte man immer nach innen hängen, damit sie im Falle eines Falles nicht auf der Straße landen* «

bepflanzter Kübel durchaus 50 kg und mehr wiegen und durch Gießwasser und Regen noch schwerer werden kann. Die Belastung des Bodens darf im Allgemeinen 250 kg pro Quadratmeter nicht überschreiten. Wer sich nicht sicher ist, sollte einen Statiker zu Rate ziehen.

✱ Die Sicherheit hat noch weitere Aspekte. Balkonkästen sollte man immer nach innen hängen, damit sie im Falle eines Falles nicht auf der Straße, sondern auf dem Boden des Balkons landen. Werden Ampeln oder hängende Körbe auf Balkon, Terrasse oder zum Schmuck der Fassade verwendet, muss auf eine feste Aufhängung geachtet werden, sodass auch ein starker Windstoß dem Ampelgefäß nichts anhaben kann. Bedenken Sie zudem, dass das Gewicht der bepflanzten Körbe durch das Wachstum der Pflanzen und das Gießwasser noch zunimmt.

EINFACHER! Ampeln lassen sich leichter gießen, wenn man sie mit einem Flaschenzug herablassen kann. Es gibt auch Gießstäbe, die das Wässern von Ampelgefäßen erleichtern.

BESSER! Besondere Schwierigkeiten bereitet die Gestaltung des Vorplatzes, wenn das Gelände am Hang liegt und zur Straße hin abfällt. In diesem Fall pflanzen Sie die höchsten Gewächse ganz vorn, die niedrigeren weiter nach hinten. So wirkt die Neigung sanfter.

SCHNITTBLUMEN für die Vase

Nicht nur zu besonderen Anlässen werden Blumensträuße als liebevolles Zeichen der Wertschätzung überreicht – mit schönen Schnittblumen kann man immer Freude machen. Ob aus dem eigenen Garten oder aus dem Blumengeschäft: In der Vase sollen Blumen länger frisch und schön bleiben

Grüner wohnen mit Pflanzen

und nicht schon nach zwei Tagen welken. Wenn Sie einige Regeln beachten, werden Sie lange Freude an Ihren Blumensträußen haben.

» *Schneiden Sie alle Stängel unter fließendem Wasserstrahl mit einem scharfen Messer schräg an* «

✸ Achten Sie beim Kauf oder beim Pflücken darauf, dass die Blüten voll entwickelt sind, aber sich gerade erst geöffnet haben. Blumen aus dem eigenen Garten halten am längsten, wenn sie am Morgen geschnitten werden. Verwenden Sie ein scharfes Messer, damit die Stängel nicht gequetscht werden und dann in der Vase schlecht Wasser aufnehmen. Beim Blumenkauf achten Sie darauf, dass die Stiele kräftig sind und keine braunen Stellen zeigen.

✸ Die Stängel werden vor dem Arrangieren in der Vase im unteren Bereich von allen Blättern befreit, da Blätter im Wasser rasch faulen. Schneiden Sie alle Stängel unter fließendem Wasserstrahl mit einem scharfen Messer an, und zwar schräg, denn eine Schnittblume kann nur so viel Wasser aufnehmen, wie die angeschnittene Fläche ihres Stängels es zulässt. Und ein schräger Anschnitt hat eine größere Fläche als ein gerader. So dringt kaum Luft in die Leitungsbahnen der Stiele, und die Blumen können gut mit Wasser versorgt werden.

✸ Stellen Sie den Strauß danach sofort in die Vase. Das Vasenwasser sollte handwarm sein und kann mit einem speziellen Frischhaltemittel für Schnittblumen versetzt werden. Solche Zusätze in pulverisierter oder flüssiger Form sind im Fachhandel erhältlich bzw. werden einem gekauften Strauß beigegeben. Der Zusatz verhindert schnelles Welken durch Fäulnis. Dann braucht man nur noch verdunstetes Wasser aufzufüllen. Blumenwasser ohne Zusätze sollte täglich erneuert werden; dabei schneidet man auch die Stiele frisch an.

✸ Je kühler die Schnittblumen stehen, desto länger halten sie sich. Stellen Sie sie zumindest nachts kühl auf – tagsüber kann man die Vase wieder ins Blickfeld rücken. Entfernen Sie auch verwelkte Blüten und Blätter, denn sie verströmen das Reifegas Äthylen, das die Welke der übrigen Blumen beschleunigt.

BILLIGER! Auch wer keinen Garten besitzt, kann sein Zuhause preiswert mit Blumen schmücken. Denn oft bekommt man im Supermarkt Schnittblumen von guter Qualität zu einem sehr günstigen Preis. Man braucht sie nur noch zu einem Strauß zu arrangieren.

BITTE NICHT!

Verwenden Sie für den Anschnitt Ihrer Blumen niemals eine Schere, sonst wird das Gewebe der Stängel gequetscht.

» *Ein Zusatz im Wasser verhindert schnelles Welken durch Fäulnis* «

DAS BEHAGLICHE ZUHAUSE

VÖGEL ANS HAUS locken

Eine Welt ohne Vögel und ihren Gesang kann man sich kaum vorstellen. Selbst wenn Sie keinen Garten, sondern einen Balkon oder eine Terrasse voller Pflanzen haben, werden die Vögel bei Ihnen häufig zu Gast sein. Heißen Sie Rotkehlchen & Co. willkommen, und bieten Sie ihnen gute Bedingungen an.

✳ Sorgen Sie für Schlaf-, Brut- und Schutzplätze, und pflanzen Sie möglichst viele Sträucher und (im Garten) Hecken. Auch Kletterpflanzen, die an Mauern oder Fassaden emporwachsen, eignen sich gut als Lebensraum – sogar auf dem Balkon.

✳ Blühende Gehölze, die im Herbst bunte Beeren tragen, sind eine wichtige Nahrungsquelle für unsere gefiederten Freunde. Auf Balkon und Terrasse können Sie solche Gewächse in Kübeln halten.

✳ Für ein Futterhäuschen und eine Vogeltränke findet sich sogar auf dem kleinsten Balkon noch Platz. Besonders in kalten Wintern freuen sich Vögel über ein zusätzliches Nahrungsangebot. Stellen Sie die Vogeltränke so auf, dass Katzen sie nicht erreichen können. Und achten Sie darauf, dass die Tränke stets mit frischem Wasser gefüllt ist.

✳ Wenn Sie einen Nistkasten anbringen möchten, sollte dieser an einem absonnigen Platz in mindestens 3 m Höhe hängen, damit die Behausung schön kühl bleibt und vor Katzen sicher ist.

» **Heißen Sie Rotkehlchen & Co. bei sich herzlich willkommen** «

EINE FUTTERSTELLE FÜR GARTENVÖGEL

Wenn es im Winter kalt wird und das Futter knapp, freuen sich die Gartenvögel auf leckere Nschereien im selbst gebastelten Häuschen an der Terrasse oder auf dem Balkon.

1 Eine Milchtüte ausspülen, bemalen und in die Vorder- und Rückseite je ein Fenster schneiden.

2 Von den beiden Klappen so viel abschneiden, dass jeweils eine schmale Lasche übrig bleibt.

3 In den oberen Rand der Milchtüte ein Loch stanzen und eine Schnur durchfädeln.

4 Das Häuschen aufhängen. Erst dann das Vogelfutter einfüllen.

VIELSEITIGE TONTÖPFE

Einfache Blumentöpfe aus Ton gibt es in allen möglichen Größen, von winzigen Mini-Töpfchen bis zu Riesenkübeln für große Gewächse. Ob alt oder neu – sie sind nicht nur zum Bepflanzen geeignet, sondern vielseitig verwendbar.

HÖHLE IM AQUARIUM

Aquarienbesitzer wissen, dass sich manche Fischarten gern zurückziehen. Mit einem Tontopf, der im Aquarium auf die Seite gelegt wird, schafft man eine Höhle als Unterschlupf. Wenn es sich anbietet, platzieren Sie den Topf zwischen den Wasserpflanzen.

KEINE KNOTEN MEHR IM STRICKGARN

Wer viel strickt, kennt das Problem: Der Faden verwirrt sich immer wieder, besonders wenn man mit mehreren Farben arbeitet. Helfen Sie sich mit umgekehrt aufgestellten Blumentöpfen, unter die jeweils ein Wollknäuel kommt. Nun brauchen Sie nur noch den Faden durch das Abflussloch zu führen, und schon können Sie weiterstricken – ganz ohne Knoten.

EIERBECHER EINMAL ANDERS

Sie haben Freunde zum Osterfrühstück eingeladen? Wie wäre es einmal mit Tontöpfen (kleinste Größe) als Eierbecher? Reinigen Sie die Töpfchen – ob gebraucht oder neu, das ist gleich – unter heißem Wasser. Sie können sie auch bemalen oder mit Ostermotiven bekleben.

EINE MEISENGLOCKE

Sie brauchen: 125 g Kokosfett, je 75 g Haferflocken, gehackte Nüsse, Weizenkleie, Sonnenblumenkerne und Rosinen, 1 EL Pflanzenöl, einen Zweig von 1 cm Durchmesser, Knetmasse, Schnur und einen Tontopf von 10 cm Durchmesser an der Öffnung. Stecken Sie den Zweig durch das Topfloch, wobei das untere Ende 2 cm aus dem Loch ragt. Daran werden sich die Vögel später festhalten. Das Loch mit dem Zweig wird mit Knetmasse abgedichtet. Am oberen Zweigende bringen Sie die Schnur an. Das Kokosfett schmelzen Sie in einem Kochtopf, rühren die Zutaten hinein und lassen das Ganze abkühlen. Dann gießen Sie die Masse in den Blumentopf. Wenn sie ausgehärtet ist, hängen Sie die Glocke auf.

DAS BEHAGLICHE ZUHAUSE

Einfach schön: Deko-Ideen

Eine geschmackvolle Dekoration macht Ihre Wohnung zu einem gemütlichen Ort, gibt ihr einen besonderen Look und eine persönliche, unverwechselbare Note.

DIE PASSENDE VASE für jeden Strauß

Gäste bringen gern Blumen mit, deshalb sollte man unterschiedliche Vasen besitzen, um die Sträuße angemessen präsentieren zu können. Hohe, schmale Vasen eignen sich für langstielige Blumen, mittelgroße, bauchige Vasen für üppige Buketts und kleine Vasen für kurze Blumensträuße oder einzelne, kostbare Blüten. Rundgebundene Sträuße, die von der Floristin sorgfältig arrangiert wurden, bindet man besser nicht auf, sondern stellt sie in die Vase, wie sie sind. Lockere Sträuße hingegen arrangiert man selbst. Dafür eignen sich konische Vasenformen besonders gut, d. h. der Durchmesser der Öffnung ist größer als der des Bodens. Einen anmutigen Eindruck erzielt man, wenn die Vase ein Drittel bis die Hälfte so hoch ist wie der Strauß. Das ist allerdings nur eine Faustregel.

✷ Neben den klassischen Vasen gibt es auch Skulpturvasen, die man nicht nur mit Blumen bestücken, sondern auch als dekorative Objekte verwenden kann. Mit ihnen lassen sich schöne Akzente im Raum setzen. Damit sie als eigenständige Kunstwerke zur Geltung kommen, brauchen solche Vasen einen entsprechenden Platz, beispielsweise auf einem Regal, Couchtisch oder Sideboard.

✷ Zum Blickpunkt werden auch hohe Bodenvasen an einer exponierten Stelle, etwa neben

» *Heute gibt es wunderschöne Geschenktüten, die man als Tütenvasen nutzen kann* «

Einfach schön: Deko-Ideen

einem Kamin oder in einer Ecke des Zimmers, insbesondere wenn man sie mit strukturgebenden Pflanzen wie Bambusstielen oder Zweigen der Korkenzieherweide bestückt.

✱ Ein neuer Trend ist die Tütenvase. Dafür nutzt man die Tatsache, dass es heutzutage wunderschöne Geschenktüten gibt. Es ist ganz einfach: Man arrangiert die Blumen in einem Gefäß, das nicht einmal schön sein muss, und stellt dieses Gefäß in die Tüte.

» *Skulpturvasen lässt man als eigenständige Kunstwerke zur Geltung kommen* «

KISSEN UND DECKEN: Thema mit Variationen

Kissen sind keineswegs nur dafür da, um für unsere Bequemlichkeit zu sorgen, sie verschönern auch die Wohnräume: Sie peppen eine etwas langweilig wirkende Couch auf, sie helfen, einen neuen Wohntrend auszuprobieren oder kaschieren ungünstige Proportionen bei Polstermöbeln.

✱ Kissen sollten durch Größe, Form, Farbe und Material auffallen. Auf einem einfarbigen Sofa, das optisch nicht gerade ein Hit ist, kann man beispielsweise Kissen in variierenden Mustern, Farben und Größen arrangieren und das Möbel auf diese Weise etwas glamouröser aussehen lassen.

✱ Unifarbene Kissenbezüge können Sie mit wenigen Handgriffen in individuelle Deko-Elemente verwandeln. Schneiden Sie eine Schablone aus Karton in dem gewünschten Muster aus (oder kaufen sie fertig im Handel),

---

GRUSSKARTE IM KARTOFFELDRUCK

Der Kartoffeldruck ist eine sehr alte Technik, die nie aus der Mode kommt. Mit Stempeln aus Kartoffeln kann man Papier, Karton oder auch Stoff bunt bedrucken.

1 Eine Kartoffel halbieren und eine Keks-Ausstechform in die Schnittfläche drücken.

2 Mit einem scharfen Messer alles um die Form herum sorgfältig wegschneiden.

3 Mithilfe eines Flachpinsels Plakatfarbe auf den Stempel auftragen.

4 Karton für eine Grußkarte bedrucken und die Farbe gut antrocknen lassen.

> » Es wirkt besonders apart, wenn man sich auf eine Farbe beschränkt und diese i unterschiedlichen Mustern präsentiert «

kostbaren Cashmere-Plaid. Stark im Trend sind Double-Face-Decken: eine Seite aus gemustertem Webstoff – manchmal edel aus Seide –, die andere aus weichem Velours.

MIT KERZEN eine heimelige Atmosphäre schaffen

Als Lichtquelle brauchen wir Kerzen heute nicht mehr, doch ihr warmes, sanftes Leuchten nutzen wir gern als romantisches Dekorationselement, das eine gute Stimmung verbreitet – und das nicht nur zu Geburtstagen und zur Weihnachtszeit. Im Sommer beleuchten Kerzen den Garten, die Terrasse oder den Balkon. An lauen Abenden schaffen sie eine romantische Atmosphäre. Und sobald es kälter wird, sorgen sie für Gemütlichkeit im Haus.

✷ Welche Farben und Formen die Kerzen haben sollten, hängt von der Jahreszeit und von Ihrer Wohnungseinrichtung ab. Kerzen in klassischem Weiß wirken immer elegant und passen auf jede festliche Tafel. Bunte Teelichter können je nach Jahreszeit in Frühlings- oder Herbstfarben schön aussehen. Achten Sie aber darauf, dass die Kerzenhalter dann in dezenten Tönen und Farben gewählt werden, damit die Kerzen-Deko nicht aufdringlich wirkt. Seien Sie auch vorsichtig mit zu üppigen Arrangements.

✷ Echte Bienenwachskerzen sind etwas Besonderes und duften herrlich. Aber auch Stearinkerzen, die einen künstlich zugesetzten Duft verbreiten, finden zahlreiche Liebhaber.

BESSER! Statt Kerzen mit Streichhölzern oder einem Feuerzeug anzuzünden, schaffen Sie sich ein Stabfeuerzeug an, wie man sie für Weihnachtsbaumkerzen oder Feuerwerkskörper verwendet. Das schont die Finger.

und fixieren Sie sie auf dem Stoff. Danach tragen Sie Stoffmalfarbe auf die gesamte Schablone auf. Wenn Sie die Schablone vorsichtig entfernen, erscheint nur dort Farbe, wo das Muster ausgeschnitten wurde.

✷ Es wirkt besonders apart, wenn man sich bei den Kissen auf eine einzige Farbe beschränkt und diese in unterschiedlichen Mustern präsentiert.

✷ Dieselben Funktionen wie Kissen können auch lässig zusammengelegte Decken und Plaids erfüllen: betonen, kaschieren, optisch verändern. Decken haben aber einen Zusatznutzen: Man kann sich in sie hineinkuscheln – beim Fernsehen im Sessel oder beim gemütlichen Ausstrecken auf der Couch. Alle Farben und Materialien sind möglich, von der Baumwolldecke im Häkel- oder Stricklook bis zum

Einfach schön: Deko-Ideen

BILLIGER! Kerzen brennen viel länger und tropfen weniger, wenn Sie sie vor Gebrauch für einige Stunden ins Gefrierfach legen.

BILDER UND FOTOS an den Wänden

Ob Sie Familienfotos, Urlaubsbilder, Ölgemälde oder Grafiken in Szene setzen wollen – nur durch eine harmonische Anordnung, die passenden Rahmen und die richtige Beleuchtung kommen diese Elemente optimal zur Geltung.

✱ Eine Faustregel besagt: Großes Bild – breiter Rahmen; kleines Bild – schmaler Rahmen. Doch diese Faustregel hilft nicht immer weiter, denn beispielsweise kleine Ölgemälde brauchen durchaus einen breiten Rahmen, damit sie sich nicht an einer Wand verlieren. Aus demselben Grund sollte man kleine Bilder in Gruppen zusammenfassen oder ein kleines Bild an ein schmales Wandstück hängen, während große Bilder als Solitäre an einer breiten Wand in Szene gesetzt werden sollten.

» *Es ist eine gute Idee, Bilder gleicher Größe und gleichen Formats in geometrisch strenger Anordnung aufzuhängen* «

EXPERTENRAT

Der richtige Umgang mit Kerzen

Verwenden Sie nur stabile Kerzenhalter aus nicht brennbaren Materialien. Befestigen Sie jede Kerze mit einem Wachsklebeplättchen.
- *Zünden Sie niemals eine schief stehende Kerze an. Sie kann umfallen oder abbrechen.*
- *Teelichter werden üblicherweise aus dem Erdölprodukt Paraffin hergestellt, das nicht mit Wasser gelöscht, sondern nur durch Auspusten oder Abdecken erstickt werden kann.*
- *Teelichter entwickeln viel Hitze. Deshalb darf man nicht mehrere Teelichter gruppieren, sondern sollte einen Mindestabstand von 10 cm einhalten (Herstellerhinweis). Andernfalls können sich oberhalb der Gesamtfläche schlagartig brennbare Gase entzünden.*

✱ Grundsätzlich achte man bei der Anordnung von Bildern oder Fotos darauf, dass sie einige Zentimeter über der durchschnittlichen Augenhöhe hängen. Bevor Sie Löcher in die Wände bohren, legen Sie das Arrangement am besten auf den Boden und begutachten es dort.

✱ Es ist eine gute Idee, Bilder gleicher Größe und gleichen Formats in geometrisch strenger Anordnung aufzuhängen. Bilder unterschiedlicher Größe hingegen wirken besser, wenn man sie anhand imaginärer waagrechter Linien anordnet, die sich durch die Mitte, den unteren oder den oberen Rand der Bilder ziehen. Auf diese Weise kommt etwas Ruhe in das vielgestaltige Arrangement.

✱ Wer bei der Farbe des Rahmens unsicher ist, hält sich an zwei Entscheidungshilfen. Ist der Raum z. B. mit dunklen Hölzern möbliert, so kann man den Rahmen ebenfalls aus dunklem

DAS BEHAGLICHE ZUHAUSE

Holz wählen. Oder man stimmt den Rahmen auf die Farben des Bildes ab: Kommt in dem Bild neben anderen Farben ein charakteristisches dunkles Rot vor, so wählt man einen dunkelroten Rahmen – oder nimmt eine andere Farbe des Bildes im Rahmen wieder auf.

» *Ein vergoldeter Barockrahmen kann in einer streng modernen Einrichtung einen echten Hingucker darstellen* «

✹ Was den Stil des Rahmens betrifft: Er muss nicht unbedingt mit dem Stil der Einrichtung übereinstimmen. Interessanter ist es sogar, wenn man sich für einen starken Kontrast entscheidet. So kann beispielsweise ein vergoldeter Barockrahmen in einer streng modernen Einrichtung einen echten Hingucker darstellen. Wer viel Mut hat, rahmt auf diese Weise sogar ein abstraktes Bild. Denken Sie daran: Erlaubt ist, was gefällt.

✹ Fotos, Grafiken, Zeichnungen und Aquarelle gehören hinter Glas, Öl- und Acrylgemälde nicht. Bei der Wahl des Glases scheiden sich die Geister. Die einen wählen am liebsten reflexfreies Glas – da blenden weder Fenster noch Lampe. Die anderen meinen, reflexfreies Glas mache die Farben eines Bildes aufgrund der Streuung des Lichts stumpfer. Am besten, Sie probieren in der Rahmenhandlung beides aus und bilden sich Ihr eigenes Urteil.

✹ Rücken Sie Ihre Bilder ins rechte Licht – aber nicht durch direkt auf die Bilder gerichtete Spots; sie verursachen störende Reflexionen. Besser sind stabförmige Bilderlampen, mit denen Sie Ihre Fotos oder Kunstwerke sanft und blendfrei von oben beleuchten.

EIN SPERRIGES GESCHENK EINPACKEN

Wer ein Geschenk machen möchte, das sich wegen seiner Größe und Sperrigkeit kaum verpacken lässt, greift meist zu der simplen Methode, etwas buntes Band an dem Geschenk zu befestigen. Es gibt aber eine bessere Lösung: Funktionieren Sie eine Rettungsschutzdecke zu riesig dimensioniertem Geschenkpapier um.

1 Besorgen Sie sich eine Rettungsschutzdecke (gibt's im Internet für wenige Euro).

2 Breiten Sie die Decke aus, und stellen oder legen Sie Ihr Geschenk in die Mitte.

3 Nehmen Sie nun die Decke an allen vier Ecken hoch.

4 Zum krönenden Abschluss binden Sie die Decke mit Geschenkband zusammen.

Mit Haustieren leben

Haustiere bringen Leben in die Wohnung und Abwechslung in den Alltag, sind Seelentröster und Spielkamerad. Es gibt jedoch einiges zu beachten, wenn man viel Freude an den kleinen Hausgenossen haben möchte.

HAUSTIERE HALTEN, ja oder nein?

Ob Hund, Katze, Kaninchen oder Vogel – bevor man sich für die Anschaffung eines Haustiers entscheidet, sollte man sich Gedanken über das Zusammenleben mit dem neuen Mitbewohner machen. Denn ein Haustier bringt nicht nur Freude mit sich, sondern auch Verantwortung.

✳ Zunächst muss man überlegen, ob die Wohnung oder das Haus für Haustierhaltung geeignet ist. Ist genug Platz vorhanden? Hat man wertvolle, empfindliche Möbel, Teppiche oder Vorhänge? Denn es ist damit zu rechnen, dass manche Haustiere – besonders Katzen, Kaninchen und Nagetiere – Polstermöbel kratzen oder Einrichtungsgegenstände anknabbern. Außerdem produzieren Haustiere zusätzlichen Schmutz, sogar Vögel oder Fische. Wenn man zur Miete wohnt, muss man auch den Vermieter oder die Hausverwaltung fragen, ob Tierhaltung überhaupt erlaubt ist. Meist stehen derartige Regelungen bereits im Mietvertrag.

✳ Haustiere brauchen Pflege, Zuwendung und Beschäftigung, d. h. Sie müssen täglich Zeit investieren. Verlassen Sie sich nicht darauf, dass Ihre Kinder sagen: „Wir machen das schon." Die Verantwortung für das Tier liegt in der Regel bei den Erwachsenen.

✳ Alle im Haushalt lebenden Personen müssen mit der Anschaffung eines Tieres einverstanden sein, denn es handelt sich um einen zukünftigen, in manchen Fällen recht anspruchsvollen Mitbewohner. Einige Haustiere können bis zu 15 Jahre alt oder sogar älter werden wie beispielsweise Hund und Katze. Achten Sie auch darauf, dass kein Familienmitglied eine Allergie gegen Tierhaare (Katze, Hund) hat.

✳ Haustiere verursachen auch Kosten – nicht nur Futter, Streu, Käfig und Katzenklo. Sie können krank werden, sodass der Tierarzt bezahlt werden muss. Soll Ihr Liebling während des Familienurlaubs in eine Tierpension umziehen, kann der Aufenthalt ebenfalls teuer werden. Und wer einen Hund haben möchte, sollte wissen, dass Hundesteuer und eine

> » Ein Haustier bringt nicht nur Freude mit sich, sondern auch Verantwortung – und die liegt in der Regel bei den Erwachsenen «

> » Ein Hund passt zu Menschen, die relativ viel Zeit haben und gern spazieren gehen «

Haftpflichtversicherung hinzukommen, evtl. auch der Hundefriseur und eine Hundeschule. **EINFACHER!** Um sich eine Enttäuschung und eventuelle Probleme bei der Rückgabe eines Tieres zu ersparen, fragen Sie Tierhalter, die Sie kennen, nach ihren Erfahrungen.

WELCHES HAUSTIER ist das richtige?

Alle Kinder wünschen sich irgendwann einmal ein Haustier, aber auch viele Erwachsene können sich ein Leben ohne Tiere kaum vorstellen. Doch welches Haustier passt zu Ihnen? Sind Sie berufstätig? Haben Sie Kinder, und sind diese alt genug, mit dem Tier umzugehen? Sollen Mensch und Tier dauerhaft miteinander glücklich werden, müssen die Ansprüche des Haustiers und Ihre Wünsche zueinander passen.

✳ Wer einen Hund hält, hat Familienzuwachs. Er ist ein geselliger Mitbewohner, der es genießt, unter Menschen zu sein. Die Familie ist sein Rudel, in dem eine klare Hierarchie herrschen muss. Es muss eindeutig festliegen, wer der Rudelführer ist – und das darf nicht der Hund sein, sonst gehorcht er nicht. Manche Hunderassen, aber längst nicht alle, eignen sich gut für Familien mit Kindern, wobei man diesen die Pflege und Erziehung keinesfalls überlassen kann. Der Hund passt zu Menschen, die relativ viel Zeit haben, um sich mit ihm zu beschäftigen, die gern spazieren gehen, bei Wind und Wetter, und außerdem bereit sind, Arbeit in die Erziehung des Hundes zu investieren. Wer allein lebt und nicht immer Zeit hat, kann bei Nachbarn anfragen, ob sie bereit sind, den Hund auszuführen. Es gibt auch Hundesitter, die Ihren Liebling für einen geringen Stundenlohn gern spazieren führen.

✳ Berufstätige brauchen eine zuverlässige Vertretung, die sich während ihrer Abwesenheit um den Hund kümmert. Wer jedoch häufig auf Dienstreise ist, sollte sich ernsthaft überlegen, ob ein Hund überhaupt das Richtige für ihn ist.

✳ Wichtig: Je größer der Hund, umso höher die Ansprüche an den Halter. Nur Menschen, die Erfahrung mit Hunden haben, sollten sich für eine großgewachsene Rasse entscheiden.

✳ Die Katze ist eine eher unabhängige Mitbewohnerin, die ihre Freiheit liebt. Doch sie lässt Nähe durchaus zu und kuschelt auch gern, hat aber nicht die Anhänglichkeit eines Hundes. Katzen passen gut zu Menschen, die sich zwar

> » Kaninchen sind nicht gern allein «

mit ihrem Tier beschäftigen und eine Beziehung zu ihm aufbauen möchten, dabei aber eigenständige Persönlichkeit schätzen. Katzen sind auch für Kinder zum Schmusen und Spielen gut geeignet, doch die Kleinen müssen akzeptieren, dass Katzen deutlich zeigen, wenn ihnen etwas nicht passt! Katzen brauchen zwar regelmäßig Futter und eine saubere Toilette, können jedoch auch einige Zeit allein verbringen und wissen sich zu beschäftigen.

KANINCHEN, HAMSTER, Vögel und Fische

Kaninchen sind zurückhaltende Tiere und passen gut zu Menschen, die ruhig und besonnen mit Haustieren umgehen. Trotz des possierlichen Aussehens ist ein Kaninchen kein „Kuscheltier" und lässt sich ungern anfassen. Erst wenn es zahm ist und sich an die neue Umgebung gewöhnt hat, kann man es streicheln und auch mit ihm spielen. Kaninchen sind für ältere Kinder geeignet, die Verantwortung für das Füttern und die Stallreinigung übernehmen können. Die Tiere brauchen ziemlich viel Platz – etwa 4 Quadratmeter für eine Gruppe von 2 bis 3 Tieren. Man kann sie problemlos einige Stunden allein lassen, wenn sie mit Artgenossen zusammen sind, denn sie sind nicht gern allein.

✱ Wer mit Kaninchen gut umgehen kann, kommt auch mit Meerschweinchen ausgezeichnet zurecht. Die kuschelig aussehenden Tiere brauchen ebenfalls ausreichend Platz, und obwohl sie gern gesellig sind, brauchen sie unbedingt einen Rückzugsort, z. B. ein Kästchen, das man einfach in den Käfig stellt. Meerschweinchen eignen sich für Kinder, wenn man ihnen beibringt, dass diese Tiere kein Spielzeug sind, sondern Weggefährten. Nach Möglichkeit sollte man immer zwei Meerschweinchen zusammen aufnehmen. Und denken Sie daran, dass ein Kaninchen kein Ersatz für einen Artgenossen ist.

✱ Der Hamster ist ein nachtaktiver Mitbewohner. Wenn Sie schlafen, ist er wach und wuselt umher, während er sich morgens in seinem Bau verkriecht. Wird er in seiner Ruhepause gestört, kann er sehr ungemütlich werden und sogar beißen. Da Hamster keine Kuscheltiere und nur nachts aktiv sind, eignen sie sich nicht für Kinder. Sie passen aber zu Erwachsenen, die spät abends nach Hause kommen, wenn die Tiere aktiv sind. Auch wer wenig Zeit und Platz hat und dennoch gern ein Tier in seiner Wohnung versorgen möchte, kann sich die kleinen Nager anschaffen.

✱ Wer einen Wellensittich besitzt, hat einen ziemlich lauten Mitbewohner. Da diese Vögel gesellig sind, brauchen sie unbedingt Artgenossen, sonst vereinsamen sie und langweilen

>> *Ein Wellensittich kann sehr zutraulich werden und womöglich sogar sprechen lernen* <<

sich – es sei denn, man hat viel Zeit, um sich mit ihnen zu beschäftigen. Dann fühlt sich auch ein einzelner Vogel wohl, wird sehr zutraulich und lernt womöglich gar sprechen. Senioren, die wenig mobil sind, können viel Freude an einem Wellensittich haben. Diese Vögel sind auch geeignet für Kinder, wobei die Eltern bei der Versorgung helfen sollten.

✱ **Aquarienfische** sind Süßwasserfische, in der Regel aus exotischen Regionen der Erde. Sie gehören nicht nur zu den ruhigsten Vertretern unter den Haustieren, sondern faszinieren auch durch ihre Vielfalt. Ihr Anblick wirkt auf viele Menschen entspannend und beruhigend. Fische sind einfach zu halten, da sie nur Futter und sauberes Wasser benötigen; allerdings muss auch ein Aquarium regelmäßig gepflegt werden. Lassen Sie sich im Fachhandel beraten, was zu tun ist, damit die Fische gesund bleiben und lange leben, und welche Ausrüstung das Aquarium dafür benötigt. Fische passen gut zu Menschen, die sich zwar gern um Tiere kümmern, aber weder Lärm noch Schmutz im Haus haben wollen.

BILLIGER! Anstatt eine teure Rassekatze vom Züchter zu kaufen, holen Sie sich ein junges Kätzchen aus dem Tierheim, das geimpft und gesund ist. Außerdem ist das eine gute Tat.

WAS AUF SIE ZUKOMMT, wenn Sie sich ein Haustier anschaffen

Ob Hund, Katze oder Kaninchen – bei Haustieren mit langem Fell ist die Pflege und regelmäßige Kontrolle des Fells wichtig. Katzen sind sehr reinlich und sollten nur dann gebürstet werden, wenn sie sehr lange Haare haben. Das Hundefell ist dagegen bei vielen Rassen recht pflegebedürftig. Krallen und Ohren sollten bei allen Tieren häufig kontrolliert werden. Wer Kaninchen besitzt, sollte darauf achten, dass das Fell und die Unterseite der Läufe sauber und die Krallen kurz sind. Kaninchen putzen ihr Fell selbst.

✱ **Hunde** verrichten ihr Geschäft im Freien, während Stubenkatzen, Kaninchen, Meerschweinchen und Co. im Haus ihre „Toilette" haben, die täglich gesäubert werden muss. Tiere, die im Käfig gehalten werden, brauchen auch einen sauberen Aufenthalts- und Schlafplatz. Der Käfig sollte einmal in der Woche ge-

» *Schwangere müssen wissen, ob sie gegen Toxoplasmose immun sind* «

EXPERTENRAT

Das Ungeborene vor Toxoplasmose schützen

Ist eine Katze von dem Parasiten Toxoplasma gondii befallen, scheidet sie mit dem Kot die Eier dieses Krankheitserregers aus. Steckt man sich damit an, so löst die Infektion kaum Krankheitszeichen aus, und danach ist man immun.

• *Doch eine besondere Gefahr besteht, wenn eine Schwangere nicht immun ist: Dann kann bei einer Infektion das Ungeborene massiv geschädigt werden. Deshalb sollte jede junge Frau rechtzeitig testen lassen, ob sie Antikörper gegen Toxoplasma im Blut hat und sich mit dem Arzt beraten, was zu tun ist, wenn keine Immunität besteht.*

> *» Die „Toilette" von Stubenkatzen, Kaninchen, Meerschweinchen und Co. muss täglich gesäubert werden «*

reinigt werden. Einstreu oder Sand werden alle 2 bis 3 Tage gewechselt.

✳ Wenn man Haustiere hat, sollte man mit ihnen hygienisch umgehen, denn ob Hund, Katze, Meerschweinchen oder Wellensittich – sie alle können verschiedene Krankheiten übertragen. Daher sollte man gerade bei Haustieren, mit denen man gern kuschelt, vorsichtig sein.

✳ Die meisten Hundebesitzer lieben ihren Hund so sehr, dass sie ihn auf die Schnauze küssen. Allein aus hygienischen Gründen sollte man dies lieber nicht tun, da der vierbeinige Freund seine Nase überall hinein steckt – ob Schmutz, Kot oder Abfall. So können viele Krankheitserreger vom Tier auf den Menschen wandern. Man wird zwar nicht zwangsläufig krank, aber ein Risiko ist es trotzdem.

✳ Eine Frage, die Tierbesitzer häufig stellen, ist, ob man nach jedem Streicheln des Tieres die Hände waschen soll. Das wäre wohl übertrieben, doch vor dem Kochen bzw. Essen sollte man sich schon die Hände waschen.

✳ An der Frage, ob Haustiere mit ins Bett dürfen, scheiden sich die Geister. Herrchen und Frauchen knuddeln und kuscheln mit Hund und Katze und teilen sich das Bett gern mit ihnen. Mediziner warnen, dass man seine Gesundheit riskiert, wenn man sein Haustier bei sich schlafen lässt. Denn dadurch erhöht sich die Gefahr von Zeckenübertragung. Auch können bestimmte Keime von Tieren, die im Bett schlafen, die Atemwege entzünden.

✳ Was Hygiene betrifft, ist bei Kindern und Tieren besondere Vorsicht geboten, denn die Kleinen sind für viele Krankheiten anfälliger als Erwachsene. Achten Sie darauf, dass Ihr Kind sich nicht vom Haustier ablecken lässt oder es küsst. Wurde Ihr Kind von einem Tier abgeschleckt, sollten Sie die Stelle umgehend mit Wasser und Seife gründlich reinigen.

✳ Neben richtiger Hygiene ist es wichtig, das Haustier regelmäßig vom Tierarzt untersuchen zu lassen. Außerdem sollte es entwurmt und frei von Flöhen gehalten werden. So können Kinder und Erwachsene mit ihrem Tier umgehen, ohne ihre Gesundheit zu gefährden.

✳ Aber auch für Ihr Tier könnten Gefahren im Haus lauern. Ratschläge, wie Sie diesen vorbeugen, finden Sie auf S. 195 in „Goldene Regeln: Gefahren für Haustiere abwenden".

BESSER! Katzen sollte man sterilisieren lassen. Ein kastrierter Kater markiert die Wohnung nicht mit stinkenden Duftstoffen. Eine nicht sterilisierte Katze wird rollig und kann sämtliche Kater der Nachbarschaft anlocken.

BITTE NICHT!

Ein fremdes Tier sollte man nicht streicheln. Bei einem Hund weiß man nicht, ob er bissig ist. Manche schnappen einfach aus Angst zu. Außerdem kann man sich Krankheiten oder Zecken einfangen.

Ganz entspannt Gäste empfangen

Es gibt viele schöne Anlässe für eine Einladung. Soll alles gut klappen und sollen sich die Gäste wohlfühlen – Planung ist alles! Und treffen mal unerwartet Gäste ein, so ist das mit einigen Tricks auch kein Problem!

» Planen Sie gut, damit der schöne Anlass Sie keine Nerven kostet und Sie Ihre Gäste entspannt begrüßen können «

SO WIRD JEDE FEIER EIN ERFOLG für die Gäste und Sie selbst

Bevor Sie Einladungen aussprechen, sollten Sie sich über den Rahmen der Feier im Klaren sein. Wichtig ist, dass Sie alles gut planen und sich nicht zu viel zumuten, damit der schöne Anlass Sie keine Nerven kostet.

✹ Soll es eine sehr große Einladung mit vielen Gästen sein, wie etwa eine Hochzeit, empfiehlt es sich, professionelle Hilfe – z. B. vom Catering-Service – zu holen. So können Sie als Gastgeber das Fest ebenfalls genießen. Bei kleineren Feiern hingegen kann man die Vorbereitungen selbst übernehmen.

✹ Sobald Sie beschlossen haben, eine Feier zu organisieren, und der Termin feststeht, muss die Einladung ausgesprochen werden. Bei großen Festen sollte sie unbedingt schriftlich erfolgen, und zwar mindestens vier Wochen vorher. Zu sehr feierlichen Anlässen wie einer Hochzeit oder einem Jubiläum lädt man sogar noch früher ein, damit Zu- und Absagen zeitig bei Ihnen eintreffen und auswärtige Gäste ihren Aufenthalt planen können. Bei Treffen im kleineren Kreis, z. B. zum Nachmittagskaffee, genügt eine mündliche Einladung.

✹ Wenn Sie die Zusagen haben und die endgültige Gästezahl kennen, können Sie mit der genauen Planung beginnen. Dazu gehört zunächst das Nachzählen von Geschirr, Besteck, Gläsern, Servietten und Stühlen. Falls Sie die Bewirtung der Gäste selbst übernehmen möchten, sollten Sie spätestens eine Woche vor dem Fest das Essen im Detail festlegen, damit Sie alle Zutaten in Ruhe einkaufen können.

EINFACHER! Feiern Sie im vertrauten Rahmen, also mit Verwandten und guten Freunden, so können Sie vereinbaren, dass jeder etwas zum Essen mitbringt. Natürlich muss ein solches sogenanntes Potlatch ebenfalls geplant werden, damit keine Speise doppelt und dreifach auf den Tisch kommt.

> » Sorgen Sie dafür, dass Speisen und Tischdekoration ein Fest fürs Auge sind «

WAS GIBT ES zu essen?

Seit Beginn aller Kulturen steht im Mittelpunkt jedes Festes das Essen. Deshalb machen sich die Gastgeber viele Gedanken darüber, welche Speisen sie den Gästen servieren sollten.

✱ Handelt es sich um eine Runde von 6 bis 8 Personen, ist ein Menü gut geeignet, um die Gäste zu verwöhnen. Ein Menü besteht in der Regel aus drei Gängen: Vorspeise, Hauptgericht und Dessert. Bei besonderen Anlässen kann es durch Zwischengänge ergänzt werden. Achten Sie darauf, dass sich die Zutaten nicht wiederholen: Gibt es z. B. Fisch als Vorspeise, sollten Sie für den Hauptgang Fleisch, Geflügel oder etwas Vegetarisches einplanen.

✱ Ist Kochen Ihr Hobby, so werden Sie mit Begeisterung die Gelegenheit wahrnehmen, etwas zu zaubern. Stehen Sie der Kochkunst eher distanziert gegenüber, so müssen Sie nicht selbst kochen. Abgesehen vom Catering-Service gibt es auch Mietköche, die in Ihrer Küche alle Speisen zubereiten und sogar das

EXPERTENRAT

Das Büffet

Für größere Feste – und vor allem, wenn man nicht genügend Tischplätze hat, um den Gästen ein Menü zu servieren – eignet sich ein Büffet am besten, das entweder in der Wohnung oder bei schönem Wetter draußen auf der Terrasse, auf dem Balkon oder im Garten angerichtet wird. Falls Sie einen Catering-Service damit beauftragen, wird dieser Sie bei der Auswahl und den Mengen der Speisen beraten.

• *Sorgen Sie selbst für das Büffet, so orientieren Sie sich an der folgenden Faustregel: Für etwa 20 Personen sollten Sie 3 bis 4 Vorspeisen (auch Suppe und Salate), 2 Hauptgerichte mit je 2 Beilagen und 2 bis 3 Desserts und eine Platte mit 5 Sorten Käse einplanen.*

• *Bei der Berechnung der Portionen für die einzelnen Speisen richten Sie sich nach den folgenden Mengen (pro Person): Suppe: 200 – 250 ml; Vorspeise/Salat: 100 g; Fisch/Fleisch: 150 – 200 g; Reis/Nudeln: 80 – 100 g; Gemüse und Kartoffeln: 150 – 200 g; Dessert: 200 – 300 g; Aufschnitt jeglicher Art sowie Käse: 100 g; 1 Stück Obst sowie verschiedene Brotsorten.*

DAS BEHAGLICHE ZUHAUSE

>> *Kommen Familie, Nachbarn, Freunde oder Arbeitskollegen, macht man keine weiteren Umstände* <<

Geschirr mitbringen. Wenn Sie aber in diesem Fall etwas beisteuern, das Sie können, z. B. eine duftende Hühnersuppe, werden Ihre Gäste dies umso mehr zu schätzen wissen.
✳ Sorgen Sie dafür, dass Speisen und Tischdekoration ein Fest fürs Auge sind. So wird auch optisch deutlich, dass dieser Tag etwas Besonderes ist.

DRAUSSEN FEIERN: Ideal in der schönen Jahreszeit

Ob Balkon, Terrasse oder Garten: Dies sind, bei entsprechenden Temperaturen, die idealen Orte, um Gäste zu empfangen. Alle nehmen einfach auf den Gartenstühlen Platz – und schon entsteht eine heitere Stimmung unter einem hoffentlich blauen Himmel.
✳ Kommen Familie, Nachbarn, Freunde aus dem Verein oder Arbeitskollegen, macht man keine weiteren Umstände. Es gibt Bier, Wein, Säfte und einen kleinen rustikalen Imbiss – wenn nicht der Herr des Hauses lieber den Gartengrill anwerfen möchte.
✳ Erwartet man Gäste, für die man etwas mehr Aufwand betreiben möchte, z. B. den Chef mit seiner Frau, so baut man einen Tisch für Speisen und Getränke auf, den man mit einem weißen Tafeltuch veredelt. Darauf richtet man kalte Speisen an, die sich zum Verzehr im Freien gut eignen, z. B. Salate, mehrere Sorten Aufschnitt, eine Käseplatte, verschiedene Brotsorten sowie Obst. Dazu bietet man eine Auswahl an feinen Weinen an.
✳ Bricht allmählich die Dunkelheit herein, sorgt man für romantische Beleuchtung – und nun können sich die Gespräche hinziehen, solange es die laue Abendluft erlaubt.

WENN SICH BESUCH KURZFRISTIG ankündigt

Sie haben es sich gemütlich gemacht und möchten in Ruhe entspannen – just in diesem Augenblick rufen Freunde an und wollen in Kürze vorbeischauen. Ausgerechnet jetzt ist Ihre Wohnung aber keineswegs im Bestzustand. Nun dürfen Sie nicht in Panik geraten, sondern sollten beherzt eine Last-Minute-Aktion starten.
✳ Flur und Garderobe sehen in wenigen Minuten ordentlich aus, wenn Sie die meisten Mäntel und Jacken im Schlafzimmer und Schuhe im Schuhschrank verschwinden lassen.
✳ Alles was im Wohnzimmer auf der Couch oder auf dem Boden liegt, packen Sie in einen Korb und bringen ihn vorübergehend ebenfalls im Schlafzimmer unter.
✳ Die Küche ist ein beliebter Treffpunkt der Gäste. Sollte noch Geschirr auf der Arbeitsplatte stehen, räumen Sie es in die Spülmaschine ein. Tauschen Sie Geschirrtücher sowie den Spülschwamm gegen frische aus.
✳ Im Bad liegen oft Tuben und Fläschchen herum. Räumen Sie sie in den Badezimmer-

schrank ein. Bringen Sie den Korb mit schmutziger Wäsche ins Schlafzimmer.

✱ Natürlich möchte man auch Gäste bewirten, die sich kurzfristig angekündigt haben. Für diesen Fall sollten Sie stets Knabbereien, Naschereien und Getränke vorrätig haben.
`EINFACHER!` Wenn in Ihrem Gefrierschrank genug Platz ist, können Sie beliebte Snacks wie kleine Pizzen, Blätterteigtaschen oder verschiedene Quiches zum Aufbacken vorhalten.
`BESSER!` Es kommt natürlich auch vor, dass Besuch gänzlich unangemeldet vor der Tür steht. In diesem Fall heißt es: entspannen und sich für keine Unordnung entschuldigen.

ÜBERNACHTUNGSGÄSTE bei sich aufnehmen

Laden Sie gern Familie und Freunde ein? Dann haben Sie wahrscheinlich auch häufig Übernachtungsgäste – ob jemand ein Gläschen zu viel Wein getrunken hat, der Heimweg zu weit ist oder der plötzliche Wetterumbruch die Heimfahrt verhindert. In jedem Fall sollte man vorbereitet sein und seinen Gästen eine Schlafgelegenheit bieten können.

✱ Wer ein zusätzliches Zimmer hat, kann es als festes Gästezimmer mit bequemen Betten einrichten. Kommen nur ein- bis zweimal im Jahr Schlafgäste, empfiehlt es sich, den Raum multifunktional einzurichten, z. B. als Hobbyraum oder Arbeitszimmer, und erst in zweiter Linie als Gästezimmer, beispielsweise mit einer Schlafcouch.

✱ Haben Sie kein Gästezimmer? Auch für diesen Fall gibt es unterschiedlichste Lösungen, um Übernachtungsgästen ein Bett zu bieten. Eine häufig genutzte Möglichkeit ist die Schlafcouch fürs Wohnzimmer. Viele Polstermöbelprogramme bieten Sofas mit Auszieh- oder Ausklappfunktion an, die in der Sitzposition den gleichen Komfort bieten wie eine normale Couch und in der Liegeposition ebenso bequem sind wie ein normales Bett.

✱ Oder Sie wählen fürs Wohnzimmer eine Couch mit breiter Sitzfläche, die als Ersatzbett genutzt werden kann. Sie ist mit Rücken- und Seitenpolstern ausgestattet, damit man darauf sitzen kann, ohne Rückenschmerzen zu bekommen. Für die Schlaffunktion werden die Polster einfach entfernt; solche Modelle ersparen das Ausziehen oder Ausklappen.

✱ Um den Freund oder die Freundin der Kinder im Kinder- oder Jugendzimmer unterzubringen, kann man ein Ausziehbett anschaffen. Ein solches „Doppelbett" ist bequem und platzsparend: Unter dem Hauptbett wird einfach ein zweites Bett hervorgezogen.

✱ Eine eher improvisierte Lösung für Leute, die nicht zu Kreuzschmerzen neigen, ist das Klappbett mit Faltmatratze. Es hat den Vorteil, dass es in jedes Zimmer passt und schnell aufgestellt werden kann.
`BILLIGER!` Für junge Schlafgäste eignen sich Luftmatratzen. Sie sind billig und besonders platzsparend unterzubringen.

> » *Eine Couch mit breiter Sitzfläche kann als Ersatzbett genutzt werden* «

Kleidung und Accessoires pflegen

Wie wir uns kleiden und schmücken sagt einiges über unseren Geschmack und unser Selbstverständnis aus. Deshalb sollten wir die Stücke, in denen wir uns der Außenwelt präsentieren, sorgsam behandeln. Informationen und Tipps von Profis kann man dafür immer gebrauchen!

KLEIDUNG UND ACCESSOIRES PFLEGEN

Textilfasern und Stoffe kennen

Die Stoffe für unsere Kleidung werden aus natürlichen oder synthetischen Fasern hergestellt, oft auch aus einer Mischung von beiden. Alle haben bestimmte Eigenschaften, und bei richtiger Pflege bleiben sie lange ansehnlich.

NATURFASERN UND CHEMIEFASERN:
Was ist der Unterschied?

Bei vielen Materialbezeichnungen, die heute auf den Etiketten stehen, fragt man sich, um welche Art von Faser es sich eigentlich handelt. Einige Tipps sollen Ihnen helfen, sich im Faserdschungel zurechtzufinden.

✻ Naturfasern werden aus Tierhaaren oder Pflanzenfasern gewonnen. Das dichte Fell des Schafes, aber auch die feinen Haare von Ziege, Kamel und Lama liefern ausgezeichnete Wolle. Seide hingegen verdanken wir dem Seidenspinner, einem Falter, dessen Raupen sich Kokons aus feinstem Seidenfaden spinnen, aus denen das Garn für das edle Gewebe hergestellt wird. Die wichtigste Pflanzenfaser wiederum ist die Baumwolle; man spinnt sie aus den büschelig angeordneten Samenfäden der Baumwollpflanze. Die Naturfaser Leinen wird aus der blau blühenden Pflanze Flachs (Lein) gewonnen. Hanf, Kokospalme und Agave liefern ebenfalls Pflanzenfasern.

✻ Chemiefasern entstehen durch industrielle Prozesse. Sie werden in zellulosische und synthetische Chemiefasern unterteilt. Die Grundsubstanz für zellulosische Kunstfasern ist – wie der Name schon sagt – Zellulose, also ein natürliches Material, das mittels chemischer Verfahren zur sogenannten Spinnmasse umgewandelt wird, aus der dann die Fasern, etwa Viskose, Modal und Acetat, ausgesponnen werden. Bei synthetischen Kunstfasern stellt man die Spinnmasse in einem chemischen Prozess aus Erdölprodukten her; daraus gewonnene Fasern sind beispielsweise Polyester, Polyamid, Polyacryl und Elastan.

» *Baumwolle wird aus den büschelig angeordneten Samenfäden der Baumwollpflanze gesponnen* «

Textilfasern und Stoffe kennen

VOR- UND NACHTEILE der Materialien

Beim Kauf von Kleidung achtet man in der Regel darauf, woraus sie besteht. Oft entscheidet man sich für Naturfasern, weil man davon ausgeht, dass sie gesünder, hautverträglicher und auch umweltfreundlicher sind. Früher waren Kunstfasern in der Tat nicht sehr angenehm zu tragen: Der Stoff fühlte sich auf der Haut nicht gut an, und man schwitzte viel, ob sommers oder winters. Doch heute verfügt man über modernere Verfahren zur Herstellung von Chemiefasern, sodass diese in der Qualität den Naturfasern meist ebenbürtig oder sogar überlegen sind – wie z. B. die neuartigen Mikrofasern, die ausnahmslos aus synthetischem Material bestehen.

> » Wir möchten Wollpullover, die nicht kratzen, Seidenkleider, die nicht knittern, und Baumwoll-T-Shirts, die ihre Form behalten «

✱ Was den ökologischen Aspekt betrifft, so sind Textilien aus Naturfasern schon lange nicht mehr so umwelt- und gesundheitsfreundlich, wie man sich das meist vorstellt. Denn wir möchten Wollpullover, die nicht kratzen, Seidenkleider, die nicht knittern, und Baumwoll-T-Shirts, die ihre Form behalten und filzfrei sind. Und das alles in den schönsten Farben! Um den gewünschten Tragekomfort zu erzielen, werden Naturfasern in umfangreichen Verfahren unseren Ansprüchen angepasst: Sie werden „veredelt". Bei Veredelungs- und auch bei Färbeprozessen kommen Chemikalien zum Einsatz, die Auswirkungen auf die Gesundheit haben können, indem sie z. B. Hautallergien hervorrufen.

✱ Wer sich gern in „natürliche" Stoffe kleidet, greift meist zu Baumwolle. Doch sollte man wissen, dass beim Anbau von Baumwolle chemische Düngemittel und Pestizide eingesetzt werden, um den Ertrag zu steigern, was eine große ökologische Belastung und eine gesundheitliche Gefährdung von Baumwollpflückern mit sich bringt. Damit aber der hiesige Verbraucher keine Schadstoffe an die Haut bekommt, wurde von der Textilindustrie ein besonderes Zertifikat geschaffen (siehe S. 131 „Was ist Öko-Tex Standard 100"?).

✱ Bezüglich des Ressourcenverbrauchs hält sich die Herstellung von Baumwoll- und Chemiefasern durchaus die Waage: Kunstfasern benötigen bei der Produktion zwar mehr Energie, aber dafür verbraucht der Anbau von Baumwolle gewaltige Mengen an Wasser.

✱ Eine viel genutzte Möglichkeit, optimale Stoffe zu erzielen, ist die Mischung von Natur- und Kunstfasern. So wird heute den meisten Geweben ein kleiner Prozentsatz Elastan zugesetzt, weil wir eine leichte Elastizität der Kleidungsstücke als angenehm empfinden. Das ist insbesondere bei vielen Jeansstoffen festzustellen. Und da Chemiefasern reißfester und formstabiler

> » Bei vielen Jeansstoffen werden Elastanfäden eingewebt, um die gewünschte Elastizität zu erzielen «

» Jede Mikrofaser, von denen dutzende einen Gewebefaden bilden, ist zehnmal so dünn wie ein menschliches Haar «

sind als Naturfasern, werden sie mit Naturfasern kombiniert, um eine bessere Haltbarkeit und Pflegeleichtigkeit zu gewährleisten. EINFACHER! Belassen Sie die Etiketten, auf denen die Materialzusammensetzung und die Pflegeanleitung stehen, in den Kleidungsstücken. Dann wissen Sie immer, wie sie zu waschen und zu bügeln sind. Ist ein Etikett einmal zu störend, schneiden Sie es heraus und stecken es in einen kleinen Umschlag, auf den Sie eine Kurzbeschreibung des Stücks schreiben, z. B. „Wickelbluse, hellblau". BESSER! Wenn Sie ökologisch handeln möchten, sollten Sie auf Langlebigkeit Ihrer Kleidung achten. Ob Baumwolle, Seide oder Chemiefasern – je länger man sie trägt, desto mehr tut man für die Umwelt. Schauen Sie auch einmal bei einem Second-Hand-Laden vorbei. Dort findet man oft hochwertige Kleidungsstücke, die ein zweites Leben verdient haben. BILLIGER! Wählen Sie T-Shirts in guter Qualität, d. h. aus langfaseriger („langstapeliger") Baumwolle. Sie sind nicht nur weicher und bügelleichter, sondern halten auch Form und Farbe besser, sodass Sie nicht so bald neue kaufen müssen. Im Endeffekt kommen Sie bei diesem Kaufverhalten billiger weg.

MIKROFASER, ideal für Kleidungsstücke

Mikrofaser ist ein Oberbegriff für Stoffe aus extrem dünnen, meist synthetischen Fasern. Jede Faser ist durchschnittlich zehnmal so dünn wie ein menschliches Haar. Daraus hergestellte Gewebe sind besonders weich, trocknen schnell nach der Wäsche und behalten ihre Form. Die Mikrofaser ist heute fast in allen Bereichen unseres Lebens anzutreffen – ob für Möbelbezüge, Handtücher, Gardinen, Bettbezüge, Mopp oder Lappen (siehe auch S. 161 „Mikrofasertücher in der Küche").

» Mikrofaser ist atmungsaktiv und daher für Sportkleidung besonders geeignet «

✸ Vor allem aber hat sich die „Wunderfaser" in der Ober- und Unterbekleidung etabliert. Denn das Mikrofasergewebe fühlt sich auf der Haut weich an und ist anschmiegsam und dennoch reißfest. Allergiker und Menschen mit empfindlicher Haut vertragen das Material gut. Zudem ist es atmungsaktiv und daher für Sportkleidung besonders geeignet. Und so ist es kein Wunder, dass die Mikrofaser seit einigen Jahren ihren Siegeszug auch durch Kleiderschränke feiert.

✸ Allerdings gibt es große Qualitätsunterschiede bei Mikrofaserstoffen. Deshalb sollten Sie beim Kauf auf gute Qualität und Verarbeitung achten, um die Vorzüge dieser besonderen Faser optimal nutzen zu können.

✹ Damit Sie an Ihrer Kleidung aus Mikrofaser lange Freude haben, sollten Sie unbedingt die Pflegeanleitung beachten. Grundsätzlich braucht man nur wenig Waschmittel. Auch die Waschtemperatur sollte möglichst niedrig sein. Achten Sie darauf, dass Mikrofaser sofort nach der Beendigung des Waschgangs aufgehängt wird, damit sie nicht knittert. In der Regel müssen Mikrofasertextilien nicht gebügelt werden; ist es doch einmal erforderlich, dann nur bei niedriger Temperatur und auf links bügeln.

BITTE NICHT!

Mikrofaserstoffe vertragen keinen Weichspüler, denn das Mittel legt sich wie ein Film um das Gewebe und zerstört die Funktion der Fasern, was die Feuchtigkeitsregulierung und die Luftdurchlässigkeit betrifft.

WIE AUS FASERN Stoffe werden

Bei der Fertigung von Stoffen für Textilien kommen im Wesentlichen drei Verfahren zum Einsatz: Weben, Stricken und Wirken.

✹ Bei gewebten Stoffen wird ein Schussfaden durch parallel gespannte Kettfäden geführt. Die Art und Weise, wie diese Fäden über- und untereinander liegen (die sogenannte Bindung), entscheidet über das Aussehen des Stoffes. Die einfachste Bindung ist die Leinenbindung, bei der der Schussfaden regelmäßig über und unter jeden einzelnen Kettfaden geführt wird. Gewebte Stoffe sind in der Regel kaum dehnbar – es sei denn, ein elastischer Elastanfaden wird mit eingewebt.

✹ Gestrickte Stoffe entstehen durch miteinander verbundene Maschen, wobei der Faden, der die Schlingen bildet, waagrecht geführt wird. Textilien aus Gestrick sind recht stark dehnbar. So werden beispielsweise Feinstrumpfhosen aus winzigen Maschen gestrickt.

✹ Auch gewirkte Stoffe bestehen aus Maschen, doch hier liegen die Schlingen aufgrund einer

EXPERTENRAT

Was ist „Öko-Tex Standard 100"?

Der Öko-Tex Standard 100 ist ein unabhängiges Prüf- und Zertifizierungssystem für Textilien (Bekleidung aller Art, Heimtextilien, Bettwäsche, Matratzen, textile Wand- und Bodenbeläge, Spielwarenstoff und andere Textilprodukte) sowie für Zubehör, etwa Reißverschlüsse, Knöpfe usw. Er beruht auf einem im Jahr 1992 von der Internationalen Gemeinschaft für Forschung und Prüfung auf dem Gebiet der Textilökologie (Öko-Tex) eingeführten Kriterienkatalog. Das Zertifikat auf einem Textilprodukt garantiert, dass diese Kriterien eingehalten sind.

• Die Prüfungen nach Öko-Tex Standard 100 gewährleisten schadstoffarme Textilien und – für durchschnittlich empfindliche Menschen – gesundheitlich unbedenkliche Textilprodukte aller Art. Der Öko-Tex Standard 100 wird von zahlreichen Unternehmen unterstützt und hat sich im Textilmarkt etabliert.

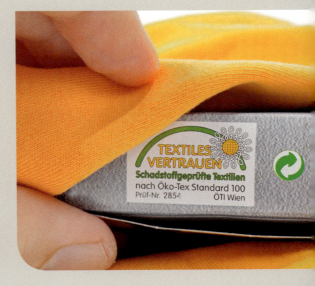

KLEIDUNG UND ACCESSOIRES PFLEGEN

speziellen Fadenführung senkrecht übereinander. Gewirke sind nicht so elastisch wie Gestricke, doch weniger anfällig für Laufmaschen. Jersey ist ein bekanntes Beispiel für einen gewirkten Stoff.

DIE WÄSCHEZEICHEN – was bedeuten sie?

Ob aus Natur- oder Chemiefasern – nur wenn die Kleidungsstücke richtig gepflegt werden, hat man lange Freude an ihnen. Damit Sie keine verfärbten T-Shirts und Blusen, verfilzte Pullover oder eingelaufene Hosen haben, sollten Sie sich unbedingt an die Pflegeempfehlung auf den Kleideretiketten halten. Doch ist man oft überfordert, denn während manche Symbole einfach zu verstehen sind, kommen andere uns wie Hieroglyphen vor. Unten sehen Sie eine Übersicht, die Ihnen die Pflege Ihrer Kleidung erleichtern wird und die Sie unbedingt beachten sollten.

✻ Pflegehinweise „Waschen": Diese Hinweise beziehen sich auf die verschiedenen Möglichkeiten im Waschprozess. Die Symbole 1 und 2 zeigen an, dass die Wäsche in der Waschmaschine gewaschen werden kann. Die Zahl gibt die Maximaltemperatur an. Bei Symbol 3 ist Vorsicht geboten, denn es bedeutet, dass es sich um ein empfindliches Gewebe handelt, das nur von Hand gewaschen werden darf. Die Waschtemperatur sollte lauwarm sein. Für Handwäsche verwenden Sie ein spezielles Mittel für Feinwäsche. Symbol 4 bedeutet, dass man diese Kleidung (z. B. aufwendige Abendkleider, Herrenanzüge und Wollkostüme) nicht selbst waschen, sondern in die Reinigung bringen sollte.

✻ Pflegehinweise „Bügeln": Das Bügeleisen auf dem Pflegeetikett bedeutet, dass Sie das Kleidungsstück bügeln dürfen. Die Punkte in der Mitte (Symbole 5 und 6) zeigen die höchste Temperaturstufe an, die das Bügeleisen erreichen darf. Symbol 7 auf dem Etikett gibt an, dass das Kleidungsstück auf keinen Fall gebügelt werden darf.

✻ Pflegehinweis „Chemische Reinigung": Wenn Sie Symbol 8 auf dem Etikett entdecken, wissen Sie, dass diese Kleidung nur gereinigt werden darf. Symbol 9 zeigt dagegen an, dass das Kleidungsstück keine chemische Reinigung verträgt.

✻ Pflegehinweis „Nicht bleichen": Textilien mit Symbol 10 nehmen die Behandlung mit Chlorbleiche übel.

✻ Pflegehinweis „Trocknen": Pflegesymbol 11 bedeutet, dass die Kleidung bei hoher Temperatur in den Wäschetrockner darf. Befindet sich nur ein Punkt in dem Kreis, so ist das Trocknen bei niedriger Temperatur erlaubt. Nicht in den Wäschetrockner gehört Kleidung, die mit Symbol 12 ausgestattet ist.

» *Diese Etiketten, die Sie unbedingt beachten sollten, werden Ihnen die Pflege Ihrer Kleidung erleichtern* «

ALTE STRUMPFHOSEN, NEU EINGESETZT

Feinstrumpfhosen, die in der Regel aus einem Polyamid-Elastan-Gestrick bestehen, gehen recht leicht kaputt und werden meist weggeworfen. Das muss aber nicht sein, denn dank der Beschaffenheit des Materials kann man sie als Haushaltshelfer weiterverwenden.

PRAKTISCHES FÜLLMATERIAL

Hat ein Stofftier Füllmaterial verloren, schneiden Sie schmale Streifen aus ausrangierten Strumpfhosen aus, bauschen sie zusammen und verwenden sie als neues Füllmaterial. Der Vorteil gegenüber Füllwatte: Kommt das Stofftier in die Waschmaschine, verklumpt diese Füllung nicht so leicht.

MOTTENKUGELN IM KLEIDERSCHRANK

Eine einfache Möglichkeit, Mottenkugeln im Kleiderschrank unterzubringen: Füllen Sie die Kugeln in den Fuß einer Strumpfhose, und machen Sie einen Knoten hinein. Dann schneiden Sie das Bein ab und knoten das Säckchen an die Kleiderstange.

PULLOVER OHNE ABDRÜCKE

Sie möchten einen Pullover hängend trocknen? Stecken Sie eine Strumpfhose durch die Halsöffnung des Pullovers und führen die Beine durch die Ärmel. Hängen Sie nun den Pullover am Höschenteil sowie an den Beinen der Strumpfhose auf.

SAUBERE HAARBÜRSTE

Spannen Sie einen Streifen Strumpfhose so um die Borsten, dass diese durch die Maschen stechen. Auf der Rückseite der Bürste knoten Sie den Streifen zusammen. Von nun an bleiben die Haare an der Strumpfhose hängen. Bei der nächsten Reinigung ziehen Sie den Überzug einfach mitsamt den Haaren ab.

GLÄNZENDE SCHUHE

Tragen Sie wie gewohnt Schuhcreme auf Ihre Schuhe auf, und polieren Sie diese mit einer Strumpfhose. Das funktioniert so gut, dass Sie keine Bürste mehr zur Hand nehmen möchten.

KLEIDUNG UND ACCESSOIRES PFLEGEN

Das ewige Thema: Flecken

Ob Fettflecken, Blutflecken oder Grasflecken auf der Kleidung – der Fleckenteufel lauert überall. Das ist zwar ärgerlich, doch es gibt eine Reihe von Methoden, mit denen man den Flecken zu Leibe rücken kann.

EINIGE GRUNDREGELN zur
Fleckenbehandlung

Generell gilt beim Thema Flecken: Je frischer und feuchter der Fleck, desto leichter und vollständiger lässt er sich entfernen. Waschbare Textilien werden nach der Fleckenbehandlung gewaschen, alle anderen kommen in die chemische Reinigung. Zur Vorbehandlung bietet die Waschmittelindustrie vielfältige Sprays und Gels an, doch viele Flecken lassen sich auch mit Hausmitteln vorbehandeln oder sogar ganz entfernen (siehe auch S. 19 „Ein

Fleck im Teppich?"). Eine effektive Fleckenbeseitigung hängt von der Art des Flecks ab, aber auch von der Empfindlichkeit des zu reinigenden Materials; so darf zartes Gewebe nicht mit heißem Wasser oder scharfen Reinigungsmitteln in Kontakt kommen. Schauen Sie also auf das Pflege-Etikett im Kleidungsstück.

SENF, TOMATENSAUCE, KETCHUP
und Milch

Einen Senffleck reibt man behutsam mit Waschlauge oder Salmiak aus. Ein älterer Senffleck lässt sich mit Glyzerin aufweichen: Auftragen und eine Stunde einwirken lassen. Danach das Kleidungsstück waschen oder in die Reinigung geben.

✳ Tomaten- und Ketchupflecken finden sich besonders häufig auf Kinderkleidung. Saugen Sie zunächst das Gröbste mit Küchenpapier auf und betupfen den Fleck mit handwarmem Wasser. Dann mit einer Salzlösung (1 TL Kochsalz auf 1/2 l Wasser) vorsichtig herausreiben.

✳ Milchflecken sind relativ einfach zu entfernen. Einen frischen Fleck behandeln Sie mit

>> Tomatenflecken lassen sich mit einer Salzlösung vorsichtig herausreiben <<

einer warmen Seifenlauge. Ist der Fleck schon angetrocknet, weichen Sie ihn in der warmen Seifenlauge ein. Dann das Kleidungsstück wie gewohnt waschen.

KUGELSCHREIBER, TINTE und Filzstift

Schreibgerät hinterlässt oft Spuren auf der Kleidung – nicht nur bei Schulkindern.
✱ Bei Kugelschreiberflecken hat sich Zitronensaft gut bewährt. Beträufeln Sie den frischen Fleck unverzüglich mit dem Saft, und waschen Sie das Kleidungsstück anschließend, wie es in der Pflegeanleitung steht.
✱ Gegen frische Tintenflecken hilft wiederholtes Bestreuen mit Salz. Jedesmal den Tintenfleck unter Wasser spülen. Oder Sie beträufeln den Fleck mit Zitronensaft und waschen das Kleidungsstück anschließend aus.
✱ Filzstiftspuren entfernen Sie, indem Sie die Farbe mit Alkohol und Terpentin lösen; mehrmals wiederholen. Anschließend kommt das Teil wie gewohnt in die Wäsche.

FETT, KAFFEE und Tee

Fettflecken bekommt man aus Textilien heraus, wenn man sie gleich mit Stärkemehl (z. B. Maisstärke zum Saucenbinden) bestreut. Danach kann das vollgesaugte Mehl ausgebürstet werden. Das funktioniert mit Backpulver ebenso. Frische Fettflecken lassen sich auch mit heißem Wasser (mehr als 60 °C) ausreiben: Spülmittel darauf geben, und der Fleck ist meist weg. Synthetische Gewebe allerdings verkraften keine hohen Temperaturen.
✱ Bei alten Fettflecken geht man anders vor. Wenn es sich um einen empfindlichen Stoff handelt, legt man ein Löschpapier oder Küchenpapier auf die verschmutzte Stelle und bügelt mit dem Bügeleisen darüber, das gerade so warm sein sollte, dass sich das Fett löst und von dem Papier aufgesaugt wird.

» Tintenflecken beträufelt man mit Zitronensaft und wäscht das Kleidungsstück anschließend aus «

✱ Fettiger Schmutz, z. B. auf Kragenrändern: Mit Gallseife oder Backpulver vorbehandeln, einwirken lassen und dann wie gewohnt bei der erlaubten Temperatur waschen.
✱ Kaffeeflecken auf der Kleidung weicht man sofort in kaltem Salzwasser ein. Man kann auch kohlensäurehaltiges Mineralwasser in eine Tasse geben, einige Tropfen Spülmittel daruntermischen und diese Lösung mit einem Wattestäbchen mehrmals auf den Kaffeefleck tupfen. Durch die Kohlensäure löst sich der Fleck auf. Alte Kaffeeflecken können Sie mit Glyzerin abtupfen und dann auswaschen.
✱ Bei Teeflecken reicht Auswaschen mit lauwarmem Wasser meist aus. Man kann sie aber auch anschließend noch in Soda-Lösung einweichen und danach das Kleidungsstück wie gewohnt waschen.

BLUT, ROTWEIN und Gras

Bei Blutflecken auf der Kleidung lautet die eiserne Regel: Sofort mit kaltem Wasser auswaschen. Nehmen Sie niemals heißes Wasser, da das Eiweiß im Blut gerinnt und sich im Gewebe festsetzt. Hartnäckige Blutflecken

» Wachsflecken werden herausgebügelt, indem man den Fleck zwischen Löschpapier legt «

können in Salzwasser eingeweicht werden. Eingetrocknete Blutflecken weicht man ebenfalls in kaltem Wasser ein, behandelt sie aber zusätzlich mit Salzwasser oder Gallseife.

✷ Man hört oft den Rat, frische Rotweinflecken mit Salz oder – bei empfindlichen Materialien – mit Speisestärke zu bestreuen und hinterher abzubürsten, doch das hilft nicht wirklich: Das Salz nimmt zwar die Flüssigkeit auf, doch die braunrote Farbe bleibt. Deshalb der Rat: Den Fleck unter fließendem warmem Wasser oder mit Mineralwasser ausspülen, so gut es geht, und das Kleidungsstück, falls es waschbar ist, sofort in die Waschmaschine geben. Ist das Teil nicht waschbar, bringen Sie es in die chemische Reinigung und hoffen das Beste.

✷ Bei alten Rotweinflecken stehen die Chancen schlechter. Versuchen Sie es einmal mit Glasreiniger: Nach dem Sprühen muss das Mittel etwa 15 Minuten einwirken, danach wird es ausgewaschen.

✷ Frische Grasflecken auf zarten Textilien reibt man mit Gallseife ein. Bei robusteren Stoffen kann man es mit Salmiakgeist oder Brennspiritus versuchen. Ältere Flecken weicht man mit einer Mischung aus Eiweiß und Glyzerin (1:1) ein; danach wie gewohnt waschen.

SCHWEISS, WACHS und Klebstoff

Schweißflecken verschwinden, wenn man das Kleidungsstück mit einer Lösung aus 1 EL Essig und 3 EL Wasser behandelt. Robustere Stoffe vertragen auch eine Salmiaklösung.

✷ Wachsflecken entfernt man am besten, wenn man sie zuerst abkratzt und danach zwischen zwei Lagen Löschpapier oder Küchenpapier legt. Dann bügelt man mit der für den jeweiligen Stoff höchstmöglichen Temperatur so lange darüber, bis der Fleck vom Papier aufgesaugt ist. Bei farbigem Wachs gibt es Verfärbungen, die nach Betupfen mit Spiritus verschwinden. Letzte Wachsreste gehen in der chemischen Reinigung heraus.

✷ Klebstoff lässt sich am besten entfernen, wenn man die Stelle sofort behandelt. Bei klaren Klebstoffflecken ist Kölnisch Wasser oder ein ölfreier Nagellackentferner ganz hilfreich, in anderen Fällen kann man es mit Terpentin, Spiritus oder Feuerzeugbenzin versuchen. Da die meisten dieser Mittel recht aggressiv sind, ist es ratsam, sie an einer unauffälligen Stelle des Stoffs zu testen.

STOCKFLECKEN vermeiden und entfernen

Stockflecken – gelbliche und bräunliche Verfärbungen – entstehen durch Schimmelpilze. Diese Pilze finden ideale Wachstumsbedingungen, wenn die Luftfeuchtigkeit hoch und zwischen den Wäschestücken keine Luftbewegung möglich ist, also z. B. bei sehr eng gehängter Kleidung und dicht gepackten Wäschestapeln (so entstehen übrigens auch die Stockflecken in Büchern). Zur Vorbeugung öffnet man die Schranktüren häufig und lüftet das Zimmer regelmäßig, vor allem bei schönem Wetter. Wäschestapel werden hin und wieder entfaltet und umgeschichtet.

✶ Ist es nun doch zu Stockflecken gekommen, so bringt man sie, wenn man Glück hat, zum Verschwinden, indem man die Teile in Essig einweicht und anschließend wie gewohnt wäscht. Auch Einweichen in Buttermilch kann helfen. Chlorbleichmittel sind mit Vorsicht und nur nach Anweisung auf der Packung einzusetzen: Bei bunten Kleidungsstücken könnten die Farben verblassen.

✶ Die Waschmittelindustrie bietet verschiedene Fleckensalze zur Entfernung von Stockflecken an. Für Seide sind diese allerdings nicht geeignet. Versuchen Sie es auch bei diesen Materialien mit der Buttermilch-Methode.

BILLIGER! Stockfleckige Wäsche legt man in die Sonne, denn das UV-Licht tötet die Schimmelsporen ab. Anschließend bei 60 °C oder, wenn möglich, im Kochprogramm waschen. Der Erfolg ist allerdings nicht garantiert.

SCHOKOLADE UND KAUGUMMI
werden abgekratzt

Bei Schokolade und Kaugummi gilt die Regel „Möglichst sofort entfernen" nicht. Im Gegenteil: Man lässt die Substanzen erst fest werden.

✶ Schokoladeflecken lassen Sie am besten aushärten und schaben Sie dann mit dem Messerrücken ab. Danach weichen Sie das Kleidungsstück in Seifenlauge etwa 30 Minuten ein und waschen es anschließend mit einem enzymhaltigen Waschmittel. Sie können das Textil nach der Behandlung mit Seifenlauge auch mit klarem Wasser spülen, die Stelle mit Zitronensaft beträufeln, kurz einwirken lassen und erneut mit klarem Wasser nachspülen.

✶ An Hosen oder Röcken hat man schnell Kaugummi kleben, etwa von einer Parkbank oder einem Stuhl im Café. Das ist ärgerlich, aber zum Glück lassen sich Kaugummiflecken aus Kleidungsstücken entfernen. Besonders gut funktioniert das bei Jeans. Geben Sie das Kleidungsstück in eine Plastiktüte, und legen Sie das Ganze in den Gefrierschrank. Denn in gefrorenem Zustand lässt sich die Masse recht gut vom Stoff abkratzen. Reste werden abgebürstet. Danach kann man das Kleidungsstück wie gewohnt waschen.

✶ Falls Sie keinen Gefrierschrank besitzen, sprühen Sie stattdessen Vereisungsspray (Kältespray) auf das Kaugummi oder legen Eiswürfel auf die Stelle. Wenn die Kaugummimasse fest geworden ist, verfahren Sie weiter wie oben beschrieben.

» *Lassen Sie das Kaugummi im Gefrierschrank fest werden, dann ist die Masse recht gut abzukratzen* «

KLEIDUNG UND ACCESSOIRES PFLEGEN

Kleidung schonend lagern

Ob Kleider, Mäntel, Röcke, Hosen oder Pullover – auch Ihre Kleidung braucht ein geeignetes Zuhause, wo sie gut untergebracht ist. Das wichtigste Möbel dafür ist der Kleiderschrank.

» *Kleidungsstücke, die Sie öfter tragen, sollten gut zugänglich sein* «

DEN KLEIDERSCHRANK optimal nutzen

Der Kleiderschrank dient nicht nur der Aufbewahrung der Garderobe, er schützt sie auch vor Knitterfalten und Staub. Damit Sie Ihre Lieblingskleidung stets mit einem Handgriff finden, sollte im Schrank Ordnung herrschen – mit etwas System kein Problem (siehe auch S. 53 „Im Schlafzimmer muss vieles strategisch untergebracht werden").

✳ Schaffen Sie sich zunächst einen Überblick über Ihre gesamte Kleidung, damit Sie entscheiden können, wie viel und welche Art von Stauraum Sie brauchen, z. B. Stangen für Kleider, Röcke und Blusen, Ablageböden für Pullover und T-Shirts und Schubladen für Unterwäsche und Accessoires. Für mehr Platz im Kleiderschrank sollten Sie regelmäßig Kleidungsstücke aussortieren, die Sie länger als etwa fünf Jahre nicht mehr getragen haben.

» *Ist der Kleiderschrank sehr klein, leisten Mehrfachbügel gute Dienste* «

✳ Verstauen mit System erleichtert das Finden: Kleidungsstücke, die Sie öfter tragen, sollten gut zugänglich sein. Achten Sie deshalb beim Einräumen des Kleiderschranks darauf, dass diese Dinge möglichst weit nach vorn gehängt oder obenauf gelegt werden. Selten gebrauchte Kleidung sollte dagegen im obersten Fach gelagert und in die hinterste Ecke gehängt werden.

✳ Freiraum im Kleiderschrank ist wichtig. Hängen Sie Kleiderbügel nicht zu eng, türmen Sie Stapel von Pullovern nicht zu hoch, und laden Sie die Schubladen nicht zu voll, sonst kann die Luft nicht zirkulieren, und Sie müssen jedes einzelne Stück herauszerren.

✳ Um den Platz im Schrank gut zu nutzen, bringen Sie die Kleiderstangen unterschiedlich hoch an. Für lange Teile wie Kleider brauchen Sie eine hoch angebrachte Stange, kurze Teile wie Hemden hängen Sie an einer hoch und einer niedrig angeschraubten Stange auf. So hängen die kurzen Teile übereinander. Ist der Kleiderschrank sehr klein, leisten Mehrfachbügel gute Dienste.

✷ Wenn für den Schrank selbst wenig Platz im Zimmer vorhanden ist, schaffen Sie ein Modell mit Schiebetüren an. Achten Sie darauf, dass das Schiebesystem kugelgelagert und hochwertig verarbeitet ist. Wer an dieser Stelle spart, wird sich früher oder später über klemmende oder schwergängige Schiebetüren ärgern.

SCHNELLER! Geschenkpapierrollen zu verstauen und einen guten Überblick über den Bestand zu haben ist in vielen Haushalten ein ungelöstes Problem. Machen Sie es so: Stecken Sie die Rollen in einen transparenten, unten geschlossenen Kleidersack, und hängen Sie diesen in den Kleiderschrank. Dann haben Sie mit einem Griff die richtige Rolle zur Hand.

EINFACHER! Um von vornherein zu vermeiden, dass der Kleiderschrank aus allen Nähten platzt, gibt es eine gute Methode: Für jedes neue Kleidungsstück, das Sie kaufen, wird ein altes aussortiert.

BESSER! Hängen Sie Ihre Hosen auf Kleiderbügel mit waagrechter Hosenstange? Dann vermeiden Sie den Kniff in der Mitte, indem Sie die Hosenstange mehrfach mit Luftpolsterfolie umwickeln, die Sie mit Klebeband fixieren.

BILLIGER! Für Ihre Socken brauchen Sie kein aufwendiges Schubladensystem mit Trennstegen. Stecken Sie sie paarweise in die inneren Papprollen von Toilettenpapier.

MOTTENSCHUTZ OHNE CHEMIE, aber trotzdem wirksam

Damit Sie zum Winterbeginn, wenn Sie die dicken Pullover aus dem Schrank holen, keine böse Überraschung erleben, sollten Sie einiges über Motten wissen und rechtzeitig vorbeugen bzw. unverzüglich gegen sie vorgehen.

✷ Die Kleidermotte, ein Nachtfalter, ist ein gefürchteter Schädling, dessen Larven sich hauptsächlich von Tierhaaren ernähren. Daher ist Kleidung aus Wolle, Seide, Pelz und Leder besonders gefährdet. Die Insekten fressen sich

GOLDENE REGELN!

Immer der passende Bügel

1. Zum Aufhängen von Oberteilen sollte die Breite des Bügels der Schulterbreite entsprechen, damit es keine unschönen Beulen gibt.

2. Einfache Kunststoffbügel sind leicht und brauchen weniger Platz als Holzbügel. Sie eignen sich gut für Blusen, Hemden und Tops.

3. Für schwere Mäntel und Jacken wählt man hochwertige Formbügel aus Holz, damit die Kleidung nicht an Passform einbüßt. Die Enden solcher Bügel sind dick und gewölbt, damit sie sich gut in die Schultern der Kleidungsstücke hineinschmiegen.

4. Kleiderbügel aus Metall sollte man nur verwenden, wenn sie aus Edelstahl bestehen, mit Kunststoff beschichtet oder mit Stoff bezogen sind. Sonst könnte es Rostflecken geben.

KLEIDUNG UND ACCESSOIRES PFLEGEN

» *Motten mögen den Duft von Lavendel nicht; deshalb kann man sie mit Duftbeutelchen fernhalten* «

durch Pullis, Hemden oder Mäntel durch und hinterlassen zahlreiche Löcher. Auch Mischgewebe aus Synthetik und Wolle oder Seide werden von Motten angeknabbert; lediglich rein pflanzliches Gewebe, also Baumwolle und Leinen, bleibt verschont.

✱ Vorbeugen ist der beste Schutz vor Motten. Da Motten Schweißgeruch und alte Hautschuppen lieben, sollte man nur einwandfrei saubere Kleidungsstücke in den Schrank hängen. Bewahren Sie besonders gefährdete und wertvolle Kleidung in Bettbezügen oder Vakuumbeuteln (gibt's im Internet) auf.

✱ Vorbeugen kann man einem Mottenbefall mit einer Reihe von bewährten Hausmitteln. So mag der lästige Vielfraß den Duft von Lavendel, Walnussblättern und Zedernholz nicht. Legen Sie einfach Säckchen mit Lavendel bzw. Walnussblättern (Apotheke, Reformhaus) oder Zedernholzstücke in den Schrank. Erneuern Sie die Säckchen und Holzstücke regelmäßig, bevor sich ihr Duft verflüchtigt.

✱ Regelmäßige Kontrollen sowie häufiges Lüften und mehrmaliges Umräumen sind ebenfalls hilfreich. Dadurch entsteht Unruhe im Schrank, was Motten überhaupt nicht

EXPERTEN**RAT**

Praktisch: Der begehbare Kleiderschrank

Haben Sie ein Kinderzimmer, das nicht mehr genutzt wird, weil die Kinder aus dem Haus sind? Überlegen Sie, ob Sie es zu einem begehbaren Kleiderschrank umfunktionieren können. Das schafft Platz im Schlafzimmer. Für die Einrichtung gibt es zwei unterschiedliche Systeme.

• Sie schaffen Korpusse eines schlichten weißen Anbausystems mitsamt der Innenausstattung an. Sie verzichten lediglich auf die Türen. So ist die Kleidung optimal zugänglich.

• Sie statten den Raum mit Regalen und Kleiderstangen aus. Die Regalböden werden an die Wände geschraubt, für die Kleiderstangen gibt es Systeme, die ebenfalls an der Wand angebracht werden – oder aber von der Decke hängend. Borde mit untergeschraubter Kleiderstange müssen bombenfest angedübelt werden, weil das Ganze enorm schwer wird, wenn die Stange mit Kleidung behängt ist.

mögen. Achten Sie auch darauf, dass anfällige Kleidung kühl und trocken gelagert wird, denn Motten lieben es warm und kuschelig.
BESSER! Damit die Zedernholzstücke länger ihren Duft verströmen, sollten sie mit Schleifpapier etwas angeraut werden.

DOCH MOTTENBEFALL! Was nun?

Haben sich doch Motten im Kleiderschrank eingenistet? Jetzt müssen Sie durchgreifen.
✷ Räumen Sie den Schrank ganz leer, und untersuchen Sie Borde, den Boden und auch die Ritzen, um möglichst alle Nester, Larven und Motten ausfindig zu machen. Saugen und wischen Sie den Schrank gründlich aus, und lassen Sie ihn zwei oder drei Tage mit geöffneten Schranktüren und geöffneten Fenstern (bei schönem Wetter) leer stehen. Anschließend sollte der Schrank noch einmal geputzt werden.
✷ Prüfen Sie Ihre Kleidungsstücke auf Mottenlöcher, und überlegen Sie, ob sie nicht besser in den Müll gehören. Alles, was noch in Ordnung ist, muss bei mindestens 60 °C gewaschen werden, wenn das Gewebe es erlaubt. Bei diesen Temperaturen werden Eier und Larven abgetötet. Hängen Sie Kleidung bei Sonnenschein im Freien auf, denn direktes Sonnenlicht schadet den Motten ebenfalls. Sie können Textilien, die hohe Temperaturen vertragen, auch heiß bügeln. Kleidung, die nur warm gewaschen werden darf, bringen Sie in die chemische Reinigung.
✷ Werden Sie die Kleidermotten trotz aller Maßnahmen nicht los, können Sie es mit geruchlosem Mottenpapier versuchen. Es enthält allerdings Insektizide, die gesundheits- und umweltschädlich sind. Es gibt auch Duftbeutel und Sprays, die hauptsächlich ätherische Öle enthalten; sie sind zwar weniger schädlich, können aber bei empfindlichen Menschen Kopfschmerzen oder Hautallergien hervorrufen.

» Haben sich Motten im Kleiderschrank eingenistet, müssen Sie unverzüglich durchgreifen «

BESSER! Auch Kälte tötet Motten ab. Schütteln Sie das Kleidungsstück gründlich aus, packen es in eine Plastiktüte und legen das Ganze bei etwa –20 °C in den Gefrierschrank. Die meisten Schädlinge sind nach einer Woche tot, doch um ganz sicher zu gehen, lassen Sie das Teil vier Wochen im Gefrierschrank liegen.

SCHIMMEL im Kleiderschrank

Kommt Ihnen aus dem Kleiderschrank ein muffiger Geruch entgegen, oder entdecken Sie einen weißlich-grünlichen Belag an Kleidungsstücken, handelt es sich um Schimmelpilze.
✷ Schimmel entsteht meist durch feuchte Kleidung oder durch Wäsche, die nicht absolut schranktrocken eingeräumt wurde. Schließt man die Schranktüren sofort, bleibt die Feuchtigkeit im Innern, und nach einiger Zeit beginnen Schimmelpilze zu wachsen.
✷ Besondere Schimmelgefahr besteht auch, wenn der Kleiderschrank ganz nah an einer kalten Außenwand steht. Dann kann sich Kondenswasser an der Schrankrückwand bilden – beste Wachstumsbedingungen für

KLEIDUNG UND ACCESSOIRES PFLEGEN

> » Weiße Baumwolle mit Schimmelflecken lässt sich mit einem Chlorbleichmittel behandeln; anschließend das Teil in der Sonne trocknen «

Schimmelpilze (siehe auch S. 216/217 „Die Luftfeuchtigkeit muss stimmen").

✳ Wenn Sie Schimmel im Kleiderschrank vermuten, sollten Sie den Schrank ausräumen und alles gründlich untersuchen – auch mit der Nase. Sollte die Kleidung nur muffig riechen, ohne dass Schimmel zu sehen ist, handeln Sie trotzdem: Die gesamte Garderobe wird auf Balkon oder Terrasse ausgiebig gelüftet, dann gewaschen bzw. in die Reinigung gebracht, um den Muffgeruch loszuwerden. Während dieser Zeit kann man den Schrank gründlich reinigen.

✳ Zum Auswaschen des Schranks eignet sich ein Reinigungsmittel mit Zitronensäure, das kleine Schimmelflecken beseitigt und einen angenehmen Duft hinterlässt. Ist der Befall stärker und sind schon schmierige Beläge zu sehen, sollten Sie besser zu einem Essigreiniger greifen. Anschließend lassen Sie den Schrank noch einige Zeit offen und leer stehen, damit er gut austrocknet (z. B. mithilfe eines Ventilators) und gründlich durchlüftet wird. Danach kann die gewaschene bzw. gereinigte Kleidung wieder wie gewohnt eingeräumt werden.

✳ Befindet sich bereits Schimmel an der Kleidung, so hat man nur bei relativ frischen und kleinen Flecken eine Chance. In diesem Fall kann man Seife oder Zitronensaft mit einer weichen Bürste einarbeiten. Dann wird das Teil bei mindestens 60 °C gewaschen, falls erlaubt, und in der Sonne getrocknet. Das UV-Licht der Sonne tötet die eventuell noch vorhandenen Schimmelsporen ab.

✳ Weiße Baumwolle mit Schimmelflecken lässt sich mit einem Chlorbleichmittel behandeln; dann wird das Teil im Kochprogramm gewaschen und in der Sonne getrocknet.

✳ Wertvolle, nicht waschbare Kleidungsstücke, etwa Anzüge oder Kostüme, kann man im Freien ausklopfen. Dann kommen die Teile in die chemische Reinigung.

✳ Lassen sich die Schäden durch Schimmel nicht beseitigen, hilft nur eins: Die Teile entsorgen, auch wenn es schwerfällt.

✳ Verschimmelte Handtaschen oder Gürtel aus Leder lassen sich in der Regel nicht retten. Sie müssen entsorgt werden.

BITTE NICHT!

Von Schimmel befallene Kleidungsstücke nie ohne Feinstaub-Mundschutz (Baumarkt, Internet) ausschütteln oder ausklopfen. Die Sporen sind gesundheitsschädlich.

So behandelt man seine Schuhe gut

Jeder von uns besitzt mehrere Paar Schuhe, an denen man lange Freude haben möchte, zumal gute Schuhe teuer sind. Kümmern Sie sich um sie, dann bleiben sie schön.

SCHONENDE AUFBEWAHRUNG für Ihre Schuhe

Unsere Füße geben jeden Tag viel Feuchtigkeit ab, die vom Schuh aufgenommen wird. Leder und andere luftdurchlässige Materialien sorgen zwar dafür, dass die Füße atmen können, dennoch bleibt Feuchtigkeit in den Schuhen zurück, die Geruch und womöglich gar Schimmel verursachen kann. Daher sollte man die Schuhe nach dem Ausziehen auslüften lassen, ehe sie weggeräumt werden.

✱ Damit Ihre Schuhe in Form bleiben, verwenden Sie Schuhspanner. Feuchte Lederschuhe können sich verformen.

> » Man sollte die Schuhe nach dem Ausziehen auslüften lassen, ehe sie weggeräumt werden «

✱ Schuhe, die man selten trägt, verstauben mit der Zeit. In Stoffbeuteln sind sie gut aufgehoben. Eine Alternative bieten aussortierte Strümpfe, in die man Schuhe einzeln stecken kann. Niemals in Plastiktüten aufbewahren, denn darin kann das Leder nicht atmen.

✱ Der beste Aufbewahrungsort für Schuhe ist ein Schuhschrank. Doch sollte man Schuhe erst einräumen, wenn sie gelüftet, trocken und ordentlich geputzt sind.

✱ Falls Sie einen neuen Schuhschrank anschaffen: Achten Sie darauf, dass er Lüftungsschlitze besitzt, sodass die Luft zirkulieren kann. Ideal ist ein Modell mit höhenverstellbaren Ablagen oder mit unterschiedlich hohen Fächern – ob für Sandalen, Pumps oder Herrenschuhe. Schuhschränke mit Klappen sind nicht so praktisch, wenn jemand mit großen Füßen (über Größe 45) zur Familie gehört. Solche Schuhe passen oft nicht in die Klappen.

BILLIGER! Gute Schuhspanner, z. B. aus Holz, haben ihren Preis. Man kann sich aber auch mit zusammengeknülltem Küchenpapier behelfen. Stiefel bleiben in Form und knicken nicht um, wenn man zusammengerollte Illustrierte in den Schaft steckt.

BITTE NICHT!

Nasse Lederschuhe gehören nicht auf die Heizung zum Trocknen. Dadurch wird das Leder hart und brüchig.

KLEIDUNG UND ACCESSOIRES PFLEGEN

SCHUHEPUTZEN: So geht's

Gepflegte Schuhe sehen nicht nur gut aus, sie halten auch länger. Deshalb sollte man wissen, wie man Schuhe richtig putzt.

✳ Zum Säubern stark verschmutzter Schuhe aus Glattleder benötigt man eine härtere Bürste. Der restliche Schmutz wird mit einem nebelfeuchten Lappen abgewischt. Die Schuhcreme trägt man mit einem Lappen auf, jede Farbe mit einem anderen. Zum Polieren nimmt man eine sehr weiche Bürste, und zwar eine für helle und eine für dunkle Schuhe.

✳ Schnee- oder Wasserränder an Glattlederschuhen lassen sich entfernen, wenn man die Stellen mit einer Zwiebelhälfte oder etwas Zitronensaft einreibt. Kurz einwirken lassen und abbürsten. Bei Wildleder rubbelt man die Ränder mit Salz ab.

✳ Sportschuhe aus Stoff geben Sie in die Waschmaschine, am besten zusammen mit Handtüchern, damit sie nicht an die Trommelwand schlagen.

✳ Riechen die Schuhe nach Schweißfüßen, so hilft Talkumpuder (Drogerie). Einstreuen, über Nacht einwirken lassen, gut ausschütteln und danach ausföhnen.

EINFACHER! Keine Schuhcreme zur Hand? Reiben Sie Glattlederschuhe mit dem Innern einer Bananenschale ein. Dann polieren – und die Schuhe glänzen wieder!

BESSER! Wenn die Farbe von Schuhen auf die Strümpfe abfärbt: Die Schuhe innen mit Haarspray einsprühen und vor dem Anziehen gut trocknen lassen. Kein Abfärben mehr.

BILLIGER! Ist Ihre Schuhcreme eingetrocknet, brauchen Sie keine neue zu kaufen. Stellen Sie die Dose auf die Heizung, dann wird die Creme wieder geschmeidig.

> » Man war im Garten, und nun stellt sich die Frage: Wohin mit den Gummistiefeln? «

AUCH GUMMISTIEFEL sollte man nicht vernachlässigen

Man war im Garten oder hat einen Spaziergang im Regen gemacht, und nun stellt sich die Frage: Wohin mit den Gummistiefeln? Lässt man sie draußen stehen, bleiben sie feucht. Also zieht man sie drinnen aus und lässt sie an der Garderobe stehen, wo sie den Fußboden verschmutzen, umkippen und kein schönes Bild abgeben.

✳ Eine Lösung: Man stellt Schuhabtropfschalen aus Plastik (gibt's z. B. im Internet) an die Garderobe. Darauf deponiert man die Stiefel.

✳ Damit die Gummistiefel innen trocknen und nicht zu riechen beginnen, gibt man in jeden Stiefel ein Beutelchen Silica-Gel hinein, ein Granulat, das Feuchtigkeit aufnimmt. Solche Beutelchen liegen z. B. neu gekauften Schuhen, Elektronik-Gegenständen und Taschen bei und werden meist weggeworfen. Nun nicht mehr!

BILLIGER! Damit man im Gummistiefel keine kalten Schweißfüße bekommt, kauft man oft Innensocken gleich mit. Das Geld können Sie sparen, wenn Sie sich Einlegesohlen aus Teppichresten zurechtschneiden.

Der sorgsame Umgang mit Schmuck

Schmuckstücke liegen uns am Herzen – nicht nur, weil sie aus erlesenen Materialien bestehen, sondern auch, weil sie oft einen Erinnerungswert besitzen. Gehen Sie deshalb behutsam mit ihnen um.

DIE RICHTIGE AUFBEWAHRUNG Ihrer Preziosen

Ob Sie gern wertvollen Schmuck aus Gold und Silber mit Edelsteinen tragen oder trendigen Modeschmuck bevorzugen – wenn Sie lange Freude an Ihren Schätzen haben möchten, sollten Sie sie richtig lagern.

* Perlen sind empfindlich und sollten in einer Schmuckschatulle gelagert werden, die mit Samt oder einem anderen weichen Stoff ausgelegt ist. Das gleiche gilt für Gold; weil reines Gold weich ist und leicht zerkratzt, wird es meist in einer Legierung mit einem anderen Metall zu Schmuck verarbeitet. Je höher der Goldgehalt in einer Legierung, desto weicher ist das Material. Sie erkennen den Goldgehalt am Stempel: Wird dort z. B. die Zahl 750 angegeben, so besteht das Material aus 750 Teilen Gold auf insgesamt 1000 Teile.

* Dekorativer Modeschmuck besteht in der Regel aus einfachen Materialien wie Glas- oder Kunststoffsteinen und ist nicht so empfindlich wie „echter" Schmuck. Auch Holz, Leder und Nichtedelmetalle werden häufig verarbeitet. Man bewahrt solche Stücke einfach in Schalen oder Kästchen auf, hängt sie vielleicht auch an Haken oder Schmuckbäumchen.

* Silber kann oxidieren, d. h. schwarz anlaufen, insbesondere wenn ein Schmuckstück längere Zeit nicht getragen wurde. Wickeln Sie Ihre Ringe, Ohrringe und Ketten in Alufolie oder ein Silberputztuch ein. Auch ein Stück Kreide zwischen Silberschmuck verhindert das Anlaufen.

» *Wertvollen Schmuck von einem renommierten Juwelier sollte man im Original-Etui aufheben; das erhöht den Wert* «

SCHNELLER! Dünne Ketten, die sich leicht verheddern, ziehen Sie einzeln durch Strohhalme und schließen den Verschluss außerhalb des Strohhalms. So ist jede Kette im Handumdrehen bereit zum Anlegen.

EINFACHER! Sitzt der Fingerring fest? Einfach Glasreiniger auf den Finger sprühen – und schon lässt sich der Ring abziehen.

BESSER! Wertvollen Schmuck von einem renommierten Juwelier hebt man im Original-Etui auf, denn so ist er nicht nur bestens geschützt, sondern sein Wert erhöht sich auch, falls man ihn verkaufen oder vererben möchte.

SCHMUCK SELBST REINIGEN, das geht

Sind Schmuckstücke trotz sorgfältiger und sachgerechter Aufbewahrung doch angelaufen oder mit der Zeit verschmutzt, können Sie sie

KLEIDUNG UND ACCESSOIRES PFLEGEN

mit einfachen Mitteln reinigen und ihnen zu neuem Glanz verhelfen.

✳ Modeschmuck sollte man nur mit einem feuchten Tuch abwischen, da Reinigungsmittel das Material möglicherweise angreifen. Bei starker Verschmutzung streut man Backpulver darüber und schrubbt das Schmuckstück mit einer weichen Zahnbürste ab. Anschließend wird es unter warmem Wasserstrahl abgewaschen und behutsam trocken getupft.

✳ Goldschmuck legen Sie in ein Haushaltssieb, aber immer einzeln, damit sich die Stücke nicht gegenseitig verkratzen. Geben Sie etwas Geschirrspülmittel darüber, und halten Sie das Sieb unter fließend heißes Wasser. Massives Gold (also keine Goldauflage) wird auch mit Backpulver sauber: Das Schmuckstück einfach mit Backpulver und einem feuchten Wattebausch abwischen, dann abspülen. Matt gewordenen Goldschmuck kann man mit Zwiebelsaft einreiben und nach etwa 3 Stunden mit einem weichen Tuch polieren.

✳ Angelaufener Silberschmuck lässt sich mit Alufolie reinigen. Man legt einen tiefen Teller mit Alufolie aus, gibt den Schmuck hinein, streut Salz darauf und gießt kochendes Wasser darüber. Nach einer Stunde reibt man das Stück mit einem weichen Tuch ab, bis es wieder glänzt. Man kann den Schmuck auch mit Alufolie umwickeln und im Wasser einmal aufkochen. Aber Achtung: Hat der Silberschmuck künstlerisch geschwärzte (antikisierte) Partien, darf man die Alufolie-Methode nicht anwenden, weil sonst auch diese Stellen aufgehellt werden. Keinen Schaden richtet man an, wenn man den Silberschmuck in einem Topf mit

OHRRINGE ÜBERSICHTLICH AUFBEWAHREN

Es ist nicht ganz leicht, Einhänger-Ohrringe so aufzubewahren, dass sie sich nicht verheddern und auch schön paarweise beisammen bleiben. Es gibt aber eine ebenso einfache wie dekorative Aufbewahrungsmethode.

1 Kaufen Sie einen Holz-Bilderrahmen und ein Stück Fliegengitter, das so groß ist wie die Außenmaße des Rahmens.

2 Legen Sie das Fliegengitter auf die Rückseite des Rahmens, und nageln Sie es fest.

3 Hängen Sie den Rahmen auf, und stecken Sie Ihre Ohrringe auf das Fliegengitter. So sind sie ordentlich untergebracht.

Wasser und einem halben Teelöffel Spülmittel 2 bis 3 Minuten kochen lässt. Auch Zahnpasta ist ein gutes Putzmittel für Silberschmuck. Tragen Sie sie mit einer weichen Zahnbürste reibend auf. Dann abspülen und trocken tupfen.

✸ Edelsteinschmuck verlangt eine sehr sorgfältige Behandlung. Zum Entfernen von Staub eignet sich ein feiner Pinsel. Harte Edelsteine (Diamanten, Rubine, Saphire) putzt man am besten mit einer Lösung aus 1 l Wasser und 2 EL Salmiakgeist oder mit reinem Alkohol. Ablagerungen von Seife, Fettschmutz oder Kosmetika, die sich vor allem in Krappenfassungen sammeln, entfernt man mit einer weichen Zahnbürste. Danach mit Wasser abspülen und mit einem Mikrofasertuch trocken tupfen.

✸ Opale sind empfindlich und sollten nur mit einem weichen Tuch poliert werden. Fleckige Opale legt man über Nacht in Magnesiumpulver und bürstet das Pulver anschließend mit einer weichen Bürste ab.

EINFACHER! Haben Sie häufig Schmuck oder auch Brillen zu reinigen, schaffen Sie sich eine Ultraschallreiniger-Box an, die es schon ab etwa 30 Euro gibt.

BESSER! Kostbarer Edelsteinschmuck sollte vom Juwelier gereinigt werden. Bei dieser Gelegenheit prüft der Fachmann auch, ob die Edelsteine noch fest in ihren Fassungen sitzen. Verkratzten Goldschmuck lässt man beim Goldschmied aufpolieren.

PFLEGE FÜR BERNSTEIN, PERLEN
und Korallen

Bernstein, Perlen und Korallen nehmen in der Schmuckwelt eine Sonderstellung ein, da es sich nicht um Mineralien handelt und diese Materialien empfindlicher sind als Edelsteine und die meisten Schmucksteine.

✸ Verschmutzungen auf Bernstein entfernt man mit lauwarmem Wasser und trocknet den Stein sofort ab. Fettflecken bedeckt man mit weißer Kreide, lässt diese einige Stunden einwirken und wischt sie dann mit einem weichen Tuch ab.

✸ Die beste Pflege für Perlen ist häufiges Tragen, denn durch den Hautkontakt behalten sie ihren Glanz. Allerdings sollte man sie nach jedem Tragen mit einem weichen Wolltuch abreiben. Staub, Schweiß und Schmutz entfernt man, indem man die Perlen mit einem in Alkohol getränkten Tuch abtupft.

✸ Korallen werden in Seifenwasser wieder sauber. Danach spült man den Schmuck mit klarem Wasser ab und poliert mit einem Mikrofasertuch nach. Korallen glänzen schön, wenn man sie 2 bis 3 Stunden in einer schwachen Kochsalzlösung liegen lässt und danach trocken poliert.

✸ Kaufen Sie keinen neuen Korallenschmuck, sondern tragen Sie nur alte Stücke. Auch wenn nur einige Korallenarten unter das Washingtoner Artenschutzabkommen fallen: Korallenriffe sind bedrohte Biotope. Da man bei uns kaum die Möglichkeit hat, Art und Herkunft der im Handel angebotenen Korallen zu überprüfen, sollte man nicht zum Verschwinden der bedrohten Riffe beitragen.

» *Zahnpasta ist ein gutes Putzmittel für Silberschmuck; tragen Sie sie mit einer weichen Zahnbürste reibend auf* «

Gute Ideen rund um die Küche

In vielen Haushalten ist die Küche der zentrale Ort, wo man sich trifft und das gesellige Erlebnis einer gemeinsamen Mahlzeit vorbereitet. Wer sich für die Küche und die spannende Welt des Kochens interessiert, wird hier jede Menge Inspirationen finden!

Gewusst wie: Lebensmittel einkaufen

Man kann viel Geld und Zeit sparen, wenn man vor dem Einkaufen überlegt, was man wirklich benötigt. Eine Einkaufsliste sorgt dafür, dass keine unnötigen Dinge oder zu große Mengen im Einkaufswagen landen.

SAISONALE UND REGIONALE PRODUKTE sind in der Regel zu bevorzugen

Frische und qualitativ hochwertige Lebensmittel der Saison bekommt man auf dem Wochenmarkt. Dort werden die Waren oft direkt vom Erzeuger aus der Umgebung angeboten. Das hat den Vorteil, dass lange Transportwege entfallen, was die Umwelt schont. Regionale Produkte sind allerdings auch im Supermarkt erhältlich – man muss dann nur schauen, was z. B. auf den Obst- und Gemüsekisten steht.

EIN KLUGER KUNDE sein – oder werden

Wer beim Einkaufen einige Punkte beachtet, ist schneller fertig, kann Geld sparen und bekommt frische und gute Ware.
✹ Beachten Sie, dass sich die preiswerteren Produkte meist in den unteren Warenregalen finden. Man kann viel Geld sparen, wenn man darauf achtet. Wer nicht körperlich fit ist und Probleme mit dem Rücken hat, kann sich an das Personal wenden.
✹ Supermärkte bieten oft Großpackungen an, die deutlich preiswerter sind als Einzelpackungen. Wenn Sie nur eine kleine Familie zu ver-

> » Es ist immer hilfreich, beim Einkaufen einen groben Speiseplan für die nächsten Tage bei sich zu haben «

Gewusst wie: Lebensmittel einkaufen

sorgen haben, teilen Sie die Großpackung einfach mit Nachbarn oder Freunden.

✳ Verpacktes Obst und Gemüse sollte man unbedingt nachwiegen, denn manche Kunden sortieren die Ware gern um.

✳ Achten Sie darauf, wie die Verpackung aussieht: Eingedellte Konservendosen lassen Sie besser stehen. Kaufen Sie keine Milchprodukte mit gewölbtem Deckel, auch wenn das Verfallsdatum noch lange nicht erreicht ist – der Inhalt ist wahrscheinlich verdorben. Vorsicht auch beim Kauf von Tiefkühlware. Die Gefriertruhen im Supermarkt sollten nicht mit dicken Eisschichten belegt sein, und die Produkte dürfen keinen Gefrierbrand zeigen.

✳ Frisches Rindfleisch sollte kräftig rot, Schweinefleisch eher rosarot sein. Ob Fisch frisch ist, erkennt man an klaren, prallen Augen und rot leuchtenden Kiemen.

BESSER! Kontrollieren Sie Ihren Vorratsschrank regelmäßig. So können Sie beim monatlichen Großeinkauf die Vorräte an lange haltbaren Lebensmitteln je nach Bedarf ergänzen. Dazu gehören beispielsweise Konserven, Trockenprodukte, H-Milch und Getränke.

BILLIGER! Im Supermarkt werden Lebensmittel, die kurz vor dem Ablauf des Mindesthaltbarkeitsdatums sind, häufig zum reduzierten Preis angeboten. Was schnell zu verbrauchen ist, können Sie ohne Bedenken kaufen. Auf dem Wochenmarkt findet man kurz vor Ende der Marktzeit günstige Angebote.

BITTE NICHT!

Gehen Sie niemals hungrig in einen Supermarkt. Die Gefahr, dass Sie zu unnötigen Lebensmitteln greifen, ist groß, wenn der Magen knurrt. Man gibt dann mehr Geld aus. Also besser erst nach dem Frühstück oder Mittagessen einkaufen!

GUTE PLANUNG!

Die Einkaufsliste

Alles in Ruhe aufschreiben	*Lassen Sie sich Zeit mit der Einkaufsliste. Bringen Sie sie in der Küche an einem gut sichtbaren Platz an, sodass Sie immer notieren können, wenn etwas fehlt. Macht man die Liste kurz bevor man zum Einkaufen geht, hat man meist keine Zeit, lange zu überlegen, und vergisst die Hälfte.*
Liste nicht vergessen	*Natürlich sollte man die Liste nicht vergessen. Auch wenn der Tipp überflüssig erscheint: Das passiert vielen! In diesem Fall vergisst man ebenfalls die Hälfte.*
Der Speiseplan	*Hilfreich ist es auch, einen groben Speiseplan für die nächsten Tage zu machen. Das erleichtert die Einkaufsplanung.*

» *Frische und meist auch preisgünstige Lebensmittel bekommt man auf dem Wochenmarkt* «

MINDESTHALTBARKEITSDATUM UND VERBRAUCHSDATUM stets beachten

Das Mindesthaltbarkeitsdatum (MHD, „mindestens haltbar bis") ist eine Kennzeichnung, die auf abgepackten Produkten angegeben werden muss. Dieses Datum gibt den Zeitpunkt an, bis zu dem ein Lebensmittel bei sachgerechter Aufbewahrung nicht an Geschmack und Qualität einbüßt. Nach Ablauf des MHD ist die Ware jedoch nicht automatisch verdorben und darf verkauft werden, wenn sie einwandfrei ist.

✸ Bei leicht verderblichen Lebensmitteln wie Hackfleisch, Geflügel oder Rohmilchprodukten müssen anstelle eines MHD ein Verbrauchsdatum („zu verbrauchen bis") und die einzuhaltenden Lagerbedingungen angegeben werden. Nach Ablauf des Verbrauchsdatums dürfen die Lebensmittel nicht mehr verkauft werden.

» *Auf Frischmilchtüten muss das Mindesthaltbarkeitsdatum angegeben werden, nicht aber die Herkunft der Milch* «

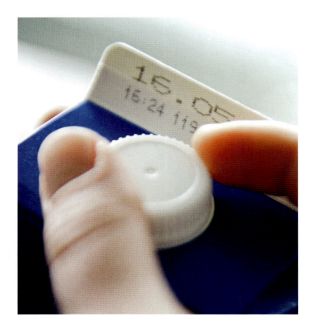

✸ Auf Milchtüten muss das Mindesthaltbarkeitsdatum angegeben sein sowie Codes, die den Abfüllort und die Charge kennzeichnen, nicht aber die Herkunft des Rohstoffes Milch.

ES GIBT EIN EU-BIO-SIEGEL – was bedeutet es?

Erzeugnisse aus ökologischem Landbau werden mit Bio-Siegeln gekennzeichnet. Neben dem nationalen deutschen Bio-Siegel, dem „grünen Sechseck", das im September 2001 eingeführt wurde, gibt es seit dem 1. Juli 2010 das europäische Bio-Siegel, auch EU-Bio-Logo genannt. Seit dem 1. Juli 2012 ist es für alle vorgepackten und nach den entsprechenden EU-Richtlinien angebauten Bio-Lebensmittel verbindlich vorgeschrieben. Das heißt, alle in den Ländern der Europäischen Union hergestellten Bio-Produkte müssen beziehungsweise dürfen mit dem EU-Bio-Siegel versehen werden.

✸ Ein Produkt kann das EU-Bio-Siegel erhalten, wenn mindestens 95 Prozent der Inhaltsstoffe aus ökologischem Anbau stammen und es maximal 0,9 Prozent gentechnisch verändertes Material enthält.

✸ In Deutschland wurde das europäische Bio-Siegel anfangs – d. h. zwischen Juli 2010 und Juli 2012 – relativ selten verwendet, da das nationale Bio-Siegel, das Sechseck, sowie die Logos der traditionellen Anbauverbände von Bio-Kost (beispielsweise Demeter, Naturland und Bioland) einen größeren Bekanntheitsgrad hatten. Ein weiterer Grund ist, dass die Richtlinien vieler deutscher Bio-Verbände wesentlich strenger waren und sind als die der EU-Verordnung. Deshalb können Hersteller ihre Produkte zusätzlich zu dem EU-Bio-Logo auch weiterhin mit dem nationalen Bio-Siegel oder dem Logo des Bio-Verbandes, dem sie angehören, kennzeichnen.

Gewusst wie: Lebensmittel einkaufen

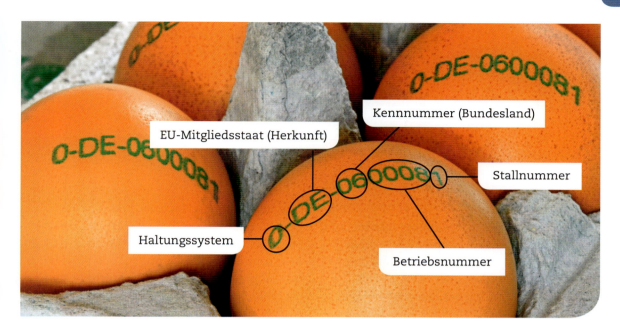

EXPERTENRAT

Entschlüsselung des Eier-Codes

Mitgliedsstaat (Herkunft, Auswahl):
- AT = Österreich
- BE = Belgien
- DE = Deutschland
- FR = Frankreich
- IT = Italien
- NL = Niederlande

Kennnummer Bundesland (Auswahl):
- 01 = Schleswig-Holstein
- 03 = Niedersachsen
- 06 = Hessen
- 09 = Bayern
- 10 = Saarland
- 12 = Brandenburg

Haltungssystem:
- 0 = ökologische Haltung
- 1 = Freilandhaltung
- 2 = Bodenhaltung
- 3 = Käfighaltung

Betriebsnummer
Stallnummer

» *Der aufgedruckte Code ermöglicht die Nachverfolgung des Eis bis in den Stall* «

KENNZEICHNUNG VON EIERN und was man daraus ersehen kann

Verbraucher benötigen eine eindeutige Kennzeichnung von Eiern und deren Verpackungen. So können sie eine sichere Entscheidung über die Haltungsform treffen. Früher war die Kennzeichnung recht verwirrend und oft undurchschaubar. Seit Januar 2004 ist eine einheitliche europäische Kennzeichnung der Eier vorgeschrieben, die verständlich und eindeutig ist. Heute ist auf jedem einzelnen Ei ein Code aufgedruckt, der die Nachverfolgung bis in den Herkunftsstall ermöglicht. **EINFACHER!** Schon auf der Verpackung sieht man mit einem Blick, welcher Form der Legehennenhaltung die Eier entstammen, den Verpackungsort (der nicht mit dem Legeort übereinstimmen muss) sowie das Mindesthaltbarkeitsdatum.

Den Kühlschrank sinnvoll nutzen

Der Einkauf ist erledigt! Jetzt heißt es nur noch, die Lebensmittel rasch in den Kühlschrank einräumen. Oft werden die Sachen einfach dorthin gelegt, wo gerade Platz ist – dabei hat die Wahl des richtigen Kühlschrankfachs großen Einfluss auf Frische und Haltbarkeit der Lebensmittel.

FRISCHE UND ÜBERSICHT durch Ordnung

Die meisten frischen Lebensmittel müssen kühl aufbewahrt werden, damit sie nicht schnell verderben. Also, ab in den Kühlschrank damit! Räumen Sie die Sachen aber nicht einfach wahllos ein, denn für jedes Lebensmittel gibt es einen optimalen Platz im Kühlschrank, wo je nach Fach unterschiedliche Temperaturen herrschen. Die meisten Lebensmittel benötigen eine bestimmte Temperatur, damit sie so lange wie möglich frisch bleiben und nicht an Qualität einbüßen.

✹ Wenn man darauf achtet, was in welches Fach kommt, herrscht auch eine bessere Ordnung im Kühlschrank und Sie haben schnell einen Überblick, was noch vorrätig ist und was auf die nächste Einkaufsliste gehört.

OBEN IST ES WÄRMER als unten

Generell kann man sagen, dass es in jedem klassischen Kühlschrank oben wärmer ist als unten. Ganz unten auf der Glasablage und im Bereich der Rückwand werden die Lebensmittel am stärksten gekühlt, da kältere Luft schwerer ist als wärmere und somit nach unten sinkt.

✹ Mildere Kühltemperaturen herrschen hingegen in den Innenfächern der Tür sowie unten in dem durch eine Glasplatte abgetrennten Gemüsefach sowie auf dem oberen Ablagefach. Der Temperaturunterschied in einem Kühlschrank beträgt in der Regel 5–6 °C.

» Für jedes Lebensmittel gibt es einen optimalen Platz im Kühlschrank, denn dort herrschen je nach Fach unterschiedliche Temperaturen «

✳ Die ungefähren Temperaturen im Kühlschrank: oben 8 °C; Mitte 5 °C; unten 2 °C; Gemüsefach 8–9 °C; Türinnenfach 8–9 °C. Jeder Kühlschrank hat innen einen Schalter zum Regulieren der Temperatur. In der Gebrauchsanleitung steht, welche Stufe man bei seinem speziellen Gerät einstellen sollte, um eine Durchschnittstemperatur von 7 °C im Kühlschrank zu erreichen; der Rest reguliert sich dann durch Absinken bzw. Hochsteigen der Luft von selbst.

SCHNELLER Sie haben vergessen, die Butter rechtzeitig vor dem Frühstück aus dem Kühlschrank zu holen? Ausgerechnet jetzt haben Sie natürlich keine Zeit zu warten, bis sie streichfähig ist. Wenden Sie den folgenden einfachen Trick an: Spülen Sie eine entsprechend große Schüssel mit kochend heißem Wasser aus, und stülpen Sie sie über das Stück kalte Butter. Schon nach wenigen Minuten lässt sich die Butter problemlos streichen.

EINFACHER! Achten Sie darauf, dass eingewickeltes Kühlgut nicht die Rückwand des Kühlschranks berührt und dort festfriert. Andernfalls müssen Sie es abreißen – oder den Kühlschrank nur deswegen abtauen.

BESSER! Radieschen bleiben im Kühlschrank nicht länger frisch als außerhalb. Dafür gibt es eine bessere Methode: Legen Sie sie mit dem Kraut nach unten in ein Gefäß mit Wasser.

BILLIGER! Lassen Sie warme Speisen komplett auskühlen, bevor Sie sie in den Kühlschrank stellen. Sonst verbraucht der Kühlschrank viel mehr Strom als normalerweise.

BITTE NICHT!

Packen Sie den Kühlschrank nicht so voll, dass die Luft nicht mehr ungehindert zwischen den Lebensmitteln zirkulieren kann. Das würde die Kühlleistung beeinträchtigen.

GOLDENE REGELN!

Was gehört in welches Kühlfach?

1. Innenseite der Tür: Butter, Margarine, Käse, Eier, Mayonnaise-Tuben, Senf, Ketchup, haltbare Saucen, Marmelade, angebrochene Getränkeflaschen

2. Oberes Kühlfach: Frischkäse, Weichkäse, Butter, Kuchen und Torte

3. Mittleres oder unteres Kühlfach: Milch und Milchprodukte wie Joghurt, Sahne, Buttermilch, Quark sowie zubereitete (gegarte) Speisen

4. Unteres Kühlfach (Glasablage): Fleisch und Fleischerzeugnisse (Wurst, Aufschnitt u. ä.), Fisch, Geflügel sowie andere leicht verderbliche Lebensmittel

5. Gemüsefach: Kältebeständige Obst- und Gemüsesorten, Salat (Achtung: Erntefrische Bohnen und rohe Kartoffeln sind kälteempfindlich)

GUTE IDEEN RUND UM DIE KÜCHE

DAS GEFRIERFACH, ein nützliches Extra

Fast jeder Kühlschrank hat ein Gefrierfach, in dem Tiefkühlkost aus dem Handel und Eiswürfel bei –18 bis –20 °C lagern. Natürlich können Sie auch frische Lebensmittel und zubereitete Speisen einfrieren.

✳ Einfrieren ist eine Methode der Konservierung, daher müssen die einzufrierenden Lebensmittel und vorgekochten Speisen so frisch wie möglich sein. Je länger die Sachen auf das Einfrieren warten, umso größer ist der Frische- und Qualitätsverlust. Bei gekaufter Tiefkühlware kann man sich an den Hinweisen auf der Verpackung orientieren.

> » *Die einzufrierenden Lebensmittel müssen so frisch wie möglich sein* «

✳ Wer selbst Nahrungsmittel einfrieren möchte, sollte wissen, was wie lange gelagert werden kann. Orientieren Sie sich an folgender Zusammenstellung zur Haltbarkeit diverser Lebensmittel – vorausgesetzt, die optimale Lagertemperatur von –18 °C wird eingehalten. Gemüse: 3–12 Monate; Fleisch und Fisch: 3–12 Monate; Kräuter: 3–4 Monate; Obst: 9–12 Monate; Wurst: 1–6 Monate; Käse, Butter: 2–6 Monate; Backwaren: 1–3 Monate; Selbstgekochtes: 1–3 Monate.

✳ Wer eine umfangreiche Vorratshaltung bevorzugt, sollte sich einen Gefrierschrank anschaffen. Für ihn gelten dieselben Regeln wie fürs Gefrierfach. Man hat dann die Möglichkeit, saisonales Obst und Gemüse in großen Mengen günstig einzukaufen oder selbst angebautes einzufrieren. Man hat es nun auch in anderen Jahreszeiten nahezu frisch zur Verfügung.

BESSER! Gegen zu schnelles Vereisen können Sie die Innenwände des Gefrierfachs bzw. des Gefrierschranks mit Speiseöl oder Glyzerin (Apotheke) einreiben. Außerdem lässt sich so das Eis beim Abtauen besser entfernen.

DER GEPFLEGTE KÜHLSCHRANK gehört zur Lebensmittelhygiene

Oft wird der Kühlschrank nach Bedarf geputzt, wenn irgend etwas ausgelaufen oder schmutzig geworden ist. Doch Experten raten dazu, den gesamten Kühlschrank regelmäßig zu reinigen, besonders wenn sehr kleine Kinder im Haus

EXPERTENRAT

Nicht alles darf eingefroren werden

Einfrieren ist praktisch, weil man immer etwas vorrätig hat. Doch nicht alle Lebensmittel sind geeignet.
- *Rohe und gekochte Eier kann man nicht einfrieren, Eigelb und geschlagenes Eiweiß hingegen schon.*
- *Außer Käse und Butter eignet sich kein Milchprodukt zum Einfrieren.*
- *Tomaten, Zwiebeln und andere Gemüse- und Salatsorten mit hohem Wassergehalt werden nach dem Auftauen weich, verfärben sich oft und sehen unappetitlich aus.*
- *Südfrüchte und exotisches Obst dürfen ebenfalls nicht eingefroren werden. Zitrusfrüchte werden fleckig, Bananen braun.*

Den Kühlschrank sinnvoll nutzen

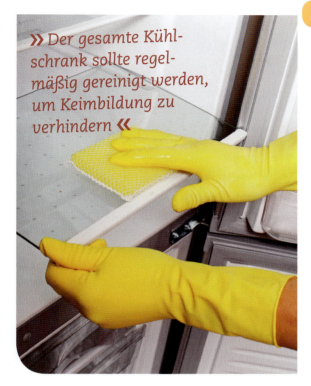

» Der gesamte Kühlschrank sollte regelmäßig gereinigt werden, um Keimbildung zu verhindern «

GUTE PLANUNG!

Maßnahmen vor einer Reise

Kühlschrank sauber hinterlassen	Der Sommerurlaub steht bevor, und es gibt viel zu tun, um auch das Zuhause urlaubsfit zu machen. Den Kühlschrank sollte man ordentlich und sauber hinterlassen, weil unangenehme Gerüche aus der Kühlkammer einem die Rückkehr vermiesen können.
Offene Packungen wegwerfen	Angebrochene Packungen mit verderblichen Lebensmitteln müssen entsorgt werden, oder man nimmt sie mit auf die Reise. Dann erlebt man nach der Rückkehr keine böse Überraschung.
Kühlschrank abschalten	Wenn Sie länger verreisen, sollten Sie Ihren Kühlschrank leeren, abschalten und reinigen. Von nun an sparen Sie Geld, denn der Kühlschrank gehört zu den großen Stromverbrauchern im Haushalt. Aber daran denken, dass die Kühlschranktür offen bleiben muss, damit sich keine Schimmelpilze entwickeln.

sind, deren Widerstandskraft gegen Keime noch nicht groß ist. Denn es wächst eine große Zahl an unerwünschten Mikroorganismen im Kühlschrank. Man glaubt es kaum, schließlich herrschen dort niedrige Temperaturen, die das Wachstum von Bakterien und Pilzen verhindern sollen. Doch es gibt eine Reihe von Keinem, denen Kälte nichts ausmacht, sodass sie trotz der kalten Temperaturen im Kühlschrank munter weiterwachsen.

✸ Haben sich solche Keime aber erst einmal eingenistet, vermehren sie sich rasch und überziehen die Flächen im Kühlschrank mit einem für das menschliche Auge unsichtbaren Film. Daher ist ein sauberer Kühlschrank die Voraussetzung für eine gute Lebensmittelhygiene. Übrigens, für die Kühlschrankreinigung braucht man kein spezielles Putzmittel. Es genügt, wenn der Innenraum regelmäßig mit einem herkömmlichen Haushaltsreiniger ausgewischt wird. Wichtig ist nur, dass die Flächen mit einem sauberen Schwamm oder Lappen gründlich abgerieben werden.

✸ Sollte Ihr Kühlschrank einmal übel riechen, müssen Sie zunächst die Ursache finden und beseitigen. Danach wird geputzt! Am einfachsten geht es, wenn der Kühlschrank komplett ausgeräumt wird. Benutzen Sie Essig zum Auswischen, denn er bindet Gerüche.

Hygiene in der Küche

Der sorgfältige Umgang mit Lebensmitteln ist wichtig, damit sich keine Keime ausbreiten. Dabei sollten nicht nur der Arbeitsplatz und die Kochutensilien sauber sein – auch auf die persönliche Hygiene muss geachtet werden.

MIT HÄNDEWASCHEN geht's los

Keime sind überall. Viele Mikroorganismen gelangen beim Anfassen von Türklinken, Handläufen oder Geld auf die Hände. Deshalb waschen Sie die Hände gründlich mit Seife und warmem Wasser, bevor Sie Lebensmittel zubereiten, um einer Übertragung der Keime vorzubeugen. Verwenden Sie zum Abtrocknen der Hände ein eigenes Händehandtuch, nicht das Geschirrtuch.

✱ Auch zwischen den einzelnen Arbeitsschritten, vor allem wenn Sie rohe Lebensmittel wie Fleisch, Geflügel oder Salat verarbeiten, sollte man die Hände waschen. Decken Sie Wunden an den Händen unbedingt mit wasserfestem Pflaster ab, oder tragen Sie Einweghandschuhe.

» Waschen Sie die Hände vor allem dann gründlich, wenn Sie rohe Lebensmittel zubereiten «

KEIN HAAR in der Suppe

Da niemand gerne ein „Haar in der Suppe" findet, sollte man beim Kochen die Haare zusammenbinden oder mit einem Tuch oder einer Kappe bedecken. Offenes Haar ist fehl am Platz. Auch Schmuck sollte abgelegt werden, da sich darunter Keime ansammeln und trotz Händewaschens ins Essen gelangen können – ganz abgesehen davon, dass man beim Zubereiten und Kochen den Schmuck beschädigen kann.

✱ Im Nasen- und Rachenbereich finden sich ebenfalls Bakterien, auch beim gesunden Menschen. Wenden Sie sich deshalb beim Husten oder Niesen von den Lebensmitteln ab, damit keine Tröpfchen mit diesen Keimen darauf gelangen. Wer an einer Grippe oder einer Magen-Darm-Infektion leidet, sollte sogar ganz aufs Kochen verzichten, denn gegen diese hartnäckigen Krankheitserreger hilft auch die beste Hygiene nicht.

DEN ARBEITSPLATZ sauber halten

Arbeitsplatte und Spülbecken bieten den Keimen ideale Wachstumsbedingungen. Ob Speisereste, Kartoffelschalen, Abtauflüssigkeit von gefrorenem Geflügel – alles landet hier mitsamt zahlloser Mikroorganismen, die leicht auf die Lebensmittel übertragen werden können. Achten Sie daher darauf, dass gerade diese Bereiche peinlichst sauber gehalten werden. Und trotzdem finden sich auf einer gründlich gereinigten und optisch einwandfreien Arbeitsplatte durchschnittlich noch etwa 1000 Keime – pro Quadratzentimeter.

✳ Sie müssen diese Arbeitsbereiche jedoch nicht gleich desinfizieren. Es genügt, Arbeitsplatte und Spüle zwischendurch und nach dem Kochen mit heißem Wasser und Geschirrspülmittel zu säubern. Auch Essigwasser kann verwendet werden (siehe auch S. 41/42 „Küche und Bad erfordern Sorgfalt").

» *Herumstehendes schmutziges Geschirr [bi]etet Mikroorganismen paradiesische [Ver]mehrungsmöglichkeiten* «

✳ Der Abfalleimer in der Küche ist eine besondere Brutstätte für Keime. Leeren Sie ihn spätestens alle zwei Tage, und reinigen Sie ihn danach gründlich mit heißem Wasser und Allzweckreiniger. Wenn Sie Müllbeutel aus Kunststoff verwenden, sollten Sie trotzdem schauen, ob Ihr Abfalleimer sauber geblieben ist, denn manchmal reißen solche Beutel, oder man wirft etwas daneben. In diesem Fall säubern Sie den Eimer sofort gründlich.

BESSER! Anstatt schmutziges Geschirr nach dem Essen herumstehen zu lassen und allen möglichen Keimen paradiesische Vermehrungsmöglichkeiten zu bieten, räumen Sie es gleich in den Geschirrspüler ein. Wenn die Maschine nicht ausreichend beladen ist, um ein volles Programm zu fahren, spült man das Geschirr vor dem Beladen grob ab oder wählt ein kurzes Vorspülprogramm an.

DER RICHTIGE UMGANG mit Lappen, Schwämmen und Geschirrtüchern

Lappen und Schwämme braucht man beim Putzen überall im Haushalt. Doch besondere Beachtung erfordert der Umgang mit ihnen in der Küche. Denn auf Spüllappen und -schwämmen sowie Spülbürsten und Geschirrtüchern

» *Auch auf einer optisch sauberen Platte finden sich noch durchschnittlich 1000 Keime – pro Quadratzentimeter* «

können sich unzählige Bakterien einnisten. Damit diese nicht auf Lebensmittel übertragen werden, sollten Sie sich an einige wichtige Regeln halten.

✳ Spüllappen wechseln Sie am besten täglich und waschen sie im Kochprogramm; dann sind praktisch alle Keime abgetötet, und die Lappen kann man unbegrenzt wiederverwenden.

✳ Schwammtücher und Schwämme sind saugstark und deshalb beliebt. Sie lassen sich bei 60 °C waschen oder in der Mikrowelle (einige Minuten bei voller Leistung) weitgehend keimfrei machen; trotzdem haben sie nach etwa einer Woche ihren Dienst getan.

✳ Geschirrtücher lassen Sie nicht zusammengeknüllt herumliegen, sondern hängen sie an einen Haken oder auf eine Stange. Sie sollten im Kochgang gewaschen werden.

EINFACHER! Die Spülbürste kann man schwer einwandfrei sauber halten. Geben Sie sie einfach täglich mit in den Geschirrspüler.

GUTE IDEEN RUND UM DIE KÜCHE

> » Verteilen Sie vor dem Entfernen von M[öh]renflecken etwas Salatöl auf dem Holzbr[ett,] der Farbstoff ist nämlich gut fettlöslich «

DAS SCHNEIDBRETT – welches Material soll's denn sein?

Bei der Hygiene in der Küche spielt die Sauberkeit der Schneidbretter eine entscheidende Rolle. Sie sind mehrmals am Tag im Gebrauch und weisen bald viele Schnitt- und Kratzspuren auf. Aus diesem Grund können sie meist nicht mehr richtig gereinigt werden und bieten Keimen die idealen Wachstumsbedingungen.

> » In den Schnittspuren des Schneidbretts können sich Keime vermehren «

✳ Darüber, welches Material das richtige für ein hygienisches Schneidbrett ist, gehen die Meinungen der Experten auseinander. Während manche Kunststoffbretter empfehlen, sprechen sich andere für Holz aus. Kunststoffbretter lassen sich zwar leichter reinigen als Holz und nehmen Farben und Gerüche von Speisen weniger an, doch in ihren Schnittspuren können sich Mikroorganismen vermehren, während Labortests ergaben, dass Keime auf Holz weniger wachsen. Hingegen schneiden bei anderen Tests beide Materialien gleich gut ab. Grundsätzlich ist es für die Hygiene in der Küche gleich, welches Material man bevorzugt. Wichtiger ist die richtige Reinigung.

✳ Die Bretter nach dem Gebrauch mit warmem Wasser und Spülmittel abspülen. Kunststoffbretter geben Sie in den Geschirrspüler.

✳ Speisereste sind mit einer weichen Spülbürste zu entfernen. Scheuermittel und Scheuerschwamm zerkratzen die Bretter – ob Holz oder Kunststoff – und bilden neue Herde für Keime.

✳ Holzbretter nie im Wasser liegen lassen, denn sie quellen. Dadurch schließen sich vorhandene Risse, und die Keime darin überstehen die Reinigung unbeschadet. Nach dem Trocknen öffnen sich die Risse wieder, und die Keime können auf Lebensmittel übertragen werden.

✳ Alle paar Wochen sollte man Holzbretter mit etwas Speiseöl einpinseln. Dadurch wird die Aufnahme von Feuchtigkeit verhindert und somit der Keimbildung vorgebeugt.

EINFACHER! Wer eine Arbeitsplatte aus Granit hat, braucht zwar überhaupt kein Brett, muss die Platte aber ebenfalls sauber halten. Und es ist zu beachten, dass Messer beim Schneiden auf Granit stumpf werden können.

BESSER! Orangegelbe Verfärbungen durch Möhren auf dem Schneidbrett sind mit Putzwasser kaum zu entfernen. Viel besser geht es, wenn Sie zunächst Salatöl auf dem Brett verteilen, einwirken lassen und es dann erst mit Wasser und Spülmittel säubern. Der rote Möhrenfarbstoff ist nämlich gut fettlöslich.

BITTE NICHT!

Nasse Holzbretter nicht auf der Heizung trocknen lassen, sonst entstehen neue Risse.

DIE KÜHLKETTE einhalten

Was Hersteller, Großhändler, Spediteure und Einzelhändler von gekühlten und gefrorenen Lebensmitteln beachten müssen, gilt auch für uns Verbraucher: Die Kühlkette darf nicht unterbrochen werden, damit es durch Erwärmen oder Antauen nicht zu einem Keimwachstum kommt. Für die Lebensmittelhygiene ist deshalb entscheidend, dass sich die gekühlten und gefrorenen Lebensmittel während des Transports zwischen Kühltheke bzw. Gefriertruhe im Geschäft und Kühlschrank oder Gefrierfach zu Hause nicht maßgeblich erwärmen.

✳ Nutzen Sie für den Heimweg die Isoliertaschen, die in jedem Supermarkt erhältlich sind, oder nehmen Sie die eigene Kühlbox mit, damit gekühlte und gefrorene Waren auch kalt bzw. nicht angetaut zu Hause ankommen. Räumen Sie sie dann gleich entsprechend ein.

>> *Gefriergut darf nicht angetaut zu Hause ankommen* <<

SPEISEN AUFWÄRMEN und warm halten

Nach Möglichkeit sollte man immer frisch kochen, aber manchmal muss man ein Gericht noch einmal aufwärmen. Grundsätzlich ist das kein Problem, und manche Speisen, etwa Eintöpfe, schmecken dadurch sogar noch besser. Doch damit man Aufgewärmtes ohne Reue genießen kann, gilt es einiges zu beachten:

✳ Frisch Gekochtes lässt man schnell abkühlen und stellt es in den Kühlschrank.

✳ Das zubereitete Gericht sollte nicht länger als zwei Stunden an der Luft stehen, damit sich Luftkeime, die ins Essen eindringen, nicht so

---

EXPERTENRAT

Mikrofasertücher in der Küche

Da Mikrofasertücher aus extrem dünnen, meist synthetischen Fasern bestehen, ist die Oberfläche des Gewebes sehr groß, sodass Schmutz deutlich besser aufgenommen wird als bei herkömmlichen Geweben. Verwenden Sie deshalb nur wenig oder gar kein Reinigungsmittel.

• *Mikrofasertücher sollten nur bei 40 oder 60 °C gewaschen werden. Ohne Weichspüler! In der Waschmaschine flusen sie; stecken Sie sie deshalb immer in einen Wäschebeutel.*

• *Zum Putzen von Gläsern gibt es spezielle Mikrofasertücher, die fusselfrei sind und streifenfrei reinigen.*

• *Dunkle Mikrofasertücher separat waschen, weil der – unverzichtbare – Polyamid-Anteil die Farbe nicht halten kann.*

• *Wischen Sie Fronten aus Hochglanzlack vorsichtshalber nicht mit einem Mikrofasertuch ab. Da das Tuch jedes Krümelchen an sich bindet, könnte es kratzen.*

GUTE IDEEN RUND UM DIE KÜCHE

schnell vermehren können; deshalb sollte man es abdecken oder gut verpackt kühl halten.

✸ Gerichte nicht nur „ein wenig" aufwärmen, sondern bei mindestens 75 °C durch und durch erhitzen. Nur so werden eventuell vorhandene Keime abgetötet.

✸ Wichtig ist nicht nur das Aufwärmen von Gerichten, sondern auch, wie lange man sie warm halten darf. Es wird empfohlen, aufgewärmte Speisen in einem Temperaturbereich von 75 bis 65 °C warm zu halten. Spätestens zwei Stunden nach der letzten Erhitzung sollte das Essen verzehrt werden, sonst keimen hitzeresistente Sporen aus.

✸ Die alte Küchenweisheit, Pilze und Spinat dürften nicht wieder aufgewärmt werden, stammt vermutlich noch aus der Zeit, als es keine Kühlschränke gab. Tatsächlich sollte man Pilz- und Spinatgerichte nicht lange bei Raumtemperatur stehen lassen, sondern zugedeckt in den Kühlschrank stellen. Wenn man sie dann bei einer Mindesttemperatur von 70 °C wieder aufwärmt, werden vorhandene schädliche Mikroorganismen abgetötet, sodass der Genuss unbedenklich ist.

»Der Brotkasten ist einmal wöchentlich zu reinigen; entfernen Sie alle Brotkrümel«

SCHIMMEL IN DER KÜCHE – das darf nicht sein

Schimmelpilze können viele Lebensmittel verderben und so die Gesundheit gefährden. Denken Sie daran, dass sich die gesundheitsschädlichen Stoffe (Mykotoxine) nicht nur im sichtbaren Pilzrasen befinden, sondern auch, für das menschliche Auge nicht erkennbar, in tieferen Schichten des befallenen Lebensmittels enthalten sind. Damit die Vorräte im Kühlschrank oder das Brot erst gar nicht von den winzigen Pilzsporen befallen werden, gilt es, einige Dinge zu beachten:

✸ Kaufen Sie möglichst frische Lebensmittel in kleinen Portionen, die Sie schnell verbrauchen. Dadurch wird das Risiko des Schimmelbefalls deutlich gesenkt.

✸ Obst und Gemüse sollten unversehrt – ohne Druckstellen und Beschädigungen – sein.

✸ Nahrungsmittel sauber, kühl und trocken aufbewahren. Das bedeutet: Aufbewahrungsbehälter wie Brotkasten und Dosen sind einmal wöchentlich zu reinigen. Entfernen Sie auch Brotkrümel und Käsebröckchen, da sie die Schimmelbildung begünstigen.

BESSER! Brot, das äußerlich Schimmel aufweist – ob ganzer Laib oder Paket mit geschnittenen Scheiben –, ist wegzuwerfen. Es genügt nicht, die offensichtlich befallenen Stellen abzuschneiden bzw. die Scheiben wegzuwerfen. Gehen Sie davon aus, dass das ganze Lebensmittel befallen ist.

SALMONELLEN können zu einer ernsten Gesundheitsgefahr werden

Etwa die Hälfte aller durch Lebensmittel hervorgerufenen Erkrankungen wird durch Salmonellen, ein Bakterium, ausgelöst. Salmonellosen, wie die Krankheiten genannt werden, sind meldepflichtig und können immunschwachen Menschen, etwa Babys, Alten und Kranken, gefährlich werden. Vor allem Speisen und

Lebensmittel, die viel Eiweiß und Wasser enthalten, können belastet sein. Dazu gehören: Fleisch (vor allem Geflügel), Fisch, Wurstwaren und Eier. Diese Produkte sind nach dem Einkauf schnell in den Kühlschrank einzuräumen und von anderen Lebensmitteln getrennt aufzubewahren. Außerdem muss man sie zügig verbrauchen, besonders bei warmem Wetter.

✳ Um Salmonellen vorzubeugen, sollte man auf rohes Fleisch und rohe Eier sowie daraus bereitete Gerichte vollständig verzichten. Sehr wichtig: Das Abtauwasser von gefrorenem Geflügel muss getrennt entsorgt werden. Und reinigen Sie alle Gegenstände, die damit in Berührung gekommen sind, mit heißem Wasser – auch Ihre Hände!

✳ Einfrieren macht den Salmonellen nichts aus, das überleben sie problemlos. Bei Temperaturen zwischen 20 und 40 °C vermehren sie sich sehr schnell, während sie bei einer mehrminütigen Erhitzung eines Lebensmittels auf mindestens 75 °C abgetötet werden.

EINFACHER! Anstatt sich nach der Verarbeitung von aufgetauten Hähnchen Gedanken über Salmonellen zu machen – immerhin überleben die Keime tagelang –, wischen Sie die Arbeitsplatte nach einer ersten Grobreinigung mit Küchenpapier mit Zitronensäure ab. Das macht Salmonellen den Garaus.

STUBENFLIEGEN UND TAUFLIEGEN
in der Küche und auf Lebensmitteln

Die Gemeine Stubenfliege und die Taufliege (Fruchtfliege) gehören zu den häufigsten Insekten in unserer Wohnung (siehe auch S. 210 und 212 „Kampf dem Ungeziefer im Haus"). Stubenfliegen sind nicht nur lästig, sondern können auch Krankheiten übertragen. Die Plagegeister lassen sich gern auf Tierkot oder Müll im Garten oder auf der Straße nieder, nehmen dort Keime auf und fliegen direkt in unsere Wohnungen, wo sie auf dem Essen landen. Ob

» *Orangen, mit Nelken gespickt, helfen gegen Taufliegen* «

Kekskrümel oder die Käse- und Wurstplatte fürs Abendessen – von Lebensmitteln werden Fliegen angezogen. Deshalb sollten Sie Speisen abdecken, Essensreste wegräumen und kein schmutziges Geschirr stehen lassen.

✳ Überreife Früchte ziehen insbesondere Taufliegen an. Auch in diesem Fall gilt: abdecken oder wegwerfen.

EINFACHER! Wer gern eine Schale mit reifem Obst in der Küche stehen hat, bei dem gibt es meist auch Taufliegen. Hilfe bietet in diesem Fall eine mit Nelken gespickte Orange, am besten auf dem Fensterbrett. Dort versammeln sich die Taufliegen, denn auf Zitrusfrüchten legen sie am liebsten ihre Eier ab. Das kostet Sie zwar bei täglicher Entsorgung jeweils eine Orange, aber die Taufliegen sind Sie bald los, weil sie sich nicht mehr vermehren.

BESSER! Gegen Stubenfliegen in der Küche hilft ein Fliegen-Klebeband. Das ist zwar nicht besonders schön, aber frei von Giftstoffen.

GUTE IDEEN RUND UM DIE KÜCHE

Der Vorratsschrank für Haltbares

Heute, da Supermärkte oft schon bis 22 Uhr geöffnet haben, könnte man denken, ein gut sortierter Vorratsschrank sei nicht nötig. Doch er ist wichtig, denn wie sonst soll man etwas auf den Tisch zaubern, wenn einmal keine Zeit zum Einkaufen ist?

WAS GEHÖRT in den Vorratsschrank?

Während frische Lebensmittel wie Fisch, Fleisch oder Milchprodukte lediglich kühl gelagert werden müssen, kommen sogenannte Trockenvorräte in einen Vorratsschrank in der Küche oder in die Speisekammer, falls man eine hat. Zu diesen langlebigen Waren gehören beispielsweise Mehl, Haferflocken, Grieß, Nudeln, Reis, Kartoffeln, Zucker, Salz, Schokolade, Getreideflocken, Kaffee und Tee. Konserven, Marmelade und Honig sowie Getränke wie Mineralwasser, Säfte, Softdrinks und Spirituosen können ebenfalls im Vorratsschrank gelagert werden.

✱ Wer eine Speisekammer hat, in der es normalerweise kühler ist als in der Küche, lagert dort bestimmte Obst- und Gemüsearten, zum Beispiel Bananen, Zitrusfrüchte, Melonen, Ananas und Mangos sowie Gurken, Zucchini, Tomaten und Paprika. In einem solchen kühleren Raum lässt sich auch Weißwein gut lagern, falls man keinen Keller hat.

EINFACHER! Machen Sie sich keine Gedanken, wo Sie Ihren Rotwein lagern sollen. Einfach in der Küche! Rotwein wird bei Zimmertemperatur getrunken, nämlich „chambré" (von französisch chambre = Zimmer).

> » Zu den langlebigen Lebensmitteln gehören beispielsweise Mehl, Zucker, Nudeln, Kaffee und Softdrinks «

DIE RICHTIGE AUFBEWAHRUNG – damit Haltbares auch haltbar bleibt

Langlebige Lebensmittel sind pflegeleicht in der Bevorratung und sollten entweder bei Zimmertemperatur im Küchenschrank oder in der kühleren Speisekammer gelagert werden. Generell sind Nahrungsmittel vor Feuchtigkeit und großen Temperaturunterschieden zu schützen. Den vorzeitigen Verderb können Sie durch sachgemäße Aufbewahrung und regelmäßige Kontrolle der Vorräte vermeiden. Ordnung und Sauberkeit im Vorratsschrank und in der Speisekammer sorgen für Übersicht und beugen Schädlingsbefall vor.

>> *Generell sind Nahrungsmittel vor Feuchtigkeit und großen Temperaturunterschieden zu schützen* <<

✳ Trockenprodukte wie Mehl, Getreideflocken, Nudeln, Reis, Hülsenfrüchte und Nüsse sowie Trockenobst sollten Sie zum Schutz vor Vorratsschädlingen (Mehlmotte, Getreidekäfer u. a.) nicht in der Originalverpackung aufbewahren, sondern in gut verschließbare Schraubgläser oder Deckeldosen umfüllen.
✳ Produkte in Gläsern, Flaschen oder durchsichtigen, hellen Plastikdosen müssen dunkel gelagert werden.
✳ Beachten Sie bei verpackten Waren das Mindesthaltbarkeitsdatum (MHD). Aber auch abgelaufene Lebensmittel können noch gut sein, denn das MHD besagt nur, dass ein Nahrungsmittel bis zu mindestens diesem Datum noch gut schmecken und von einwandfreier Qualität sein muss (siehe auch S. 152 „Mindesthaltbarkeitsdatum und Verbrauchsdatum stets beachten").
✳ Machen Sie es wie im Supermarkt, und räumen Sie die neueren Lebensmittel nach hinten ins Regal. So verbrauchen Sie die älteren, die jetzt vorn stehen, zuerst.

GUTE PLANUNG!
Wie lange kann man Trockenvorräte lagern?

6 Monate	*Mehl, Grieß, Kakao*
1 Jahr	*Nudeln, Haferflocken, Tee, Kaffee, Hülsenfrüchte, Speisestärke, Speiseöle, Trockenobst, Zwieback, Gewürze, Honig*
1–2 Jahre	*Vollkonserven (Fisch, Fleisch, Suppen, Obst), Kartoffeltrockenprodukte, Konfitüre*
2 Jahre	*Reis, Gemüsevollkonserven*
3–4 Jahre	*Zucker, Salz, Fleischvollkonserven*

>> *Marmelade sollten Sie mit Datum versehen – die Jahreszahl genügt* <<

✳ Selbst eingemachte Lebensmittel, z. B. Marmelade, sollten Sie unbedingt mit Datum versehen – es genügt die Jahreszahl.
EINFACHER! Sie müssen ein Produkt in einen Behälter mit schmaler Öffnung umfüllen und haben keinen Trichter zur Hand? Falten Sie ein

GUTE IDEEN RUND UM DIE KÜCHE

» Kontrollieren Sie Ihre Vorräte etwa alle vier Wochen auf Schädlingsbefall; schon bei Verdacht sollte das Produkt entsorgt werden «

großes Stück Alu-Folie mehrfach und rollen es dann kegelförmig auf. So eignet es sich als Einfüllhilfe, z. B. für Mehl oder Grieß.

SCHÄDLINGSBEFALL – wie man Vorräte daraufhin kontrolliert

In bestimmten Lebensmitteln wie Mehl, Stärke, Zucker, Nüssen, Trockenobst und verschiedenen Getreideprodukten nisten sich gern Vorratsschädlinge wie Mehlmotten, Getreidekäfer, Milben u. ä. ein. Das kann im saubersten Haushalt vorkommen. Die Schädlingseier befinden sich meist bereits in den gekauften Produkten. Achten Sie deshalb beim Einkauf auf einwandfreie Ware in unbeschädigter Verpackung.

✸ Kontrollieren Sie Ihre Vorräte etwa alle vier Wochen auf Schädlingsbefall. Schon bei Verdacht sollte das betreffende Produkt entsorgt

IMMER EIN VORRAT AN FRISCHEN KRÄUTERN

Als originelles Kräutergärtchen bietet sich eine PET-Flasche an. Sie brauchen außerdem: Teppichmesser, Blumenerde, Kräuter und Schnur. Wenn Sie das Gärtchen drinnen aufhängen, achten Sie darauf, dass keine Staunässe entsteht. Soll es draußen hängen, stechen Sie Löcher in die Unterseite der Flasche.

1 Mit dem Teppichmesser ein längliches Loch in eine Seite einer PET-Flasche schneiden.

2 Die Flasche reichlich mit gekaufter Blumenerde befüllen. Dafür eignet sich ein Esslöffel.

3 Eine oder mehrere Kräuterpflanzen in die Blumenerde setzen und gut andrücken.

4 Das Gärtchen mit der Schnur am Flaschenhals und am Flaschenende aufhängen.

werden. Ist ein Lebensmittel tatsächlich befallen, muss man das ganze Regal, am besten sogar den kompletten Vorratsschrank ausräumen. Alle Vorräte werden entsorgt, der Schrank mit heißem Essigwasser ausgewaschen.

✳ Um einem Befall vorzubeugen, bewahren Sie Ihre Vorräte in fest verschlossenen Behältern trocken und kühl auf. Der Vorratsschrank oder -raum sollte regelmäßig gereinigt und gelüftet werden.

✳ Vorratsschädlinge verunreinigen die Lebensmittel durch Kot, Spinnfäden oder Häutungsreste. Solche Verunreinigungen können Hautreizungen und -erkrankungen, Allergien und Darmerkrankungen auslösen. Außerdem können die tierischen Schädlinge Pilze, Bakterien, Viren oder Würmer auf die Lebensmittel übertragen. Befallene Lebensmittel sollten deshalb auf keinen Fall mehr verzehrt werden.

>> Konserven, deren Mindesthaltbarkeitsdatum abläuft, können Sie unbedenklich verzehren «

BITTE NICHT!

Um Vorratsschädlinge zu bekämpfen, setzen Sie auf keinen Fall chemische Mittel ein. Wenn die Plage nicht zu kontrollieren ist, überlassen Sie die Bekämpfung dem Kammerjäger.

KONSERVEN IN DOSEN UND GLÄSERN
sind jahrelang haltbar

Mit Konserven im Vorratsschrank kann man auch dann schnell etwas auf den Tisch bringen, wenn im Kühlschrank einmal gähnende Leere herrscht. Die Mindesthaltbarkeit von Konserven beträgt in der Regel 18 Monate, meist aber deutlich mehr. Sogar zehn Jahre alte oder noch ältere Konserven können noch essbar sein, auch wenn sich mit der Zeit Konsistenz, Farbe und Geschmack ändern.

✳ Der Inhalt von Konservendosen oder -gläsern kann verderben, wenn der Vakuumverschluss eines Glases nicht mehr dicht oder eine Dose verbeult ist. An Knickstellen kann das Metall durchrosten. Wölbt sich der Deckel nach außen, ist die Konserve verdorben und muss entsorgt werden. Im Zweifelsfall öffnen Sie die Dose und schnuppern am Inhalt. Ist der Geruch nicht einwandfrei, werfen Sie die Konserve weg.

✳ Wenn Sie eine Konserve öffnen und nicht alles verbrauchen, gehen Sie bei Glas und Metalldose unterschiedlich vor: Ein Glas verschließen Sie wieder; den restlichen Inhalt einer Dose füllen Sie in ein Deckelgefäß um – nur zur Sicherheit, auch wenn die Dose innen mit Kunststoff beschichtet ist. Auf diese Weise sind angebrochene Konserven im Kühlschrank meist bis zu drei Tage haltbar.

BILLIGER! Konserven, die im Supermarkt billiger angeboten werden, weil das offizielle Mindesthaltbarkeitsdatum abläuft, können Sie unbedenklich kaufen und verzehren.

GUTE IDEEN RUND UM DIE KÜCHE

Biomüll: Gut für die Umwelt

Ob Kartoffelschalen, welke Salatblätter oder Gemüsereste: Bioabfälle sind viel zu schade für den üblichen Haushaltsmüll, denn aus ihnen lässt sich wertvoller Kompost herstellen. Bioabfälle gehören daher in die Biotonne.

DIE BIOTONNE – braun oder grün

Die braune, manchmal auch grüne Biotonne, ein Anfang der 1990er-Jahre eingeführter Kunststoffbehälter, stellt einen wichtigen Aspekt der Mülltrennung in Deutschland dar. Die Bedeutung dieser Neuerung zeigt sich in Zahlen: Im Jahr 2011 belief sich die Menge der so erfassten organischen Abfälle auf 4 Millionen Tonnen. Der größte Teil davon wird zu Kompost ver-

arbeitet, ein kleinerer Teil in Biogasanlagen vergoren. Das Volumen einer Biotonne kann frei gewählt werden; in der Regel fassen die Behälter zwischen 80, 140 und 240 Litern. Ein Deckel mit Bio-Filter verhindert das Eindringen von Fliegen und größeren Tieren. Mikroorganismen und Enzyme im Filter bauen Geruchsstoffe ab und verringern Schimmelbildung.

BILLIGER! Da etwa ein Drittel des Haushaltsmülls aus organischen Stoffen besteht und die Biotonne billiger ist als die Haushaltsmülltonne, lohnt sich die Abtrennung von Bioabfällen auch in finanzieller Hinsicht.

>> *In eine Biotonne gehören ausschließlich biologisch abbaubare Abfälle* <<

WAS GEHÖRT in die Tonne hinein?

In eine Biotonne gehören ausschließlich biologisch abbaubare tierische und pflanzliche (organische) Abfälle, damit sie von Mikroorganismen zersetzt werden können. Küchenabfälle wie Gemüse-, Obst- und Salatreste, Süd- und Zitrusfrüchte, Eierschalen, Kaffeesatz, Teereste mit Filter oder Beutel sowie Brotreste kommen in den Biomüll, ebenso wie feste Speisereste (roh, gekocht oder auch verdorben) und Fleisch- oder Fischreste in kleinen Mengen. Die Tonne nimmt auch Küchenpapier und Eierkartons, Gehölz- und Rasenschnitt, Laub, Pflanzenreste, Fallobst, verwelkte Schnittblumen sowie Reste aus Balkonkästen und Blumentöpfen auf.

✳ Zudem lassen sich noch Haare, Federn, Zeitungspapier und Kleintierstreu (aus Heu oder Holzspänen) in der Biotonne entsorgen.

DER RICHTIGE UMGANG mit
Ihrer Biotonne

Für das Ziel, aus Ihren organischen Abfällen schönen Kompost entstehen zu lassen, sollten Sie schon bereit sein, ein paar geringfügige Anstrengungen zu unternehmen.

✶ Sammeln Sie Ihren organischen Küchenabfall bereits in der Küche. Verwenden Sie dazu einen kleinen verschließbaren Eimer, dessen Boden Sie mit Zeitungspapier auslegen, das Flüssigkeit aufsaugt. Lassen Sie die Abfälle antrocknen, bevor Sie sie in den Eimer geben, denn Feuchtigkeit fördert den Gärprozess im Behälter und damit die Geruchsentstehung. Um die Biotonne möglichst trocken zu halten, können Sie die Abfälle vor dem Entsorgen in Zeitungspapier einwickeln.

✶ Stellen Sie Ihre Biotonne im Sommer an einen schattigen Platz, denn Wärme und Feuchtigkeit beschleunigen die Zersetzung der Abfälle durch Mikroorganismen und dadurch auch die Geruchsentstehung. Im Winter steht sie an einem frostfreien Bereich, damit der Inhalt nicht festfriert.

✶ Die Biotonne sollte in regelmäßigen Abständen gereinigt werden. Waschen Sie sie einfach mit Leitungswasser gründlich aus. So können Sie Ablagerungen von den Wänden entfernen, die Gestank verursachen, auch wenn das Behältnis leer ist. Putzmittel brauchen Sie nicht.

>> Im Jahr 2011 lieferte die Biotonne 4 Millionen Tonnen organische Abfälle, die zum größten Teil zu Kompost verarbeitet wurden «

✶ Und sollte es doch einmal aus der Biotonne riechen, mischen Sie etwas Gesteinsmehl (Gartencenter) oder gelöschten Kalk (Baumarkt) unter die Bioabfälle. Dadurch wird nicht nur die Geruchsentstehung unterbunden, sondern auch Maden und andere tierische Bewohner werden reduziert. Im Baumarkt gibt es auch spezielles Biotonnenpulver.

BESSER! Falls Sie die Möglichkeit haben, befüllen Sie die Biotonne abwechselnd mit Garten- und Küchenabfällen. Das verhindert, dass sich zu viel Flüssigkeit am Boden der Tonne sammelt. Denn wenn die Flüssigkeit zu gären beginnt, entstehen übel riechende Faulgase.

EXPERTENRAT

Das darf nicht in die Biotonne

Alles, was nicht biologisch abgebaut werden kann, darf nicht zum Biomüll: Knochen und Gräten, flüssige Speisereste (Milch, Suppen, Saucen usw.), Speiseöle und -fette, mineralisches Katzenstreu, Asche, Zigarettenkippen, Staubsaugerbeutel, Hygieneartikel wie Damenbinden und Tampons, Windeln, Kosmetika, Medikamente, Textilien, Leder, Blumentöpfe aus Kunststoff oder Ton, Flaschenkorken sowie Plastiktüten (auch biologisch abbaubare, denn sie verrotten nicht in Biogas- und Kompostwerken).

Die Küchengeräte pflegen

Töpfe und Pfannen, die wichtigsten Kochutensilien, sind in riesiger Auswahl aus den unterschiedlichsten Materialien erhältlich. Daher ist es wichtig für die Kaufentscheidung, die Vor- und Nachteile in der Verwendung und bei der Pflege der Materialien zu kennen.

SCHONENDER UMGANG mit dem Kochgeschirr

Natürlich muss man mit den verschiedenen Materialien, ob Edelstahl, Email, Kupfer oder Gusseisen, unterschiedlich umgehen. Wenn Sie jedoch einige allgemein gültige Pflegehinweise beachten, haben Sie weniger Arbeit und fügen Ihren Töpfen und Pfannen keinen Schaden zu.

✳ Verwenden Sie kein Metallbesteck (Rührlöffel, Pfannenwender) zum Kochen, da dies die Oberflächen beschädigen kann – schon gar nicht bei nicht beschichteten Töpfen und Pfannen. Holzlöffel oder Besteck aus Kunststoff sind auf jeden Fall die bessere Wahl.

✳ Schmutziges Kochgeschirr reinigt man mit herkömmlichem Spülmittel und Wasser und nimmt Spülschwamm oder Spülbürste zur Hilfe. Bei Edelstahl und manchen Emailsorten (Herstellerhinweise beachten) können Sie einen Stahlwollschwamm verwenden, wenn Topf oder Pfanne stark verschmutzt sind. Sicherer zur Vermeidung von Kratzern ist aber die grüne Seite des gelb-grünen Schwamms.

✳ Angetrocknete und angebrannte Speisereste lassen sich einfacher entfernen, wenn man sie mit Wasser und etwas Salz über Nacht einweicht. Am nächsten Tag wird die Mischung aufgekocht und die Schmutzschicht nach dem Abkühlen ausgewischt. Dann mit Geschirrspülmittel spülen.

BESSER! Pfannenwender aus Kunststoff sollte man nicht in Weiß, sondern in dunkleren Farben kaufen. Sie nehmen nämlich bei Gebrauch rasch eine gelbliche Tönung an, die zwar harmlos, aber nicht schön und praktisch nicht mehr zu entfernen ist.

» Holzlöffel und Pfannenwender aus Holz sind in jedem Fall die bessere Wahl «

Die Küchengeräte pflegen

> **BITTE NICHT!**
>
> Kochgeräte aus Holz sowie Töpfe und Pfannen mit Holzgriffen, manche auch mit Kunststoffgriffen, gehören nicht in die Spülmaschine. Dort quellen sie auf und werden ruiniert.

EDELSTAHLTÖPFE UND -PFANNEN:
Nahezu unverwüstlich

Besonders beliebt ist Kochgeschirr aus Edelstahl, denn es ist sehr robust, nicht anfällig für Rost und Verfärbungen, absolut lebensmittelecht und einfach zu pflegen. Wenn Sie Ihre Edelstahltöpfe und -pfannen sachgemäß behandeln, haben Sie lange Freude an ihnen.

✳ Spülen Sie Edelstahl-Kochgeschirr sofort nach dem Kochen aus, da Kochsalz die Oberfläche angreifen kann. Aus diesem Grund sollte man beispielsweise beim Nudelkochen das Salz erst zum kochenden Wasser geben. So löst es sich sofort auf und kann den Topf nicht angreifen.

>> *Edelstahltöpfe und -pfannen sind bestens für die Spülmaschine geeignet* «

>> *Hochwertige Edelstahltöpfe haben einen Sandwichboden aus mehreren Metallschichten* «

✳ Edelstahlgeschirr ist in der Regel einfach zu reinigen. Spezielle Edelstahl-Putzmittel sollte man nur verwenden, wenn sich hartnäckige Flecken nicht entfernen lassen. Töpfe und Pfannen aus Edelstahl sind bestens für die Spülmaschine geeignet.

✳ Edelstahltöpfe können preiswert oder teuer sein, je nach Qualität. Hochwertige zeichnen sich nicht nur durch ihr Gewicht aus, sondern auch dadurch, dass sie mit „Kaltgriffen" ausgestattet sind, die den Gebrauch von Topflappen überflüssig machen. Außerdem haben sie, da Edelstahl die Wärme schlecht leitet, einen ausgeklügelt konstruierten Topfboden aus mehreren Metallschichten (Sandwichboden), der die Wärme besonders gut und gleichmäßig auf den Topfinhalt überträgt. Bei hochwertigen Töpfen besteht der Kern dieses Sandwichbodens aus Kupfer.

EINFACHER! Kochen Sie ab und zu Spinat im Edelstahltopf. Dann schlagen Sie zwei Fliegen mit einer Klappe: Sie haben ein schmackhaftes Gericht, und dem Topf wird gleichzeitig eine Glanzkur verpasst. Denn die im Spinat enthaltene Oxalsäure sorgt für eine gründliche Reinigung des Materials.

BESSER! Edelstahl glänzt wie neu, wenn man ein Päckchen Backpulver in Wasser auflöst und das Geschirr damit auskocht. Kalkflecken lassen sich mit kaltem Essig oder Zitronensaft durch Ausreiben entfernen.

> » Eine neue Pfanne aus Gusseisen wird mit Öl ausgestrichen und im Backofen eingebraten «

✹ Gusseisernes Kochgeschirr muss man vor dem ersten Gebrauch „einbraten": Den Topf reinigen, mit Öl einreiben und im Backofen 5 Minuten bei höchster Stufe erhitzen. Eine Pfanne erwärmt man mit 1 bis 2 EL Öl auf dem Herd, bis das Öl raucht. Nach dem Abkühlen reibt man das Geschirr mit Küchenpapier aus.

✹ Nach jedem Gebrauch reinigt man Töpfe und Pfannen in sehr warmem Spülwasser, trocknet sie gründlich ab und reibt sie mit etwas Öl ein. **BESSER!** Bewahren Sie gusseisernes Kochgeschirr geschützt vor Küchendämpfen im Schrank auf, damit das Gusseisen nicht rostet.

GUSSEISEN: Ein traditionelles und wieder sehr beliebtes Material

Kochgeschirr aus schwerem Gusseisen hat den Vorteil, dass dieses Material die Hitze hervorragend verteilt, was sehr gute Kochergebnisse gewährleistet. Vor allem die Pfannen erlauben ein scharfes und krosses Anbraten z. B. von Steaks. Allerdings muss man dafür etwas tiefer in die Tasche greifen. Andererseits ist gusseisernes Kochgeschirr langlebig, besonders, wenn man es richtig reinigt und pflegt.

BITTE NICHT!

Gusseisernes Kochgeschirr gehört nicht auf die Glaskeramikplatte: Es könnten Kratzer entstehen. Auch für die Geschirrspülmaschine ist es ungeeignet.

KUPFERGESCHIRR – BILDSCHÖN, aber mit Umsicht zu pflegen

Kochgeschirr aus Kupfer leitet und speichert Wärme um ein Vielfaches besser als Eisen und Edelstahl und zeichnet sich durch eine besonders gleichmäßige Wärmeverteilung aus. Da Kupfer mit Säure reagiert und giftiges Grünspan bilden kann, ist Geschirr aus diesem Metall meist innen ausgekleidet. Das bisher übliche Zinn für die Auskleidung wird heute mehr und mehr durch den robusten Edelstahl verdrängt, denn eine Verzinnung hält nicht ewig und ist auch empfindlich gegen Überhitzung. Dennoch schwören viele Profis auf Zinn.

EXPERTENRAT

Gusseisen entrosten

Trotz guter Reinigung und sachgemäßer Lagerung können sich auf gusseisernem Geschirr Rostflecken bilden. Kein Grund zur Verzweiflung, denn die Kraft der Zitrone hilft beim Entfernen von Rost: Mischen Sie 1 EL Zitronensäure (Drogeriemarkt) mit 500 ml Wasser. Tauchen Sie eine Geschirrbürste hinein und bearbeiten Sie die Rostflecken. Danach können Sie das Kochgeschirr wie gewohnt pflegen.

Die Küchengeräte pflegen

✳ Tauchen Sie neues Kupfergeschirr vor dem ersten Gebrauch in kochendes Wasser und lassen es darin, bis das Wasser abgekühlt ist.
✳ Falls Sie Kupfertöpfe ohne Beschichtung haben, die es durchaus noch gibt, sollten Sie sie innen einwandfrei sauber halten und Speisen nach dem Kochen nicht im Topf erkalten lassen, sondern gleich herausnehmen.
✳ Sicherheitshalber sollte man Kupfertöpfe und -pfannen von Hand spülen und nicht in die Maschine geben. Im Übrigen erhält man die schöne Oberfläche am besten mit einer speziellen Kupferpflegepaste
✳ Für Induktionsherde ist Kupfergeschirr nicht geeignet.

EINFACHER! Angelaufene Stellen auf dem Kupfer reibt man mit einer halbierten Zitrone blank, die man mit Salz bestreut hat.

BILLIGER! Da Kupfertöpfe teuer sind, lohnt es sich bei einer abgenutzten Verzinnung auf jeden Fall, den Hersteller zu fragen, ob er die Töpfe neu verzinnt. Oder Sie schauen im Internet nach einem Verzinner oder einem Kupferschmied, falls es keinen bei Ihnen vor Ort gibt.

> **BITTE NICHT!**
> *Verwenden Sie bei verzinntem Kupfergeschirr auf keinen Fall einen Kratzschwamm, denn damit würden Sie die Zinnschicht zerstören.*

ALUMINIUMTÖPFE: UMSTRITTEN, aber gern gebraucht

In vielen Haushalten wird gern mit Aluminiumtöpfen gekocht. Sie sind leicht und leiten die Hitze gut, doch geben sie beim Kochen Aluminiumpartikel an das Essen ab, über deren gesundheitsschädigende Wirkung die Meinungen auseinandergehen. Wer auf sein Aluminiumgeschirr nicht verzichten möchte, der achte auf einige Besonderheiten:
✳ In Aluminiumtöpfen sollte man kein Obst und Gemüse kochen, denn Aluminium bildet mit Fruchtsäuren gesundheitsschädliche Verbindungen.
✳ Weichen Sie Aluminiumtöpfe nicht zu lange ein, und bewahren Sie keine Speisen darin auf. Dadurch können im Topf unansehnliche Verfärbungen und Lochfraß (kleine Korrosionen im Metall) entstehen.
✳ Aluminiumtöpfe sollte man nie in die Spülmaschine geben und auch nicht mit Soda reinigen. Verschmutzungen entfernt man am besten mit Seifenlauge und Stahlwolle. Damit Stahlwolle lange nutzbar bleibt, wickelt man sie nach Gebrauch in Alufolie.

BESCHICHTETE PFANNEN und Töpfe

Kochgeschirr mit Antihaftbeschichtung hat große Vorteile: Man kann darin mit wenig Fett braten und kochen, nichts brennt an, und es besteht keine Gefahr für die Gesundheit, denn giftige Abbauprodukte entstehen erst bei Temperaturen über 450 °C. Und diese werden in der

» *Kupfertöpfe leiten und speichern Wärme hervorragend* «

GUTE IDEEN RUND UM DIE KÜCHE

» *Emailtöpfe sind aromaneutral, nickelfrei und leicht zu pflegen* «

✺ Um eingetrocknete Speisereste zu lösen, kochen Sie 3 EL Backpulver in 150 ml Wasser in der Pfanne auf, schütten die Flüssigkeit ab und wischen die Schmutzreste aus.
BESSER! Stapeln Sie Pfannen nicht einfach aufeinander, sondern legen Sie Küchenpapier dazwischen, um Kratzer zu vermeiden. Pfannen kann man auch gut hängend aufbewahren.

EMAILTÖPFE: FARBENFROH und robust

Kochgeschirr aus Email hat viele Vorteile. Es ist optimal für gesünderes und energiesparendes Kochen, aromaneutral, nickelfrei (für alle, die eine Nickelallergie haben), leicht zu pflegen und langlebig. Außerdem ist es in hübschen bunten Farben zu haben. Qualitativ hochwertiges, schweres Email-Kochgeschirr ist recht teuer, aber es gibt auch preiswerte Varianten, die ebenfalls sehr gebrauchstüchtig sind.
✺ Vor der ersten Verwendung sollten Sie die Töpfe mit einer Essig-Salz-Lösung (50 g Salz, 2 EL Essig, 1 l Wasser) eine Stunde auskochen, um ihre Widerstandsfähigkeit zu erhöhen.

Küche nicht erreicht. Doch einen Nachteil hat die Beschichtung: Sie zerkratzt leicht.
✺ Am verbreitetsten sind Bratpfannen mit Antihaftbeschichtung, da man zum Braten in normalen Pfannen immer Fett braucht.
✺ Was sich bei allen anderen Materialien empfiehlt, gilt für beschichtete Pfannen erst recht: Verwenden Sie auf keinen Fall Metallbesteck.
✺ Erhitzen Sie das Kochgeschirr nicht zu stark, denn die Beschichtung ist empfindlich und leidet schon bei 200–250 °C.
✺ Reinigen Sie beschichtete Pfannen und Töpfe nur mit heißem Wasser und Spülmittel, und reiben Sie sie mit ganz wenig Öl aus.

EXPERTEN**RAT**

Den Wasserkessel entkalken

Das Entkalken des Wasserkessels sorgt nicht nur dafür, dass Kaffee und Tee einen besseren Geschmack und ihr volles Aroma entfalten, sondern hilft auch, Energie zu sparen.
• *Der Handel bietet die unterschiedlichsten Mittel zum Entkalken an. Mit Wasser und Essig bzw. Zitronensäure (schonender) geht es aber auch: Füllen Sie den Kessel zur Hälfte mit Wasser und Essig, und kochen Sie den Inhalt auf. Die Lösung einige Stunden einwirken lassen und den Kessel gut nachspülen. Auch Zitrone und Backpulver leisten hier gute Dienste.*
• *Vorbeugend kann man einen Kieselstein oder ein Stückchen Marmor in den Kessel legen.*

✳ Emailtöpfe können in die Geschirrspülmaschine. Wenn sie allerdings mit Kunststoffgriffen versehen sind, muss man in der Gebrauchsanweisung nachschauen, ob auch die Griffe spülmaschinenfest sind.

✳ Hat sich einer Ihrer Emailtöpfe verfärbt? Tauchen Sie ihn über Nacht in eine hochkonzentrierte Soda-Lösung.

BILLIGER! Ablagerungen in Emailtöpfen können Sie zur Rhabarberzeit entfernen, indem Sie die Schalen geschälten Rhabarbers auskochen. Anschließend gut ausspülen.

BITTE NICHT!

In heißes Emailgeschirr dürfen Sie nie kaltes Wasser gießen, da das Email springt.

DEN BACKOFEN REINIGEN: Wie bekommt man das hin?

Wer keinen Backofen mit Pyrolyse-Funktion hat (siehe S. 234 „Der Backofen ist das Herz der Küche"), muss sich der schwierigen Aufgabe stellen, den Backofen zu reinigen. Denn Fett, Zucker und Bratensaft werden durch die große Hitze in das Metall eingebrannt und lassen sich nur durch mühevolle Arbeit entfernen. Auf keinen Fall darf der Backofen mit einer Stahlbürste oder einem Stahlschwamm gereinigt werden, da diese die Beschichtung des Backofens verkratzen. Backofenspray kann helfen, aber keineswegs immer. Wenn Sie keine Chemie einsetzen möchten, versuchen Sie es mit Hausmitteln wie den folgenden:

✳ Ist der Boden des Backofens stark verkrustet, hilft Salz am besten. Bedecken Sie den Backofenboden etwa 1 cm dick mit grobkörnigem Salz, stellen Sie den Ofen auf 100 °C ein, und lassen Sie das Salz eine halbe Stunde einwirken. Anschließend wird das Salz herausgesaugt und der Backofen feucht ausgewischt.

✳ Backpulver eignet sich ebenfalls zur Backofenreinigung. Stellen Sie den Ofen auf 50 °C ein, feuchten Sie einige Küchentücher mit lauwarmem Wasser an, bestreuen Sie sie dick mit Backpulver, und legen Sie den Boden des Backofens sowie die Wände (feuchtes Küchentuch bleibt daran haften) mit den präparierten Küchentüchern aus. Werden diese zu trocken, kann man sie mit einer Sprühflasche wieder befeuchten. Ist die Schmutzschicht aufgeweicht, werden die Tücher entfernt und die Flächen mit einem feuchten Lappen abgewischt.

✳ Mit der Salz- und der Backpulvermethode lassen sich auch Backbleche reinigen.

SCHNELLER! Besteht beim Backen die Gefahr, dass der Inhalt überquillt (Obstkuchen auf dem Blech!), legen Sie Alufolie auf den Boden des Backofens; so ersparen Sie sich zeitaufwendige Reinigungsarbeiten.

BESSER! Beugen Sie Verschmutzungen vor, indem Sie Backpapier, Bratschlauch und Bräter mit Deckel verwenden.

» Mit einer dicken Schicht grobkörnigem Salz reinigen Sie den Backofen «

GUTE IDEEN RUND UM DIE KÜCHE

Damit beim Kochen alles klappt

Mit Planung, Geschick und Kreativität kann man sich das Kochen leichter machen und dabei Zeit und Geld sparen. Sollte dennoch ein Malheur passieren: Mit etwas Improvisation und einigen Tricks lässt sich vieles in den Griff bekommen.

SCHNELLE LEBENSMITTEL – oft eine gute **Alternative**

Viele von uns kochen gern und ausgiebig, doch ebenso vielen fehlt es einfach an der Zeit dafür. Trotzdem muss man nicht sofort zum Telefonhörer greifen und den Pizzaservice oder den Asia-Imbiss anrufen, um ein Abendessen auf den Tisch zu bringen. Legen Sie einen Vorrat an Lebensmitteln an, die sich schnell zubereiten lassen. Heute gibt es gute Produkte, die mit Fertiggerichten aus dem Kühlfach des Supermarkts nichts gemein haben. Frische Pasta und vorgegarter Reis sind schnell gekocht, und bei tiefgefrorenen Kräutern, Erbsen oder Brokkoli entfällt das Putzen und Hacken.

✹ Gerade Gemüse aus der Tiefkühltruhe ist eine große Hilfe, wenn es einmal schnell gehen soll. Außerdem ist es vitamin- und nährstoffreich, weil es frisch schockgefroren wird.

✹ Und wenn Sie einen fertigen Blätter- oder Hefeteig vorrätig haben, wird Ihre schnelle Gemüsequiche oder Spinatpizza bestimmt jedem schmecken.

BESSER! Wer einen Gefrierschrank hat, kann viele Gerichte gleich in doppelter oder dreifacher Menge zubereiten und in entsprechenden Portionen einfrieren. Sie brauchen das Essen nur noch aufzutauen und aufzuwärmen. So sparen Sie Zeit beim Kochen und haben immer leckere Gerichte vorrätig. Auch Kartoffeln und Nudeln kann man in doppelter Menge kochen und ein oder zwei Tage im Kühlschrank aufbewahren. Man muss sie nur noch aufwärmen.

BILLIGER! Vorbereitete und vorverarbeitete Lebensmittel, die Zeit sparen, sind in der Regel die teureren Lösungen. Mit einem kleinen Trick können Sie aber auch preiswertes frisches Gemüse schnell zubereiten: Schneiden Sie beispielsweise Kartoffeln oder Karotten in kleine Würfel – dann sind sie im Handumdrehen gar.

» *Tiefgefrorenes Gemüse eignet sich ideal für schnelle Gerichte* «

DIE RICHTIGE LOGISTIK an Ihrem Küchenarbeitsplatz

Man sagt, wer Ordnung hält, ist zu faul zum Suchen. In der Küche trifft dieser Spruch mit Sicherheit nicht zu, denn Sie wissen ja, wo was steht. Wichtiger sind andere Gesichtspunkte. Schaffen Sie Platz auf der Arbeitsplatte und am Herd, damit Sie nichts Herumstehendes und Herumliegendes wegräumen müssen, wenn Sie mit dem Zubereiten und Kochen beginnen. Belassen Sie nur das in Reichweite, was Sie täglich benötigen, z. B. Salz, Pfeffer, Öl, Kräuter, Kochlöffel, Topflappen.

✷ Bevor Sie mit dem Zubereiten und Kochen beginnen, legen Sie alle Zutaten und Utensilien bereit – so wie die Fernsehköche. Auf diese Weise vergessen Sie keine Zutat und müssen kein Gerät aus dem Schrank holen, während womöglich etwas anbrennt oder überkocht.

EINFACHER! Beim Zubereiten werden Sie sich zwischendurch immer wieder die Hände abwischen müssen. Legen Sie dafür eine Rolle Küchenpapier bereit. Ausnahme: Beim Hantieren mit rohen Lebensmitteln waschen Sie sich die Hände zwischen den Arbeitsgängen gründlich mit Seife (siehe auch S. 158, „Hygiene in der Küche").

BILLIGER! Wenn Sie beim Kochen siedendes Wasser brauchen, benutzen Sie einen Wasserkocher, denn darin kocht das Wasser schneller als im Topf. Dann füllen Sie das heiße Wasser in einen Topf um und garen Ihr Gericht darin.

PRAKTISCHE KÜCHENHELFER sparen Zeit und Mühe

Kleine praktische Geräte erleichtern die Arbeit in der Küche und helfen dadurch Zeit sparen.
✷ Mit einem elektrischen Blitzhacker kann man Zwiebeln schneller hacken als mit dem Messer, und der Teig lässt sich mit dem elektrischen Handrührgerät schneller kneten als mit der Hand. Wenn Sie häufig Schmorgerichte zubereiten, ist ein Schnellkochtopf eine gute Investition, denn er gart sehr schonend und hilft Zeit und Energie sparen.
✷ Achten Sie bei Küchenmessern auf Qualität, denn mit einem guten scharfen Messer schneiden Sie nicht nur schneller und müheloser, sondern auch sicherer, weil man damit nicht so leicht abrutscht und sich verletzt.

» Legen Sie vor dem Zubereiten und Kochen alle Zutaten und Utensilien bereit «

BITTE NICHT!

Ihre hochwertigen Küchenmesser sollten Sie nicht im Geschirrspüler reinigen; das gilt auch für die Messer mit Metallgriff. Die Metalle reagieren mit den Chemikalien, sodass die Klingen im Lauf der Zeit nicht nur stumpf werden, sondern sogar Rost ansetzen können – selbst wenn sie mit dem Hinweis „spülmaschinenfest" ausgestattet sind.

GUTE IDEEN RUND UM DIE KÜCHE

KOCHPANNEN souverän meistern

Pannen in der Küche kommen immer wieder vor: Der Braten brennt an, die Suppe ist versalzen, die Sauce zu dünn geraten. Es gibt einige Tricks, um solche Pannen zu beheben.

✳ Ist der Braten angebrannt, schneiden Sie die betroffenen Stellen großzügig weg und braten das Fleisch in frischem Fett und in einem sauberen Topf nach. Sie können das Fleisch auch schon in Scheiben schneiden und gleich mit der Sauce anrichten und servieren.

✳ Bei einem angebrannten Auflauf entfernen Sie die lädierte Schicht vorsichtig und streuen dann Käse, Semmelbrösel oder gemahlene Nüsse auf den Auflauf. Ein paar Butterflöckchen daraufgeben und fertig backen.

✳ Angebrannte Pell- oder Salzkartoffeln nimmt man bis auf die unterste Schicht aus dem Topf, gibt sie zum Fertiggaren in einen Topf mit frischem Wasser und salzt nach; dadurch verliert sich der Brandgeschmack.

✳ Versalzene Suppen oder Saucen können Sie mit Wasser, Wein, Milch oder Sahne verdünnen. Bei gebundenen Suppen und Eintöpfen lässt sich der Salzgeschmack reduzieren, wenn Sie eine Kartoffel raspeln und unterheben. Auch ein Mullsäckchen mit 2 EL Reis, den man für 15 Minuten in das Essen gibt, nimmt das Salz auf und erfüllt somit die gleiche Aufgabe.

✳ Ist die Fleischbrühe versalzen, fügen Sie 1 bis 2 rohe Eiweiße hinzu und kochen alles auf. Das Eiweiß gerinnt und nimmt das Salz auf. Dann gießen Sie die Brühe durch ein Sieb.

✳ Bei einer zu salzigen Bratenkruste kann man aus der Not eine Tugend machen: Bestreichen Sie die Kruste mit Honig, dann erhält sie ein exquisites Aroma.

✳ Wird Eiweiß nicht steif, geben Sie einige Tropfen Zitronensaft und etwas Salz zu. Damit das erst gar nicht passiert, müssen Schüssel und Quirl fettfrei sein, und es darf sich keine Spur von Eigelb im Eiweiß befinden.

» *Wird Eiweiß nicht steif, geben Sie einige Tropfen Zitronensaft und etwas Salz zu* «

» *Schneiden Sie die verbrannten Stellen weg, und braten Sie das Fleisch in frischem Fett nach* «

✳ Die Schärfe von frischen Chilis lässt sich meist schlecht schätzen – und schon ist das Essen fast ungenießbar. Geben Sie etwas Milch oder Sahne hinzu, wenn das zum Gericht passt, denn Milchprodukte mildern die Schärfe ab. Auch mehr Flüssigkeit und Gemüse sowie Tomatenmark nehmen dem Gericht die Schärfe.

✳ Hat man zu viel Knoblauch in das Essen gegeben, hängt man ein Mullsäckchen mit kleingerupften Petersilienblättern in die Speise, bis diese den intensiven Knoblauchgeschmack ausgeglichen haben.

✳ Ist die Sauce zu dick geworden, verdünnt man sie mit Wasser, Brühe, Milch oder Sahne. Gegebenenfalls muss nachgewürzt werden.

✳ Zu dünne Saucen oder Suppen können Sie mit 1 TL Speisestärke, Saucenbinder oder Kartoffelpüreeflocken eindicken. Den Topf von der Kochstelle nehmen, das Bindemittel in einem kleinen Gefäß mit etwas kaltem Wasser glattrühren und in die Sauce oder Suppe geben. Dann alles aufkochen und nachwürzen.

» Hat man zu viel Knoblauch ins Essen gegeben, hängt man ein Mullsäckchen mit Petersilie hinein «

✳ Eine klumpige Sauce streichen Sie einfach durch ein Haarsieb, damit sie wieder glatt wird. Flockt die Sauce aus, geben Sie etwas kalte Butter hinzu und mixen das Ganze mit dem Pürierstab auf.

✳ Platzt Ihnen ein Ei im Kochwasser, geben Sie rasch einen Spritzer Essig hinzu. Das Eiklar gerinnt sofort und verschließt den Sprung in der Schale.

✳ Wenn die Nudeln beim Kochen zusammenkleben, gießen Sie sie in ein Sieb und halten sie über Wasserdampf, damit sie sich voneinander lösen. Kochen Sie Nudeln immer in ausreichend Wasser und rühren sie ab und zu um. Dann kleben sie nicht.

GOLDENE REGELN!

Ökonomisch kochen

1. Die Wahl des Herdes ist wichtig. Ein Gasherd ist sparsamer als ein Elektroherd. Wenn Sie sich für einen Elektroherd entscheiden, wählen Sie einen mit Glaskeramikfeld, denn damit kocht man sparsamer als mit Gusskochplatten. Noch mehr Energie sparen Sie bei einem Induktionsherd, der allerdings seinen Preis hat und eventuell neue Töpfe erfordert. Langfristig lohnt sich die Investition aber.

2. Kochen Sie mit einem gut schließenden Deckel, damit die Hitze im Topf bleibt. So wird der Inhalt schneller gar.

3. Achten Sie darauf, dass die Topf- und Pfannenböden nicht verbeult sind, denn bei einem unebenen Boden wird die Hitze nicht gleichmäßig verteilt, und Energie geht verloren.

4. Reduzieren Sie beim Kochen auf der Elektroplatte rechtzeitig die Kochstufe, oder nutzen Sie die Restwärme, indem Sie beispielsweise Reis oder Nudeln auf der abgeschalteten Kochstelle fertig garen.

GUTE IDEEN RUND UM DIE KÜCHE

✳ Ist die Sauce zu fett geraten, ziehen Sie Küchenpapier oder einige Salatblätter über die Flüssigkeit; das Fett bleibt daran hängen.

✳ Verklumpt Gelatine, können Sie die Speise durch ein Haarsieb streichen und unter Rühren erwärmen: Die Klumpen lösen sich auf.

✳ Ist der Kuchen an der Oberseite verbrannt? Schneiden Sie angebrannte Stellen nach dem Abkühlen ab, überziehen den Kuchen mit einer Glasur und bestreuen ihn mit Puderzucker.

✳ Ein frisch gebackener, aber zu trocken geratener Kastenkuchen lässt sich ebenfalls retten: Stechen Sie mit einem Zahnstocher in gleichmäßigen Abständen Löcher in die Ober-

seite, und beträufeln Sie den Kuchen behutsam mit etwas Fruchtsaft.

✳ Ist der Kuchen schon etwas älter und deshalb angetrocknet, pinseln Sie ihn mit Milch ein und backen ihn im Ofen kurz auf. Dann schmeckt er wieder wie frisch.

DEN ABFLUSS FREIHALTEN: Wie man Verstopfungen vorbeugt

Wer kein Sieb auf dem Abfluss der Küchenspüle hat, besorgt sich im Baumarkt ein Abflusssieb aus Kunststoff oder Edelstahl, das man einfach auf den Abfluss setzt. Solche Siebe sind in zwei Größen erhältlich und passen in der Regel auf herkömmliche Abflüsse. Das ist wichtig, denn das Sieb muss den gesamten Abfluss bedecken. Reinigen Sie es regelmäßig.

✳ Wenn der Abfluss Ihres Spülbeckens nicht dem Standard entspricht, sodass die handelsüblichen Abflusssiebe nicht darauf passen, können Sie ein Stück Fliegengitter auf die passende Größe zuschneiden und auf den Abfluss legen.

✳ Gießen Sie ab und zu kochend heißes Wasser in den Abfluss. Dadurch bleiben die Rohre frei, und die Umwelt wird geschont, weil man später nicht zu chemischen Mitteln greifen muss, um den verstopften Abfluss zu reinigen (was meist sowieso nicht klappt, dafür aber die Abflussrohre gefährdet).

EXPERTEN**RAT**

So beugt man Missgeschicken vor

• Milch brennt nicht an, wenn man den Topf vorher mit kaltem Wasser ausspült und einige Tropfen davon im Topf lässt.

• Würstchen platzen nicht, wenn Sie etwas Milch ins kochende Wasser geben.

• Ihr Braten wird nicht zäh, wenn Sie ihn mit heißem Wasser oder heißer Brühe begießen.

• Pudding brennt nicht an, wenn man den Topfboden vorher mit Butter einfettet.

• Butter wird beim Anbraten leicht braun; um das zu vermeiden, fügen Sie etwas geschmacksneutrales Speiseöl (z. B. Sonnenblumenöl) zu.

• Angeschlagene Eier, die Sie kochen wollen, wickeln Sie vorher einfach in Alufolie.

• Damit Schlagsahne garantiert fest wird, geben Sie alles, was Sie zum Schlagen brauchen, vorher in den Kühlschrank, bis es richtig kalt ist: die flüssige Sahne, das Rührgefäß und die Schneebesen.

• Wenn Sie Nudeln, Kartoffeln oder eine Suppe aufsetzen, legen Sie zwischen Topf und Deckel einen Kochlöffel. Dadurch verhindern Sie ein zu schnelles Überkochen.

BITTE NICHT!

Heißes Bratfett gehört nicht in den Abfluss. Wenn es erkaltet, setzt es sich an den Wänden der Rohre fest, sodass diese verstopfen. Wohin also mit heißem Fett? Lassen Sie es im Topf oder in der Pfanne erkalten und fest werden. Löffeln Sie es dann auf Backpapier, das Sie zusammengeknüllt in den Restmüll geben.

FÜR VIELES ZU GEBRAUCHEN: DER KAFFEEFILTER

Als die Dresdner Hausfrau Melitta Bentz 1908 den Kaffeefilter erfand, hätte sie sich sicher nicht vorstellen können, dass sich ihre großartige Erfindung in Haushalt und Küche so vielseitig verwenden lässt.

ABTROPFHILFE

Ist der Quark oder Joghurt zu flüssig, wodurch Cremes, Füllungen und Saucen nicht die richtige Konsistenz bekommen? In diesem Fall leistet die Kaffeefiltertüte gute Dienste. Geben Sie die Filtertüte in ein Spitzsieb und füllen den Quark oder Joghurt ein. Hängen Sie das Sieb in einen Krug, und lassen Sie die Masse einige Stunden im Kühlschrank abtropfen.

PROVISORISCHER TRICHTER

Sie haben gerade keinen Trichter zur Hand? Kaffeefiltertüten eignen sich hervorragend als Trichter-Ersatz. Schneiden Sie in das untere schmale Ende ein entsprechendes Loch. Einen solchen Trichter können Sie verwenden, um z. B. Zucker, Mehl oder Kaffee umzufüllen, ohne dass etwas daneben geht.

EINMAL-GEWÜRZBEHÄLTER

Füllen Sie Suppengewürze oder -säckchen in eine Filtertüte, die Sie mit Küchengarn zubinden. Dann geben Sie dieses Behältnis mit in den Topf, nehmen es nach dem Kochen wieder heraus und entsorgen es. So muss man nichts heraussammeln.

KLECKERSCHUTZ FÜR EIS AM STIEL

Eis am Stiel in Kinderhand kleckert leicht und landet dann auf Kleidung oder Fußboden. Das lässt sich vermeiden: Knicken Sie den oberen Rand einer Kaffeefiltertüte um, stechen ein kleines Loch in den Boden der Tüte und stecken den Eisstiel hindurch. So macht das Eisessen Spaß – dem Kind und der Mutter!

Pfiffige Lösungen finden

In der Küche muss man manchmal improvisieren, falls einmal eine Zutat fehlt, Lebensmittel dringend zu verbrauchen sind oder plötzlich hungrige Gäste auftauchen. Mit cleveren Ideen können Sie nicht nur Ihre Familie und Freunde begeistern, sondern auch sich selbst die Arbeit erleichtern.

SUPPEN, EINTÖPFE und Salate verlängern

Plötzlich stehen Freunde vor der Tür, und gleich kommt das Abendessen auf den Tisch. Damit es für alle Esser reicht, kann man viele Gerichte verlängern. Aber das muss schnell geschehen. Hat man gerade eine Suppe oder einen Eintopf auf dem Herd, kann man allerdings nicht einfach nur Wasser zugeben, dann würde das Essen nicht mehr richtig schmecken. Getrocknete Zwiebeln (abgepackt aus dem Supermarkt, kann man immer als Vorrat gebrauchen) eignen sich gut für eine mit Wasser gestreckte Suppe, denn die Zwiebeln verleihen der nun etwas dünneren Speise wieder Würze. Auch getrocknete Pilze oder Sherry geben verlängerten Suppen Pep. Und eine rasch angerührte gekörnte Brühe, im Verein mit Kartoffelpüree-Flocken, schafft mehr Volumen.

» *Pürierte Mohrrüben lassen sich in Eiswürfelbehältern einfrieren und dann in Gefrierbeuteln aufbewahren* «

✳ Viele Salate wiederum können Sie mit Obst, Nüssen, Oliven, hartgekochten Eiern und Thunfisch strecken, oder Sie bestreuen sie mit gerösteten Toastwürfeln. Dazu reichen Sie Brot, das Sie mit Kräuter- oder Knoblauchbutter bestrichen geröstet haben.

NAHRUNGSMITTEL überlegt einsetzen

Manchmal kauft man einfach zu viele frische Lebensmittel ein und kann sie nicht vollständig aufbrauchen. Also sollte man sie verwerten, bevor sie verderben.

✳ Nutzen Sie die saisonalen Gemüseangebote: Im Spätsommer bekommt man viele regionale Gemüsesorten günstig, so auch oft überreife Tomaten. Pürieren Sie die Früchte mit dem Passierstab oder in einem Mixer, und frieren Sie das Püree im Eiswürfelbehälter ein. So haben Sie auch im Winter stets frische Tomaten zur Hand für schmackhafte Saucen. Auch andere Gemüsesorten können Sie pürieren, auf die gleiche Weise einfrieren und später für Suppen verwenden.

✳ Für Mütter mit Kleinstkindern, die keine Gläschen kaufen, sondern das Gemüse lieber selbst zubereiten möchten, bietet diese Methode vielfältige Möglichkeiten. So lassen sich Mohrrüben, Pastinaken, Kohlrabi, Kürbis und Spinat pürieren und in Eiswürfelbehältern einfrieren. Die gefrorenen Würfel bewahrt man dann in Gefrierbeuteln auf. Nach dem Auftauen

Pfiffige Lösungen finden

weitere Zutaten nach Angaben des Kinderarztes zugeben, z. B. raffiniertes Rapsöl.

✷ Aus Obst können Sie Marmelade oder Kompott machen, die sich lange aufbewahren lassen. Pürees aus Früchten, z. B. Erdbeeren, lassen sich auch gut einfrieren und für Desserts oder Eis verwenden. Angebratenes Hackfleisch, das Sie nicht gleich verbrauchen, können Sie ebenfalls einfrieren und später schnell eine Bolognese-Sauce daraus zaubern.

》 *Sauer gewordenen Wein können Sie als Essig für Salatdressings verwenden* 《

✷ Auch Getränkereste lassen sich verwerten: Abgestandenes Mineralwasser können Sie für Tee verwenden, und leicht sauer gewordener Wein eignet sich als Essig für Salatdressings.

LEBENSMITTEL aufwerten

✷ Rohe Pilze, die Sie nicht sofort verbrauchen, können Sie mit etwas Brühe pürieren, einfrieren und später zum Verfeinern von Saucen oder Suppen verwenden.

✷ Eine Sauce Hollandaise, die perfekte Begleitung zum Spargel, wird mit fein gewürfelten Schalotten und Estragon zur Sauce Béarnaise. Diese wiederum können Sie mit etwas Tomatenmark verrühren und eine Sauce Choron kreieren. Beide passen zu Grillfleisch und Fisch.

✷ Haben Sie noch Dosenkrabben im Vorratsschrank? Lassen Sie die abgespülten Krabben 15 Minuten in 2 EL gutem Weinessig und etwas Sherry ziehen. Dadurch verliert sich der Dosengeschmack, und die Krabben werden delikat.

✷ Beim Einkochen von Marmelade können Sie den Saft von 1 bis 2 Zitronen zu der Fruchtmasse hinzu geben und dadurch verhindern, dass sich die Früchte verfärben.

GÖTTERSPEISE EINMAL ANDERS SERVIERT

Haben Sie schon genug Puddingformen und möchten keine neuen kaufen? Der Boden einer PET-Flasche eignet sich hervorragend als praktische und dekorative Form für Götterspeise.

1 Von mehreren PET-Flaschen den unteren Flaschenteil mit einem Teppichmesser abtrennen, sodass Schälchen entstehen.

2 Den Rand der Förmchen mit der Schere glatt schneiden. Im Kühlschrank kalt stellen und in der Zwischenzeit Götterspeise in verschiedenen Farben zubereiten.

3 Die Götterspeise in die Formen füllen und fest werden lassen. Wer möchte, taucht die Formen kurz in heißes Wasser, bevor das Dessert auf Tellerchen gestürzt wird.

» Klemmen Sie das Kochbuch einfach an einen Hosenbügel, und hängen Sie diesen in Blickhöhe auf «

EINFACHER! Gehören zu einem Schmorgericht, einer Suppe oder Sauce Kräuter wie Rosmarin- oder Thymianzweige, Lorbeerblätter oder Gewürze wie Nelken, so möchte man diese Zutaten nach dem Kochen nicht mühsam heraussammeln, geschweige denn später beim Essen darauf beißen. Geben Sie Gewürze und Kräuter in ein Tee-Ei, und kochen Sie sie einfach mit. Vor dem Servieren nehmen Sie das Tee-Ei heraus. Das funktioniert auch mit einer Kaffeefiltertüte.

WENN ETWAS FEHLT: Was tun?

Alles ist vorbereitet: Sie möchten ein Gericht kochen oder einen Kuchen backen – aber eine Zutat fehlt noch? Keine Panik, manche Lebensmittel lassen sich durch andere ersetzen. Auch für fehlende Küchenutensilien findet sich oft ein guter Ersatz.

✳ Wenn Sie gerade kein Mehl zu Hause haben, dicken Sie Saucen und Suppen statt mit einer Mehlschwitze mit Kartoffelpüree-Flocken ein. Oder sie legieren die Flüssigkeit mit einem verquirlten Ei.

✳ Puderzucker stellen Sie selbst her, indem Sie Kristallzucker in der Kaffeemühle fein mahlen.

✳ Kein Ei im Haus? Mischen Sie der Kartoffelpuffermasse 1 EL Grieß (gehäuft) unter.

✳ Semmelbrösel für Blumenkohl oder Aufläufe kann man problemlos durch gemahlene Nüsse ersetzen. Das ist sogar besonders lecker.

✳ Für Sahnesaucen verwenden Sie Kondensmilch oder Kaffeesahne, wenn gerade keine Sahne zur Hand ist.

✳ Ist Ihre Teigrolle kaputt, so rollen Sie den Teig mit einer Glasflasche aus, nachdem Sie das Etikett abgeweicht und die Flasche gründlich gereinigt haben.

BESSER! Sie möchten nach Rezept kochen oder backen und haben weder einen Kochbuchständer noch Platz für das Kochbuch bzw. den Rezeptzettel auf der Arbeitsfläche? Oder das Buch klappt immer wieder zu? Klemmen Sie das Kochbuch bzw. das Rezept einfach an einen Hosenbügel, und hängen Sie diesen in Blickhöhe auf, z. B. an den Griff eines Oberschranks oder an die Deckelklappe Ihres Herdes.

BILLIGER! Wer keine professionelle Spritztüte im Küchenschrank hat, weil sie zu selten gebraucht wird, stellt sich aus einem kleinen Gefrierbeutel eine her. Man braucht einfach nur eine Ecke abzuschneiden. Auch als Trichter lässt sich ein Gefrierbeutel (mit abgeschnittener Ecke) verwenden.

Resteverwertung: Keine Notlösung

Auch bei sorgfältiger Planung lässt sich nicht vermeiden, dass ab und an von Speisen etwas übrig bleibt. Die Verwertung solcher Reste ist eine lohnende Herausforderung – Lebensmittel sind teuer und viel zu schade zum Wegwerfen.

DER AUFLAUF, die klassische Resteverwertung

Was auch immer übriggeblieben ist – fast alle Reste lassen sich zu einem Auflauf verarbeiten: Fleisch, Wurst, Schinken oder Hackfleisch, Beilagen wie Kartoffeln (auch Kartoffelklöße), Reis und Nudeln, Gemüse jeglicher Art, Fisch … Wichtig ist, dass alles in eine gefettete Auflaufform geschichtet und mit einer weißen Sauce übergossen wird. Die Zutaten für eine einfache weiße Sauce haben Sie bestimmt im Haus.

✸ Nehmen Sie 3 Eier und verquirlen sie in 1 bis 2 Becher Sahne (zur Not geht auch Milch). Mit Salz, Pfeffer und Muskatnuss abschmecken und diese „Sauce Royale" über den Auflauf gießen.

✸ Für eine schwerere Variante – eine Béchamel-Sauce – erhitzen Sie 2 EL Butter in einer Kasserolle, rühren 2 EL Mehl hinein, nehmen den Topf von der Kochstelle und rühren nach und nach einen halben Liter Milch oder Brühe hinein. Unter Rühren aufkochen und 10 Minuten ziehen lassen, damit sich der Mehlgeschmack verliert. Wer will, rührt ein Ei hinein. Mit Salz, Pfeffer, Muskat und eventuell Zitronensaft abschmecken. Die Sauce über den Auflauf geben.

✸ Zum Schluss geriebenen Käse über die Sauce streuen. Der Auflauf wird im Ofen gebacken, bis die weiße Sauce stockt und Blasen wirft und der Käse geschmolzen ist.

✸ Einen besonderen Auflauf können Sie aus übrig gebliebenen Pfannkuchen zaubern. Rollen Sie in jeden Pfannkuchen eine Scheibe gekochten Schinken und eine Scheibe milden Käse, geben Sie die Rollen in eine gefettete Auflaufform und übergießen das Ganze mit weißer Sauce oder einer Sahne-Eier-Mischung. Etwas Käse darüber streuen und im Ofen überbacken. Wenn Sie diesen Auflauf mit Ketchup servieren, haben Sie bei Kindern einen Stein im Brett.

» *Der Auflauf wird im Ofen gebacken, bis der Käse geschmolzen ist* «

GUTE IDEEN RUND UM DIE KÜCHE

BESSER! Parmesan verleiht Aufläufen ein würziges Aroma. Der Nachteil: Er brennt leicht an. Um das zu verhindern, weichen Sie den Parmesan entweder vorher in Milch oder Sahne ein, oder Sie setzen Butterflöckchen auf den Auflauf.

KARTOFFELN, NUDELN UND REIS –
Reste mit Potenzial

Kartoffeln, Nudeln und Reis sind beliebte Beilagen für Fleisch- und Fischgerichte. Oft bereitet man große Mengen zu, sodass häufig Reste übrig bleiben. Neben der einfachen Methode, Bratkartoffeln, gebratene Nudeln oder gebratenen Reis als recycelte Beilage anzubieten, gibt es noch etwas feinere Möglichkeiten.

✱ Für eine Kartoffelsuppe pürieren Sie die Kartoffelreste und verdünnen sie mit Brühe. Verfeinern Sie die Suppe dann mit Sahne oder Speckwürfeln, schmecken sie ab und servieren Ihre Hausmacher-Kartoffelsuppe mit darüber gestreutem Schnittlauch.

✱ Gekochte Kartoffeln sind eine gute Grundlage für ein herzhaftes Bauernfrühstück. Für 2 Portionen verquirlen Sie 4 Eier mit 4 EL Milch und würzen sie mit Salz und Pfeffer. Schneiden Sie die Kartoffeln in Scheiben, und braten Sie sie in etwas Öl an. Gießen Sie die Eiermilch darüber und lassen das Ganze stocken. Zum Ergänzen eignen sich durchwachsener Speck, Zwiebel, Kräuter und Tomaten. Servieren Sie Gewürzgurken dazu.

✱ Aus Kartoffelresten mit klein gewürfelten Bratenresten, einer Zwiebel und einem verquirlten Ei lässt sich ganz schnell Kartoffelgröstl in der Pfanne zubereiten.

✱ Für schmackhafte Kartoffeltaler werden Kartoffelreste zerdrückt und mit 1 Ei, Salz,

KÖSTLICHE SUPPE AUS RADIESCHENGRÜN

Es ist doch schade, dass man Radieschenblätter immer wegwirft. Bereiten Sie daraus einmal eine Suppe! Sie brauchen für 4 Portionen: das Grün von 1 Bund Radieschen, 1 Kartoffel, 1 Zwiebel, 40 g Butter, 3/4 l Brühe, 200 g Crème fraîche, Salz, Pfeffer, Muskat, 1 EL Zitronensaft, 100 g Schlagsahne.

1 Radieschenblätter in Streifen schneiden, Kartoffel und Zwiebel würfeln. Alles in Butter andünsten. Brühe zugeben und köcheln lassen, bis die Kartoffeln weich sind.

2 Alles kurz mit dem Pürierstab pürieren oder in den Mixer geben. Anschließend das Gemisch mit Crème fraîche verrühren.

3 Die Suppe wieder in den Topf geben, aufkochen und mit Gewürzen und Zitronensaft abschmecken. In Suppentassen füllen und mit einem Klacks Schlagsahne garnieren.

Pfeffer, Petersilie und fein gehackten Zwiebeln vermischt. Aus der Masse formt man kleine Taler, paniert sie und backt sie in Öl aus.

✳ Aus übrig gebliebenen Nudeln – welche Sorte auch immer – bereiten Sie Schinkennudeln zu. Rösten Sie Zwiebel- und Schinkenwürfel an, fügen die Nudeln zu und geben mit Salz und Pfeffer verquirlte Eier darüber. Wenn die Eimasse stockt, umrühren und Kräuter darüber streuen.

» **Kartoffeltaler aus zerdrückten Kartoffelresten werden paniert und in Öl ausgebacken** «

✳ Nudelsalat gehört zu den Klassikern der Resteverwertung. Geben Sie eine Dose Thunfisch (in kleinen Stücken), in Würfel geschnittene rote und gelbe Paprikastücke und 2 bis 3 EL Mais aus der Dose über die Nudeln, und schmecken Sie das Ganze mit einem Dressing aus Olivenöl, Essig, 1 bis 2 EL Crème fraîche, Salz und Pfeffer ab.

✳ Reisreste lassen sich hervorragend weiterverarbeiten. Wie wäre es mit einer herzhaften bunten Reispfanne? Braten Sie Hackfleisch, Zwiebeln und Gemüse (z. B. grüne, gelbe und rote Paprika oder Zucchini) kräftig an, geben Sie geschälte Tomaten zu, und lassen Sie das Ganze köcheln, bis die Flüssigkeit fast verkocht ist. Nun den Reis unterheben und mit Salz und Pfeffer nachwürzen.

✳ Auch ein delikater Reissalat ist schnell zubereitet, und zwar aus Zutaten, die Sie gerade zufällig im Haus haben. Passend wären Erbsen, Dosenmais, Paprikawürfel, Oliven oder getrocknete Tomaten. Mit Olivenöl, Essig oder Zitronensaft angemacht, haben Sie im Nu ein vollwertiges und schmackhaftes Gericht.

✳ Reisreste eignen sich auch für süße Kreationen, etwa delikate Reispfannkuchen. Vermischen Sie die Reisreste mit Mehl, Milch und Eiern, und braten Sie den Teig portionsweise in

» **Wie wäre es einmal mit einer herzhaften bunten Reispfanne?** «

der Pfanne an. Mit Zucker und Zimt bestreuen und heiß servieren; auch Marmelade oder ein Obstkompott passen sehr gut dazu.

EINFACHER! Gekochte Nudeln verklumpen schnell zu einem klebrigen Knäuel, das erst „entwirrt" werden muss, bevor man die Nudeln weiterverarbeitet: Werfen Sie die kalten Nudeln in kochendes Wasser, und lassen Sie sie etwa 10 Sekunden ziehen, danach abseihen und fertig zubereiten.

GEGARTES GEMÜSE noch einmal nutzen

Vom Sonntagsbraten sind Gemüsebeilagen wie z. B. Erbsen übrig geblieben, im Kühlschrank liegen noch ein paar schrumpelige Karotten,

> *Ein würziges Püree aus Gemüseresten schmeckt gut als Dip zu Rohkost-Sticks* «

BITTE NICHT!

Wenn Gerichte mit Krustentieren wie Garnelen und Krebsen oder auch Muscheln nicht ganz aufgegessen werden, sollten Sie die Reste nicht wieder erwärmen. Werfen Sie sie weg.

AUS ALTBACKENEM BROT neue, leckere Gerichte zaubern

Altes Brot hat man häufig zu Hause und nicht immer Lust darauf, es zu toasten und mit Aufschnitt zu belegen. Aus alten Brotresten können Sie unzählige schmackhafte Speisen zubereiten – ob süß oder herzhaft.

✱ Arme Ritter kennt wahrscheinlich jeder noch aus Kindertagen: Milch, Eier und Vanillezucker verquirlen, Brotscheiben eintauchen, abtropfen lassen und in einer Pfanne goldgelb backen. Entweder mit Zucker und Zimt bestreuen oder Apfelmus aus dem Glas dazu servieren. Wenn es etwas raffinierter sein soll, kombinieren Sie die Armen Ritter mit Vanilleeis oder einer Weinschaumsauce.

und die Paprikaschote hat auch keine glatte Haut mehr? Kein Grund, diese Gemüsereste wegzuwerfen, denn es gibt viele Möglichkeiten, daraus eine gute Mahlzeit zuzubereiten.

✱ Beispielsweise kann man aus Gemüseresten ein Gemüsepüree herstellen: Gekochte Kartoffeln, Erbsen oder Karotten vom Vortag werden in wenig Brühe erhitzt und mit dem Passierstab püriert. Man rührt Milch ein, bis eine cremige Konsistenz entsteht. Am Schluss 1 TL Butter darin schmelzen, unterrühren und das Ganze mit Salz, Pfeffer und gehackten Kräutern würzig abschmecken. Schmeckt gut als Dip zu Rohkost-Sticks.

✱ Gemüsereste sind auch eine perfekte Basis für Suppen: Rohes Gemüse klein schneiden, in Salzwasser dünsten und mit Gemüsebrühe auffüllen; was schon gekocht ist, kommt erst am Schluss dazu. Zum Aufpeppen geben Sie noch Kräuter, Suppennudeln oder Sahne hinzu.

> *Arme Ritter kennt wahrscheinlich jeder noch aus Kindertagen* «

✱ Aus Ihren Vorräten und altbackenen Weißbrotscheiben können Sie einen vegetarischen Brotsalat herstellen. Schneiden Sie das Brot in mundgerechte Stücke, und rösten Sie diese in einer Pfanne mit Olivenöl und etwas gehacktem Knoblauch an. Waschen Sie Blattsalate, beispielsweise Rucola oder was Sie gerade vorrätig haben, und verteilen Sie die geröstete, abgekühlte Brotmischung darüber. Zusätzlich geben Sie klein gehackte Walnüsse, gewürfelten Fetakäse, Kirschtomaten oder kleingeschnittene getrocknete Tomaten (in Öl ein-

Resteverwertung: Keine Notlösung

gelegt) darauf. Dazu passt ein Dressing aus Olivenöl, Balsamessig, Honig, Salz und Pfeffer, das Sie mit gehacktem Rosmarin verfeinern.

✱ Probieren Sie auch einen pikanten Brotauflauf. Toasten Sie mehrere alte Brotscheiben. Schneiden Sie Pilze in Scheiben und braten sie in einer Pfanne mit Öl an. Mit Salz, Pfeffer und Muskat würzen. Frühlingszwiebeln in Ringe und Schinkenscheiben in Stücke schneiden. Alles in eine gefettete Auflaufform schichten, Brot zuunterst. Eier, Milch, Salz, Pfeffer und Muskat verquirlen und darüber gießen. Mit etwas geriebenem oder kleingeschnittenem Käse (z. B. Emmentaler oder Gouda) bestreuen und bei 200 °C etwa 30 Minuten backen.

> » *Probieren Sie auch einen pikanten Brotauflauf* «

FEINE CROÛTONS für Suppen und Salate

Aus altbackenem Brot oder alten Brötchen können Sie feine Croûtons für Suppen und Salate herstellen. Einfach mit einem scharfen Brotmesser in kleine Würfel schneiden und in der Pfanne in wenig Butter anbraten.

✱ Wenn Sie viel altes Brot haben, können Sie die Croûtons auch in großen Mengen vorbereiten: Brot in Würfel schneiden, in eine beschichtete Pfanne ohne Fett geben und bei niedriger Hitze kross werden lassen. Sie können die Brotwürfelchen in einem Glas mit Schraubverschluss oder in einem Einmachglas mehrere Wochen bei Raumtemperatur aufbewahren.

✱ Für Salat oder Suppe braten Sie dann die gewünschte Menge Croûtons in Butter an. Die getrockneten Brotwürfel haben den großen Vorteil, dass sie wesentlich weniger Fett aufsaugen als frische.

CAKE POPS AUS KUCHENRESTEN

Für 20 Cake Pops brauchen Sie: 60 g Butter, 125 g Frischkäse, 100 g Puderzucker, 300 g zerbröselte Kuchenreste, 400 g dunkle Kuvertüre, 20 Lutscherstiele, 200 g bunte Streusel und ein Stück Styropor.

1 Butter, Frischkäse und Puderzucker mit dem Handrührgerät vermischen. Die Kuchenreste einrühren, sodass ein Teig entsteht.

2 Zwanzig Kugeln formen und eine Stunde im Kühlschrank kühlen. Die Kuvertüre schmelzen, die Lutscherstiele eintauchen und in die Kugeln stecken.

3 Die Kugeln nochmals für eine Stunde in den Kühlschrank geben. Dann in die Kuvertüre tauchen und in den bunten Streuseln wälzen.

4 Die Cake Pops auf einen Styroporblock spießen und fest werden lassen. Statt der bunten Streusel sind auch Kokosraspel geeignet.

Gesundheit und Sicherheit für die ganze Familie

In unseren eigenen vier Wänden haben wir das Gefühl: Hier passiert mir nichts! Doch auch unser Zuhause kann Risiken, ja sogar Gefahren bergen. Diese muss man kennen – nur so lässt sich vorbeugen. Dafür halten Fachleute eine Vielzahl an Ratschlägen für Sie bereit.

GESUNDHEIT UND SICHERHEIT FÜR DIE GANZE FAMILIE

Die Wohnung unfallsicher machen

Im eigenen Heim fühlt man sich normalerweise sicher vor Gefahren. Diese Sicherheit ist aber trügerisch: Im Haushalt ereignen sich rund ein Drittel aller Unfälle. Doch es gibt viele Möglichkeiten, potenziellen Risiken vorzubeugen und Gefahrenstellen zu entschärfen.

FÜR KINDER UND SENIOREN ist
Sicherheit besonders wichtig

Besondere Gefahren drohen Kindern, weil sie zahlreiche Risiken einfach noch nicht kennen – nicht zuletzt Chemikalien wie Reinigungs- und Arzneimittel, Strom und offenes Feuer. Da müssen Eltern vorsorgen und Wohnung und Haus unter diesen Gesichtspunkten genauestens inspizieren.

✳ Die zweite Gruppe, denen die eigene Wohnung zur Falle werden kann, sind Senioren über 75 Jahre. Mehr als die Hälfte aller Unfälle, die sie erleiden, ereilen sie im eigenen Heim – meist sind es Stürze durch Stolpern oder Ausrutschen. Dazu kommt es in der Regel wegen der nachlassenden Seh- und Muskelkraft, aber auch eingenommene Schlaf- und Beruhigungsmittel stellen Risiken dar.

✳ Mit etwas Überlegung kann man Unfallschwerpunkte entschärfen. Oft sind dazu nur kleine Veränderungen nötig.

STURZGEFAHR! Stolperfallen beseitigen

Etwa 80 Prozent aller Haushaltsunfälle sind Stürze, die oft üble Verletzungen durch Aufschlagen an Tischkanten oder auf hartem

» Kinder und Senioren über 75 Jahre sind am stärksten unfallgefährdet «

Fußboden zur Folge haben. Häufig kommt es dabei zu gefährlichen Kopfwunden.

✳ Teppiche, Läufer, Bett- und Badvorleger können Stolperfallen sein. Sichern Sie sie auf glattem Boden durch Anti-Rutsch-Matten oder doppelseitiges Klebeband. Schlagen Sie umgeschlagene Ecken sofort wieder zurück.

✳ Gefährlich sind auch herumliegende Elektro- und Telefonkabel. Verlegen Sie die Kabel entlang der Fußleiste oder in Kabelkanälen, oder befestigen Sie sie mit Klebeband bzw. Kabelschellen. Statt eines langen Telefonkabels ist ein schnurloses Telefon besser.

✳ Treppen müssen ein stabiles Geländer haben. Kindern sollte man beibringen, sich an den Stäben des Treppengeländers festzuhalten, wenn sie eine Treppe hinabsteigen (nicht springen oder hüpfen). Etwaiger Teppichbelag auf den Stufen muss verklebt sein. Ideal sind Gummilippen oder -kanten auf oder an den Stufen gegen das Abrutschen.

✳ Wenn Sie nachts öfter mal raus müssen: Lassen Sie keine Hindernisse im Weg zur Toilette stehen (Stühle, Taschen, Spielzeug, Wäschekorb).

EINFACHER! Wenn Sie immer Probleme haben, im Dunkeln den Lichtschalter zu finden – wie wäre es mit einem Bewegungsmelder, der das Licht selbsttätig einschaltet? Es gibt auch schwach leuchtende LED-Lichterketten mit Bewegungsmelder, die keinen Mitbewohner stören, wenn sie angehen.

BESSER! Steht bei Ihnen eine Badrenovierung an? Dann wählen Sie als Fußbodenbelag statt großformatiger Fliesen lieber Mosaik. Wegen der zahlreichen Fugen ist dieser Bodenbelag rutschsicherer.

BILLIGER! Kleben Sie auf oder an Schalter und andere Gegenstände, die Sie im Dunkeln finden müssen, nachtleuchtende Sternchen-Sticker, die es für wenig Geld in Spielwarenläden oder Kaufhäusern gibt. Das ersetzt spezielle Schalter mit eingebauten Leuchten.

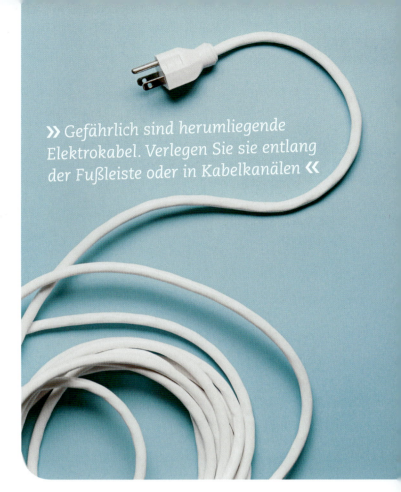

» Gefährlich sind herumliegende Elektrokabel. Verlegen Sie sie entlang der Fußleiste oder in Kabelkanälen «

BITTE NICHT!

Beim Treppensteigen (auf oder ab) tragen Sie Gegenstände niemals so, dass sie Ihnen die Sicht versperren könnten.

RUTSCHFESTE HAUSSCHUHE! Sie können Unfälle verhüten

Pantoffeln sind nicht ungefährlich, weil sie den Füßen keinen so guten Halt geben. Besser sind Hausschuhe, die den Fuß umhüllen oder mit Fersenriemen gehalten werden. Sie mindern die Gefahr, mit dem Fuß umzuknicken, auf einer Treppenstufe wegzurutschen oder über eine hochstehende Teppichkante oder ein unvermutetes Hindernis zu stolpern.

GESUNDHEIT UND SICHERHEIT FÜR DIE GANZE FAMILIE

✳ Wichtig sind zudem Profilsohlen aus Gummi oder Leder, die auch auf rutschigen Böden einen guten Halt geben und sicheren Tritt erlauben, und mehr noch auf Treppen oder Leitern. Glatte Kunststoffsohlen dagegen erhöhen die Sturzgefahr, zumal auf nassen Kunststoffböden oder Kacheln im Bad. Das gilt natürlich für alle Hausbewohner, ganz besonders aber für Senioren und Kinder, die vielleicht ohnehin nicht so trittsicher sind.

MACHEN SIE DIE WOHNUNG KINDERSICHER, da darf es keine Nachlässigkeit geben

Die Sicherheit des Kindes und das Vermeiden von Risiken für die unerfahrenen Kleinen haben oberste Priorität. Die Schönheit der Wohnung und Repräsentationsbedürfnisse der Erwachsenen müssen nun zurückstehen. Man hat einiges zu beachten, um eine Wohnung kindersicher zu machen. Zum Beispiel sollten Sie nie Messer, Scheren, Nadeln, Feuerzeuge, Streichhölzer, Reinigungsmittel, Medikamente, Lampenöl, Alkoholika, Farben, Kosmetika oder Kleinteile aller Art herumliegen lassen. Raucher müssen sorgfältig auf ihre Zigaretten achten – schon das Nikotin in einer einzigen verschluckten Zigarette kann ein Kleinkind töten. Schließen Sie all diese Dinge im Schrank ein. Große Gefahr geht auch von Plastiktüten aus, an denen ein Kind ersticken kann, wenn es sie über den Kopf zieht.

✳ Ein guter Wickeltisch hat Barrieren. Stürze vom Wickeltisch (oder von anderen Möbeln) zählen zu den häufigsten Unfällen bei Babys. Die Gitterstäbe des Kinderbetts müssen so nah beieinander stehen, dass das Kind den Kopf nicht durchstecken kann.

✳ Nutzen Sie in Kinderzimmern nur Niedervolt-Lampen und -Spielzeug (oder solches mit Batterien).

✳ Steckdosen werden mit Kindersicherungseinsätzen versehen. Kabel von elektrischen

>> *Treppen müssen durch spezielle Treppengitter gesichert und Fenster abschließbar sein* <<

Geräten und Lampen dürfen für ein Kleinkind nicht erreichbar sein.

✳ Ziehen Sie nach dem Benutzen immer die Stecker elektrischer Küchengeräte heraus, wenn Kinder im Haus sind. Dann können sie zum Beispiel nicht versehentlich den Mixer einschalten, wenn sie ihn in die Hand nehmen, und sich verletzen. Lassen Sie die Kabel nie von der Arbeitsplatte herunterhängen – das Kind könnte daran ziehen und dann vom herunterfallenden Gerät verletzt werden.

✳ Die Möbel im Kinderzimmer werden mit Metallwinkeln an der Wand befestigt, damit sie bei eventuellen Kletterversuchen der kleinen Racker nicht umkippen.

✱ Treppen müssen durch spezielle Treppengitter gesichert und Fenster abschließbar sein. Solche Treppengitter, eventuell höher angebracht, sind auch eine große Hilfe, wenn ein älterer Mensch im Haus ist, dessen Sehkraft nachgelassen hat.

✱ Tischdecken gehören verbannt – ein Kleinkind könnte daran ziehen. Pflanzen verlassen die Wohnung, solange das Kind noch so klein ist, dass es alles in den Mund steckt.

✱ Alle Möbelecken werden mit Eckenschutz entschärft, alle Schranktüren, Schubladen und Mülleimerdeckel mit Verriegelungsmechanismen versehen.

BESSER! Statt immer wieder nach dem Baby zu sehen, nutzen Sie ein Babyphone, um Ihr Kind zu überwachen, wenn es in einem anderen Zimmer in seinem Bettchen liegt. Manche Geräte senden bei Geräuschen sogar eine E-Mail auf Ihr Smartphone, sodass Sie auch mal unbesorgt zum Nachbarn gehen können.

BITTE NICHT!

Lassen Sie ein kleines Kind nicht beim Kochen „helfen". Es könnte sich verletzen oder verbrühen, und Sie könnten über das Kind oder sein Spielzeug stolpern.

» Schützen Sie Ihre Haustiere – Medikamente, die für Menschen bestimmt sind, können für Tiere tödlich sein «

GOLDENE REGELN!

Gefahren für Haustiere abwenden

1. Schützen Sie Ihre Haustiere. Manche Hunde und Katzen knabbern gern an Zimmerpflanzen. Zahlreiche Arten aber sind giftig, darunter Efeu, Weihnachtsstern und Azaleen.

2. Für Hunde sind Schokolade, Weintrauben und Rosinen, Zwiebeln, Knoblauch, Kakao, Nikotin und Avocado gefährlich. Hat Ihr Hund so etwas gefressen, sofort zum Tierarzt!

3. Katzenbesitzer müssen ihre Tiere vor rohem Schweinefleisch hüten – es kann Viren enthalten, die für Katzen tödlich sind. Teebaumöl macht Katzen ebenfalls krank.

4. Medikamente, die für Menschen bestimmt sind, etwa Aspirin®, können für Tiere tödlich sein. Und natürlich alle Arten von Reinigungs- und Waschmitteln.

GESUNDHEIT UND SICHERHEIT FÜR DIE GANZE FAMILIE

» Haushaltsmittel in bunten Flaschen versprechen Hilfe bei Verschmutzungen, aber so manches dieser Mittel birgt selbst Gefahren «

UNFALLSCHWERPUNKT KÜCHE –
nicht nur während des Kochens

Die Küche birgt viele Risikofaktoren. Auch hier sind kleine Kinder und Senioren besonders in Gefahr. Vorsicht, wenn während der Arbeit das Telefon läutet oder jemand an der Haustür ist: Es könnte länger dauern als erwartet, daher besser den Herd abschalten, den Wasserhahn zudrehen, die Kühlschranktür schließen und aufpassen, ob noch ein Kind in der Küche ist.

✳ Schneiden Sie mit Messern, vor allem mit besonders scharfen, immer vom Körper weg. Und tragen oder übergeben Sie ein Messer immer mit nach unten weisender Klinge.

✳ Verbrühgefahr besteht bei manchen Armaturen: Wenn zuvor Heißwasser lief, kommt auch bei „Kalt" zunächst heißes Wasser heraus.

✳ Drehen Sie Pfannenstiele und Topfgriffe so, dass Sie nicht über den Herd herausragen: Sie könnten daran hängen bleiben und sich mit heißem Fett oder Wasser überschütten.

✳ Vorsicht mit offenen Türen von Oberschränken, wenn Sie darunter etwas suchen: Es besteht die Gefahr, dass Sie sich beim Hochkommen den Kopf stoßen. Passiert leider oft!

✳ Wischen Sie verschüttete Flüssigkeiten unverzüglich auf: Rutschgefahr!

BESSER! Senioren sollten sich unbedingt einen modernen Herd mit Topf-Erkennung anschaffen. Steht kein Topf auf der Kochstelle, schaltet sich diese automatisch ab. Auch die Platte eines Induktionsherdes bleibt kalt, wenn kein Topf darauf steht, weil auf dem Induktionsherd lediglich der Topf erhitzt wird, und zwar durch Magnetisierung des Topfbodens.

PUTZMITTEL, ein Risiko nicht nur für Kinder

So manche Gefahr im Haushalt kommt scheinbar ganz harmlos daher – in bunten Flaschen, die Hilfe bei allerlei Arten von Verschmutzungen versprechen. In aller Regel helfen sie auch tatsächlich – aber so manches dieser chemischen Mittel birgt selbst Gefahren.

» Putzen Sie öfter, lassen Sie den Schmutz nicht erst fest werden. Dann brauchen Sie weniger Reiniger «

✳ Spiritus und andere lösungsmittelhaltige Reiniger sind zumindest feuergefährlich. Aber richtig gefährlich können Rohrreiniger und Sanitärreiniger sein. Sie enthalten nämlich oft ätzende Inhaltsstoffe, die man möglichst nicht an die Hände bekommen sollte – meist sind Hautreizungen und Schlimmeres die Folge. Manche dieser Mittel geben ätzende Dämpfe ab, die die Atemwege reizen und sogar die Lunge schädigen können.

✹ Besonders von ätzenden Mitteln gefährdet sind die Augen. Will man etwa mit Ätznatron oder ähnlichen Stoffen ein verstopftes Rohr frei bekommen, ist auf jeden Fall das Tragen einer guten Schutzbrille und von Gummihandschuhen geraten. Selbst ein kleiner Spritzer kann das Auge unrettbar verletzen.

✹ Kritisch für die Gesundheit sind auch chemische Schädlingsbekämpfungsmittel, zumal wenn sie sich gasförmig im Zimmer ausbreiten. In Wohn- und Schlafräumen sowie in der Küche sollte man darauf möglichst ganz verzichten. Eventuell können Sie Köderfallen oder biologische Mittel (Lockstoffe) nutzen – und nicht zuletzt altbewährte Tricks wie das Verschließen aller möglichen Ritzen und gründliches Staubsaugen.

✹ Malerfarben auf Wasserbasis sind recht harmlos. Anders hingegen die intensiv riechenden Farben und Lacke auf Lösungsmittelbasis. Wenn Sie diese einsetzen sollten, müssen Sie die Räume mehrere Tage lang gründlich durchlüften. Am besten erledigen Sie solche Arbeiten deshalb in der warmen Jahreszeit.

BESSER! Putzen Sie öfter, lassen Sie Schmutz nicht erst fest werden. Und schrubben Sie intensiver. Dann brauchen Sie weniger und meist auch keine scharfen Reiniger.

BITTE NICHT!

Lassen Sie Putzmittel immer in ihren Originalflaschen, und füllen Sie sie nie in Getränkeflaschen um. Es könnte daraus getrunken werden – das kann Lebensgefahr bedeuten!

Die Wohnung unfallsicher machen

EINE GUTE LEITER gehört in jede Wohnung

Klettern Sie niemals auf Tische oder Stühle, um Gardinen aufzuhängen, Fenster zu putzen, Glühlampen auszuwechseln oder gar die Decke zu streichen. Nehmen Sie die kleine Mühe auf sich, und holen Sie eine Leiter herbei.

✹ Bei der Anschaffung einer Leiter dürfen Sie nicht sparen. Achten Sie beim Kauf auf Qualität. Qualität erkennen Sie vor allem an der Stabilität, an den rutschfesten Füßen und dem Siegel „Geprüfte Sicherheit" (eine Abbildung dieses Zeichens finden Sie auf S. 201). Wenn möglich, studieren Sie Testergebnisse der Stiftung Warentest und lassen sich bei Ihrer Kaufentscheidung davon leiten.

✹ Bevor Sie die Leiter hochsteigen, sorgen Sie für einen sicheren Stand. Die Leiter darf nicht wackeln und der Untergrund nicht nachgeben. Klappen Sie Standleitern vollständig auseinander, und aktivieren Sie die

» Achten Sie beim Kauf einer Leiter auf Qualität «

GESUNDHEIT UND SICHERHEIT FÜR DIE GANZE FAMILIE

Spreizsicherung gegen ein versehentliches und gefährliches Zusammenklappen.

✹ Betreten Sie Leitern nur mit rutschfestem Schuhwerk. Steigen Sie nur so hoch, wie Sie sich sicher fühlen. Oben auf der Leiter-Plattform zu stehen ist nicht jedermanns Sache!

✹ Beugen Sie sich nicht zu weit nach außen – die Leiter könnte kippen. Führen Sie Elektrokabel stets seitlich an der Leiter vorbei, nicht im Trittbereich: Stolpergefahr!

✹ Transportieren Sie Werkzeug und all die Dinge, die Sie dort oben brauchen, in Taschen, denn Sie müssen eine Hand zum Festhalten frei haben. Denken Sie an den alten Seglerspruch: Eine Hand für dich, eine fürs Schiff.

BITTE NICHT!

Nutzen Sie Stehleitern niemals als Anlegeleitern. Es gibt dafür spezielle Modelle sowie kombinierte Steh-/Anlegeleitern.

FÜR DIE SICHERHEIT behinderter Menschen gibt es besondere Lösungen

Wenn die motorischen Fähigkeiten nicht so sind oder nicht mehr so sind, wie sie sein sollten, muss das noch kein Grund sein, die eigene Wohnung zu verlassen. Um eine sichere und selbstständige Lebensführung zu erhalten, gibt es zahlreiche darauf abgestimmte Produkte.

✹ Probleme beim Einsteigen in die Badewanne und auch beim Aussteigen? Dafür gibt es Griffe, die senkrecht auf dem Wannenrand befestigt werden und sicheren Halt geben. Eine neue Lösung ist auch eine Badewanne mit Tür, deren Schwelle nur 10 bis 20 cm hoch ist. Solche Badewannen gibt es auch als Sitzwannen – besonders praktisch, wenn man in seinen Bewegungen stark eingeschränkt ist. Auch für Kinder eignen sich solche Wannen gut. Für sie ist es zudem ein großer Spaß, „durch die Tür" in die Badewanne zu gelangen.

✹ Wird das Hochkommen vom Toilettensitz schwierig, kann man ihn mit einem Plastikaufsatz höher machen. Oder man lässt sich eine hohe Seniorentoilette einbauen, die die meisten Hersteller von Sanitärobjekten im Programm haben.

✹ Wer auf einen Rollstuhl angewiesen ist, hat möglicherweise Probleme, dicht an das Waschbecken heranzukommen. Dafür gibt es Waschbecken mit schmalem Rand, an die man mit einem Rollstuhl ganz nah heranfahren kann.

✹ Im Schlafzimmer ist eventuell ein sogenanntes Aufstehbett notwendig. Das ist nicht ganz billig, und es lohnt sich, die Krankenkasse nach einem Zuschuss zu fragen.

» *Eine neue Lösung ist eine Badewanne mit Tür, deren Schwelle nur 10 bis 20 cm hoch ist. Sie ist auch für Kinder ideal* «

> *» Unter Umständen kann der Einbau eines Treppenlifts ratsam sein «*

✳ Treppen sollten beidseitige Handläufe haben, das erhöht für Menschen mit Einschränkungen die Sicherheit. Die Handläufe müssen ein Stück über die Treppe herausragen, damit man den Treppenabsatz gut erreichen kann. Die Stufen sollten kontrastreich gestaltet sein, sodass man sie auch bei verringerter Sehstärke erkennt. Unter Umständen kann der Einbau eines Treppenlifts ratsam sein, der nach den jeweiligen baulichen Gegebenheiten individuell konstruiert wird. Zwar kann ein Treppenlift einige Tausend Euro kosten, doch in vielen Fällen gibt die Pflegeversicherung einen nicht unerheblichen Zuschuss.

✳ Im Flur sollten Hilfen zum Schuhwechsel (Stuhl, Schuhanzieher, Stiefelknecht) sowie eventuell Platz für den Rollator vorhanden sein. Ist einer nötig, darf natürlich auch die Schwelle an der Haustür nicht zu hoch sein.

✳ Notruf-Einrichtungen an diversen Stellen der Wohnung sind sinnvoll (Bad, Toilette, Schlafzimmer, eventuell nahe am Fernsehsessel). Telefone sollten möglichst leicht erreich- und bedienbar sein (am günstigsten ist ein Handy): Große Tasten, eine große Anzeige und voreingestellte Notrufnummern sind gute Lösungen, die im Ernstfall ein Leben retten können.

EINFACHER! Eine Thermostat-Armatur, die sich auch nachträglich einbauen lässt, sorgt dafür, dass immer eine angenehme Wassertemperatur eingestellt ist. So kann es nicht zu schlimmen Überraschungen kommen, wenn kochend heißes oder eiskaltes Wasser aus Hahn oder Brause rauscht.

BESSER! Emaillierte Badewannen sind sehr rutschig. Hilfreich, aber nicht besonders hygienisch sind Gummimatten, die man in Wanne oder Dusche legt. Etwas rutschfester als Emailwannen sind Acrylwannen. Die ideale Lösung aber sind Wannen mit Antislip-Emaillierung. Dabei handelt es sich um eine strukturierte Oberfläche aus einem dauerhaft ins Email eingebrannten Quarz-Sand-Gemisch.

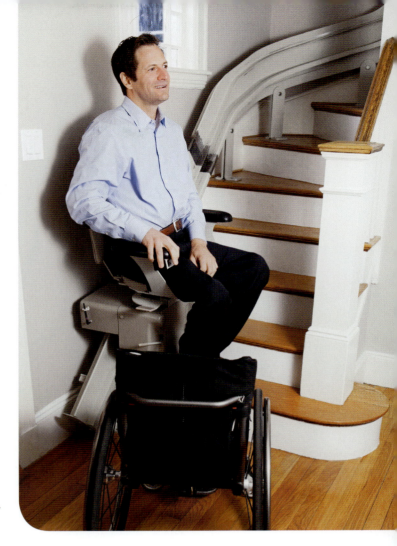

BITTE NICHT!

Stellen Sie keinen Hocker ins Bad, sondern einen Stuhl mit Lehnen. Ein Hocker ist nicht sicher genug: Bei einem plötzlichen Schwächeanfall könnte man sich daneben setzen oder herunterkippen.

GESUNDHEIT UND SICHERHEIT FÜR DIE GANZE FAMILIE

Elektrischer Strom: Segen und Gefahr

Dank der langen Erfahrung mit Strom sind moderne Industrieprodukte in der Regel sicher. Mögliche Gefahren kann man meiden, wenn man Vorsicht und Umsicht walten lässt.

» *Wir kommen nicht ohne die Kraft aus, die uns Licht und Wärme gibt* «

DER UMGANG MIT STROM gebietet Umsicht und Vorsicht

Elektrischer Strom birgt vor allem zwei Arten von Gefahren: Er kann an der falschen Stelle Drähte erhitzen und so unter ungünstigen Umständen einen Brand auslösen. Und er kann, meist infolge fehlerhafter Isolierung, seinen Weg durch Kabel und Geräte verlassen und durch den menschlichen Körper fließen. Solch ein Stromschlag ist höchst unangenehm und gefährlich. In manchen Fällen führt er zu längerem Leiden oder gar zum Tod durch Atemlähmung oder Herzstillstand.

☀ Zwar haben hierzulande geprüfte und als sicher befundene Geräte ein Prüfzeichen, aber bisweilen werden solche Zeichen auch gefälscht oder zumindest sehr ähnlich nachgeahmt – vor allem bei importierten Billigprodukten. Daher: Augen auf beim Kauf und auf bestimmte Hinweise achten (siehe S. 202 „Woran man schlechte Elektroprodukte erkennt").

SCHNELLER! Im Notfall müssen Sie den Strom schnell abschalten können. Damit Sie gleich den richtigen Stromkreis im Sicherungskasten finden, versehen Sie jede Sicherung mit der entsprechenden Bezeichnung (z. B. „Bad"). Zeigen Sie allen Mitbewohnern, wo der Sicherungskasten hängt.

BESSER! Weisen Sie Ihre Kinder auf die Gefahren durch elektrischen Strom und den richtigen Umgang mit Elektrogeräten, Steckern und Steckdosen hin, und kontrollieren Sie durch Rückfragen, ob sie gut zugehört haben.

BITTE NICHT!

Ein beschädigtes Elektrogerät dürfen Sie auf keinen Fall weiterbenutzen, auch wenn es noch funktionieren sollte. Lassen Sie es reparieren, oder entsorgen Sie es, sonst können Brand oder Stromschlag drohen.

Elektrischer Strom: Segen und Gefahr

EUROSTECKER und Schuko-Stecker

Nur Geräte mit Schutzisolierung, etwa durch ein Kunststoffgehäuse, dürfen mit einem flachen Eurostecker ausgerüstet sein. Alle anderen brauchen einen Schuko-Stecker (Schutzkontakt-Stecker). Sie erkennen ihn an den Metallstreifen, die in Federn an der Steckdose einrasten. Diese Schutzkontakte sind sehr wichtig für Ihre Sicherheit: Bei Beschädigung innerhalb des Geräts leiten sie den Strom ab bzw. lösen eine Stromabschaltung aus.

✱ Kaufen Sie nur Steckdosen, Steckdosenleisten und Verlängerungsschnüre mit GS- oder VDE-Prüfzeichen. Robuste Kabel und stabile Stecker und Kupplungen sind unerlässlich.

✱ Die Federkontakte in der Steckdose bzw. Kupplung sollten elastisch sein, also nach dem Andrücken wieder zurückfedern. Andernfalls können sie leicht verbiegen und stellen dann keinen Kontakt mehr her. Auch wenn das Gerät weiterhin funktioniert, weil der Strom durch die Steckkontakte fließt, ist die Sicherheit erheblich vermindert beziehungsweise gar nicht mehr gegeben.

» Sie erkennen den Schuko-Stecker an den Metallstreifen, die in Federn an der Steckdose einrasten «

EXPERTENRAT

Welche Prüfzeichen es an Elektrogeräten gibt

Mit dem CE-Zeichen („Certificat Européen") gibt der Hersteller an, dass das Produkt den Sicherheitsbestimmungen der EU entspricht. Dies ist aber eine reine Selbsterklärung, die von keiner externen Prüfstelle bestätigt wurde.

Vertrauenswürdiger ist das GS-Zeichen („Geprüfte Sicherheit") nach dem Produktsicherheitsgesetz (ProdSG). Es zeigt an, dass eine anerkannte Prüfstelle das jeweilige Produkt untersucht hat und es auch weiterhin überprüfen wird.

Das VDE-Zeichen stammt vom Prüf- und Zertifizierungsinstitut des „Verbands der Elektrotechnik Elektronik Informationstechnik e. V. (VDE)", das ebenfalls elektrotechnische Geräte auf ihre Sicherheit hin kontrolliert.

GESUNDHEIT UND SICHERHEIT FÜR DIE GANZE FAMILIE

✸ Mehrere Steckdosenleisten dürfen Sie nicht hintereinander stecken, wenn Sie leistungsstarke Geräte mit hohem Strombedarf anschließen wollen. Das gilt beispielsweise für Heizlüfter, Heizdecken, starke Lampen, Staubsauger, Elektrowerkzeuge und große Küchengeräte. In diesem Fall besteht Überlastungs- und damit akute Brandgefahr.

BESSER! Verlegen Sie Leitungen in Kabelkanälen oder Leerrohren, falls Sie Kaninchen oder Meerschweinchen im Haus haben, die ab und zu frei herumlaufen dürfen. Diese Tiere knabbern sehr gern Kabel an.

BILLIGER! Ziehen Sie bei Gewitter die Stecker empfindlicher Geräte. Das sollten Sie auch vor Urlaubsbeginn tun. So ersparen Sie sich Reparatur bzw. Neuanschaffung.

» *In Räumen mit hoher Luftfeuchtigkeit sollten die sicheren FI-Schalter vorhanden sein* «

BITTE NICHT!

Ziehen Sie Stecker nie am Kabel aus der Steckdose, sondern stets am Stecker selbst. Mit der Zeit würde das Kabel sonst brechen.

EXPERTEN**RAT**

Woran man schlechte Elektroprodukte erkennt

- *Das Gerät ist verdächtig billig.*
- *Das Prüfzeichen fehlt oder ist offensichtlich nachgemacht – vergleichen Sie es mit dem Zeichen auf einem Qualitätsprodukt.*
- *Das Zuleitungskabel wirkt auffällig dünn – Kabel mit zu geringem Leitungsquerschnitt können sich gefährlich erhitzen.*
- *Die Steckerstifte haben einen zu geringen Durchmesser, sodass sie in der Steckdose wackeln (das können und sollten Sie im Geschäft ausprobieren). Solche Stecker können verschmoren.*

FI-SCHUTZSCHALTER, die sicherste Lösung

Lassen Sie in Ihrer Wohnung FI-Schutzschalter installieren. Das F bedeutet Fehler, das I ist das Formelzeichen für elektrischen Strom. Diese sogenannten Fehlerstromschutzschalter sind nicht allzu teuer und haben schon viele Leben gerettet. Üblicherweise sind sie im Sicherungskasten eingebaut, funktionieren aber etwas anders als eine normale Sicherung. Eine elektrische Sicherung schaltet den Stromfluss ab, wenn ein zu starker Strom fließt, und bewahrt so die Kabel und Einrichtungen vor Überhitzung. Aber sie kann nicht vor Stromschlag schützen – für den Menschen ist aber schon ein schwacher Strom tödlich, wenn er durch den Körper fließt.

✸ Hier kommt der FI-Schalter ins Spiel. Er vergleicht die zufließende Stromstärke in einer Leitung mit der zurückfließenden. Sind beide Werte nicht innerhalb eines geringen Toleranzbereichs gleich, geht offenbar Strom verloren, und ein solcher „Fehlerstrom" weist stets auf Probleme hin. In diesem Fall unterbricht der FI-Schalter sofort den gesamten Stromfluss im

Kabel – in der Regel, bevor der Strom ernste Schäden anrichten kann.

✳ FI-Schalter können Sie für das ganze Haus oder auch für einzelne Steckdosen nachrüsten lassen. Sie sind in bestimmten Fällen und bei Neubauten sogar gesetzlich vorgeschrieben. Allemal empfehlenswert sind sie, wenn ein hohes Risiko besteht, dass Leitungen beschädigt werden, etwa bei elektrischen Rasenmähern und Heckenscheren. Leben retten können sie, wenn erhöhte Stromschlaggefahr besteht, z. B. bei Gartenteichpumpen sowie in Räumen mit hoher Luftfeuchtigkeit, wie in Bädern und Waschküchen. Feuchte Haut leitet den Strom besser als trockene, daher ist dann das Risiko höher. Bei Geräten in Kinderzimmern sollten FI-Schalter grundsätzlich vorhanden sein.

BESSER! Auch FI-Schalter können defekt sein. Testen Sie sie daher etwa alle drei Monate durch Drücken der Prüftaste, oder lassen Sie sie vom Fachmann überprüfen.

Vor dem Auswechseln von Beleuchtungskörpern stets den Strom abschalten «

GOLDENE REGELN!

So schützen Sie sich beim Benutzen von Elektrogeräten

1. Überprüfen Sie Elektrogeräte, Kabel, Stecker und Steckdosen regelmäßig auf Beschädigungen, brüchige Kabelisolierungen, verschmorte Stellen und Schmorgeruch. Werden Sie fündig, benutzen Sie das Gerät nicht weiter, auch wenn es noch funktioniert.

2. Wenn Sie im Bad elektrische Geräte nutzen: nur mit äußerster Vorsicht. Halten Sie alle Geräte vom Wasser fern – zumal wenn Sie in der Dusche oder Badewanne sind. Vom Badewannenrand ins Wasser gerutschte Föhne oder Rasierer haben schon manchen Menschen getötet.

3. Vor dem Auswechseln von Beleuchtungskörpern oder beim Reinigen von Elektrogeräten stets den Strom abschalten!

4. Flicken oder reparieren Sie nie Elektroteile, wenn Sie nicht genau wissen, was Sie tun und ob Sie das richtige Werkzeug besitzen.

Gesundheitsvorsorge für die Familie

Selbst im bestgeführten Haushalt kann einmal ein Malheur geschehen – und dann ist eine gut gefüllte Hausapotheke unerlässlich. Aber man sollte auch mit vorbeugenden Maßnahmen für die Gesundheit aller Hausbewohner sorgen.

VERHALTENSWEISEN, DIE HELFEN,
die Gesundheit zu erhalten

Natürlich kann es keine vollständige Sicherheit gegen Gesundheitsgefahren geben. Doch eine Reihe von Verhaltensweisen kann dazu beitragen, gesund zu bleiben. Dazu zählen so vergleichsweise selbstverständliche Dinge wie das Händewaschen. Tun Sie es nach dem Einkaufen – Sie wissen nicht, wer vor Ihnen den Einkaufswagen geschoben hat. Gründliches Händewaschen soll nach dem Toilettengang und vor dem Essen selbstverständlich sein, aber auch wenn Sie einen Kranken in der Familie haben; das gilt z. B. besonders bei einer Magen-Darm-Infektion.

✱ Meiden Sie riechende Möbel oder Kunststoffe. Der Geruch bedeutet, dass sie Chemikalien abgeben, die möglicherweise schädlich sind.

✱ Aber auch pflanzliche Duftstoffe können zur Gefahr werden. Zwar werden ätherische Öle bei Erkältungen als wohltuend empfunden, doch die Dosis macht das Gift. Das zeigen schwere Vergiftungsfälle bei Kindern, die immer wieder durch ätherische Öle verursacht werden. Deshalb müssen pflanzliche Duftstoffe bei Kindern mit großer Vorsicht und nur entsprechend ihrer Zweckbestimmung angewendet werden.

✱ Es kommt immer wieder vor, dass eine Glasschüssel oder ein Trinkglas zu Boden fällt und zerbricht. Damit sich niemand verletzt, sammeln Sie zuerst die großen Scherben auf. Um auch all die kleinen Glassplitter zu erwischen, decken Sie den Bereich mit feuchtem Zeitungs-

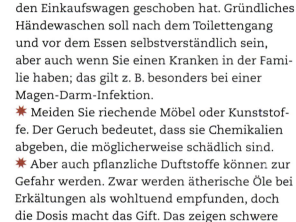

》 Sorgen Sie für eine Bestückung des Arzneischränkchens mit wirklich wichtigen Arzneien und Hilfsmitteln 《

papier ab. Die Splitter bleiben an dem feuchten Papier kleben. Nehmen Sie es vorsichtig auf. **BESSER!** Lacke, Farben und Kleber sollten Sie auf gesundheitliche Unbedenklichkeit prüfen, bevor Sie sie kaufen. Studieren Sie die Informationen auf den Dosen bzw. Verpackungen genau, und achten Sie auf die Warnungen.

BITTE NICHT!

Rauchen Sie nicht in der Wohnung (und am besten natürlich überhaupt nicht) – vor allem aber nicht so, dass Kinder den Rauch einatmen müssen. Nach neuesten Erkenntnissen ist Zigarettenrauch noch weit giftiger, als man bisher dachte.

DAS ARZNEISCHRÄNKCHEN
sollte sinnvoll gefüllt sein

In vielen Haushalten findet man Schränkchen mit einem roten Kreuz darauf, die als Hausapotheke firmieren und in denen vor allem die Reste einst eingenommener Medikamente schlummern. So sollte es nicht sein! In der Hausapotheke lagern Sie Ihre Vorräte an Medikamenten, die sich in Gebrauch befinden. Vor allem aber sollten Sie für eine zweckmäßige Bestückung mit wirklich wichtigen und relativ frischen Arzneistoffen und Hilfsmitteln sorgen. Am besten holen Sie sich dazu bei einem Apotheker Rat.

✳ Das Medizinschränkchen muss unbedingt abschließbar sein – Kinder dürfen es nicht öffnen können. Prüfen Sie regelmäßig, ob Medikamente abgelaufen sind, und entsorgen Sie diese. Falls die Beipackzettel keine speziellen Hinweise enthalten, geben Sie Altmedikamente beispielsweise in den Hausmüll. Auf keinen Fall über die Toilette oder das Waschbecken entsorgen! Angebrochene Flüssigkeiten,

GUTE PLANUNG!

Was in die Hausapotheke gehört

Verband-mittel	*Mullbinden, elastische Binden, Verbandschere, Heftpflaster (auch für empfindliche Haut sowie wasserfeste), Alkohol-Pads (zur Desinfektion kleiner Wunden), Lederfingerling*
Geräte	*Fieberthermometer, Gummi-handschuhe, Mundspatel, Pinzette, Zeckenzange, Kalt-Warm-Kompresse, kleine, aber leuchtstarke Taschenlampe*
Frei verkäuf-liche Arz-neimittel gegen	*Schmerzen, Halsweh, Sod-brennen, Wunden (Heilsalbe), Verdauungsstörungen (Blä-hungen, Durchfall, Verstop-fung), Insektenstiche, Mus-kelschmerzen, Verstauchung, Sonnenbrand*
Wenn Klein-kinder im Haus sind	*Paracetamol-Zäpfchen, Salben gegen den wunden Popo, Gel gegen Zahnbeschwerden, Hustensaft für Kleinkinder, Kinder-Pflaster (Piraten, Tiere), Kinder-Fieberthermometer*

etwa Husten- oder Augentropfen, sollten nach Gebrauch nicht weiter aufbewahrt werden.
✳ Ersetzen Sie Verbandsstoffe und Wunddesinfektionsmittel so rasch wie möglich, damit welche da sind, wenn sich jemand verletzt hat. Es ist keine schlechte Idee, eine Bestückungsliste in die Hausapotheke zu legen; anhand dieser Liste können Sie immer den Bestand prüfen.

GESUNDHEIT UND SICHERHEIT FÜR DIE GANZE FAMILIE

BESSER! Wenn Sie rezeptfreie Medikamente kaufen, nehmen Sie immer die kleinste Menge. Die mag zwar im Verhältnis teurer sein als eine Großpackung, aber oft genug bleibt viel übrig, weil man die Medikamente nicht mehr braucht, sie nicht verträgt oder das Haltbarkeitsdatum abgelaufen ist.

BILLIGER! Anstatt teure Öltücher für den Babypopo zu kaufen, geht es auch deutlich billiger: Man reißt weiches Toilettenpapier in Einzelblättern ab und legt sie übereinander in eine Schale oder einen Suppenteller. Dann Sonnenblumenöl darüber träufeln, bis der ganze Stapel gut durchtränkt ist.

BITTE NICHT!

Hängen Sie Ihre Hausapotheke nicht in Bad oder Küche auf. Die dort herrschende Wärme und Luftfeuchtigkeit schadet den Medikamenten. Besser ist das Schlafzimmer oder der Flur, geschützt vor direktem Sonnenlicht.

» Smoothies werden gern frisch zubereitet getrunken; sie enthalten alle Vitamine «

GESUNDHEIT aus der Küche

Jeder von uns legt Wert auf gesunde Ernährung für sich und die Famile. In diesem Zusammenhang sind in letzter Zeit einige Nahrungsmittel populär geworden, mit denen man seiner Gesundheit zusätzlich etwas Gutes tun kann.

✷ Seit langem wird grüner Tee getrunken, aber erst in den letzten Jahren haben Forschungen gezeigt, dass er neben zahlreichen Vitaminen und Mineralstoffen heilsame Bitterstoffe enthält, die gegen diverse Leiden wirken.

✷ Recht neu sind die grünen „Smoothies" – Mixgetränke aus Obst, Blattgrün und Wasser. Es gibt mittlerweile eine Fülle von Rezepten. Smoothies werden gern frisch zubereitet getrunken; sie enthalten alle Vitamine, Traubenzucker aus dem Obst und dazu jede Menge heilsamer sekundärer Pflanzenstoffe. Man kann diese Mixgetränke blitzschnell herstellen, und dank des Mixens kann der Körper rasch auf alle Inhaltsstoffe zugreifen. Übrigens müssen Smoothies keineswegs immer grün sein – wird farbkräftiges Obst beim Mixen verwendet, erhält man z. B. einen rosa (Erdbeeren) oder gelben (Apfelsinen) Smoothie.

✷ Wie wirksam pflanzliche Substanzen sind, zeigen zahlreiche neuere Forschungen: So unterdrücken Thylakoide aus Pflanzenzellmembranen das Hungergefühl und bremsen die Verdauung, helfen daher beim Abnehmen. Einige der schwefelhaltigen Inhaltsstoffe von Kreuzblütlern sind auch wirksam gegen Krankheitserreger – kein Wunder, denn die Pflanzen bilden sie, um sich vor Mikroorganismen zu schützen.

BILLIGER! Bei einer Erkältung brauchen Sie nicht unbedingt zur Apotheke zu laufen und teure Mittelchen zu kaufen. Selbstgekochte Hühnersuppe mit Huhn, Möhren, Zwiebeln, Lauch und etwas Petersilie, Sellerie und Salz tut es auch: Sie enthält entzündungshemmende Substanzen und wirkt dem fieberbedingten Flüssigkeitsverlust entgegen.

GESUNDHEITSHELFER ESSIG

Salat mit Essig und Öl – das ist auch unter Gesundheits-Gesichtspunkten eine gute Wahl: Das Öl löst fettlösliche Vitamine aus dem Salat, und Essig verleiht ihm nicht nur einen guten Geschmack, sondern ist ein geradezu universeller Keimtöter: Schon nach wenigen Minuten sind auf Salat 80 Prozent der Bakterien und Pilze inaktiviert.

GEMÜSE UND SALAT KEIMFREI MACHEN

Wenn Sie nur den geringsten Verdacht haben, Gemüse oder Salat könnten mit nicht ganz einwandfreien Händen in Berührung gekommen sein, legen Sie sie in sechsprozentigen Essig, und zwar eine halbe Stunde. Essig macht selbst den sonst sehr resistenten Tuberkulose-Bakterien den Garaus.

HILFREICHE VERDUNSTUNG

Für einen gesunden Haushalt ist Essig ein wertvolles Hilfsmittel. Eine Schale mit Essig beseitigt unangenehme Gerüche im Raum, denn verdunsteter Essig reduziert die Keimzahl in der Luft deutlich. Der saure Duft verschwindet beim Lüften rasch wieder.

HELFER BEIM ABNEHMEN

Sind Sie übergewichtig und machen eine Reduktionsdiät? Dann sollten Sie vor jeder Mahlzeit ein Glas lauwarmes Wasser mit 2 Teelöffeln Apfelessig trinken. Das dämpft das Hungergefühl.

FIEBERSENKER ESSIG

Fieber kann man mit „Essigsocken" senken. Dazu taucht man zwei oder drei Mal am Tag Baumwollsocken in verdünnten Essig (1 Teil Essig auf 5 Teile Wasser), wringt sie leicht aus und zieht sie für eine Stunde an. Währenddessen werden die Füße mit einem Handtuch umwickelt.

EIN ECHTER MUNTERMACHER

Diesen kleinen Trick, um morgens rasch wach und frisch zu werden, kannten schon unsere Großmütter: Trinken Sie vor dem Frühstück ein Glas Wasser mit zwei Esslöffeln Apfelessig und einem Esslöffel Honig. Der Morgentrunk regt den Stoffwechsel an und fördert die Verdauung.

» *So lange im Bett zu liegen kann für einen Kranken langweilig sein. Dagegen helfen Bücher* «

EIN KRANKENZIMMER angenehm gestalten

Es kann ganz unerwartet geschehen: Ein naher Verwandter wird krank und für absehbare Zeit bettlägerig. Auch wenn es professionelle Helfer gibt, die auf Wunsch mehrmals täglich kommen, muss selbstverständlich die Wohnung, oder zumindest das Krankenzimmer, bestimmte Voraussetzungen erfüllen.

✹ Der Raum muss groß genug sein für ein Pflegebett, an das man von allen Seiten gut herankommt, sowie für Nachtschränkchen und Beistelltische. Bad und Toilette müssen nah und ohne Treppenbenutzung erreichbar sein. Notwendig sind dort Haltegriffe, eine rutschfeste Dusche mit Hocker und eventuell ein erhöhter Aufsatz für den Toilettensitz. Besteht Sturzgefahr, entschärfen Sie Ecken mit Eckenschützern und natürlich Stolperfallen. Davon abgesehen: Ein Kranker sollte nie allein und ohne Hilfe duschen oder baden.

✹ Unerlässlich ist eine gute Beleuchtung für ärztliche Untersuchungen, aber auch für die Pflege. Am besten ist es, wenn der Kranke die Beleuchtung vom Bett aus regeln kann. Ebenfalls vom Bett aus sollte man das Fenster verdunkeln können. Und alle Räume, vor allem die Fußböden, sollten bequem zu reinigen und gut zu lüften sein.

✹ In einem gemütlichen Krankenzimmer, in dem der Patient möglicherweise monatelang praktisch rund um die Uhr lebt, sollten einige persönliche Möbel Platz haben, zum Beispiel der Lieblingssessel, und geliebte Erinnerungsstücke, etwa Bilder.

✳ Topfpflanzen sind wegen der möglichen Keime in der Erde im Krankenzimmer tabu, ebenso stark duftende Schnittblumen. Um das Zimmer trotzdem zu verschönern, sollte man zu künstlichen Blumen greifen, die heutzutage kaum noch von echten Blumen zu unterscheiden sind, beispielsweise Orchideen.

✳ So lange im Bett zu liegen kann für einen Kranken langweilig sein. Dagegen helfen Bücher (mit Leselampe), Zeitschriften (evtl. mit Kreuzworträtseln), Fernseher (mit DVD-Spieler), Stereoanlage (mit Kopfhörer), Telefon (evtl. Smartphone) und Laptop oder Tablet.

EINFACHER! Sorgen Sie für Spezialgeschirr, das bequemes Essen und Trinken im Bett ermöglicht und Kleckern verhindert, sodass für den Pflegenden weniger Schmutzwäsche anfällt.

BESSER! Da der Bodenbelag nicht einfach schnell ausgetauscht werden kann, wenn ein Krankenzimmer benötigt wird, sorgen Sie für größtmögliche Hygiene: Tägliches Saugen bzw. Wischen ist unerlässlich. Lose Teppiche werden entfernt, damit problemlos gewischt werden kann. Außerdem sind sie Stolperfallen.

BILLIGER! Sowohl im Zimmer als auch im Bad des Kranken muss es eine Notrufeinrichtung geben. Preiswert und weithin hörbar sind Rednerglocken (Tischglocken, Handglocken): Eine kann auf dem Nachtschränkchen stehen, eine auf dem Waschbecken.

BITTE NICHT!

Ein Krankenzimmer sollte nicht zu abgelegen sein, damit der Bettlägerige die Alltagsgeräusche hört und ein guter Kontakt zur Familie erhalten bleibt. Daraus folgt auch: Lassen Sie Ihren Kranken nicht stundenlang allein.

GOLDENE REGELN!

Was bei Vergiftungen zu tun ist

1. Übelkeit, Erbrechen, Bauchkrämpfe und Durchfall können auf eine Lebensmittelvergiftung hindeuten. Wenn nach einigen Stunden keine Besserung eintritt oder gar Sehstörungen oder Lähmungen auftreten, den Rettungswagen rufen!

2. Bei Kindern kann eine unerklärliche Änderung des Verhaltens, etwa plötzliche Müdigkeit, Erregung oder Zittern, auf eine Vergiftung hindeuten. Zumal wenn das Kind auch über Übelkeit, Kopfschmerzen oder Schwindel klagt. Herausfinden, was es zu sich genommen hat: Putzmittel, Medikamente, giftige Pflanzen, Pflanzenschutzmittel, Insektengift? Den Rettungswagen rufen!

3. Während auf den Notarzt gewartet wird, nichts zu essen oder trinken geben, auf keinen Fall Milch! Nach Aufnahme ätzender Stoffe nicht erbrechen lassen, aber zur Verdünnung viel Wasser zu trinken geben.

4. Falls die Ursache bekannt ist, Reste des Mittels oder des Gegessenen zur Untersuchung aufbewahren. Das gilt auch für eventuell Erbrochenes.

GESUNDHEIT UND SICHERHEIT FÜR DIE GANZE FAMILIE

Kampf dem Ungeziefer im Haus

Unser Zuhause ist für Kleintiere geradezu ein Paradies. Dort ist es schön warm, und es bietet viele ungestörte, angenehm feuchte Winkel. Speziell in Küche und Keller, aber auch im Bad und Schlafzimmer findet sich Nahrung unterschiedlichster Art, von Schimmelpilzen über Hautschuppen bis zu Lebensmittelresten.

RUHE BEWAHREN, wenn man Ungeziefer entdeckt

Bei einzelnen Insekten sollte man nicht gleich in Panik verfallen – für unsere Gesundheit sind sie meist harmlos. Allerdings sind ein starker Befall und bestimmte Tierarten lästig und erfordern Gegenmaßnahmen. Seien Sie aber vorsichtig bei der Bekämpfung mit chemischen Mitteln, wenn Kleinkinder oder Haustiere im Haus sind. Nutzen Sie dann Köderdosen oder kindersichere Behälter.

» Unsere alltäglichen Stubenfliegen hinterlassen Kot auf Nahrungsmitteln «

SPINNEN sind besonders unbeliebt

Spinnen jagen vielen Menschen Angst und Ekel ein. Aber praktisch alle Spinnenarten hierzulande sind völlig ungefährlich für den Menschen, und keine greift gezielt an. Spinnen und Weberknechte sind sogar sehr nützliche Tiere, weil sie Kleininsekten fangen; dennoch will man Spinnennetze aus Gründen der Sauberkeit und Ästhetik nicht im Haus haben. BESSER! Anstatt eine Spinne zu töten, stülpt man ein Glas über sie, schiebt ein Blatt Papier unter sie, sodass sie ins Glas fällt, und setzt sie weitab von Haus oder Wohnung wieder aus.

FLIEGEN sind nicht so harmlos, wie man denkt

Fliegen haben nicht ganz zu Unrecht einen schlechten Ruf. Und das schon seit dem Altertum: Der Name „Beelzebub" für Teufel heißt wörtlich übersetzt „Herr der Fliegen". Tatsächlich sind Fliegen Krankheitsüberträger. ✳ Selbst unsere alltäglichen Stubenfliegen nerven nicht nur, sondern hinterlassen auch Kot auf Nahrungsmitteln. Dieser Kot kann Erreger von Typhus, Ruhr oder Cholera enthalten. Noch weit unangenehmer sind die Wadenstecher (Stechfliegen), die Stubenfliegen äußerlich ähneln, aber stechen können und dabei nicht nur diverse Erreger übertragen können, sondern auch stark juckende Stiche erzeugen. BESSER! Gegen von draußen kommende Fliegen helfen am besten Fliegengitter vor den Fenstern und Terrassen- oder Balkontüren.

Kampf dem Ungeziefer im Haus

> **BITTE NICHT!**
>
> Lassen Sie kein Tier-Feuchtfutter offen stehen. Fliegen lieben es. Für Müll mit Lebensmittelresten gilt natürlich dasselbe.

STECHMÜCKEN lieben Wasser

Pfützen und Regentonnen sind das Element der Stechmücken. Pfützen also am besten mit Sand zuschütten und Wasserbehälter abdecken. Für Gartenteiche und Schwimmbecken gibt es Mückenpräparate mit Bakterien *(Bacillus thuringiensis)*, die für Menschen unschädlich sind.

✱ Im Freien hilft ein Ventilator, denn Stechmücken meiden Zugluft. Elektronische Mückenscheuchen wirken kaum, im Gegensatz zu chemischen Mitteln zum Verdampfen. Diese sind aber nicht gerade umweltfreundlich.

BILLIGER! Eine dünne Schicht billiges Speiseöl auf dem Wasser der Regentonne hindert die Mückenlarven am Atmen.

AMEISEN kommen leicht ins Haus

Ameisen lieben Nahrungsreste, insbesondere Süßigkeiten. Meist kommen diese Insekten von draußen. Zuerst schicken sie Kundschafter, dann folgt eine große Anzahl der Tiere nach.

EINFACHER! Statt Ameisengift zu kaufen, kann man Ameisenstraßen im Haus mit Essigwasser oder Zitronensaft wischen oder mit Hirschhornsalz bestreuen. Auch Zimt mögen sie nicht.

WESPENSTICHE sind gefürchtet

Einzeln eingeflogene Wespen im Haus verschwinden meist rasch durchs offene Fenster wieder. Nicht wild fuchteln oder scheuchen,

EINE MÜCKENFALLE BAUEN

Es gibt zahlreiche Methoden, um sich einer Mückenplage zu entledigen. Manche wirken besser, manche schlechter. Probieren Sie es einmal mit dieser Konstruktion auf der Basis einer Plastikflasche! Als Lockstoff dient eine Lösung aus 200 ml warmem Wasser, 50 g Zucker und 1 g Hefe.

1 Mit einem Teppichmesser in das obere Drittel einer 1-Liter-PET-Flasche hineinschneiden.

2 Das obere Drittel der Flasche mit einer stabilen Schere komplett abschneiden. Den Schraubverschluss entfernen.

3 Die Lockflüssigkeit in den unteren Teil füllen und den oberen Teil umgekehrt aufsetzen. Die Mücken fliegen hinein und ertrinken.

GESUNDHEIT UND SICHERHEIT FÜR DIE GANZE FAMILIE

» Wespen werden durch Obstkuchen und süße Getränke angelockt «

sonst stechen sie. Angelockt werden sie vor allem durch Obstkuchen oder süße Getränke. Steht so etwas auf dem Tisch oder in der Küche, hält man Fenster und Türen geschlossen.

✱ Vorsicht beim sommerlichen Kuchenessen im Freien: Der Stich einer verschluckten Wespe kann zur Erstickung führen. Allergiker sollten immer Gegenmittel mit sich führen.

✱ Anders als man meist denkt, beseitigt die Feuerwehr ein Wespennest in der Regel nur bei Gefahr für Menschen, die sich nicht schützen können, z. B. in Krankenhäusern, Kindergärten und Altenheimen. Man kann aber den Schädlingsbekämpfer zu Hilfe rufen, der auch die entsprechende Schutzkleidung hat.

TAUFLIEGEN sind besonders lästig

Diese winzigen Insekten, auch Frucht- oder Obstfliegen genannt, werden von überreifem oder faulendem Obst angelockt. Sie legen ihre Eier dort hinein und vermehren sich sehr rasch. Lagern Sie Obst also in geschlossenen Behältern. Entsprechende Speisereste sollten Sie ebenfalls nicht offen stehen lassen, auch nicht im Müllbeutel. Wenn Taufliegen bei Ihnen ein großes Problem darstellen, sollten Sie den Kauf einer Taufliegenfalle erwägen.

✱ Die winzigen Fliegen, die aus Blumentöpfen emporschwirren, sind keine Taufliegen, sondern Trauerfliegen. Sie lassen sich nicht in Taufliegenfallen fangen. Es hilft aber, die Erde etwa 1 cm hoch mit trockenem Vogelsand zu bedecken und den Topf von unten zu wässern.

EINFACHER! Füllen Sie etwas Apfelsaft und Essig in eine kleine Schale, und geben Sie ein Spritzerchen Spülmittel dazu. Die Taufliegen werden davon angelockt und ertrinken. Da solche Lockfallen immer auch weitere Fruchtfliegen von draußen anziehen, sollte man Fenster und Türen geschlossen halten. Übrigens: Taufliegen übertragen keine Krankheiten. (Einen weiteren Tipp zur Bekämpfung von Taufliegen finden Sie auf S. 163.)

» Taufliegen (Fruchtfliegen) lieben überreifes und faulenden Obst «

Kampf dem Ungeziefer im Haus

SILBERFISCHCHEN in Bad und Küche

Silberfischchen sind kleine, stromlinienförmige, silbrig glänzende Insekten, die in Ritzen von Feuchträumen leben, bei Dunkelheit herauskommen und in Schlangenlinien über den Fußboden flitzen. Man sieht sie meist nur, wenn man plötzlich Licht anmacht. Krankheiten übertragen die Tierchen nicht. Immerhin kann ein starker Befall mit Silberfischchen auf ein mögliches Schimmelwachstum hindeuten – und das ist wirklich gesundheitsschädlich.

✳ Langfristig vertreibt man Silberfischchen durch sorgfältiges Abdichten aller Ritzen, vor allen in Bad und Küche.

SCHNELLER! Rasch wird man die Tierchen los, die in Hohlräumen neben den Leitungsrohren leben, wenn man heißes Wasser in den Ausguss laufen lässt.

EINFACHER! Silberfischchen mögen keinen Zitronenduft. Gibt man einen guten Schuss Zitronensaft ins Spülwasser und wischt damit den Fußboden, verschwinden sie mit der Zeit.

» *Ein Befall mit Silberfischchen kann auf Schimmelwachstum hindeuten* «

MÄUSE UND RATTEN will niemand haben

Mäuse lassen sich gut mit Mausefallen fangen. Es gibt tierfreundliche Lebendfallen in Kastenform und die üblichen Schnappfallen. Binden Sie die Falle mit Draht fest, damit eine getroffene Maus sie nicht verschleppen kann.

✳ Lebendfallen bestücken Sie mit einem Mehlbällchen oder einem Stückchen Schokolade. Kontrollieren Sie die Falle regelmäßig, und reinigen Sie sie bei Verschmutzung mit Kot gründlich. Vorsicht, Mäuse beißen!

✳ Speck oder Käse, wie früher üblich, gehören nicht in die Mausefalle. Diese Köder werden schnell schlecht, riechen, und dann will auch die Maus sie nicht mehr.

» *Mäuse kann man in tierfreundlichen Kastenfallen fangen* «

✳ Ein besonderes Problem sind Ratten. Es gibt eine Meldepflicht für Ratten sowie eine Bekämpfungspflicht auf dem eigenen Grundstück. Eine Schädlingsbekämpfungsfirma hilft und ist auch informiert, welche Resistenzen es inzwischen bei Wanderratten gegen Rattengift gibt. Vorsicht bei Haustieren – solange Rattengift ausgelegt ist, dürfen sie nicht ins Freie!

BITTE NICHT!

Um keine Ratten anzuziehen, dürfen Sie Nahrungsmittelreste nicht auf den Kompost geben. Reste gehören, in festen Plastikbeuteln eingeknotet, in den Mülleimer.

KÜCHENSCHABEN hinterlassen einen üblen Geruch

Richtig fliegen können diese bis zu 16 Millimeter langen, gelbbraunen Insekten nicht, aber extrem rasch laufen – bis zu 29 Zentimeter pro Sekunde! Außerdem verfügen sie über sehr empfindliche Sinnesorgane, sodass sie die

Annäherung von Menschen rechtzeitig bemerken und blitzschnell in Verstecken verschwinden.
✹ Die Tiere besiedeln feuchtwarme Räume, etwa Großküchen und Bäckereien, aber auch Vorratsräume und Küchen von Privathaushalten können von ihnen heimgesucht werden. Meist bleiben sie in ihren Verstecken und sind nur nachts auf Futtersuche unterwegs. Deshalb bleibt ein Schabenbefall oft lange unentdeckt.
✹ Das Weibchen legt im Lauf seines Lebens bis zu 200 Eier. Je wärmer der Raum, desto rascher entwickeln sich die daraus schlüpfenden Nachkommen.
✹ Schaben übertragen zwar hierzulande keine Krankheiten (anders in anderen Regionen), aber sie sind sehr unangenehme Vorrats- und Hygieneschädlinge. Zwar halten sich Fraßschäden an Lebensmitteln, aber auch an Leder, Textilien oder Papier in Grenzen, doch die Insekten verunreinigen alles durch ihren Kot oder Speichel. Zudem hinterlassen sie einen unangenehmen Geruch. Befallene Nahrungsmittel sind daher nicht mehr zum Verzehr geeignet und müssen weggeworfen werden.
✹ Zur Bekämpfung kann man Fraßköder mit Insektengift auslegen oder spezielle Präparate einsetzen, die mit der Substanz Kieselgur arbeiten und die Körperschutzschicht der Schaben zerstören; diese Mittel sind für Menschen und Haustiere völlig unschädlich.

BILLIGER! Vermuten Sie Schaben in der Wohnung, rufen Sie nicht gleich den Kammerjäger. Versuchen Sie es zunächst mit Klebefallen, die mit Lockstoff präpariert sind. Erst wenn das nichts bringt, holen Sie professionelle Hilfe.

» In beheizten Räumen sterben die Holzwürmer nach einiger Zeit ab «

DER HOLZWURM hat schon manches schöne Möbelstück ruiniert

Eigentlich ist der Holzwurm gar kein Wurm, sondern die Larve des Gemeinen Nagekäfers, die jahrelang in altem Holz heranwächst und ein bis zwei Millimeter große Löcher erzeugt, aus denen Bohrmehl rieselt.
✹ Der Holzwurm ist auf feuchtes Holz angewiesen, Möbel in ungeheizten, potenziell etwas feuchten Räumen sind besonders gefährdet. In beheizten Räumen sterben die Larven meist nach einiger Zeit ab, weil das Holz austrocknet.
✹ Kleine Stücke kann man in Mikrowelle, Sauna oder Backofen bei 60 °C eine bis zwei Stunden behandeln. Auch chemische Mittel kommen infrage.

EINFACHER! Streichen Sie mehrere Tage hintereinander mit einer aufgeschnittenen Zwiebel über die Holzwurmlöcher.

» Schaben kommen nicht nur in Großküchen vor – auch Privathaushalte können von ihnen heimgesucht werden «

GEGEN HAUSSTAUBMILBEN kann man etwas tun

Niemand ist für sich allein. Jeder teilt sein Schlafgemach mit Milben, die sich von unseren Hautschuppen ernähren und Kot absetzen. Auf diesen Kot reagieren manche Menschen allergisch: Sie bekommen schwer Luft, schnupfen und niesen. Mit einigen Maßnahmen lässt sich die Belastung jedoch vermindern.

✱ Federbetten sind bei Milben beliebt. Allergiker wählen daher besser eine Synthetikfüllung und waschen das Oberbett häufig (bei 60 °C).

✱ Auch die Matratze und die Ritzen im Fußboden sowie der Kleiderschrank dienen den Tierchen als Aufenthaltsort. Häufiges gründliches Saugen und Wischen hilft.

✱ Milben mögen Temperaturen unter 20 °C nicht. Machen Sie Ihr Bett nicht, sondern lüften Sie die Matratze tagsüber. Öffnen Sie tagsüber auch die Türen des Kleiderschranks.

✱ Kaufen Sie eine neue Matratze, und ziehen Sie ein sogenanntes Encasing darüber. Ein Encasing ist ein luftdurchlässiger Überzug, dessen Poren weder Milben noch deren Kot durchlassen. Bei einer gebrauchten Matratze hat das weniger Sinn, denn da sind die Milben ja schon drin. Ärzte raten: Den Überzug drei- bis viermal im Jahr waschen, nicht öfter.

BESSER! Teppich ist nicht der ideale Bodenbelag für das Schlafzimmer eines Allergikers. Besser ist ein Material, das sich feucht wischen lässt (Vinyl, Laminat oder versiegeltes Parkett).

» *Allergiker wählen am besten eine Synthetikfüllung* «

FLÖHE hinterlassen juckende Einstichstellen

Meist sind Hund oder Katze die zuerst von Flöhen befallenen Lebewesen; sie bringen diese zwei bis drei Millimeter großen Insekten ins Haus. Das ist nicht ungefährlich; die Tiere gehen oft auch auf Menschen und können Krankheitserreger sowie Parasiten wie Bandwürmer übertragen. Bei Tieren sollte man sofort mit Spot-on-Präparaten vorgehen, die in den Nacken geträufelt werden – Hausmittelchen sind hier nicht angesagt. Alle eventuell befallenen Textilien möglichst bei 60 °C waschen oder einige Wochen im Tiefkühler lagern.

LÄUSE wandern von Kopf zu Kopf

Meist bringen Kinder sie aus Schule oder Kindergarten mit. Man erkennt die etwa drei Millimeter kleinen Insekten am Jucken im Kopfbereich – sie beißen in die Kopfhaut, um Blut zu saugen, und legen bis zu sieben winzige weiße Eier („Nissen") pro Tag, aus denen nach gut einer Woche Larven schlüpfen.

✱ Läusemittel aus der Apotheke wirken gut. Kämme, Haarspangen und anderes Zubehör reinigen Sie mit warmem Seifenwasser, Handtücher und Wäsche sollte man bei 60 °C waschen, empfindliche Teile in verschlossener Plastiktüte einige Tage im Tiefkühler lagern.

Für ein gutes Raumklima sorgen

Haus und Wohnung sollten nicht nur nicht gefährlich sein, sondern Orte, an denen Sie sich ausgesprochen wohl und gut aufgehoben fühlen. Dafür lässt sich mit vorausschauender Planung eine ganze Menge tun.

RICHTIG HEIZEN – wichtig für Räume und ihre Bewohner

Für die richtige Wohlfühl-Atmosphäre sind Raumtemperatur und Luftfeuchtigkeit wesentlich. Am angenehmsten empfinden wir Temperaturen zwischen 19 und 22 °C. Im Badezimmer darf es auch gern etwas wärmer sein, im Schlafraum kühler.

✳ Eine Heizungssteuerung ist das A und O intelligenten Heizens. Moderne Systeme berücksichtigen auch die Außentemperaturen sowie die diversen Raumtemperaturen, die sich etwa bei Sonnenschein rasch ändern können.

✳ Die Temperatur der Wände ist ebenfalls wichtig. Sie dürfen nicht zu kalt sein. Daher spart Wärmedämmung des Hauses nicht nur Heizenergie, sie erhöht auch das Wohlbefinden.

» *Kondenswasser auf der Wand und an Fenstern ergibt optimale Wachstumsbedingungen für Schimmelpilze* «

✳ Schaffen Sie in der Wohnung oder im Haus Wärmeinseln. Sie sollten nur die Räume voll heizen, die ausgiebig genutzt werden.

✳ Bei schlechtem Wetter mögen viele Menschen anheimelnde Wärmestrahlungsquellen. Als besonders gemütlich wird ein offener Kamin oder ein Kachelofen empfunden.

BILLIGER! Preiswerter als ein Kamin oder ein Kachelofen sind skandinavische Kaminöfen, auch Schwedenöfen genannt. Sie brauchen ebenfalls einen Schornsteinanschluss.

OHNE LÜFTEN geht es nicht

Gegen verbrauchte oder zu feuchte Raumluft hilft nur Lüften. Ziel dabei ist, in möglichst kurzer Zeit die gesamte Raumluft auszutauschen, ohne aber die Wände und die Ausstattung auskühlen zu lassen.

✳ Die beste Methode, ein Zimmer zu lüften, ist das Stoßlüften. Dazu stellen Sie die Heizkörper ab und öffnen für fünf bis zehn Minuten die Fenster weit. Vorsicht bei Wind, damit die Türen nicht zuschlagen!

DIE LUFTFEUCHTIGKEIT muss stimmen

Meist hat man in der Raumluft zu viel Luftfeuchtigkeit, besonders morgens im Schlafzimmer, in Küche und Bad, sowie nach dem feuchten Aufwischen. Die Luftfeuchtigkeit sollte zwischen 35 und 60 Prozent liegen. Höhere Werte empfinden wir als schwül. Zu trockene Luft wiederum dörrt uns aus.

✳ Die Luftfeuchtigkeit hängt von mehreren Faktoren ab. Ein Teil stammt aus der Feuchtigkeit, die wir beim Ausatmen oder über die Haut abgeben. Ein anderer Teil rührt von Zimmerpflanzen her. Und in Küche und Bad ist es natürlich der beim Kochen bzw. Baden oder Duschen frei werdende Wasserdampf, der die Luftfeuchtigkeit in die Höhe treibt.

✳ Außerdem hängt die Luftfeuchtigkeit von der Zimmertemperatur ab – je höher die Temperatur, desto geringer die Luftfeuchtigkeit. Ein Liter in einem bestimmten Luftvolumen gebundenes Wasser kann bei kalten Temperaturen 100 Prozent Luftfeuchte bewirken, bei höheren Wärmegraden dagegen vielleicht nur 30 Prozent. Das hat zwei Konsequenzen.

✳ Wenn im Winter die Außenluft kalt ist und beim Lüften im Zimmer aufgeheizt wird, sinkt die Luftfeuchtigkeit – nicht selten auf Werte, die wir als unangenehm austrocknend empfinden.

✳ An schlecht isolierten kalten Wänden kühlt warme, feuchte Zimmerluft ab und kann dadurch weniger Wasser halten. Der Überschuss schlägt sich als Kondenswasser auf der Wand und an Fenstern nieder. Das ergibt optimale Wachstumsbedingungen für Schimmelpilze, besonders wenn hinter Schränken wenig Luftaustausch stattfindet, und auch die ständig feuchten Fensterrahmen leiden.

BESSER! An schlecht isolierten Außenmauern stellen Sie Möbel mit mindestens 10 cm Abstand zur Wand auf, besonders in Zimmerecken. Sonst besteht Schimmelgefahr.

BITTE NICHT!

Lüften Sie Keller im Sommer nur frühmorgens oder spätabends. Dann ist die Außenluft trockener, was die Gefahr verringert, dass sich die Feuchtigkeit der Außenluft an kalten Kellerwänden als Kondenswasser niederschlägt.

GOLDENE REGELN!

Wenn Ihre Wohnung im Sommer zu heiß ist

1. Die Sonnenwärme soll nicht ins Haus dringen. Lassen Sie die Rollläden herunter, klappen Sie die Fensterläden zu, oder fahren Sie eine Markise aus. Innenjalousien helfen kaum – die Wärme soll ja draußen bleiben.

2. Nutzen Sie die kühleren Morgen- und Abendstunden oder die Nacht zum Lüften.

3. Probieren Sie es mit einem Ventilator. Es gibt neue Modelle ohne Rotorblätter, die besonders praktisch sind. Ein Ventilator hilft beim Schwitzen, weil er die feuchte Luft am Körper rasch abführt.

4. Bewährte Hausmittel: Die Füße in einen Eimer mit kaltem Wasser stellen, kühl duschen oder kaltes Wasser über die Arme laufen lassen. Kühl duschen erleichtert auch das Einschlafen in heißen Nächten.

5. Hilft alles nichts, lassen Sie ein Klimagerät installieren, am besten ein Splitgerät (ein Teil im Zimmer, der andere draußen). Billige mobile Kleingeräte bringen meist nicht viel. Allerdings sind Klimageräte teuer und brauchen viel Strom. Doch wer sehr unter der Hitze leidet, nimmt das gern in Kauf.

GESUNDHEIT UND SICHERHEIT FÜR DIE GANZE FAMILIE

Feuer und Unwetter trotzen

Jedes Jahr brennt es in Deutschland ungefähr 200 000-mal, mit Hunderten von Todesopfern. Dabei sind die häufigsten Brandursachen vermeidbar: Rauchen im Bett, offenes Feuer in der Wohnung – und manchmal auch Blitzschlag.

FEUERGEFAHR – die häufigsten Ursachen

Noch gefährlicher als die Flammen ist der entstehende Rauch. Ein brennender Zeitungsstapel zum Beispiel kann über 10 000 Kubikmeter Rauchgas entwickeln, ein Papierkorbbrand kann also blitzschnell die Raumluft vergiften. Zudem verringert der Rauch die Sicht binnen Minuten auf fast Null. Daher kommen mehr Menschen durch Rauch als durch Flammen um.

★ Häufige Brandursachen sind brennbare Materialien zu nahe an Heizgeräten. Gefahr geht dabei nicht von Heizkörpern aus, die von warmem Wasser durchströmt werden, sondern von elektrischen Heizgeräten und Kaminöfen. Brennbare Materialien, also auch Einrichtungsgegenstände, dürfen bei voller Heizleistung höchstens so warm werden, dass man sich beim Anfassen nicht die Finger verbrennt.

★ Mit Kaminöfen muss man sorgfältig umgehen. Man darf nur trockenes, möglichst harzfreies Holz verbrennen. Andernfalls lagert sich nämlich im Rohr viel Ruß ab, der sich entzünden und abbrennen kann. Die Folge ist ein Schornsteinbrand, bei dem Flammen und Funken oben aus dem Schornstein quellen. Vor allem aber heizt der Brand den Schornstein und dessen Umgebung sehr stark auf, sodass es zu Bränden in anderen Zimmern oder auf dem Dachboden kommen kann.

BITTE NICHT!

Löschen Sie einen Schornsteinbrand auf keinen Fall mit Wasser, das Sie etwa durch eine Öffnung hineingießen. Die gewaltige Wasserdampfmenge, die dabei entsteht, könnte den Schornstein explosionsartig sprengen.

» In der Küche sollte sich eine Löschdecke befinden, um Flammen rasch zu ersticken «

VORSICHTSMASSNAHMEN, die gar nicht so aufwendig sind

Inzwischen gibt es in immer mehr Haushalten Rauchmelder, die bei Gefahr alarmierende Geräusche von sich geben. Sie müssen regelmäßig überprüft werden.

✸ In der Küche sollte sich eine Löschdecke befinden, um Flammen rasch zu ersticken. Man sollte sie an einen Haken neben die Handtücher hängen, damit sie mit einem Griff zu erreichen ist.

✳ In jedes Stockwerk gehört ein Feuerlöscher. Lernen Sie rechtzeitig, wie man ihn benutzt, und weisen Sie jedes Familienmitglied in den Gebrauch ein. Lassen Sie das Gerät in regelmäßigen Abständen überprüfen. Bringen Sie ein Hinweisschild an, wo er steht.
✳ Technische Geräte, vom Fernseher bis zu Küchengeräten und Heizdecken, sollten bei Nichtgebrauch ausgeschaltet werden. Herd, Wasserkocher, Kaffeemaschine müssen einen zuverlässigen Schutz gegen Überhitzung haben.
✳ Wenn Sie nachts die Haustür abzuschließen pflegen, lassen Sie den Schlüssel stecken.
✳ Die Schlüssel von abschließbaren (und nachts abgeschlossenen) Fenstern und Balkontüren sollten so in der Nähe dieser potenziellen Fluchtwege aufgehängt sein, dass man sie schnell ergreifen kann.

EINFACHER! Bewahren Sie wichtige Dokumente außer Haus auf, z. B. im Bankschließfach. Sie wiederzubeschaffen kann sehr mühsam sein.
BESSER! Um sich spätere Auseinandersetzungen mit der Versicherung zu ersparen, fotografieren Sie Ihre Einrichtung. Die Bücherregale nehmen Sie stückweise mit lesbaren Buchrücken auf und lagern die Bilder außerhalb der Wohnung. Dann können Sie nach einem Brand der Versicherung gegenüber klipp und klar nachweisen, was Sie besaßen, und haben auch selbst den Überblick.

ES BRENNT IN DER WOHNUNG! Was nun zu tun und zu lassen ist

Bei einem Wohnungsbrand sofort die Feuerwehr rufen: 112. Den eigenen Namen, die Adresse mit Stockwerk, das Ausmaß des Brandes angeben, eventuell Hinweise auf Verletzte oder Vermisste. Weisen Sie die Feuerwehrleute ein, denn Sie kennen das Haus besser. Generell gelten folgende Regeln:
✳ Bei brennenden Elektrogeräten unbedingt zuerst die Stromzufuhr unterbrechen und erst

》 Kleine Brände kann man selbst löschen – aber wirklich nur kleine 《

dann Löschversuche unternehmen. Andernfalls besteht die Gefahr eines Stromschlags.
✳ So rasch wie möglich das Haus räumen. Alle Bewohner alarmieren, auch im Nachbarhaus.
✳ Nicht erst ankleiden, nichts mitnehmen!
✳ Wenn möglich, die Türen zum brennenden Zimmer schließen, um die Ausbreitung von Brand und Rauch zu hemmen.
✳ In einem mehrstöckigen Gebäude sollte man möglichst nach unten fliehen.
✳ Der Fahrstuhl ist zu meiden, er könnte zur Falle werden.
BESSER! Eigene Löschversuche sind nur sinnvoll, wenn der Brand sehr klein und sicher unter Kontrolle zu bringen ist.

BITTE NICHT!

Auch Fettbrände nie mit Wasser löschen, denn der sofort entstehende Wasserdampf würde brennendes Fett als Stichflamme hochreißen. Decken Sie das Gefäß mit dem brennenden Fett besser mit einem großen Topfdeckel ab.

> *Befestigen Sie Kerzen immer in sicherem Abstand von darüber befindlichen Zweigen*

✳ Prüfen Sie, ob der Christbaum sicher und nicht zu nahe an der Wand oder an brennbaren Gegenständen steht. Gardinen können hochwehen und in Flammen geraten.
✳ Ein griffbereiter Eimer mit Sand oder Löschwasser und eine Decke zum Ersticken von Flammen können im Notfall einen größeren Brand verhüten. Die Decke sollte aus Wolle sein; Wolle brennt nicht, sie verkohlt nur.
✳ Kaufen Sie zu Silvester nur zugelassene Knallkörper, und nutzen Sie sie nur im Freien – bis auf die wenigen Arten, die für Innenräume zugelassen sind.
✳ Schützen Sie Ihre Ohren, bevor die Knallerei losgeht. Es besteht sonst eine reale Gefahr von Taubheit, Hörsturz oder Tinnitus.

WEIHNACHTEN UND SILVESTER
ohne böse Überraschungen

Lassen Sie Kerzen niemals unbeaufsichtigt brennen, auch nicht „für einen Augenblick". Man kann es sich kaum vorstellen, aber ein Zimmer kann binnen Minuten vollständig in Flammen stehen (siehe auch S. 115 „Der richtige Umgang mit Kerzen").
✳ Befestigen Sie Kerzen immer in sicherem Abstand von darüber befindlichen Zweigen, und wechseln Sie sie rechtzeitig, bevor sie ganz heruntergebrannt sind, zumal wenn Adventskranz oder Christbaum schon trocken sind. Zünden Sie die Kerzen von oben nach unten an, und löschen Sie sie in umgekehrter Reihenfolge wieder. Nicht auspusten, sondern einen Kerzenlöscher verwenden, sonst könnte heißes Wachs durch die Gegend spritzen.

> *Kaufen Sie für Silvester nur zugelassene Knallkörper*

BESSER! Sind Kinder oder Tiere im Haus, nutzen Sie auf dem Weihnachtsbaum und auch auf dem Adventskranz ausschließlich elektrische Kerzen – die Sicherheit ist weit größer.
BILLIGER! Sparen Sie das Geld für die teuren Böller und Raketen, und erfreuen Sie sich am Feuerwerk Ihrer Nachbarn.

BITTE NICHT!

Lassen Sie die Finger von nicht gezündeten Böllern. Warten Sie mindestens einige Minuten, ob sie nicht doch noch explodieren.

SO HÄLT IHR HAUS Stürmen und Gewittern stand

Jeder Hausbesitzer ist verpflichtet, so für Haus und Umgebung zu sorgen, dass niemand zu Schaden kommt. Und natürlich möchte auch niemand, dass Unwetter sein Haus beschädigen. Einige Vorsichtsmaßnahmen können diese Gefahr verringern.

✶ Achten Sie auf beschädigte Dachziegel, und schauen Sie auf dem Dachboden sowie in Lichtschächten nach, ob irgendwo Wasser eingedrungen ist. Vergewissern Sie sich regelmäßig, ob Fenster- und Türdichtungen noch in Ordnung sind.

✶ Reinigen Sie einmal jährlich die Dachrinnen, und überprüfen Sie die Fallrohre. Entfernen Sie Äste und Zweige nahe dem Dach, deren Laub die Dachrinnen verstopfen kann.

✶ Prüfen Sie regelmäßig, mindestens einmal jährlich, ob alle Außenteile des Hauses noch fest sitzen – Dachziegel, Abdeckungen, Fassadenteile, Dachrinnen und Balkongitter.

✶ Sichern Sie bei aufziehendem Sturm unbefestigte Gegenstände auf Balkon oder Terrasse (etwa Sonnenschirme) gegen das Verwehen, und fahren Sie Markisen ein.

✶ Wenn ein Gewitter aufzieht, trennen Sie empfindliche elektronische Geräte vom Netz.

EIN BLITZABLEITER kann Unglück verhüten

Für Privatgebäude ist ein Blitzschutz nicht vorgeschrieben, aber ratsam, trotz der recht hohen Kosten. Ein einfacher Blitzableiter auf dem Dach allerdings reicht nicht aus – wenn er nicht mit einer genügenden Ableitung und Erdung versehen ist, kann er den durch Blitzschlag entstehenden Schaden sogar vergrößern.

✶ Ebenso wichtig ist ein Blitzschutzsystem im Haus selbst in Form von Blitzstromableitern am Verteilerkasten sowie Überspannungsableitern. So werden die elektronischen Geräte im Haushalt vor Überspannungen geschützt, von der Waschmaschine über die Heizung bis zu Telefon und Computer, falls der Blitz in eine Versorgungsleitung einschlägt.

BESSER! Falls der Strom ausfällt, tappen Sie nicht im Dunkeln umher, sondern halten Sie schon beim Aufziehen eines Gewitters Taschenlampen bereit.

> » Wenn ein Gewitter aufzieht, trennen Sie empfindliche elektronische Geräte vom Netz «

Was sich gegen Einbruch tun lässt

Es gibt kaum etwas, was so sehr ein Gefühl der Unsicherheit in den eigenen vier Wänden zurücklässt wie ein Einbruch. Abgesehen vom materiellen Verlust ist es vielen Menschen ein unerträgliches Gefühl, dass ein Fremder in ihre Privatsphäre eingedrungen ist.

OFT KOMMEN SIE TAGSÜBER – auch wenn man eher nachts damit rechnet

Leider passiert dies vielen Menschen: Im Durchschnitt wird in Deutschland alle drei Minuten irgendwo eingebrochen – mit zunehmender Tendenz. Und nur in 15 Prozent der Fälle (Stand 2013) kommt die Polizei den Tätern auf die Spur. Neben Drogenabhängigen sind es vor allem professionell agierende Banden, die nach der Tat rasch wieder verschwinden.

✳ Im Gegensatz zur weit verbreiteten Meinung kommen viele Täter nicht nachts: Mindestens ein Drittel aller Einbrüche findet am helllichten Tag statt, zumal in der Stadt, wo Nachbarschaftsverhältnisse oft wenig eng sind und ungewöhnliche Aktivitäten kaum auffallen. Zudem sind Einbrecher meist so geschickt – und Häuser und Wohnungen so schlecht gesichert –, dass der Einbruch das Werk weniger Sekunden ist und nicht viel Lärm verursacht.

» *Fachliche Beratung zur Sicherung von Haus und Wohnung bekommt man natürlich von der Polizei* «

✳ Fachliche Beratung zur Sicherung von Haus und Wohnung bekommt man natürlich von der Polizei. Sie veranstaltet in vielen Städten Informationstage zu diesem Thema, auf denen man die Fachleute zu seiner persönlichen Wohnsituation befragen kann. Achten Sie in der Tagespresse auf solche Ankündigungen.

✳ Bezüglich der Installation von Alarmanlagen beraten auch die Fachgeschäfte für Sicherheitstechnik, und es existiert eine große Zahl von Firmen, die sich auf die Überwachung von Privathäusern spezialisiert haben. Man hat aber durchaus selbst Möglichkeiten, Einbruchsversuche mit teils recht einfachen Mitteln zu erschweren und oft auch zu verhindern.

KEINEN FREMDEN IN DIE WOHNUNG LASSEN – es könnte ein Trickbetrüger sein

Eine raffinierte Form des Einbruchs praktizieren Kriminelle, die sich Zutritt zu Ihrer Wohnung verschaffen wollen, wenn Sie zu Hause sind. Meist wollen sie Sie unter irgendeinem Vorwand dazu bringen, sie hereinzulassen. Verdächtig sind Fremde, die angeblich Wasser oder Strom ablesen wollen. Ein ähnliches Beispiel: „Ihr Telefon scheint gestört zu sein, dürfen wir das mal eben überprüfen?"

✳ Die Trickkiste der Einbrecher ist unerschöpflich – dazu gehört leider auch die üble Methode, ein Kind an der Tür klingeln zu lassen. Seien Sie daher misstrauisch Fremden gegenüber, zumal wenn diese zu zweit auftauchen und in Ihre Wohnung wollen – dann kann nämlich der eine die Wohnung durchsuchen, während der andere Sie mit einem Gespräch ablenkt. Und: Solche Profis kennen die üblichen Verstecke für Wertsachen in der Wohnung!

✳ Installieren Sie einen Türspion in Augenhöhe, sodass Sie sehen, wer vor der Tür steht.

✳ Eine Gegensprechanlage hilft, unerwünschte Besucher von erwünschten zu unterscheiden. Wählen Sie, wenn möglich, eine Anlage mit Kamera. Dann sind Sie auf der sicheren Seite, und es gibt keine unliebsamen Überraschungen. **BILLIGER!** Nicht so teuer wie eine Gegensprechanlage, aber ebenfalls ein wirksamer Schutz ist ein Sperrbügel oder eine Sicherheitskette an der Tür. Diese Vorrichtung verhindert, dass jemand die Tür aufstößt. Sie öffnet sich nur so weit, dass man Ausweise kontrollieren sowie Post oder Formulare entgegennehmen kann.

» *Ihr Telefon scheint gestört zu sein, dürfen wir das mal eben überprüfen?* «

EIN TÜRSCHLOSS AUSWECHSELN

Es gibt unterschiedliche Gründe, ein Türschloss auszuwechseln, z. B. nachdem man jemandem den Schlüssel anvertraut hatte und nun sichergehen möchte, dass derjenige nicht mehr ins Haus kommt. Sie brauchen dafür nur einen Schraubendreher, der zur Schraube unter dem Schnapper passt.

1 Das Schloss ist im Türfalz mit Schrauben befestigt. Um den Zylinder zu wechseln, stecken Sie den Schlüssel in den Zylinder und öffnen die Schraube, die unterhalb des Schnappers zu sehen ist.

2 Mithilfe Ihres Schlüssels, den Sie ein Stück seitwärts drehen, können Sie nun den Zylinder in der Regel problemlos aus dem Schloss ziehen.

3 Schieben Sie den neuen Zylinder ins Schloss. Mit der beiliegenden Schraube festschrauben. Auch die einbruchsicheren Profilzylinder können Sie nach dieser Methode einsetzen.

» Die Griffhebel an Fenstern, Terrassen- und Kellerauβentüren müssen abschlieβbar sein «

VORBEUGENDE MASSNAHMEN,
auch bei kurzer Abwesenheit

In Etagenwohnungen kommen Einbrecher am häufigsten durch die Wohnungstür. Bei Einfamilien- und Reihenhäusern wählen sie meist eine Terrassentür oder ein Fenster an einer Stelle, die von den Nachbarn oder der Straße schlecht einzusehen ist. Man kann den Tätern aber durch mechanische Sicherungen die Arbeit erheblich erschweren, denn wenn es nicht schnell geht, lassen sie meist von ihrem Vorhaben ab. Zumal Gelegenheitstäter es eilig haben, da mit der Dauer des Einbruchsversuchs die Gefahr der Entdeckung steigt. Wenn sie nach fünf Minuten nicht am Ziel sind, machen sie sich davon. Für Profi-Einbrecher allerdings sind fünf Minuten eine lange Zeit! Bei ihnen geht es in der Regel schneller.

✱ Besonders wertvolle Gegenstände (Schmuck, Geld, Münzen, Briefmarken usw., aber auch tragbare Elektronikgeräte wie Notebooks) sollten Sie, wenn möglich, in einem im Mauerwerk verankerten Safe oder in einem Stahlschrank mit Sicherheitsschloss aufbewahren.

» Die Tageszeitung sollte nicht bis in den Abend hinein aus dem Briefkasten ragen «

✱ Fenster, Terrassen- und Kelleraußentüren müssen einbruchsicher sein und gegebenenfalls ausgetauscht werden. Die Griffhebel müssen abschließbar, Fensterrahmen und Türzargen gegen Aufbohren und Aufhebeln gesichert sein. An besonders schlecht einsehbaren Orten ist Panzerglas sinnvoll.

✱ Lassen Sie auch bei kurzer Abwesenheit – selbst wenn Sie nur schnell beim Nachbarn sind – niemals Fenster offen oder gekippt stehen, und schließen Sie die Außentüren ab.

`EINFACHER!` Drehen Sie den Schlüssel einer Außentür immer zweimal herum. Das ist einfacher, als sich mit der Versicherung auseinanderzusetzen, die möglicherweise nicht zahlen will, wenn nur einmal abgeschlossen wurde.

`BESSER!` Außensteckdosen sollten immer abschaltbar sein. Sonst machen Sie Einbrechern die Arbeit besonders bequem.

BITTE NICHT!

Lassen Sie im Garten keine Leitern oder andere potenzielle Steighilfen für Einbrecher herumliegen, beispielsweise Mülleimer, stabile Rankgerüste oder Gartenmöbel.

WENN SIE VERREISEN, müssen Sie besondere Vorkehrungen treffen

Einbrecher suchen meist gezielt nach Wohnungen oder Häusern, deren Bewohner ganz offenbar nicht zu Hause sind. Sorgen Sie also dafür, dass Ihre Abwesenheit nicht allzu deutlich wird.

✳ Kündigen Sie Ihre Urlaubspläne und die Termine nicht öffentlich an, schon gar nicht in Computernetzwerken: Einbrecher sind auf der Höhe der Zeit und nutzen solche Dienste.

✳ Bitten Sie Nachbarn, täglich Ihren Briefkasten zu leeren. Ist das nicht möglich, beauftragen Sie die Post, Ihre Sendungen zu lagern oder nachzusenden. Die Tageszeitung sollte nicht bis in den Abend hinein aus dem Briefkasten ragen. Bestellen Sie sie vorübergehend ab, oder stellen Sie einen Nachsendeantrag. Bestellen Sie nicht noch kurz vor Reiseantritt Pakete.

✳ Installieren Sie lange vor Urlaubsbeginn ein Schild „Bitte keine Werbung!" am Briefkasten, damit nicht ein vollgestopfter Kasten Ihre Abwesenheit bezeugt. Kontrollieren Sie, ob die Austräger sich auch daran halten. Drohen Sie andernfalls mit Klage.

✳ Lassen Sie Zeitschaltuhren während Ihrer Abwesenheit die Lichter ein- und ausschalten und die Rollläden steuern. Eventuell kann das auch ein Freund oder Nachbar tun, der auch die Blumen gießt und ein Auge auf die Wohnung hat. Am besten soll er zu unterschiedlichen Zeiten bei Ihnen auftauchen – es ist nämlich gut möglich, dass Einbrecher die Wohnung beobachten („ausbaldowern"). Es gibt sogar spezielle Geräte, die das Flimmern von Fernsehgeräten vortäuschen.

✳ Mähen Sie noch vor Fahrtantritt Ihren Rasen. Ein ungepflegter Garten kann ebenfalls ein Zeichen für Abwesenheit sein.

✳ Achten Sie auf „Gaunerzinken" in Ihrer Nachbarschaft: Unauffällige, wie von Kinderhand gemalte Zeichen, die geeignete Objekte markieren oder vor Gefahren warnen.

GOLDENE REGELN!

Überprüfen Sie Ihre Haustür

1. Die meisten Einbrecher kommen durch die Haustür. Deshalb muss diese besonders stabil sein. Klingt sie beim Klopfen hohl, sollten Sie sie gegen eine einbruchhemmende Tür austauschen. Natürlich muss der Vermieter zustimmen; eventuell übernimmt er sogar die Kosten oder beteiligt sich daran.

2. Die Tür muss ein solides Türblatt und einen robusten, gut im Mauerwerk verankerten Türrahmen besitzen, sodass sie selbst heftigen Tritten und Schlägen standhält.

3. Schutzbeschlag und Schließzylinder müssen gegen Aufbohren gesichert und das Winkelschließblech gut im Mauerwerk verankert sein. Der Schließzylinder muss mindestens sechs Zuhaltungen haben.

4. Hinterhaken an der Bandseite der Tür verhindern dort das Aufstemmen. Zusätzlich kann ein Querriegelschloss die Tür weiter stabilisieren.

5. Ein Sperrbügel am Kastenzusatzschloss verhindert, dass ein Einbrecher die von Ihnen geöffnete Tür aufstößt, um Sie zu überwältigen.

GESUNDHEIT UND SICHERHEIT FÜR DIE GANZE FAMILIE

» *Fenster, die sich nach innen öffnen, sichern Sie ganz einfach, indem Sie Blumentöpfe auf die Fensterbank stellen* «

EINFACHER! Fenster, die sich nach innen öffnen, sichern Sie ganz einfach, indem Sie Blumentöpfe auf die Fensterbank stellen. Einbrecher scheuen den Lärm, der durch herunterpolternde Blumentöpfe entstehen würde.

BESSER! Damit der Anrufbeantworter Ihre Abwesenheit nicht verrät, stellen Sie die Rufumleitung auf Ihr Handy ein. So können Sie jeden Anruf entgegennehmen, wo Sie auch sind.

BITTE NICHT!

Lassen Sie niemals alle Jalousien oder Rollläden herunter. Sie stellen kaum einen Einbruchsschutz dar – sind aber ein Zeichen, dass niemand zu Hause ist!

ELEKTRONISCHE ALARMANLAGEN:
Teuer, aber nützlich

Einen zusätzlichen, wenn auch kostenintensiven Schutz gegen Einbrecher bietet eine elektronische Alarmanlage. Sie besteht aus einer Alarmzentrale, bei der die Meldungen der diversen Sensoren zusammenlaufen und die im Ernstfall Alarm schlägt, also etwa eine Sirene oder ein rotes Blinklicht am Haus in Gang setzt, Fotos schießt und den Alarm weitermeldet.

✳ Dazu enthält die Anlage eine Vielfalt von Sensoren im ganzen Haus. Das können Magnetmelder zur Fenster- und Türsicherung sein, Erschütterungsmelder, Glasbruchmelder, Lichtschranken oder Bewegungsmelder. Außerdem gehört dazu ein Schloss zum Scharf- oder Abschalten der Anlage. Moderne Anlagen sind gut gegen Sabotage geschützt.

✳ Eine Alarmanlage ersetzt jedoch nicht die mechanische Sicherung, denn sie spricht ja meist erst an, wenn der Täter schon (oder wenigstens fast schon) im Haus ist. Außerdem ist zu klären, wie und wo sie den Alarm meldet. Man kann die Meldung an einen privaten Sicherheitsdienst senden lassen, der dann sofort einen Wagen schickt.

✳ Da solche Firmen nicht ganz billig sind, verlassen sich die meisten Besitzer einer Alarmanlage darauf, dass Lärm und Licht (Sirene und/oder rotes Licht am Haus) Täter abschrecken und Nachbarn alarmieren. Das funktioniert aber nur, wenn es nicht zu viele Fehlalarme gibt – und die gibt es, wenn die Bewohner vergessen, die Anlage abzuschalten, wenn sie wieder zu Hause sind. Kommt das häufiger vor, hören die Nachbarn nicht mehr so recht hin, wenn die Sirene losgeht.

✳ Eine gute Lösung ist die Installation moderner Kameras, die ein Bild oder Video per

Internet an Ihren gegenwärtigen Aufenthaltsort übertragen und sogar eine E-Mail mit Bildern an Sie schicken, wenn sie eine Bewegung im Gesichtsfeld entdecken. Allerdings schlagen auch diese Kameras erst dann Alarm, wenn schon ein Dieb im Haus ist. Dann hilft nur noch ein rascher Anruf bei Ihrem heimatlichen Polizeirevier, dessen Telefonnummer Sie deshalb immer bei sich haben sollten.

BESSER! In jedem Fall sollte man eine Alarmanlage professionell installieren lassen und auf Billigangebote verzichten. Ideal ist es, wenn man Sensoren hinzufügt, die Feuer, Wasser, Gas, überhöhten Stromverbrauch (etwa von einem nicht abgeschalteten Herd) oder den Ausfall von Kühlgeräten melden.

» In jedem Fall sollte man eine Alarmanlage professionell installieren lassen «

GUTE PLANUNG!

Für den Fall der Fälle

Versicherungsschutz überprüfen	Ein Einbruch ist schlimm genug, aber die Probleme können ins Unermessliche wachsen, wenn Sie nicht klug vorsorgen. Überprüfen Sie Ihren Versicherungsschutz!
Daten sichern	Machen Sie rechtzeitig Kopien von wichtigen Dokumenten, und bewahren Sie Rechnungen und Expertisen von Schmuck, Kunstwerken und Teppichen auf. Sichern Sie wichtige Daten, auch Fotos der Einrichtung, auf DVD oder einer externen Festplatte.
Besitztümer kennzeichnen	Notieren Sie Identifikationsnummern oder Merkmale, an denen Sie Ihre Sachen wiedererkennen können. Oder bringen Sie selbst solche Merkmale an – etwa mit UV-Markern, deren Zeichen man nur unter ultraviolettem Licht erkennen kann. Sie sind besonders für wertvolle Teppiche gut geeignet.
Problemen vorbeugen	All diese Maßnahmen erleichtern nach einem Einbruch die Arbeit der Polizei, und Sie haben größere Chancen, Ihr Eigentum wiederzubekommen. Zudem gibt es ganz bestimmt weniger Probleme mit der Versicherung.

Mit der Haustechnik auf vertrautem Fuß

Der moderne, technisch aufgerüstete Haushalt gibt uns so manches Rätsel auf. Dabei ist es durchaus interessant zu verstehen, wie die Heizung, der Sicherungskasten und der Computer funktionieren. Und was zu tun ist, wenn ein Störfall eintritt, erfahren Sie hier ebenfalls.

Große und kleine Helfer im Haushalt

In modernen Küchen unterstützt eine Fülle von Elektrogeräten die Hausarbeit. Meist arbeiten sie klaglos und unauffällig, doch wer sie regelmäßig pflegt und bestimmungsgemäß einsetzt, hat deutlich länger Freude an ihnen.

KÜCHENMASCHINEN können (fast) alles

Küchenmaschinen sind vielseitig verwendbare Geräte, mit denen man dank unterschiedlicher Einsätze, Aufsätze und Zubehörteile rühren, raspeln, mixen, häckseln, mahlen, pürieren und kneten kann. Einige Modelle kann man sogar durch Zitruspresse und Nudelmaschine ergänzen. Angetrieben wird alles durch einen kräftigen Elektromotor.

» Küchenmaschinen können rühren, raspeln, mixen, häckseln, mahlen, pürieren, kneten und noch vieles mehr «

✱ Allerdings sind viele Typen, vor allem ältere Modelle, ziemlich groß und schwer, sodass man sie in der Regel auf der Arbeitsplatte stehen lassen muss. Dafür sind sie standfest und stabil. Seit einigen Jahren werden aber auch kleinere Modelle angeboten, bei denen man umso mehr auf Robustheit achten sollte. Legen Sie Wert darauf, dass alle Ein- und Aufsätze sowie die Behälter spülmaschinenfest sind.

✱ Eine Neuentwicklung sind die „intelligenten" Küchenmaschinen, die uns mitteilen, was wir tun sollen – nicht umgekehrt. Das funktioniert so: Die Maschine verfügt über einen Rezept-Chip mit Hunderten von Rezepten, die man anwählen kann, sowie über ein Display. Hat man sich ein Rezept ausgesucht, erklärt das Display der Küchenmaschine Schritt für Schritt, welche Zutaten sie braucht und was zu tun ist – und führt dies dann aus. Zeit, Temperatur und Geschwindigkeit sind voreingestellt.

BESSER! Bei der Herstellung von Eischnee arbeiten die meisten Modelle eher schlecht. Nutzen Sie dafür lieber ein elektrisches Handrührgerät mit zwei eingesteckten Schneebesen.

BITTE NICHT!

Lassen Sie die Maschine bei schwerer Belastung nicht zu lange am Stück arbeiten. Zwar schaltet der Motor ab, wenn er zu heiß wird, aber letztlich sinkt die Lebensdauer.

Große und kleine Helfer im Haushalt

»Verwenden Sie nur spezielles Geschirrspülmittel für die Maschine«

DER GESCHIRRSPÜLER nimmt uns viel Arbeit ab

Eine Geschirrspülmaschine wäscht jeden Tag große Mengen schmutzigen Geschirrs, was man vor allem in einem Mehrpersonen-Haushalt sehr zu schätzen weiß. Die Maschine besprüht das Geschirr immer wieder mit Wasser in der eingestellten Temperatur, bringt Reinigungsmittel in das Wasser, spült dann klar und trocknet schließlich mit Warmluft.

✱ Moderne Modelle sind sparsamer als das Spülen von Hand, zumal man sie an die jeweilige Aufgabe und Füllmenge anpassen kann. Einige Dinge aber sollte man beachten, um lange Freude am Gerät zu haben.

✱ Verwenden Sie nur spezielles Geschirrspülmittel für die Maschine, niemals Spülmittel für die Handspülung. Die Maschine würde durch die Dichtungen hinweg überschäumen.

✱ Räumen Sie nur spülmaschinenfestes Geschirr ein, wenn Sie Wert auf die Aufglasur-Verzierungen legen. Im Zweifel lieber mit der Hand spülen.

✱ Wischen Sie vor dem Einräumen des Geschirrs (am besten gleich nach Gebrauch) die gröbsten Speisereste ab. Eingetrocknete oder eingebrannte Reste mit warmem Wasser und etwas Spülmittel zuvor einweichen.

✱ Wählen Sie mit „gut" getestete Multitabs, oder füllen Sie Reinigungsmittel (Pulver oder Tab) und Klarspüler einzeln ein. Von Zeit zu Zeit (je nach Anzeige der Maschine) müssen Sie auch das Enthärtersalz nachfüllen, vor allem in Gegenden mit hartem Wasser.

✱ Regelmäßig das Sieb (Filter) und die Sprüharme reinigen – bei neueren Maschinen lassen sie sich leicht lösen und wieder einsetzen.

✱ Lassen Sie schmutziges Geschirr nicht zu lange in der Maschine – schon nach wenigen Tagen riecht es sehr unangenehm. In diesem Fall spülen Sie es mit mindestens 60 °C, um alle Bakterien abzutöten.

✱ Wird das Geschirr nicht mehr richtig sauber, prüfen Sie, ob Wasser zuläuft, ob es heiß wird, ob Reinigungsmittel und Salz eingefüllt waren. Möglicherweise war das Geschirr auch ungünstig eingeräumt. Schauen Sie in der Gebrauchsanweisung nach, wie man die Maschine optimal belädt.

✱ Achten Sie beim Kauf darauf, dass die Maschine eine Schutzvorrichtung gegen geplatzte Wasserschläuche besitzt (Aquastop), oder rüsten Sie Aquastop nach – es schützt vor Überschwemmungen durch das Gerät.

SCHNELLER! Bleibt Wasser im Gerät stehen, holen Sie nicht gleich den Kundendienst, sondern kontrollieren Sie erst einmal das Sieb am Boden: Vielleicht ist es verstopft.

EINFACHER! Wird die Spülmaschine eine Zeitlang nicht benutzt, etwa weil man im Urlaub ist, streut man vor der Abreise einige Esslöffel Backpulver auf den Boden, das bindet schlechte Gerüche. Bei der ersten Benutzung nach der Rückkehr wird das Pulver wieder weggespült.

» Schalten Sie die Dunstabzugshaube beim Kochen immer ein; andernfalls kann sich Kondenswasser darin sammeln «

stark verfetteten Filtern besteht Brandgefahr – und sie saugen auch nicht mehr gut.

✱ Aktivkohlefilter müssen in den empfohlenen Intervallen gereinigt oder ausgetauscht werden.

✱ Schalten Sie die Dunstabzugshaube beim Kochen immer ein, andernfalls kann sich darin Kondenswasser sammeln.

✱ Öffnen Sie vor dem Einschalten einer ins Freie blasenden Haube ein Fenster, damit Luft nachströmen kann – insbesondere, wenn Sie in der Wohnung einen Kamin oder eine Therme haben – sonst saugt die Haube Kaminluft oder gar Rauch in die Wohnung.

BESSER! Laut Testberichten lohnt es sich, in teurere Geräte zu investieren: Sie sehen besser aus, arbeiten gründlicher und sind leiser.

BILLIGER! Statt Klarspüler können Sie in die Maschine auch etwas Essig (6-prozentig) oder eine Lösung von 1 Teelöffel Zitronensäure in einem halben Becher warmem Wasser geben.

DIE DUNSTABZUGSHAUBE
gegen Kochgerüche

Damit sich Kochgerüche nicht in der Küche oder gar der Wohnung ausbreiten, saugt die Dunstabzugshaube, gern auch „Esse" (Rauchfang, Schornstein) genannt, sie an, schickt sie ins Freie oder bindet sie wenigstens in Aktivkohlefiltern. In jedem Fall muss die Abluft aber zuvor den Fettfilter passieren, damit das Innere nicht verschmutzt wird.

✱ Reinigen Sie die Fettfilter alle paar Wochen, insbesondere wenn Sie oft mit Fett kochen. Bei

BITTE NICHT!

Wenn Sie Fettfilter aus Edelstahl in der Spülmaschine reinigen, darf dies nicht gemeinsam mit schmutzigem Geschirr geschehen: Speisereste könnten sich in den Filtern fangen.

DIE MIKROWELLE arbeitet im Sekundentakt

Die Zeiten, da manche glaubten, Mikrowellen machten das Essen radioaktiv, sind zum Glück vorbei. Heute ersetzen die oft mit Grill- und Umluftfunktion ausgestatteten Geräte in kleinen Haushalten sogar den Backofen und sind preisgünstige und nützliche Küchenhelfer – wenn man sie richtig behandelt.

Große und kleine Helfer im Haushalt

* Das Innenleben einer Mikrowelle ist recht aufwendig: Das Gerät erzeugt Hochfrequenzwellen hoher Energie und strahlt sie per Antenne in den Kochraum. Die Wellen bringen die in den Speisen enthaltenen Wassermoleküle zum Vibrieren und erzeugen so Wärme. Die Wärme wird also im Innern der Speisen frei, nicht – wie beim Herd – von außen herangeführt. Und wasserfreie Gegenstände wie Teller oder Schüssel werden gar nicht erhitzt, sondern nur über die von den Speisen abgegebene Wärme. Das Geschirr kann deshalb trotzdem heiß werden, also Vorsicht beim Herausnehmen aus dem Garraum.
* Mikrowellengeräte arbeiten besonders rasch, zudem bleibt der Innenraum normalerweise sauber – außer bei Verwendung als Grill. Allerdings werden die Speisen von den Mikrowellen nur gegart, nicht gebräunt; für Pizza oder Braten braucht man daher den Grill.
* Um ein gleichmäßiges Garergebnis zu erzielen, rührt man die Speise nach der Hälfte der Garzeit um. Falls man ein Gerät mit einem eingebauten Drehteller hat, ist dies nicht nötig.
* Anders als oft erzählt darf man durchaus Essen in Metallbehältern (etwa Alu-Schalen oder Edelstahlgefäßen) erhitzen; allerdings müssen die Behälter nach oben weit offen sein, weil die Wellen Metall nicht durchdringen und die Speisen nur von oben erhitzt werden. Metall darf auch nicht zu nah an die elektrisch leitende Wand des Garraums geraten.
* Geschirr mit Goldrand gehört nicht in die Mikrowelle. Das Gold könnte schmelzen und verdampfen. Zudem ist Funkenflug möglich.

» *Essen in Aluschalen darf in die Mikrowelle, wenn das Gefäß flach und oben offen ist* «

SCHNELLER! Zum Auftauen gefrorener Speisen sind Mikrowellen gut geeignet: Sie brauchen nur einen Bruchteil der normalen Auftauzeit. Man sollte die Geräte dann aber nur mit geringer Leistung arbeiten lassen. Eismoleküle nehmen die Strahlung nämlich nur schlecht an, während bereits getaute Stellen leicht überhitzen.

BESSER! Statt Mikrowellen-Reinigungsspray können Sie im Gerät etwas Wasser 5 bis 10 Minuten lang in einem Gefäß zum Sieden bringen, in das Sie Essig, Zitronenscheiben oder Spülmittel gegeben haben. Dann den Wasserdampf einige Minuten einwirken lassen und den Innenraum mit einem Tuch auswischen.

BILLIGER! Etwa die Hälfte der zugeführten elektrischen Energie geht beim Erzeugen der Strahlung verloren. Große Mengen Flüssigkeit erhitzt man daher sparsamer auf dem Herd, reines Wasser am besten im Wasserkocher.

» *Im Mikrowellengerät garen Speisen besonders rasch, und der Innenraum bleibt in der Regel sauber* «

BITTE NICHT!

Verschlossene Schraubgläser dürfen nicht in die Mikrowelle. Durch die schnelle Erwärmung entsteht im Innern ein Wasserdampf-Überdruck, sodass die Gefäße platzen können.

DER BACKOFEN ist das Herz der Küche

In einem typischen Küchenherd befindet sich der Ofen zum Backen und Braten, die „Röhre", unter der Kochplatte. Solche Kombiherde sind in vielen Küchen zu finden. Allerdings erfordert diese Anordnung des Backofens häufiges Bücken, oder man muss sogar in die Hocke gehen. Um diesen Nachteil auszugleichen, haben manche Hersteller den Backwagen im Angebot oder auch Teleskopauszüge, die es erlauben, die Bleche einzeln herauszuziehen.

✸ Noch praktischer ist es, wenn der Backofen in optimaler Arbeitshöhe in einen Hochschrank eingebaut ist, sodass man ihn im Stehen bedienen kann. Das Kochfeld wird dann an anderer Stelle in die Arbeitsplatte eingebaut.

>> *Ein in Augenhöhe eingebauter Backofen erspart das Bücken* «

✸ Backöfen werden heute meist elektrisch betrieben, manche aber auch mit Gas. Man kann zwischen Umluft und Ober- und Unterhitze wählen; bei Ober- und Unterhitze strahlen Heizeinrichtungen in Decke und Boden die Wärme ab, bei Umluft verteilt ein Ventilator heiße Luft im Garraum. Haben Sie mehrere Bleche übereinander, ist Umluft besser. In manchen Backöfen kann man auch grillen, man spart sich also ein separates Grillgerät.

✸ Ein Problem, an dem die Hersteller seit Jahrzehnten arbeiten, ist die Reinigungsfreundlichkeit, denn eingebrannte Spritzer oder Lachen lassen sich sehr schlecht entfernen. Zwar haben neuartige Emaillierungen Fortschritte gebracht, und es gibt auch einige „sanfte" Reinigungstricks, mit denen man es versuchen kann (siehe S. 175 „Den Backofen reinigen"), doch die einzige Methode, die wirklich perfekt wirkt, ist die pyrolytische Selbsteinigung: Bei extrem hoher Temperatur (500 °C) verwandeln sich die Verschmutzungen in Asche, die man dann einfach herauswischt. Solange der Backofen heiß ist, bleibt die Backofentür verriegelt. Der Nachteil dieser Technologie: Backöfen mit Pyrolyse-Funktion sind teuer.

BILLIGER! Pyrolyse-Reinigung verbraucht wegen der extrem hohen Temperaturen viel Strom. Reinigen Sie Ihren Backofen deshalb immer bald nach Benutzung, so gut es eben geht, damit er einigermaßen sauber ist. Dann brauchen Sie die Pyrolyse seltener.

BITTE NICHT!

Auch wenn die Versuchung groß ist: Zum Reinigen des Backofens dürfen Sie kein Scheuermittel und erst recht keinen Stahlschwamm verwenden. Die Beschichtung des Innenraums, meist aus Email, könnte beschädigt werden.

MODERNE KOCHPLATTEN bieten zahllose Möglichkeiten

Wer sich heute eine Küche einrichtet, hat die Wahl unter ganz unterschiedlichen Möglichkeiten zum Kochen. Die erste Entscheidung muss zwischen Strom und Gas fallen. Bei Elektroherden hat man dann wieder die Auswahl: Kochfelder aus Gusseisen wie einst? Oder besser eine Kochplatte aus Glaskeramik, die die Speisen mit Wärmestrahlung (IR, infrarot) erhitzt? Oder die teuerste Variante: ein Induktionskochfeld, das die Energie magnetisch auf den Boden spezieller Töpfe oder Pfannen überträgt, wobei nur die Töpfe und Pfannen heiß werden, die Platte selbst sich aber nicht erhitzt. Das ist ein wichtiger Sicherheitsaspekt, gerade für Senioren. Sicher sind aber auch IR-Kochfelder mit Topf-Erkennung: Sie schalten sich ab, wenn kein Topf darauf steht.

>> **Bei Induktion werden nur die Töpfe und Pfannen heiß, die Platte selbst erhitzt sich nicht** «

>> **Passen Sie den Topfdurchmesser stets der Plattengröße an, sonst geht viel Strom verloren** «

✳ Gas hat den Vorteil, dass sich die Hitzezufuhr unmittelbar regulieren lässt, während elektrisch betriebene Kochplatten nur langsam reagieren und nachheizen. Profiköche kochen deshalb mit Gas, aber im Privathaushalt ist das Umgehen mit der offenen Flamme nicht jedermanns Sache.

✳ Passen Sie den Topfdurchmesser stets der Plattengröße an. Vor allem wenn der Topf zu klein ist, geht seitlich viel Wärme verloren. Bei Kochfeldern mit Topfgrößenerkennung hat man dieses Problem nicht.

✳ Gasbrenner müssen Sie oft reinigen und dazu auseinandernehmen. Achten Sie darauf, die Düsen nicht mit Reinigungsmittel zu verstopfen. Wenn die Gasflamme nicht mehr blau brennt, sondern eher gelblich und ungleichmäßig, ist vermutlich eine Düse verstopft.

✳ Vermeiden Sie es dringend, ein heißes IR-Kochfeld mit Kunststoffen oder zuckerhaltigen Speisen zu verschmutzen. Beim Marmelade- und Geleekochen passiert das nur zu leicht. Sie brennen fest und sind dann kaum noch ohne Glasschäden zu entfernen. Induktionskochfelder haben dieses Problem nicht, weil sie nicht heiß werden.

✳ Reinigen Sie Glaskeramikfelder nie mit Scheuermitteln. Weichen Sie festgebackenen Schmutz (übergekochter Topf) einige Minuten lang ein. Auch ein spezieller Glasschaber hilft, den man u. a. im Elektrohandel bekommt.

✳ Trocknen Sie gusseiserne Kochplatten nach dem Reinigen gut ab, damit sie nicht rosten.

BESSER! Erhitzen Sie Wasser, Suppe usw. nur mit aufgelegtem Deckel. Andernfalls dauert es nicht nur deutlich länger, es kostet auch viel mehr Energie, weil der entweichende Wasserdampf viel Wärme abführt. Schalten Sie zudem den Herd rechtzeitig ab, und lassen Sie seine Restwärme nachwirken, statt sie im Raum zu verschwenden.

BILLIGER! Haben Sie sich für ein Induktionskochfeld entschieden? Ehe Sie nun spezielle Töpfe dafür anschaffen, prüfen Sie die Töpfe, die Sie schon haben, mit einem Magneten. Wenn der Magnet sie anzieht, sind sie für Induktion geeignet.

BITTE NICHT!

Glaskeramik-Kochfelder, die einen Sprung bekommen haben, dürfen Sie nicht mehr verwenden. Es kann Feuchtigkeit eindringen und die Sicherheit gefährden!

KÜHLSCHRANK und Gefrierschrank

Kaum ein Haushalt verzichtet heute auf die Möglichkeit, Nahrungsmittel durch Kühlung schonend zu konservieren (siehe S. 154 ff. „Den Kühlschrank sinnvoll nutzen"). Das Arbeitsprinzip ist einfach: Eine chemische

» Lassen Sie das Gerät nie lange offen; die feuchte Luft hat Eisbildung im Innern zur Folge «

EXPERTENRAT

Auch für den Kühlschrank eine Energiesparbirne!

Moderne Kühlgeräte besitzen bereits LED-Beleuchtung, bei älteren lässt sie sich nachrüsten. Das machen Sie so: Räumen Sie den Bereich um die Lampe frei und heben dann vorsichtig die Lampenabdeckung ab (falls sie heiß ist, nehmen Sie ein Tuch zuhilfe). Besorgen Sie sich im Elektrogeschäft oder Baumarkt eine passende Kühlschrank-LED-Birne. Nehmen Sie auf jeden Fall Ihre Birne als Muster mit, und achten Sie auf die richtige Spannung, Gewinde- und Gehäusegröße. Schrauben Sie vorsichtig die neue Birne ein. Setzen Sie die Abdeckung wieder ein.

Substanz, die als Kühlmittel fungiert, wird zunächst komprimiert. Dabei wird sie heiß, gibt aber diese Hitze über das Kondensatorgitter an der Rückseite ab. Dann fließt das komprimierte Kühlmittel über Leitungen in den Wänden ins Kühlschrankinnere, dehnt sich wieder aus und nimmt dabei aus seiner Umgebung Wärme auf, kühlt also das Schrankinnere ab. Danach fließt es weiter und wird erneut komprimiert, sodass sich der Kreislauf schließt. Die Geräte transportieren also ständig Wärmeenergie aus dem Innenraum hinaus in die Raumluft.

✹ Stellen Sie das Kühlgerät nicht zu dicht an die Wand. Das Kondensatorgitter muss Wärme abgeben können. Ist der Kühlschrank in eine Einbauküche integriert, müssen sich in der Sockelblende Lüftungsschlitze befinden.

Große und kleine Helfer im Haushalt

✳ Lassen Sie das Gerät nie lange offen: Die feuchte Luft sorgt für Eisbildung im Innern.
✳ Tauen Sie das Gerät regelmäßig ab – eine Eisschicht kostet viel Energie. Schon eine 1 Zentimeter dicke Eisschicht erhöht den Stromverbrauch um die Hälfte.
✳ Hat das Gerät keine No-Frost-Einrichtung oder eine Abtauautomatik, sorgen Sie dafür, dass die beim Abtauen auslaufenden Wassermengen aufgefangen werden.
✳ Wischen Sie die Kühlschrank-Dichtung regelmäßig mit warmem Wasser und Spülmittel ab, damit sie nicht festklebt. Halten Sie sie frei von Ölen und Fetten.
✳ Stellen Sie Kühlgeräte in eine möglichst kühle Umgebung, das spart kräftig Strom. Also nicht neben die Heizung und in der Einbauküche nicht neben den Backofen, selbst wenn dieser gut isoliert ist.
✳ Eine volle Gefriertruhe braucht, wenn alles durchgefroren ist, fast genauso viel Energie wie eine halb leere. Sie sollten sie also nicht, wie bisweilen empfohlen wird, extra mit (halb vollen) Wasserflaschen auffüllen.
✳ Wenn auf dem Kühlschrankboden Wasser steht oder es gar herausleckt, liegt das vermutlich an einem verstopften Abfluss für das Tauwasser. Normalerweise wird es in einen kleinen Behälter nahe dem Kondensatorgitter geleitet, wo es verdunstet. Stoßen Sie den Abfluss mit einer Stricknadel oder einem Schaschlikspieß durch.

SCHNELLER! Sie können einen Kühl- oder Gefrierschrank besonders rasch vom Eis befreien, wenn Sie einen Topf heißes Wasser hineinstellen oder bei offener Tür einen Ventilator davor platzieren. Vergessen Sie aber nicht, das auslaufende Wasser regelmäßig aufzufangen!

BILLIGER! Lassen Sie Nahrungsmittel aus dem Gefrierschrank im Kühlschrank auftauen. Dort wirken sie wie ein Kühlakku, entlasten das Kühlaggregat und sparen so Strom.

BITTE NICHT!

Lösen Sie das Eis beim Abtauen nie mit Gewalt: Sie könnten die Kühlrippen beschädigen. Aus dem gleichen Grund sollten Sie Eisschichten im Innern nicht abkratzen. Warten Sie, bis das Eis angetaut ist.

KAFFEE- UND ESPRESSOMASCHINE
für ein feines Aroma

Kaffee, einst ein Luxusgetränk, ist heute allgegenwärtig, zumal er dank moderner Kaffeeautomaten sehr bequem zuzubereiten ist. Preisgünstige Maschinen arbeiten mit Filtertüte und gemahlenem Kaffee. Teure mahlen den

» *Kaffee, einst ein Luxusgetränk, ist heute allgegenwärtig* «

» Der Saugroboter bewegt sich selbstständig durchs Zimmer «

Kaffee vor dem Aufbrühen jeder Tasse frisch. Allerdings enthält der so hergestellte Kaffee nicht nur das anregende Koffein, sondern auch diverse Röststoffe, die magenempfindliche Menschen nicht gut vertragen. Sie sollten zum Espresso wechseln.

✱ In Espressomaschinen wird unter hohem Druck heißes Wasser rasch durch das Kaffeepulver gepresst. Das Wasser nimmt dabei das Koffein und die Aromastoffe mit, nicht aber die Röststoffe, daher ist Espresso magenverträglicher – und oft auch aromatischer. Bequem zu bedienende Maschinen arbeiten mit fertig portioniertem Kaffee in Kapseln oder Kissen (pads), die anschließend herausgenommen und entsorgt werden. Je höher der Druck, desto besser wird der Espresso und besonders die „crema", der helle Schaum an der Oberfläche.

✱ Spülen Sie spätestens jeden Abend die Kanne mit Frischwasser aus, damit sich möglichst wenig braune Niederschläge absetzen und den Geschmack verderben.

✱ Besitzt Ihre Maschine einen Frischwassertank, entleeren Sie ihn jeden Abend und füllen ihn morgens neu. Leeren und reinigen Sie von Zeit zu Zeit die Abtropfschale, denn die Kaffeereste bieten Schimmel guten Nährboden.

✱ Halten Sie bei Espressomaschinen die vom Hersteller empfohlenen Wartungsintervalle ein – immerhin soll die Maschine zuverlässig sehr hohen Druck erzeugen.

BESSER! Manche Espressomaschinen produzieren große Mengen Müll in Form der Kapseln. Die wirft man aber nicht in den normalen Hausmüll, sondern gibt sie in den Gelben Sack oder den Recycling-Müll. Dort wird das Aluminium zur Wiederverwendung aussortiert.

BILLIGER! Zum Entkalken der Maschine gibt es beim Hersteller meist teure Produkte. Billiger ist es, wenn Sie einen Esslöffel Zitronensäure mit einem Spritzer Geschirrspülmittel in heißem Wasser auflösen und diese Lösung zweimal durch die Maschine laufen lassen. Anschließend zweimal klares Wasser durchlaufen lassen.

BITTE NICHT!

Lassen Sie vor längerer Abwesenheit das Kaffeepulver mit dem Papierfilter nicht in der Maschine – es schimmelt rasch.

Der Staubsauger ist einfach unverzichtbar

Der Staubsauger besteht aus einem Elektromotor mit Propeller, der Unterdruck erzeugt und so Luft ansaugt. Die Luft strömt durch Düse, Schlauch und Staubsaugerbeutel und nimmt dabei Staub und Schmutzteilchen mit, die im Beutel hängen bleiben. Durch einen Filter strömt die Luft dann wieder hinaus. Mit dem Füllungsgrad des Beutels sinkt die Saugleistung, und schließlich muss er ausgetauscht werden. Beutellose Sauger haben einen Auffangbehälter, in dem sich der Staub aufgrund von Zentrifugalkräften (Zyklonprinzip) sammelt und der von Zeit zu Zeit gereinigt werden muss. Sie behalten aber stets volle Saugleistung, zudem spart man die Beutel. Allerdings sind beutellose Sauger deutlich lauter.

Große und kleine Helfer im Haushalt

✳ Auf dem Staubsaugermarkt tut sich viel, worauf der Verbraucher eigentlich erst durch die EU-Bestimmungen zur Begrenzung der Wattzahlen aufmerksam geworden ist. Bisher hatte man gedacht, eine hohe Wattzahl bedeute eine hohe Saugleistung, doch das stimmt nicht. Eine hohe Wattzahl bedeutet lediglich: hoher Stromverbrauch. Den Staubsaugerherstellern ist es nämlich gelungen, eine hohe Saugleistung bei niedrigerem Stromverbrauch (Wattzahl) zu erzielen, und die EU reagiert mit ihrer Regulierung lediglich auf diese Entwicklung. Man wundere sich also nicht, wenn ein Verkaufsberater z. B. ein 1000-Watt-Modell empfiehlt und versichert, es erbringe dieselbe Saugleistung wie Ihr altes 2400-Watt-Modell.

✳ Sehr nützlich sind auch akkubetriebene Handstaubsauger, die man sich rasch mal greift, etwa um das Auto auszusaugen – man achte allerdings auf die Saugleistung. Krümel und Sand muss er problemlos schaffen können.

✳ Teurer sind kabellose Saugroboter, die sich selbstständig durchs Zimmer bewegen und Schmutz aufsaugen. Sensoren und eine eingebaute Elektronik steuern den Haushaltshelfer, verhindern Kollisionen mit der Wand oder Abstürze an der Treppe und führen sie an die Akkuladestation zurück; manche Ladestationen übernehmen auch den gesammelten Schmutz.

✳ Überprüfen Sie von Zeit zu Zeit (und auf jeden Fall bei ungenügender Saugleistung), ob Hindernisse den Schlauch oder die Düse verstopfen. Eine schlechte Saugleistung könnte auch an einem verstopften Filter liegen. Manche Filter kann man auswaschen, sonst ist ein neuer fällig.

BESSER! Rollen Sie bei leistungsstarken Staubsaugern stets das Kabel voll aus, damit es nicht heiß wird.

BILLIGER! Wenn Sie keine teuren Staubsaugerdüfte kaufen wollen, können Sie auch ein kleines Stückchen Toilettenpapier in den Beutel geben, das Sie mit etwas Parfüm betropft haben.

BITTE NICHT!

Saugen Sie mit einem normalen Staubsauger niemals Flüssigkeiten auf. Dafür gibt es eigens konstruierte Geräte.

EXPERTENRAT

Der Umgang mit Kleingeräten

Auch kleine Geräte wollen gepflegt sein, selbst wenn der Ersatz kein allzu großes Loch ins Portemonnaie reißt. Den Toaster sollten Sie häufig von Krümeln reinigen, sonst besteht Brandgefahr. Den Wasserkocher leeren Sie stets vollständig aus, dann verkalkt er weniger rasch. Ein sehr nützlicher kleiner Helfer ist der Eierkocher – denn wer bekommt die Frühstückseier schon immer so weich/halbweich/hart hin, wie es gewünscht wird? Man muss nur aufpassen, was man tut, wenn einmal ein Ei platzt und sich sein Inneres in die flache Wasserwanne ergießt: Immer nur auswischen, niemals das Unterteil ins Spülwasser stellen, denn im Unterteil befindet sich der Motor!

Was die Wäschepflege erleichtert

Nicht nur in der Küche machen Elektrogeräte das Leben leichter. Sie helfen auch beim Sauberhalten und Pflegen der Kleidung und der Heimtextilien.

KÖRPERLICHE SCHWERSTARBEIT:
Das ist vorbei!

Hausarbeit ist anstrengend, und in früheren Zeiten waren die Hausfrau und, wenn sie Glück hatte, dienstbare Geister täglich viele Stunden mit der Wäschepflege beschäftigt. Das Gerät, das geradezu eine epochale Wende in der Bewältigung des Alltags gebracht hat, ist die Waschmaschine. Heutige Geräte enthalten eine drehbare Trommel, angetrieben von einem Elektromotor. Außerdem sind sie mit Ventilen zur Regelung des Wasserzuflusses, einer Aufheizvorrichtung sowie einer Laugenpumpe zum Abpumpen des schmutzigen Waschwassers ausgestattet. Eine elektronische Steuerung sorgt für den korrekten Ablauf der unterschiedlichen Waschprogramme.

✱ Viel Forscherarbeit und Erfahrung steckt auch in den zahlreichen Bestandteilen der Waschmittel. Neben den Tensiden, die den Schmutz in der Lauge binden, enthalten sie unter anderem Wasserenthärter gegen Kalkablagerungen, Schauminhibitoren gegen zu starkes Schäumen, Enzyme gegen Flecken und Duftstoffe. Waschmittel für weiße Wäsche enthalten zudem optische Aufheller. Das sind Stoffe, die (für uns unsichtbares) ultraviolettes Licht in bläuliches Licht umsetzen, das sich mit dem nach dem Waschen normalerweise zurückbleibenden Gelbton der Wäsche zu Weiß mischt. Dadurch erstrahlt die Wäsche im „weißesten Weiß"– was nicht unbedingt bedeutet, dass sie auch völlig frei von Verunreinigungen oder Keimen ist.

✱ Vorsicht beim Waschen stark verschmutzter Wäsche, etwa Arbeitskleidung und Putzlappen. Sie dürfen keine harten Teile (vergessenes Werkzeug, Metallspäne) enthalten – sie können das Gummi der Dichtungen zerstören.

>> Die Waschmaschine hat eine geradezu epochale Wende in der Bewältigung des Alltags gebracht <<

* Füllen Sie die Trommel nicht zu voll. Überladene Trommeln waschen schlecht. Andererseits ist es unwirtschaftlich, die Maschine für eine einzelne Bluse zu starten.
* Verschwundene Socken gehen nicht auf das Konto des „kleinen grünen Sockenfressers". Wenn sie wirklich nicht zu finden sind (auch nicht in einem Bettbezug), sind sie in den Spalt zwischen Gummidichtung und Trommel geraten und mit dem Wasser weggesaugt worden. Waschen Sie sie deshalb in einem Wäschenetz.
BESSER! Socken und Feinkniestrümpfe sollten Sie paarweise waschen. Denn beim Waschen verändern sie sich manchmal etwas in der Farbe, und wenn Sie sie gemeinsam waschen, verändern sie sich auch gemeinsam und passen hinterher immer noch zusammen.

» *Das Flusensieb sollten Sie sich etwa alle zwei Monate vornehmen* «

DAS FLUSENSIEB REINIGEN – wichtig für das einwandfreie Funktionieren der Maschine

Das Flusensieb sollten Sie sich etwa alle zwei Monate vornehmen, denn ein zugesetztes Sieb stört den Wasserablauf. Das Sieb befindet sich unten an der Vorderfront der Maschine hinter einer Klappe. Bevor Sie beginnen, schließen Sie sicherheitshalber den Wasserhahn für die Waschmaschine.
* Dann legen Sie alte Handtücher direkt unter die Klappe, weil mit auslaufendem Restwasser zu rechnen ist, und öffnen die Klappe.
* Nun drehen Sie den Griff bzw. die beiden Hebel (je nach Waschmaschinenmodell) am Flusensieb. Ziehen Sie das Sieb heraus.
* Reinigen Sie das Sieb und setzen es wieder ein. Drehen Sie den Griff oder die Hebel in die alte Stellung, und schließen Sie die Klappe.

KLEINE MALHEURS, selbst behoben

* Wenn die Maschine beim Schleudern auffällig rüttelt oder wandert, hat die Trommel Unwucht, vermutlich durch ein besonders großes und schweres Wäschestück. Stoppen Sie den Schleudergang sofort, und nehmen Sie das Teil heraus. Schleudern Sie es dann allein, und zwar bei niedriger Tourenzahl. Dann bleibt es zwar feuchter, aber Sie vermeiden die Gefahr, dass die Maschine Schaden nimmt.
* Die Tür geht nicht auf? Schauen Sie nach, ob das Waschprogramm überhaupt schon beendet ist. Ist Strom da (manche Maschinen öffnen ohne Strom nicht)? Steht noch Wasser in der Trommel? Haben Sie den Eindruck eines Fehlers, versuchen Sie, auf „Abpumpen" zu schalten. Tut sich nichts, konsultieren Sie die Gebrauchsanleitung („Fehlersuche"), oder rufen Sie den Kundendienst. Auf keinen Fall die Tür mit Gewalt öffnen!
* Geplatzte Waschmaschinenschläuche mit entsprechender Überschwemmung sind unangenehm. Das kann eine „Aquastop-Einrichtung" verhindern. Das ist ein doppelwandiger

Schlauch mit einem elektrisch betriebenen Magnetventil. Gerät auch nur wenig Wasser durch einen Riss in den äußeren Schlauch, stoppt das Ventil sofort den Wasserzufluss. Bei älteren Maschinen ist das nachrüstbar, neue haben es meist schon.

>> *Waschen Sie immer mal wieder bei 60 °C oder im Kochprogramm, sonst können sich Biofilme voller Bakterien bilden* <<

✹ Bügel aus BHs sind eine der häufigsten Ursachen, warum der Kundendienst kommen muss. Die Metallteile verlassen leicht die Trommel und klemmen dann oft zwischen den Heizstäben. Meist muss die Trommel ausgebaut werden, was man keinesfalls selbst tun darf. Nehmen Sie also die Bügel vor dem Waschen heraus, und wenn das nicht geht, stecken Sie den BH in einen Kissenbezug mit Reißverschluss.
BESSER! Waschen Sie nicht immer bei 30 °C, sondern immer mal wieder bei 60 °C oder im Kochprogramm, sonst können sich Biofilme voller Bakterien bilden, und die Maschine beginnt zu riechen.
BILLIGER! Probieren Sie einen Waschball (Waschkugel) aus. Der poröse Ball ist mit Mineralkügelchen gefüllt, die es ermöglichen, mit einem einzigen Esslöffel Waschmittel eine Trommelladung sauber und duftig zu bekommen. Außerdem setzt der Ball die Wasserhärte herab. Reicht für Hunderte von Waschgängen.

BITTE NICHT!

Betreiben Sie die Maschine nicht auf Dauer nur mit Flüssigwaschmittel, sondern von Zeit zu Zeit auch mit Waschpulver. Sonst bilden sich klebrige Ablagerungen.

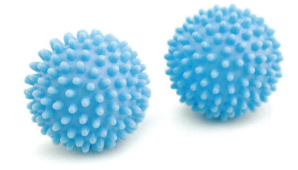

>> *Ein Trocknerball, der wie ein runder Igel aussieht, ist billig* <<

DER WÄSCHETROCKNER, eine große Hilfe
Nicht jeder hat die Möglichkeit, die Wäsche im Garten oder auf dem Balkon zum Trocknen aufzuhängen. In dem Fall hilft, wenn auch mit höheren Stromkosten verbunden, ein Trockner. Er besteht aus einer von einem Elektromotor hin und her drehbaren Trommel, einer Heizeinrichtung, die heiße Luft (bei empfindlicher Wäsche warme Luft) hindurch bläst, und einem Flusensieb zum Reinigen der ausströmenden Luft. Die Feuchtigkeit wird entweder mit der Warmluft ins Freie geschickt oder mit Kaltwasser kondensiert und mit der Abflussleitung abgeführt. Meist können Sie unterschiedliche Temperaturstufen oder zumindest die Dauer des Trockenvorgangs einstellen, um die Wäsche schranktrocken, bügel- oder mangelfeucht entnehmen zu können. Am sparsamsten sind Wärmepumpentrockner, weil sie die Wärme nicht verschwenden, sondern teils wiederverwenden. Zwar ist die Anschaffung teurer, aber das gleicht die Stromersparnis aus.
✹ Wäsche verlässt den Trockner in hervorragendem Zustand, besser, als wenn Sie im Wind gehangen hätte. Frottierhandtücher kommen weich und voluminös heraus, Feinwäsche glatt, sodass man sich das Bügeln oft sparen kann, z. B. bei T-Shirts.

Was die Wäschepflege erleichtert

✳ Aus demselben Grund ist Weichspüler in der Waschmaschine überflüssig, wenn Sie einen Trockner benutzen.
✳ Um sich das Bügeln auch wirklich zu sparen, nehmen Sie die Wäsche gleich nach Beendigung des Trocknens aus der Maschine.
✳ Gut ausgeschleuderte Wäsche spart deutlich Strom für den Trockner, zudem nimmt das ausgeschleuderte Wasser auch Kalk- und Waschmittelreste mit.
✳ Reinigen Sie nach jedem Trocknungsgang das Flusensieb. Es ist – im Gegensatz zur Waschmaschine – problemlos zugängig.
`SCHNELLER!` Schleudern Sie die Wäsche bereits in der Waschmaschine mit 1400 Umdrehungen pro Minute; das verkürzt die Trockenzeit um etwa 30 Minuten, verglichen mit 1000 Umdrehungen pro Minute!
`BESSER!` Empfindliche Wäschestücke, die Sie in einem Wäschebeutel in die Waschmaschine gegeben haben, sollten Sie auch im Trockner in einen Wäschebeutel stecken.
`BILLIGER!` Es gibt Trocknertücher, die Sie in die Trommel geben, um der Wäsche Duft zu verleihen und sie noch weicher zu machen. Billiger ist ein Trocknerball, der wie ein runder Igel aussieht, oder ein weißer Tennisball (ein gelber könnte abfärben).

DAS BÜGELEISEN mit oder ohne Dampf

Zur Wäschepflege eignen sich Dampfbügeleisen besser als die normalen Bügeleisen. Allerdings sind Dampfbügeleisen deutlich schwerer, belasten also das Handgelenk mehr, und man muss die stets drohende Verkalkung bekämpfen. Solche Probleme löst die Dampfbügelstation, die es in unterschiedlicher Ausführung gibt. Manche bestehen aus dem Bügeleisen und einem separaten Wassertank, haben Kalkfilter und die Möglichkeit, hängende Kleidungsstücke zu glätten, andere – für die man Platz haben muss – bestehen aus Dampferzeuger, Bügeleisen und Bügeltisch mit Ventilatoren, die die Oberfläche der Wäsche glättend anblasen.
✳ Prüfen Sie stets vor dem Bügeln die Sohle des Bügeleisens auf etwaige Rückstände.
✳ Empfindliche Teile bügeln Sie immer von der linken Stoffseite.
`SCHNELLER!` Bügeln Sie zuerst die empfindlichen Sachen, denn es geht schneller, das Bügeleisen anschließend auf hohe Temperatur zu schalten, als zu warten, bis es sich abgekühlt hat, wenn Sie zuerst die Kochwäsche gebügelt haben.
`EINFACHER!` Wenn Sie kein Bügeleisen mit Kalkfilter haben und sich die Entkalkungsprozedur ersparen wollen, benutzen Sie entionisiertes Wasser (Baumarkt).
`BESSER!` Haben Sie Wäscheteile, die gestärkt werden müssen? Besser, als Stärke in die Waschmaschine zu geben, ist es, die Wäsche beim Bügeln mit Sprühstärke einzusprühen.

>> *Um sich das Bügeln auch wirklich zu sparen, nehmen Sie die Wäsche gleich nach Beendigung des Trocknens aus der Maschine* «

Für die Basispflege des Körpers

Viele Arten elektrischer Geräte unterstützen uns bei der Körperpflege und dabei, die Gesundheit und das Wohlbefinden zu erhalten. Man muss diese nützlichen Hilfsmittel nur richtig verwenden.

DIE MODERNEN MÖGLICHKEITEN sollte man nutzen

Natürlich kann man sich nass rasieren, eine Handzahnbürste nutzen und eine Wärmflasche statt einem Heizkissen. Aber meist erfüllen die elektrischen Hausgeräte heute ihre jeweiligen Aufgaben besser als Hilfsmittel aus früheren Zeiten.

DIE ELEKTRISCHE ZAHNBÜRSTE putzt besser

Elektrische Zahnbürsten sind zwar teurer als Handzahnbürsten, putzen aber auch deutlich besser. Ideal ist es, wenn sie einen kleinen Bürstenkopf haben, der in alle Winkel des Gebisses kommt. Eine besonders intensive Reinigungswirkung gegen den gefährlichen Zahnbelag (Plaque) haben Schall- und Ultraschallzahnbürsten. Ihr Putzkopf schwingt viele hundert beziehungsweise mehrere tausend Mal pro Sekunde hin und her und erzeugt so Strömungen, die diesen Bakterienrasen von den Zähnen abreißen. Allerdings muss man sich an das Kitzelgefühl erst gewöhnen. Den Strom bekommen die Geräte übrigens völlig ungefährlich aus einem kleinen Akku, der drahtlos aufgeladen wird, während die Zahnbürste im Ständer steht. Das ist auch praktisch für unterwegs.

✳ Drücken Sie nicht zu fest auf, das ist weder ratsam noch notwendig. Lassen Sie die Zahnbürste für sich arbeiten.

✳ Putzen Sie morgens und abends – besser noch dreimal täglich – je zwei Minuten lang, und zwar immer von Rot nach Weiß, also vom Zahnfleisch zum Zahn. Darüber hinaus sollten Sie nicht vergessen, mit Zahnzwischenraumbürsten und Zahnseide auch die versteckten Bakterienbrutstätten zwischen den Zähnen auszukehren.

✳ Erneuern Sie den Bürstenaufsatz in regelmäßigen Abständen, wie in der Gebrauchsanleitung angegeben – auf jeden Fall aber sofort, nachdem Sie eine Infektion in Mund und Rachen überstanden haben.

> » Ideal ist es, wenn die elektrische Zahnbürste einen kleinen Bürstenkopf hat, der in alle Winkel des Gebisses kommt «

DER FÖHN – unentbehrlich

Warme Luft kann weit mehr Feuchtigkeit aufnehmen als kühle, und dieses Prinzip nutzt der Föhn. Er besteht aus einem Elektromotor mit Propeller, der hinten Luft ansaugt und diese vorne aus der Düse bläst. Ein im Luftstrom angeordnetes Heizelement erwärmt die Luft.

✱ Nutzen Sie nicht die höchste Stufe, weder an Luftausstoß noch an Temperatur, sonst schaden Sie Ihrem Haar. Und halten Sie beim Föhnen mindestens 20 cm Abstand vom Haar.

✱ Bewegen Sie den Föhn ständig hin und her, damit nicht eine Stelle zu heiß wird.

✱ Blasen Sie die Luft von unten nach oben durchs Haar, wenn Sie mehr Volumen möchten. Soll das Haar hingegen möglichst glatt und seidig aussehen, föhnen Sie vom Haaransatz zu den Spitzen hin, nicht in die entgegengesetzte Richtung. Denn das einzelne Haar ist an der Oberfläche bei den meisten Menschen nicht glatt wie ein Zwirnsfaden, sondern eher schuppig. Diese Schuppen legen sich an, wenn man vom Ansatz zu den Spitzen hin föhnt. Es hilft zusätzlich, das Haar beim Föhnen straff über eine Bürste zu ziehen.

» Wenn Sie mehr Volumen möchten, blasen Sie die Luft von unten nach oben «

BITTE NICHT!

Seien Sie extrem vorsichtig mit dem Haartrockner im Bad. Fällt das Gerät ins Wasser, besteht Lebensgefahr durch Stromschlag!

EXPERTENRAT

So setzen Sie die Munddusche richtig ein

Viele Menschen schwören auf Mundduschen. Sie lieben das saubere Gefühl, das der dünne Warmwasserstrahl ihnen gibt. Am besten sind Geräte, bei denen man die Stärke des Wasserstrahls regeln kann und die leicht zu reinigen sind.

- *Die Munddusche ersetzt keine Zahnbürste, weil sie festsitzende Beläge nicht löst. Sie spült aber nach dem Zähneputzen die restlichen Verunreinigungen weg, auch aus engen Winkeln, die die elektrische Zahnbürste nicht erreicht.*
- *Setzen Sie dem Spülwasser etwas antibakterielles Mundwasser zu.*
- *Reinigen Sie die gesamte Munddusche (Behälter, Schlauch, Düsen) oft, vor allem lassen Sie nach Gebrauch kein Wasser im Vorratsbehälter stehen.*
- *Haben Sie Zahnfleischtaschen? Dann sprechen Sie mit Ihrem Zahnarzt, ob er Ihnen zum Gebrauch einer Munddusche rät. Wenn man nämlich nicht aufpasst, spült der Wasserstrahl möglicherweise Nahrungsreste aus den Zahnzwischenräumen in die Taschen hinein, was Entzündungen auslösen kann.*

* Wollen Sie die Ansaugöffnung des Föhns reinigen, ziehen Sie erst den Netzstecker. Zupfen und blasen Sie den Staub dann ab, nötigenfalls mit dem Staubsauger.
BILLIGER! Föhnen Sie nicht gleich nach der Haarwäsche, lassen Sie das Haar erst etwa 15 Minuten unter einem Handtuchturban vortrocknen. Das verkürzt die Föhndauer und spart deutlich Strom.

HEIZKISSEN UND HEIZDECKE gegen das Frösteln

Wärme kann bei unterschiedlichen Beschwerden helfen, weil sie die Durchblutung fördert, die Nerven beruhigt und die Muskeln entspannt. Zudem schafft Ihnen ein Heizkissen oder eine große Heizdecke wohlige Wärme im Bett – etwa wenn Sie unter kalten Füßen leiden oder insgesamt frösteln. Im Innern des Kissens und der Decke liegen Heizfäden, die durch elektrischen Strom erwärmt werden. Sie sind durch einen Kunststoffüberzug vor Feuchtigkeit (Schweiß oder Körperflüssigkeiten) geschützt, zudem gibt es einen Schutz gegen Überhitzung, d. h. gegen Brandgefahr.

» *Viele Katzen lieben es mollig warm. Bleiben Sie gelassen, wenn sich Ihre Katze das Heizkissen ausleiht* «

* Am Schalter kann man verschiedene Wärmestufen wählen. In der Regel ist auch eine Abschaltautomatik eingebaut, die das Kissen oder die Decke nach anderthalb bis zwei Stunden automatisch abschaltet.
* Benutzen Sie Heizkissen und Heizdecke glatt, ohne die Teile stark zu falten.
* Reinigen können Sie das Heizkissen mit einem feuchten Putztuch und Universalreiniger. Hinterher gut trocknen. Der Textilüberzug ist abnehm- und waschbar. Benutzen Sie ihn nur, wenn er vollständig trocken ist.
* Haben Sie eine Katze? Viele Katzen lieben es mollig warm. Bleiben Sie gelassen, wenn sich Ihre Katze das Heizkissen ausleiht.

BITTE NICHT!

Drücken Sie keine spitzen Gegenstände (Haarnadeln!) ins Heizkissen; sie könnten die Heizdrähte beschädigen und zu einem Stromschlag führen.

Die Infrarotlampe, wohltuend und heilend

Normale Glühlampen erzeugen neben Licht vor allem Wärme. Infrarotstrahler sind genau darauf spezialisiert: Sie senden außer ein wenig sichtbarem Licht vor allem Infrarotstrahlung aus, die wir auf der Haut als Wärme empfinden. Die Strahlung wird dabei nicht direkt an der Hautoberfläche in Wärme umgesetzt, sondern in Hautschichten, die einige Millimeter tiefer liegen. Die Lampen werden medizinisch vor allem gegen Muskelverspannung, Mittelohrentzündung, rheumatische Prozesse und zum Befreien der Nasennebenhöhlen eingesetzt, denn sie steigern Blutzirkulation und Stoffwechselvorgänge.
* Schützen Sie bei einer Bestrahlung des Gesichts unbedingt die Augen mit einer Schutz-

Für die Basispflege des Körpers

> » Die Trockenrasur hat den Vorteil, dass man sich nicht schneidet «

brille. Die Augen sind im Gegensatz zu anderen Körperteilen nämlich nicht in der Lage, die Wärme über das Blut abführen, und überhitzen rasch – mit schweren Folgen.

DER ELEKTRISCHE RASIERAPPARAT
hat die Nassrasur weitgehend verdrängt

Obwohl manche Männer nach wie vor die Nassrasur bevorzugen, weil sie finden, sie verleihe ihnen ein frischeres Gefühl, hat die Trockenrasur ebenfalls Vorteile, die nicht gering zu schätzen sind: Man läuft nicht Gefahr, sich zu schneiden, man braucht nicht mit Rasierschaum zu hantieren, und unterwegs ist ein elektrischer Rasierapparat im Gebrauch allemal bequemer.

✱ Im Innern des Geräts sitzt ein kleiner, aber starker Elektromotor, der je nach Modell über ein Netzkabel oder von einem Akku mit Strom versorgt wird. Er setzt die winzigen scharfen Klingen des Scherkopfs in Bewegung, die hinter einer Siebfolie hin und her schwingen oder rotieren. Meist ist zusätzlich ein Bartschneider mit größerer, horizontal beweglicher Klinge integriert. Gute Geräte passen sich dabei der Form der jeweiligen Hautpartie an. Spezialmodelle sind auf das Erzeugen voreingestellter Haarlängen (beispielsweise Dreitagebart) oder auf das Entfernen von Haaren aus Nase und Ohren eingerichtet.

BESSER! Viele Männer benutzen ein Aftershave, aber nur wenige ein Preshave; dabei ist dieses Produkt sehr empfehlenswert. Es richtet die Haare auf und ermöglicht so eine besonders gründliche Rasur.

GUTE PLANUNG!

Den Rasierapparat pflegen

Täglich	Den Scherkopf mit der beigegebenen kleinen Bürste täglich von abgeschnittenen Bartstoppeln reinigen. Bleiben die Härchen länger darin, bilden sie einen unangenehmen Bakteriennährboden. Bei modernen Geräten kann man Scherkopf und Siebfolie nass reinigen.
Monatlich	Den Scherkopf und die Siebplatte mit einer Speziallösung desinfizieren, am besten mit dem Pflegemittel, das der Hersteller in der Gebrauchsanleitung empfiehlt.
Alle zwei Jahre	Tauschen Sie den Scherkopf und die Siebplatte aus. Bei Beschädigungen der Siebplatte müssen Sie dies sofort tun (Verletzungsgefahr!).

MIT DER HAUSTECHNIK AUF VERTRAUTEM FUSS

248

Unterhaltungselektronik für alle

Nahezu jeder Haushalt besitzt heute zahlreiche Elektronikgeräte, von deren Möglichkeiten man vor 30 Jahren noch keine Vorstellung hatte. Die weitaus am meisten genutzten sind der Fernseher und seine Zusatzgeräte.

BEHANDELN SIE DIE GERÄTE GUT,
damit sie tun, was sie sollen

Der Fernseher, der DVD-Player, die Stereoanlage, die Sammlung von CDs mit Musik und Spielfilmen auf DVD – das alles zusammen kann einen Wert von einigen tausend Euro darstellen. Da lohnt es sich, sie gut zu behandeln und die Möglichkeiten, die sie bieten, voll auszunutzen.

DER FERNSEHER, **das wichtigste Medium**

Seit Jahrzehnten ist das Fernsehgerät das Zentrum der Aufmerksamkeit in vielen Wohnzimmern und in manchen Familien täglich stundenlang in Betrieb. Die alten Geräte mit voluminösen Bildröhren haben Flachbildschirmen weichen müssen, die weit bessere und schärfere Bilder liefern und zudem Platz sparen. Statt eines Elektronenstrahls auf einer Leuchtschicht erzeugen hier Millionen winziger Leuchtdioden, angesteuert von ebenso vielen winzigen Transistoren, das Bild. Zunehmend werden dabei die erst wenige Jahre alten normalen Flachbildschirme durch die deutlich schärfere Bilder liefernden HD-Fernseher (High Definition – hochauflösend) ersetzt, deren Bildfläche viel mehr Bildpunkte enthält.

✸ Aber schon stehen die nächsten Neuerungen ins Haus: 4K-Fernseher, deren Bildschärfe

» *Die alten Geräte haben Flachbildschirmen weichen müssen, die weit bessere Bilder liefern* «

> *Manche Hunde regt das Fernsehen so auf, dass sie am Gerät hochspringen und es verkratzen*

viermal so hoch ist wie bei HD-Fernsehern. Zudem gibt es 3D-Fernseher, die (mit entsprechenden Brillen betrachtet) räumlich wirkende Bilder liefern, sowie großflächige TV-Geräte mit gewölbter Bildfläche, die einen noch besseren Bildeindruck vermitteln sollen.

✳ Die Übermittlung der Fernsehbilder geschieht mittlerweile auf sehr unterschiedlichen Wegen: über TV-Satelliten, Antenne, Kabel, Internet, den eigenen Computer, DVD-Spieler oder von der Digitalkamera.

✳ Haben oder wollen Sie keinen Kabelanschluss fürs Fernsehen und auch keine Satellitenschüssel, so können Sie für digitales Fernsehen DVD-T nutzen. Es besteht aus einem Empfänger (Receiver), der mit dem Fernsehgerät verbunden wird, und einer Zimmerantenne. In Städten reicht das, auf dem Land ist die Empfangsqualität oft schlechter. Das sollte man vor dem Kauf klären.

✳ Lassen Sie sich nicht täuschen: Große Flachbild-TVs haben ein hohes Gewicht. Wollen Sie ein solches Gerät an der Wand anbringen, brauchen Sie eine stabile Befestigung.

✳ Elektronikgeräte halten länger, wenn sie kühler sind. Auch die im Vergleich zu Röhren-TVs weniger warmen Flachbildgeräte sollten nicht in einem Schrank eingezwängt werden.

✳ Flachbildschirme haben eine empfindliche Kunststoff-Oberfläche. Wischen Sie Staub nur mit einem leicht angefeuchteten Mikrofasertuch ab. Bei hartnäckiger Verschmutzung geben Sie eine Spur Spülmittel auf das Tuch (nicht auf den Bildschirm!) und wischen behutsam.

✳ Vorsicht, wenn Ihr Hund mit fernsieht. Manche werden davon so aufgeregt, dass sie am Fernseher hochspringen. Krallenspuren auf dem Kunststoff des Bildschirms sind die Folge.

✳ Fühlen sich andere Mitbewohner gestört, wenn Sie fernsehen, nutzen Sie einen Funkkopfhörer. Der Ständer wird an den Fernseher angeschlossen und überträgt dessen Ton mit unsichtbarem Infrarotlicht an den Kopfhörer. Bei Nichtgebrauch lädt der Ständer zudem den Akku des Kopfhörers auf.

✳ Möchten Sie eine noch größere Programmauswahl? Mit einem Smart-TV, das ist ein internetfähiges Fernsehgerät, können Sie die per Web übertragenden Stationen empfangen – und vom Fernsehsessel aus im Internet surfen.

✳ Ziehen Sie bei Gewitter stets sämtliche Netzstecker der Elektronikgeräte, zumal wenn Sie in ländlicher Umgebung wohnen. Der Blitz muss gar nicht ins Haus einschlagen, um sie zu zerstören – es reicht die Überspannung durch einen entfernten Einschlag in die Leitung.

» Ein Plasmafernseher muss senkrecht transportiert werden, sonst könnte die Front-Glasscheibe splittern «

BESSER! Aufwendig, aber sehr lohnend für Freunde des guten Klangs ist der Anschluss von Lautsprecherboxen oder eines Surround-Systems, das aus fünf oder sieben Boxen plus Steuereinheit besteht und Ihnen Kinoklang ins Haus holt. Prüfen Sie aber vorher die Anschlussmöglichkeiten an Ihrem TV.
BILLIGER! Zeigt das TV-Gerät plötzlich seltsame Farbverfälschungen oder Tonstörungen, nicht gleich den teuren Kundendienst alarmieren. Vermutlich hat sich nur an der Rückseite ein Kabelstecker gelockert. Drücken Sie sämtliche Stecker fest, dann funktioniert es in aller Regel wieder. Bisweilen hilft auch Aus- und wieder Einschalten des Geräts.

DANK FERNBEDIENUNG können wir sitzen bleiben

Wer nicht ständig beim Wechsel von Programm oder Lautstärke aufstehen möchte, braucht dieses handliche Gerät, das den entsprechenden Befehl über unsichtbares Infrarotlicht an den Fernseher überträgt. Oft kann man moderne Fernseher überhaupt nur noch mit ihrer Hilfe einstellen. Leider sind Fernbedienungen recht empfindlich.
✸ Reinigen Sie Fernbedienungen nur vorsichtig, am besten mit einem trockenen Lappen. Auf keinen Fall darf Feuchtigkeit eindringen.
✸ Funktioniert das Gerät nicht mehr gut, probieren Sie zunächst aus, ob es direkt vor dem Fernseher besser geht. Wenn ja, ist vermutlich die Batterie erschöpft.
✸ Geht gar nichts mehr, gibt es zwei Möglichkeiten: Sie bestellen sich eine neue, zu Ihrem

✸ Haben Sie sich ein großes TV-Gerät mit einem Plasma-Bildschirm angeschafft? Seien Sie vorsichtig beim Transportieren. Ein Plasmafernseher darf nicht waagrecht oder schräg getragen werden, sonst könnte die Front-Glasscheibe splittern. Tragen Sie ihn senkrecht.
EINFACHER! Viele Familien wollen mehrere Geräte mit dem Fernseher verbinden, neben DVD-Player etwa den alten Videorekorder und vielleicht die Digitalkamera. Dann lohnt sich ein Umschalter, ein Kästchen mit Druckknöpfen, mehreren Eingängen und einem Ausgang zum Fernseher, mit dem man zwischen den diversen Quellen umschalten kann.

Gerät passende Fernbedienung. Oder Sie laden eine spezielle App auf Ihr Smartphone. Es gibt Apps für (internetfähige) Smart-TVs, die per WLAN mit dem Internet verbunden sind.

EINFACHER! Fällt Ihre Fernbedienung immer wieder auf den Boden? An jedem Ende ein Gummiband aufziehen, dann rutscht sie nicht mehr vom Tisch.

EIN MEDIENZENTRUM für zu Hause

So viele Sender man auch empfangen kann – das aktuelle Fernsehprogramm ist längst nicht die einzige Quelle für Filme und andere Unterhaltungsangebote.

✳ Videorekorder waren jahrelang beliebt zum Aufzeichnen und Wiedergeben von TV-Sendungen. Sie speichern die Bild- und Tonsignale in codierter Form auf der Magnetschicht eines Kunststoffbands in einer Kassette. Heute sind Videorekorder weitgehend außer Gebrauch.

✳ DVDs besitzen eine Speicherkapazität, die für einen Spielfilm plus einigen Zusatzangeboten in herkömmlicher Bildqualität reicht. Die Bild- und Tondaten sind codiert in Form von Vertiefungen eingeprägt und werden mit einem gebündelten roten Laserlichtstrahl ausgelesen.

✳ Blu-ray-Discs ähneln äußerlich CDs und DVDs, nur speichern sie noch größere Informationsmengen, meist einen Spielfilm plus Zusatzfilmen, aber in hochaufgelöster HD-Bildqualität. Um sie abzuspielen, benötigt man ein Blu-ray-Abspielgerät, das mit blau-violettem Laserlicht arbeitet. Auch müssen das Fernsehgerät und das Verbindungskabel für HD eingerichtet sein, damit man die volle Auflösung nutzen kann.

✳ Spielfilme kauft man heute auf DVD oder Blu-ray. Wenn man aber häufiger Sendungen aufnehmen möchte, bietet sich ein TV-Gerät mit Festplattenspeicher an. Es enthält eine Festplatte wie im Computer, die Digitalsignale in großer Menge – Hunderte von Stunden Sendungen – speichern und auslesen kann. Per TV-Bildschirm kann man das Gerät zur Aufnahme programmieren und später das Gesuchte herausfinden, abspielen oder auch löschen.

✳ Festplatten-Aufnahmen haben zwei Vorteile: Man kann zeitversetzt schauen, also wann man will. Und man kann sie über Werbeeinblendungen rasch hinweglaufen lassen. Wenn der Speicher voll ist, muss man allerdings Teile löschen oder auf eine DVD überspielen, um sie dauerhaft zu behalten – was aber nicht bei allen Geräten problemlos möglich ist.

✳ Viele Leute besitzen noch Spielfilme auf Videokassetten. Da lohnt sich ein DVD-Neukauf, denn die Qualität ist bei weitem besser als auf den alten Bändern. Alte Fernsehsendungen oder selbst aufgenommene Filme kann man mittels eines speziellen Geräts, das Rekorder und Computer verbindet, auf eine Computer-Festplatte kopieren. Anschließend brennt man sie auf DVD. Möglich ist auch die Anschaffung eines Geräts, das Kassettenspieler und DVD-Rekorder vereint. Oder man sucht sich im Internet bzw. im Branchen-Telefonbuch

» *Wer noch Filme auf Videokassetten hat, sollte sie umkopieren (lassen) oder auf DVDs umsteigen* «

MIT DER HAUSTECHNIK AUF VERTRAUTEM FUSS

» Zum Ansehen von 3D-Filmen auf Blu-rays braucht man eine Spezialbrille, wie für 3D-TV-Sendungen «

einen Kopierdienst. Aber nicht zu lange warten: Auch ungenutzte Kassetten verlieren an Qualität, weil die Magnetstärke abnimmt und sich der Kunststoff verändert.

EINFACHER! Wenn Sie sich einen Blu-ray-Player zulegen, brauchen Sie Ihre alten CD-und DVD-Player eigentlich nicht mehr: Die Geräte sind abwärtskompatibel, spielen also auch ältere Formate ab. Das spart Platz im Regal.

BILLIGER! Zum Aufstellen der Video-Geräte gibt es spezielle Medienschränke. Es tut aber auch ein normales preisgünstiges Standregal entsprechender Tiefe, wenn Sie in dessen Rückseite nur Löcher für die Kabel einsägen. Den Flachbildfernseher stellen Sie oben darauf oder hängen ihn an die Wand.

3D-FERNSEHEN: Die neue Entwicklung

3D-Fernseher liefern in rascher Folge immer zwei gegeneinander versetzte Bilder: eines für das linke, das andere für das rechte Auge. Damit jedes Auge immer nur das für es bestimmte Bild sieht, muss man eine sogenannte Shutter-Brille aufsetzen. Sie macht immer ganz kurz eines der beiden Brillengläser undurchsichtig. Gesteuert wird dies mit einem Infrarot-Signal vom Fernseher. Die Nachteile dieser Technik: Die Bildhelligkeit sinkt.

✸ Es gibt auch 3D-TVs, die die unterschiedlichen Bilder gleichzeitig ausstrahlen, wofür man eine Polarisationsbrille braucht. Bei dieser Technik bleibt zwar die Helligkeit hoch, dafür halbiert sich die Bildauflösung. Inzwischen wird an 3D-Fernsehern ohne Brillennutzung gearbeitet, aber das Ergebnis ist bislang noch nicht zufriedenstellend.

✸ Der 3D-Effekt ist nur bei einem großen Fernseher überzeugend, mit mindestens 140 cm Bildschirmdiagonale bei üblichem Betrachtungsabstand zum Bildschirm.

✸ Das 3D-Programmangebot der Fernsehanstalten ist noch ziemlich mager. Immerhin können gute 3D-fähige Fernseher aus normalen Programmen ein recht ordentliches Pseudo-3D-Bild erzeugen.

» Der 3D-Effekt ist nur bei einem großen Fernseher wirklich überzeugend, mit mindestens 140 cm Bildschirmdiagonale «

✸ Diverse neue Filme kommen in 3D-Technologie auf Blu-ray-Discs auf den Markt – natürlich zu höherem Preis als normale Blu-rays. Dafür braucht man allerdings neben dem 3D-fähigen Fernseher auch den entsprechenden 3D-tauglichen Blu-ray-Player.

✸ Man kann auch selbst Spielfilme auf 3D-Blu-ray-Discs speichern. Um sie abspielen zu können, braucht man ebenfalls einen 3D-fähigen Fernseher und den entsprechenden 3D-tauglichen Blu-ray-Player – und Brillen.

Radio, Kamera und Telefon

Abgesehen vom Fernseher ist der Haushalt von heute mit weiteren modernen Geräten ausgestattet, die der Unterhaltung, der Information und der Kommunikation dienen. Töne und Bilder liefern uns auch das Radio, der MP3-Player, die Kamera und das Telefon.

MUSIK UND INFORMATION überall und zu jeder Zeit

Es hat Zeiten gegeben, da war Musik fast nur auf Festen oder in der Kirche zu hören, und Botschaften verbreiteten sich nur sehr langsam – etwa mittels Briefen, später auch Telegrammen. Heute sind wir gewohnt, zu jeder Zeit fast jeden Ort auf Erden telefonisch zu erreichen, Nachrichten und Musik auch unterwegs zu hören und unsere gesamte Musiksammlung einschließlich Hörbüchern bei uns zu tragen.

DAS RADIO, EIN MEDIUM mit langer Geschichte

Seit dem ersten Detektorempfänger vor etwa 100 Jahren hat der Rundfunk einen weiten Weg zurückgelegt. Das Digitalzeitalter aber verändert ihn stärker als alles zuvor, zumal die herkömmlichen Sendeanlagen in wenigen Jahren abgeschaltet werden sollen.

✷ In einigen Jahren wird das bisherige Radio vollständig durch Digitalradio ersetzt sein. Herkömmliche Übertragungen arbeiten analog: Wenn etwa ein Ton von 1000 Schwingungen pro Sekunde übertragen werden soll, lässt man die übertragende Radiowelle sich ebenfalls 1000-mal in der Sekunde verändern. Beim Digitalradio hingegen wird jeder Ton in einen Zahlencode umgewandelt und dieser übertragen. Der Empfänger erzeugt daraus dann wieder den entsprechenden Ton. Das hat viele Vorteile: weniger Störungen, eine höhere Wiedergabequalität und eine bessere Ausnutzung der Frequenzen. TV-Kabelanbieter liefern oft automatisch digitales Radio mit, vor allem die öffentlich-rechtlichen Sender, die Sie über Ihren Fernsehapparat hören können. Die bisherigen Radiogeräte können mit Digitalsendern nichts anfangen.

✷ Auch über das Internet werden Radiosendungen übertragen. Neben den herkömmlichen Stationen, die auch ins Internet senden, gibt es dort abertausende Stationen in aller Welt, die ihr Programm ausschließlich übers Web verbreiten – unter anderem Sender, die auf eine

> » In einigen Jahren wird das bisherige Radio vollständig durch das Digitalradio ersetzt sein «

bestimmte Musikrichtung spezialisiert sind und nur diese senden. Sie können die Programme per Computer und Smartphone empfangen; es gibt aber auch tragbare Internet-Radios.

DER CD- UND DER MP3-PLAYER

Vor wenigen Jahren hat sich die Aufzeichnung von Schall revolutioniert, und CD- und MP3-Player lösten die Langspielplatte weitgehend ab, so wie diese vor 60 Jahren die Schellackplatte ins Museum verwiesen hat. Sowohl auf der CD wie im MP3-Player wird der Schall digital gespeichert, also von einem Computerchip in einen Zahlencode umgeformt, der dann beim Abspielen wieder in Schallwellen verwandelt wird.

✷ Bei der CD wird dieser Zahlencode in Form von Vertiefungen auf der Scheibe gespeichert und mit einem infraroten Laserlichtstrahl abgelesen. Gegen Magnete sind die Scheiben daher unempfindlich. Man kann sie als Audio-CD für Musik nutzen, aber auch als Daten-CD. Computer können aus käuflichen Rohlingen auf Wunsch sowohl Audio-CDs herstellen, die von CD-Playern abgespielt werden können, als auch Daten-CDs schreiben und lesen. Vorteil dieses Verfahrens: Die Scheiben bieten höchste Tonqualität, auch nach häufigem Abspielen – Rauschen und Knacken gibt es nicht.

» *Auf den MP3-Player passt der Inhalt von Tausenden von CDs* «

» *Bei der CD wird der Zahlencode in Form von Vertiefungen auf der Scheibe gespeichert und mit einem infraroten Laserlichtstrahl abgelesen* «

✷ Allerdings ist der Speicherplatz begrenzt und wird zum Teil für Töne in Frequenzen verwendet, die unser Ohr gar nicht hört. Daher hat man Kompressionsverfahren entwickelt, die nur die wirklich hörbaren Signale speichern. Das bekannteste und am weitesten verbreitete ist das MP3-Verfahren. Damit kann man die Kapazität eines Speichers für Schall vervielfachen, wobei allerdings die Qualität sinkt, je stärker komprimiert wird. Auf die tragbaren Abspielgeräte (MP3-Player) passt auf diese Weise der Inhalt von Tausenden von CDs. Man kann die Geräte per Kopfhörer nutzen – ideal beim Joggen – oder mit der heimischen Stereoanlage verbinden.

EINFACHER! Besitzen Sie CDs, deren Inhalt Sie auf dem MP3-Player haben möchten? Kein Problem: Es gibt (kostenlose) Computerprogramme, die die CDs abspielen und den Inhalt speichern, sodass Sie die Musik auf Ihren MP3-Player kopieren können.

BILLIGER! Nutzen Sie die Möglichkeit, die gewünschte Musik, eventuell auch Hörbücher, von entsprechenden Anbietern gegen geringe Gebühr herunterzuladen und auf Ihren Geräten zu speichern. Unter diesem Gesichtspunkt lohnt es sich heute kaum noch, die teuren CDs zu kaufen. Allerdings können Sie die teilweise sehr guten Begleit-Booklets, etwa bei Klassik-CDs, nicht herunterladen – da muss man dann abwägen, ob sich deshalb ein Kauf lohnt.

BITTE NICHT!

Löschen Sie nie Musikstücke oder andere Daten, die Sie auf Ihren MP3-Player kopiert haben, auf dem Computer. Wenn das tragbare Gerät verloren geht oder Sie es durch ein neues ersetzen wollen, haben Sie Ihre Musikstücke immer noch im Computer.

EXPERTENRAT

Eine Digitalkamera kaufen

Beim Kauf einer Digitalkamera sollten Sie sich als Erstes einen Überblick verschaffen, indem Sie Testergebnisse lesen. Wenn Sie dann im Laden sind, können Sie selbst auf einiges achten: Handlichkeit, optischen Zoom (nicht nur digitalen Zoom), ein großes Display und genügende Lichtstärke des Objektivs (steht bei der Beschreibung). Gerade Letzteres ist wichtig, denn bei ausreichender Helligkeit machen alle Kameras gute Bilder – der Qualitätsunterschied der Elektronik zeigt sich bei schlechterem Licht. Dann kommen ein lichtstarkes Objektiv und auch ein starker Blitz zur Geltung. Die Zahl der Megapixel allein sagt dagegen nicht so viel über die Bildqualität aus.

» Bei der Digitalkamera kann man die Aufnahme sofort ansehen und schlechte Bilder löschen «

DIE DIGITALKAMERA ermöglicht es jedem, gute Fotos zu machen

Der klassische Fotoapparat, in den man einen Film einlegt, hat ausgedient, und die Digitalkamera hat ihn ersetzt. Diese Fotografiertechnik liefert eine immer bessere Bildqualität, und sie bietet eine Reihe weiterer Vorteile.

✸ Man kann die Aufnahme sofort ansehen und schlechte Bilder löschen.

✸ Per Mail schickt man die Fotos an Freunde – Bilder von Smartphone-Kameras kann man sogar direkt schicken.

✸ Die Aufnahmen lassen sich im Computer bearbeiten und verbessern.

✸ Möchte man ein Papierbild haben, druckt man es sich aus.

✸ Computer-Festplatten bieten heute Platz für Millionen gespeicherter Fotos, die sich zudem blitzschnell ordnen und durchsuchen lassen.

✸ Digitalkameras bieten nicht nur die Möglichkeit, Fotos aufzunehmen, sondern auch Videos in hochauflösender (HD)-Qualität.

> » Um sich selbst zu fotografieren, war früher eine Kamera mit Selbstauslöser nötig; heute genügt das Handy, um ein „Selfie" zu schießen «

✶ Kommen Sie bei einer Wanderung an einem Übersichtsplan vorbei, fotografieren Sie ihn – dann haben Sie ihn bei sich.
✶ Stoßen Sie in der Buchhandlung auf ein interessantes Buch, können sich aber nicht entscheiden – Abfotografieren des Titels sichert Ihnen die Daten für etwaige spätere Bestellung.
✶ Ein Unfall ist geschehen: Mit Ihrem Handy können Sie den Unfallort im Bild festhalten.
✶ Sie haben in einer fremden Stadt Ihr Auto geparkt – aber wo? Fotografieren Sie den Straßennamen; Helfer, die Ihnen den Weg weisen, werden sich schon finden.
✶ Sie sind in einer fremden Stadt mit öffentlichen Verkehrsmitteln unterwegs? Fotografieren Sie den entsprechenden Fahrplanteil ab, dann haben Sie Informationen für den Rückweg.
✶ Ihr Ehepartner probiert, halb im Spaß, einen ungewöhnlichen Hut oder Ähnliches aus. Rasch das Handy gezückt – das gibt lustige Bilder.
✶ Im Wartezimmer des Arztes finden Sie einen interessanten Artikel, können sich aber nicht darauf konzentrieren? Fotografieren Sie ihn schnell ab, für später.
✶ Nutzen Sie jede Gelegenheit, Ihre Kinder und Tiere spontan zu fotografieren. Spätestens in ein paar Jahren freuen Sie sich über die Bilder und die damit verbundenen Erinnerungen.

EINFACHER! Kameras kommen – wie fast alle kleinen Elektronikgeräte – heute mit einem passenden Netz- bzw. Akkuladegerät. Kennzeichnen Sie von Anfang an all diese Netzgeräte mit Etiketten – sonst wissen Sie später vielleicht nicht, welche Geräte zueinander gehören. Das Benutzen des falschen Netzgeräts kann aber zu schweren Schäden führen.

BESSER! Sie wollen einen Gegenstand per Internet oder Schwarzes Brett verkaufen? Mit ein paar Übersichts- und Detailfotos, die Sie mit der Digi-Kamera aufnehmen, klappt das besser.

MIT DEM HANDY FOTOGRAFIEREN
macht Spaß und ist nützlich

Fotografieren Sie mit Ihrem Handy – auch die einfachen und älteren Modelle können fotografieren, dafür brauchen Sie kein Smartphone. Das macht nicht nur Spaß, sondern kann auch sehr hilfreich sein.

> » Fotografieren Sie mit Ihrem Handy – auch die älteren Modelle können fotografieren «

EINFACHER! Um sich selbst zu fotografieren, war früher eine Kamera mit Selbstauslöser nötig; heute genügt das Handy, um ein „Selfie" zu schießen.

BILLIGER! Im Museum sind die Texte neben den Exponaten interessant, aber der Katalog ist Ihnen zu teuer? Machen Sie Fotos.

DAS TELEFON – trotz Handy in fast jedem Haushalt vorhanden

Seit weit über 100 Jahren verbindet der Fernsprecher Haushalte, Büros und Ämter miteinander, hat schon viele Leben gerettet, das Leben in vieler Hinsicht einfacher gemacht – uns aber auch bisweilen mit störenden oder belästigenden Anrufen geärgert.

» Die Funkwellen des schnurlosen Telefons sind weit schwächer als alles, was sonst an Radiowellen in Ihre Wohnung dringt «

✳ In früheren Jahren wurden im Telefon einfach die Schallwellen in Stromimpulse umgewandelt, durch Leitungen oder Funkbrücken geschickt, unterwegs mehrfach verstärkt und schließlich im Hörer der Gegenstelle wieder in Schall verwandelt. Heute ist das Telefonnetz weltweit digitalisiert – Computer stellen aufgrund der Wählimpulse blitzschnell die Verbindung her, und die Sprache wird digital in Form von Zahlencodes übertragen.

✳ Schnurlose Telefone wiederum enthalten kleine Sender und Empfänger, die die Sprache über schwache Radiowellen zur Basisstation vermitteln. Vor den Funkwellen brauchen Sie übrigens keine Angst zu haben – sie sind weit schwächer als alles, was sonst an Radiowellen in Ihre Wohnung dringt. Nutzen Sie die Vorteile der Schnurlosen, und halten Sie eines in Ihrer Nähe; besonders wenn Sie allein leben, ist es nicht nur nützlich, sondern es kann Ihnen sogar das Leben retten.

EINFACHER! Bei Gewitter müssen Sie heute das Telefonieren am Festnetzapparat nicht mehr einstellen. Diese Empfehlung stammt aus einer Zeit mit Freileitungen, in die der Blitz einschlagen und der Hörer Funken sprühen konnte. Schnurlose Telefone sind dagegen erst recht gefeit.

GOLDENE REGELN!

Richtig telefonieren

1. Sprechen Sie einen Anrufer nicht mit seinem Namen an, auch wenn Sie ihn auf Ihrem Display lesen – vielleicht ist jemand anderes an seinem Apparat.

2. Wird der Anruf aus technischen Gründen unterbrochen, sollte immer der Anrufer es nochmal versuchen, nicht der Angerufene.

3. Bei privaten Anrufen rufen Sie nicht außerhalb der üblichen Zeiten an, es sei denn, man kennt sich gut – oder natürlich im Notfall. Und fragen Sie zuerst, ob Sie eventuell stören.

4. Notieren Sie sich gleich den Namen des Anrufers, wenn Sie ihn nicht kennen. Haben Sie ihn nicht verstanden, fragen Sie am Beginn des Anrufs nach, nicht erst nach minutenlangem Gespräch.

MIT DER HAUSTECHNIK AUF VERTRAUTEM FUSS

Computer, Internet & Co.

Kein Gerät hat Alltag und Arbeitswelt in den letzten Jahren derart stark verändert wie der Computer, zumal seit die Rechner in die meisten Haushalte eingezogen und über Internet miteinander vernetzt sind.

» Tablet Computer und Smartphone ergänzen – und ersetzen teilweise – den typischen Schreibtisch-Computer «

GEWALTIGE VORTEILE gilt es zu nutzen

Dem Computer kann und will sich heute kaum ein Mensch entziehen – zu groß sind die Vorteile, die der Rechner und das Internet bringen. Zwar erscheint es bisweilen schwierig, mit den ständigen Neuerungen Schritt zu halten, aber mit etwas Hilfestellung lässt sich das durchaus bewältigen.

DER COMPUTER, die Universalmaschine

Die Rechner sind vor allem Universalmaschinen: Es gibt kaum etwas, das sie mit entsprechenden Zusatzgeräten nicht meistern. Dabei ist ihr Innenleben, zumindest in groben Zügen, gar nicht so schwer zu verstehen. Es besteht vor allem aus einem oder mehreren Mikroprozessoren – Chips mit Milliarden winzigster Elektronikbauteile, die sich um das Speichern und Verarbeiten von Informationen kümmern. Zur Eingabe solcher Information nutzt man die Tastatur und die Maus.

✹ Am Bildschirm kann man das, was man per Maus oder Tastatur eingibt, verfolgen, die Ergebnisse sehen und auf Wunsch ausdrucken. Die Art der Informationen, die man eingibt, kann sehr unterschiedlich sein: Text, Zahlen, Musik, Bilder, Videos und vieles andere.

✹ Gesteuert wird der Computer selbst von seinem Betriebssystem (zum Beispiel Windows von Microsoft oder OS von Apple). Sogenannte Anwendungsprogramme, die man zusätzlich laden muss, ermöglichen das Ausführen unterschiedlichster Aufgaben – Textverarbeitung, Datenspeicherung, Rechnen, Videobearbeitung usw. Zudem gibt es spezielle Programme, die den Kontakt mit dem Internet ermöglichen.

✹ Die typischen Schreibtisch-Computer werden heute zunehmend ergänzt, zum Teil sogar abgelöst, durch flache Tablet-Computer, die sehr handlich sind und ohne Tastatur und Maus bedient werden. Tablets wurden vor allem zum Durchstöbern des Internets entwickelt,

Computer, Internet & Co.

aber auch zum Betrachten von Fotos und Videos, zum Lesen von E-Books, Hören von Musik, für Spiele und viele andere Aufgaben eignen sie sich, nicht zuletzt unterwegs.

» Arbeitsspeicher und Festplattenspeicher dürfen nicht zu klein sein «

✳ Noch handlicher sind Smartphones. Sie wurden aus Handys entwickelt, indem man die Telefoneinheit mithilfe winziger Computer durch weitere Funktionen ergänzt hat. Bei diesen Geräten kann man die Möglichkeiten durch Mini-Programme (Apps) erweitern.

✳ Tablets und Smartphones steuert man nicht per Maus und Tastatur, sondern durch Berühren des Bildschirms (Touch-Screen). Aber bei Maus und Tastatur sind ebenfalls Fortschritte zu verzeichnen: Sie arbeiten heute oft per Funk; dieses System wird Bluetooth genannt.

EINFACHER! Keine Panik, wenn an Ihrem Rechner der Bildschirm „einfriert" und auf keinen Befehl mehr reagiert. Da muss nicht gleich der Fachmann kommen. Vielleicht hakt nur die Signalübermittlung von Maus oder Tastatur. Kontrollieren Sie, ob deren USB-Stecker ordentlich mit dem Monitor verbunden sind oder – bei Bluetooth-Geräten – ob die Batterien noch voll sind. Wenn das nicht der Fehler ist, den Computer ausschalten (eventuell den Stecker ziehen), einige Minuten warten und den Rechner neu starten. In sehr vielen Fällen funktioniert er dann wieder.

BESSER! Achten Sie beim Kauf eines Tablets auf genügend eingebauten Speicherplatz: Angesichts der vielen Möglichkeiten braucht man in der Regel viel mehr, als man denkt.

DER SPEICHER, das Herz des Rechners

Neben dem Arbeitsspeicher, mit dem der Computer die Aufgaben erledigt, die Sie ihm befehlen, besitzt der Rechner einen Dauerspeicher, wo er auf Ihren Befehl Daten archiviert, sodass sie erhalten bleiben. Besonders bei großen Datenmengen dürfen diese Speicher nicht zu klein sein. Man misst die Speicherkapazität heute meist in Gigabyte oder Terabyte (1 Terabyte = 1024 Gigabyte).

✳ Der wichtigste Dauerspeicher ist die im Rechner eingebaute Festplatte. Sie enthält schnell rotierende Magnetscheiben, auf die der Rechner die Daten in Form von Magnetmarkierungen ablegt und auch wieder lesen kann. Heutige Festplatten für Privatcomputer können mehrere Terabyte Daten fassen.

✳ Schneller als bei Festplatten funktioniert das Lesen und Schreiben von Daten mit Festkörperspeichern (SSD). Das sind Speicherchips, die keine beweglichen Teile enthalten. Dank sinkender Preise werden immer mehr Rechner

» Das Innenleben eines Computers ist, zumindest in groben Zügen, gar nicht so schwer zu verstehen «

MIT DER HAUSTECHNIK AUF VERTRAUTEM FUSS

damit ausgerüstet, was auch bei älteren Geräten zu einer Geschwindigkeitserhöhung führt.

✱ Will man Daten außerhalb des Rechners sichern oder transportieren, kann man zu portablen Festplatten oder SSD-Speichern greifen oder sie – die neueste Entwicklung – übers Internet in einen vertrauenswürdigen fremden Speicher kopieren („cloud computing"). Äußerst handlich ist der USB-Stick, das ist ein wenige Zentimeter langer und wenige Millimeter dicker Mini-Speicher, der in eine USB genannte Anschlussbuchse jedes Computers passt. Es gibt diese preisgünstigen Sticks mit Kapazitäten zwischen zwei und mehr als 64 Gigabyte, die man so in der Brusttasche einer Jacke transportieren kann.

EINFACHER! USB-Anschlüsse liegen meist schlecht erreichbar an der Computer-Rückseite. Wenn Sie sie oft brauchen – oder wenn Sie mehr Zusatzgeräte anschließen wollen, als Buchsen vorhanden sind, besorgen Sie sich einen „USB-Hub". Das ist ein Mehrfachstecker für USB. Stellen Sie ihn an eine zugängliche Stelle, und verbinden Sie ihn per USB-Kabel mit einer USB-Buchse des Computers.

BITTE NICHT!

Ziehen Sie einen USB-Stick nach dem Speichern nicht einfach ab, ohne zuerst im Computer den Befehl „Auswerfen" oder ähnlich zu geben und einen Moment zu warten. Andernfalls können Daten verloren gehen.

» *Den Router, der Sie ins Internet führt, bekommen Sie zusammen mit einem DSL-Anschluss bei Ihrem Telefonanbieter* «

DAS INTERNET, nicht mehr wegzudenken

Das Internet hat sich inzwischen zu einer der wichtigsten Informations- und Kommunikationquellen entwickelt. Auch für Alltagsdinge: Aktuelle Termine, Einkaufsmöglichkeiten, Öffnungszeiten, Angebote aller Art, Nachrichten usw. kann man bequem und rasch durch „Surfen" (Herumstöbern) im Internet finden. Zudem läuft immer mehr Kommunikation über das Netz, etwa E-Mails und Bildtelefonie.

✱ Um sich ans Netz anzuschließen, muss man sich bei einem „Internet-Provider" anmelden (z. B. Telekom – es gibt aber auch viele andere). Das tun Sie als Internet-Einsteiger am besten, indem Sie sich in einem der Shops beraten lassen. Der Provider vermittelt für Sie den Zugang

» *Besorgen Sie sich einen USB-Hub, das ist ein Mehrfachstecker für USB* «

vom Telefonnetz zum Internet, denn die Datenströme des Internets fließen durch das Telefonnetz. Das kostet monatliche Gebühren.

> » WLAN ist ein drahtloses Netzwerk innerhalb Ihres Hauses, das alle Kabel überflüssig macht «

✹ Außerdem brauchen Sie ein Programm, das Sie durchs Internet führt: den Browser (z. B. Firefox, Internet Explorer, Safari, Google Chrome). Ein solcher Browser ist normalerweise schon zusammen mit dem Betriebssystem auf Ihrem Computer installiert worden.
✹ Und dann müssen noch die technischen Voraussetzungen geschaffen werden, also der Anschluss des Computers. Beantragen Sie bei Ihrem Telefonanbieter einen DSL-Anschluss, und bestellen Sie einen DSL-Router (sprich: ruter), der den Datenverkehr zwischen Computer und Internet „regelt". Außerdem bekommen Sie ein kleines Gerät namens „Splitter" (Aufspalter). Den brauchen Sie, weil Computerdaten und Telefongespräche über die gleiche Leitung laufen. Der Splitter trennt die Telefongespräche vom Datenstrom aus dem Internet.
✹ Am besten wählen Sie einen Router mit WLAN. WLAN ist ein drahtloses Netzwerk innerhalb Ihres Hauses, was bedeutet, dass Sie Ihren Computer und alle anderen internetfähigen Geräte in Ihrem Haus (andere Rechner, Tablets, Smartphones, Smart-Fernseher) nicht mehr per Kabel an die Telefonbuchse anzuschließen brauchen.
✹ Wenn Sie das alles nicht selbst schaffen, weil die Anleitungen zur Einrichtung dieser Geräte nicht deutlich genug sind, rufen Sie einen Fachmann – Sie brauchen ihn vermutlich nur ein einziges Mal, und es lohnt sich.
✹ Manchmal wird Ihnen auch der Begriff Wi-Fi begegnen, z. B. in Hotels („Wi-Fi kostenlos").

Der Begriff, ein Handelsname, wird meist als Synonym für WLAN benutzt, obwohl es nicht genau dasselbe ist: WLAN ist das drahtlose Netzwerk, Wi-Fi ein Funkstandard.
✹ Schützen Sie Ihr WLAN-Netz! Wählen Sie die sichere Verschlüsselungsart WPA2 und ein ungewöhnliches Passwort, das Sie aus Klein- und Großbuchstaben, Ziffern und Satzzeichen zusammenbasteln. Schreiben Sie es sich auf, und geben Sie es erst dann in den Router ein (oder lassen Sie es von dem Fachmann, den Sie zu Hilfe gerufen haben, eingeben). Jeder Computer- oder Smartphone-Nutzer, der sich in Ihr WLAN-Netz einwählen will, wird automatisch nach diesem Passwort gefragt und muss es eingeben. Bewahren Sie den Zettel gut auf!

GOOGLE, FACEBOOK, TWITTER, WHATSAPP: Was ist das alles?

Das Internet bietet auf seinen -zig Milliarden Seiten eine ungeheure Fülle von Informationen jeder Art. Um eine bestimmte Information zu finden, muss man eine Suchmaschine fragen, etwa Google oder Yahoo. Dort gibt man ein oder mehrere Stichworte oder ein Textstück ein und

> » Um eine Information zu finden, geben Sie bei der Suchmaschine ein Stichwort ein «

» Die neuen Kommunikationsformen haben eine Fülle neuer Zeichen hervorgebracht, z. B. den Gefällt-mir-Button «

bekommt blitzschnell Internet-Seiten vorgeschlagen, auf denen dieser Text vorkommt.
✷ Fremdsprachliche Seiten kann man sich zudem übersetzen lassen (Google Translate kann Dutzende Sprachen in beide Richtungen). Und Google Maps liefert Landkarten und Satellitenbilder. Über Google oder eine andere Suchmaschine kann man auch Wikipedia abfragen, das weltweit umfangreichste Lexikon, an dem ununterbrochen gearbeitet wird. Neben Artikeln liefert es auf Stichwort auch Bilder und Zusatzinformationen.
✷ Wer gern seinen Freunden oder der Allgemeinheit etwas mitteilt oder Bilder sendet, kann das über soziale Netzwerke wie Facebook tun. Für kurze Mitteilungen an die Öffentlichkeit ist dagegen Twitter besser geeignet, während man unter Bekannten Kurzmitteilungen aller Art (auch Töne, Bilder, Videos, Standortinformationen usw.) per Smartphone zum Beispiel über WhatsApp austauscht.
✷ Skype ist ein Telefondienst via Internet, der auch Bildtelefonie ermöglicht, und zwar in alle Welt. Allerdings funktioniert das nur zwischen Skype-Nutzern (Anmeldung und Nutzung sind kostenfrei). Wenn Sie ein Konto bei Skype eröffnen (per Kreditkarte), können Sie aber auch normale Telefone und Handys in aller Welt anrufen, praktisch zum Ortstarif.
✷ Die neuen Formen der Kommunikation haben eine Fülle neuen Vokabulars, neuer Abkürzungen und neuer Zeichen hervorgebracht. Als Beispiel sei ein viel verwendetes „Icon" genannt, mit dem man seine Meinung der Netzöffentlichkeit mitteilen kann: der Like-Button, der „Gefällt-mir"-Knopf.

SCHNELLER! Sind Sie an aktuellen Ereignissen interessiert, suchen Sie im Internet nach Nachrichtenquellen. Die meisten Tageszeitungen und Magazine haben Online-Ausgaben, die ständig aktualisiert werden. Vielfach ersetzt deren (kostenlose oder preisgünstige) Benutzung die tägliche Tageszeitung.

BILLIGER! Wenn Sie viel im Internet unterwegs sind, sollten Sie bei Ihrem Provider eine Flatrate buchen. Das bedeutet: Sie können rund um die Uhr surfen, so lange und so viel Sie wollen. Ohne Flatrate könnten Sie böse Überraschungen erleben, vor allem, wenn Sie Filme schauen, Internetradio hören oder viel Bildtelefonie betreiben. Oft kann man Flatrates ergänzen durch günstige Angebote fürs normale Telefonieren sowie fürs Handy. Meist können Sie auch einen Internet-Zugang von unterwegs mit dem Smartphone dazubuchen.

EIN E-MAIL-KONTO sollten Sie haben

Wenn Sie nun schon einmal online sind, wollen Sie sicher auch elektronische Briefe verschicken und erhalten. In der Regel bietet Ihnen Ihr Provider auch kostenlose E-Mail-Konten an, bzw. Sie können sie bei ihm beantragen. Sie haben dann die Adresse: Ihr-name@providername.de. Außerdem stellt er Ihnen die Zugangsdaten für Ihr Konto („account") zur Verfügung, die Sie in einem (mitgelieferten) Mailprogramm im Computer eingeben müssen: Ihre E-Mail-Adresse, Server-Adressen für ausgehende und eintreffende Post, Ihren Benutzernamen und Ihr Passwort. All diese Daten finden Sie in den Informationen Ihres Providers.

✸ Eingehende E-Mails werden zunächst in einem elektronischen Postkasten (einem Server) beim Provider gespeichert. Erst wenn Sie die Verbindung dazu herstellen, wird dessen Inhalt auf Ihren Rechner kopiert und etwaige Post von Ihnen hinausgesandt.

» **Erst wenn Sie die Verbindung zum Server herstellen, erhalten Sie die elektronische Post, und Ihre wird hinausgesandt** «

✸ Und so gehen Sie im Einzelnen vor. Wählen Sie in Ihrem Mailprogramm „Einstellungen" oder „Setup" und dann „Neuen Account einrichten". Es öffnet sich eine Seite mit vielen Eintragungsfeldern. Dort wählen Sie den Account-Typ IMAP (nicht POP). Geben Sie dem Konto einen Namen (etwa „Mein Konto"). Tragen Sie Ihre E-Mail-Adresse und Ihren Namen ein. Tragen Sie weiter Ihre eigene Adresse zum Abrufen von E-Mails ein (sie beginnt mit IMAP). Außerdem müssen Sie Ihren Benutzernamen und Ihr Passwort eintragen.

✸ Im nächsten Feld geben Sie die Adresse zum Senden von Mails ein; sie beginnt mit SMTP. Eventuell sind auch hier Benutzername und Passwort noch einmal einzugeben. Wählen Sie wenn möglich „SSL" – dann werden Ihre E-Mails verschlüsselt übertragen –, und geben Sie an, wie oft etwaige neue E-Mails abgerufen werden sollen (minütlich, alle zehn Minuten usw.). Sichern – und fertig.

✸ Klappt die Einrichtung Ihres E-Mail-Accounts nicht, schauen Sie auf der Internet-Seite Ihres Providers unter „Hilfe" oder „Support" beim Thema E-Mail nach. Oder rufen Sie die Hotline des Providers an. In der Regel bekommen Sie dort kompetente Hilfe.

GOLDENE REGELN!

Computersicherheit

1. Installieren Sie ein Virenschutzprogramm auf Ihrem Rechner, und aktualisieren Sie es stets. Viren verbergen sich oft in E-Mail-Anhängen; öffnen Sie sie nicht, wenn Sie skeptisch bezüglich des Absenders sind.

2. Geben Sie niemals Daten zu Ihrem Bankkonto über eine Internetseite heraus. Keine Bank fragt solche Daten per Internet ab. Geben Sie Bestellungen, bei denen Ihre Kreditkartendaten verlangt werden, nur in verschlüsselte Internetseiten ein (erkennbar am Schlosssymbol in der Adresszeile).

3. Viele Angebote im Internet verlangen, dass Sie sich identifizieren, meist per E-Mail-Adresse und Passwort. Nutzen Sie dazu unterschiedliche Passwörter; legen Sie eine Liste damit an.

4. Besser als die Angabe der Kreditkartennummer beim Internet-Einkauf: Bezahlen Sie über einen sicheren Bezahldienst wie etwa PayPal.

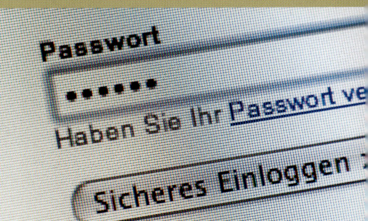

» Verschmutzte Tasten können Sie mit Natron und ganz schwach angefeuchteten Wattestäbchen reinigen «

DRUCKER UND SCANNER werden Sie bald nicht missen wollen

Drucker und Scanner werden, wie andere Zubehörgeräte auch, per USB-Kabel oder drahtlos per WLAN an den Rechner angeschlossen. Am billigsten und weitesten verbreitet sind Tintenstrahldrucker. Sie erzeugen Buchstaben und Bilder in guter Qualität, indem sie winzige farbige Tintentröpfchen aufs Papier spritzen. Teurer in der Anschaffung, aber bei häufigem Gebrauch billiger im Verbrauch sind Laserdrucker; sie liefern zudem wasserfeste Ausdrucke. Allerdings drucken preiswerte Laserdrucker nur schwarzweiß – Farblaserdrucker sind teuer. Praktisch zum sauberen Adressieren ist ein zusätzlicher kleiner Etikettendrucker, der selbstklebende Etiketten jeder Größe bedruckt.

✱ Scanner kopieren gedruckte Bilder oder Texte in den Computer, indem sie sie mit Licht abtasten. Meist nutzt man billige Flachbettscanner, die sich auch für Fotos eignen. Beim Kauf sollten Sie auf die mögliche Auflösung und die Scangeschwindigkeit achten. Haben Sie viele Textdokumente zu scannen, eignet sich eher ein viel schneller arbeitender Dokumentenscanner. Er kann die Seiten auch automatisch einziehen. Die Texte werden zunächst als Bild oder PDF gespeichert; auf Wunsch kann ein Texterkennungsprogramm (OCR) den Text entziffern und zum Weiterbearbeiten in Textverarbeitungsprogrammen speichern. Möchten Sie eine große Zahl alte Dias oder Negative zum Archivieren einscannen, wählen Sie einen Diascanner mit besonders hoher Auflösung.

BILLIGER! Kaufen Sie Drucker mit einzelnen Farbpatronen, dann brauchen Sie nur die gerade leere Patrone zu wechseln. Denn so billig der Drucker auch sein mag – die Farbe geht ins Geld, auch wenn es nicht unbedingt eine teure Herstellerpatrone sein muss: In vielen Städten gibt es Nachfüllservice-Läden, und übers Internet erhält man für jeden Drucker Patronen, die günstiger und nicht unbedingt schlechter sind.

DER SCHMUTZ und der Rechner

Die Tastatur des Computers wird schnell schmutzig. Ziehen Sie das Kabel ab, drehen Sie sie um und schütteln sie, dann fällt schon viel Schmutz heraus. Den Rest saugen oder blasen Sie mit einem Föhn weg. Die Tasten selbst können Sie mit Natron und ganz schwach feuchten Wattestäbchen abreiben.

EINFACHER! Einen Bildschirm können Sie ganz ohne Chemie reinigen: Reiben Sie ihn mit einer Kaffeefiltertüte ab. Die Methode eignet sich auch für den Fernseher – und für Ihre Brillen!

> **BITTE NICHT!**
>
> *Reinigen Sie moderne Tastaturen und Bildschirme auf keinen Fall mit Wasser. Schon ganz wenig unter die Tasten bzw. ins Gerät gesickerte Flüssigkeit zerstört das Innere.*

DAS SMARTPHONE, MÄDCHEN FÜR ALLES IM „SMART HOME"

Der Haushalt der Zukunft ist intelligent. Viele seiner Einrichtungen sind miteinander vernetzt und lassen sich per Smartphone abfragen oder steuern, sogar vom Ende der Welt. Und telefonieren kann man damit tatsächlich auch ...

BESSER ALS DIE FERNBEDIENUNG

Zunehmend ersetzt das Smartphone die Fernbedienung, zumal man mit den entsprechenden Apps auch Geräte steuern kann; so kann man per Smartphone z. B. die Rollläden bedienen oder den Videorekorder programmieren.

DAS ÜBERWACHTE UND GESICHERTE HAUS

Wer ein Alarmsystem mit Sensoren und Kameras im und am Haus hat, lässt sich von diesem bei einem Einbruch eine Nachricht aufs Smartphone schicken, evtl. auch Bilder, möglicherweise sogar vom Einbrecher. Natürlich kann das Smartphone auch als Babyphone fungieren, wobei es neben Geräuschen auch Bilder aus dem Kinderzimmer überträgt.

AN DER HAUSTÜR

Wenn jemand an der Tür klingelt, kann man per Smartphone mit ihm sprechen, sein Bild sehen und aus der Ferne die Tür öffnen. Dank der Verschlüsselungsmöglichkeiten des Smartphones lässt es sich auch als Türschlüssel für elektronische Schlösser nutzen.

RUNDUM-VERSORGUNG MIT INFORMATIONEN

Mittels Smartphone lassen sich Licht, Jalousien, Heizung usw. überwachen und steuern. Man kann Temperaturen im Haus oder außerhalb, im Kühlschrank oder Tiefkühler und im Aquarium per Smartphone aus der Ferne abfragen. Auch Wasserstände übermittelt das Gerät, etwa im Keller, oder auch die Erdfeuchtigkeit in den Blumentöpfen. Und besonders verblüffend: Der Rasenmäher-Roboter schickt eine Nachricht aufs Smartphone, wenn er einen „Unfall" hat.

Rund um Wohnung und Haus

Ein Haus besteht längst nicht nur aus vier Wänden und Dach. Man will es schließlich auch warm haben, braucht Wasser und Licht und elektrischen Strom auch für andere Zwecke. Wie wichtig all diese Dinge sind, merkt man spätestens, wenn sie mal ausfallen.

» *In der Übergangszeit, in der man gern noch auf die Heizung verzichtet, spendet ein Kaminfeuer wohltuende Wärme* «

DIE HEIZUNG lässt uns den Winter gemütlich überstehen

Ein Bauherr kann heute unter zahlreichen Heizsystemen wählen. Ist die Heizung aber einmal eingebaut, lässt sie sich nur schwer wieder austauschen. In der Regel sind Häuser und Wohnungen mit Zentralheizungen ausgestattet: In einem Raum der Wohnung steht ein Ofen, der Wasser erhitzt. Durch ein Rohrsystem zirkuliert es dann, unterstützt von einer Umwälzpumpe, durch die Heizkörper der Räume.

✳ Zum Erwärmen des Wassers wird meist Gas oder Öl verbrannt, in Pelletheizungen Holz in maschinell zerkleinerter Form. In Übergangszeiten eignet sich auch die mit Solarkollektoren auf dem Dach aufgefangene Sonnenwärme zum Heizen. Rein auf elektrischem Strom basieren Nachtspeicheröfen, die elektrisch mit Wärme aufgeladen werden – möglichst in Zeiten, wenn Strom im Überfluss zur Verfügung steht – und diese Wärme dann langsam abgeben. Und bei Fernwärmeversorgung wird das Wasser in entfernt gelegenen Heizkraftwerken aufgeheizt und durch gut isolierte Rohre in die Häuser geführt.

✳ Für den Fall, dass Sie Mieter sind, müssen Sie bei Problemen mit der Heizung den Vermieter informieren.

✳ Achten Sie auf den Füllstand Ihrer Heizöltanks. Verfolgen Sie die Entwicklung der Heizölpreise im Internet, und kaufen Sie in einem günstigen Moment. Es ist nicht unbedingt so, dass die Preise vor Beginn der Heizperiode am höchsten sind.

BITTE NICHT!

Lassen Sie Ihr Pellet- oder Holzhackschnitzellager nicht einfach vor sich hin ruhen, sondern lüften Sie es ständig, denn im Holz kann sich geruchloses, aber tödlich giftiges Kohlenmonoxid bilden. Am besten lassen Sie dort einen Kohlenmonoxid-Melder einbauen.

BESSER! Entlüften Sie Ihre Heizkörper vor Beginn der Heizperiode, und überprüfen Sie den Wasserdruck im Heizsystem.

KAMIN UND KAMINOFEN – sehr beliebt

In der Übergangszeit werden der offene Kamin und der Kaminofen (Schwedenofen) gern als Alleinheizung genutzt, im Winter aber eher zur Erhöhung der Lebensqualität: Wer schaut nicht gern in die Flammen? Kamin und Kaminofen erzeugen zwar auch eine angenehme Wärme, sind aber längst nicht so bequem wie andere Heizsysteme: Man muss Holz schleppen, den Heizraum reinigen und die Asche entsorgen.

✹ Verbrennen Sie im Kamin nur trockenes Holz, kein frisches oder harzhaltiges (Kiefer, Fichte). Sonst wird der Funkenflug Löchlein in den Teppich oder das Parkett brennen, denn die Funken fliegen weit über die Steinplattenumrandung Ihres Kamins hinaus.

✹ Verbrennen Sie aus Gründen des Umweltschutzes im Kamin und im Kaminofen auch kein lackiertes oder gebeiztes Holz.

✹ Sorgen Sie für genügend Frischluftzufuhr – die Flammen schlucken viel Sauerstoff.

✹ Achten Sie beim Einfüllen der Asche in einen Kunststoff-Mülleimer darauf, dass sie abgekühlt ist und keine Glut enthält.

BESSER! Lagern Sie Kaminholz draußen, aber regengeschützt. Im Haus, in der gemütlichen Wärme, könnte Ungeziefer ausschlüpfen.

BILLIGER! Im Garten können Sie Dünger sparen, wenn Sie die Holzasche in dünner Schicht auf den Beeten verteilen und leicht einarbeiten. Asche ist sehr mineralreich.

DIE HEIZUNG ENTLÜFTEN

Wenn Heizkörper blubbern oder nur im unteren Teil warm werden, hat sich im Heizsystem Luft angesammelt, die entfernt werden muss. Legen Sie das nötige Werkzeug bereit: den zum Heizkörper mitgelieferten Vierkantschlüssel (gibt's aber auch im Baumarkt) und einen dicken Lappen.

1 Drehen Sie alle Thermostate auf. Die Entlüftungsventile sitzen an der entgegengesetzten Seite der Heizkörper. Die Heizungsanlage abstellen und eine halbe Stunde warten.

2 Drehen Sie am höchstgelegenen Heizkörper das Entlüftungsventil auf, bis Sie die Luft zischen hören. Drücken Sie den Lappen dagegen, denn es folgt heißes braunes Wasser.

3 Das Entlüftungsventil wieder zudrehen. Wiederholen Sie das Ganze bei allen Heizkörpern. Dann stellen Sie die Thermostate wieder auf die alte Stufe ein.

4 Stellen Sie die Heizungsanlage wieder an. Kontrollieren Sie am Manometer, ob der Wasserdruck im grünen Bereich liegt, andernfalls muss nachgefüllt werden.

MIT DER HAUSTECHNIK AUF VERTRAUTEM FUSS

» Früher wurde es morgens hell, abends dunkel, so einfach war das; künstliches Licht lieferte nur die offene Flamme «

EXPERTENRAT

LED statt Glühlampen

Die Watt-Angabe auf der Verpackung von LED-Lampen ist nur ungefähr ein Maß für die Helligkeit. Besser ist das Maß für die Lichtstärke „Lumen", das ebenfalls angegeben ist. Hier ein Vergleich mit den alten Glühbirnen, unter deren Wattzahl und Helligkeit sich die meisten von uns noch etwas vorstellen können.
- *25-Watt-Birne: LED mit 220–250 Lumen*
- *40-Watt-Birne: LED mit 410–470 Lumen*
- *60-Watt-Birne: LED mit 700–810 Lumen*
- *75-Watt-Birne: LED mit 920–1060 Lumen*
- *100-Watt-Birne: LED mit 1300–1530 Lumen*

LICHT muss sein!

Eine Errungenschaft, die wir für selbstverständlich halten, die es aber erst seit etwa 100 Jahren gibt, ist elektrisches Licht auf Knopfdruck. Früher wurde es morgens hell, abends dunkel, so einfach war das. Die einzige Möglichkeit, auch abends und nachts Licht zu haben, war das offene Feuer – Kienspan, Kerze, Gas –, und oft genug setzte das Licht nicht nur das Haus in Flammen, sondern ganze Städte.

✺ Erzeugt wird das elektrische Licht auf unterschiedliche Art. In der weitgehend vom Markt verschwundenen Glühbirne bringt starker Strom einen Metalldraht zum Glühen, der daraufhin viel Wärme und etwas Licht aussendet (wegen dieses Missverhältnisses sind sie inzwischen verboten).

✺ In einer Leuchtstoffröhre oder Energiesparbirne fließt der Strom durch einen weitgehend luftleeren Raum und bringt dabei verdampftes Quecksilber zum Leuchten, das starkes ultraviolettes Licht aussendet. Dadurch wird eine Leuchtstoffschicht an der Innenseite der Röhre in sichtbares Licht verwandelt. Wegen des Quecksilbers müssen ausgebrauchte Lampen in den Sondermüll gegeben werden.

✺ Die modernen LED-Lampen enthalten speziell behandelte Kristalle, die bei Stromfluss Licht und nur wenig Wärme aussenden. Es gibt zwei Sorten: Manche erzeugen alle drei Grundfarben (Rot, Grün, Blau), die sich im Auge zu Weiß mischen. Andere erzeugen ultraviolettes Licht und wandeln es mit einem Leuchtstoff in sichtbares weißes Licht um.

✺ LED-Lampen haben zahlreiche Vorteile: Sie halten bis zu 100-mal länger; sie sparen im Vergleich zu Glühbirnen 90 Prozent Energie; sie enthalten keine Schadstoffe wie etwa giftiges Quecksilber; sie haben sofort nach dem Einschalten volle Leuchtkraft; sie passen vom Gewinde und von der Gehäusegröße her in alle Lampen. Außerdem gibt es sie in diversen Helligkeitsstufen und Lichtfarben zwischen rötlichem Weiß bzw. Warmweiß (2700 Kelvin), Neutralweiß (um 5000 Kelvin) und Tageslichtweiß (über 5000 Kelvin).

BILLIGER! Nur ein geringer Anteil des Stroms, den ein Haushalt verbraucht, geht auf das Konto der Beleuchtung. Dennoch kann man hier sparen, wenn Sie möglichst viele Glühbirnen durch LED-Birnen ersetzen – vor allem in solchen Lampen, die oft lange brennen.

DIE STROMVERSORGUNG im modernen Haushalt

Der Strom kommt heute fast überall unterirdisch ins Haus – in einem dicken Kabel, das zunächst in den Hausanschlusskasten und dann in den Zählerkasten mit den Sicherungen führt. Hausanschlusskasten und Zähler sind plombiert und dürfen nur von Fachleuten geöffnet werden. Vom Zählerkasten aus laufen die Kabel zu den einzelnen Bereichen der Wohnung, wobei normalerweise jeder Zweig eine eigene Sicherung besitzt. In der Regel hängen Lichtleitungen und Steckdosen jeweils an unterschiedlichen Zweigen, damit bei Kurzschluss wenigstens eine der Stromzuführungen noch funktioniert (wenn schon das Wohnzimmerlicht dunkel ist, brennt doch die Flurlampe noch). Herd, Backofen, Heizung und weitere Großverbraucher sind über eigene Sicherungen angeschlossen.

✸ Meist handelt es sich um Sicherungsautomaten, die man durch Kipphebel ein- und ausschalten kann. Oft sind im Zählerkasten auch Fehlerstromschalter (FI-Schalter) untergebracht, die die Sicherheit im Haus deutlich verbessern. Wenn nicht, sollten Sie sie nachrüsten lassen.

» *Regeln Sie die Temperatur in Räumen, die wenig genutzt werden, herunter* «

GOLDENE REGELN!

Energiesparen beim Heizen

1. Regeln Sie die Temperatur in wenig genutzten Räumen herunter, eventuell sogar auf Frostschutz.

2. Programmieren Sie die Heizungssteuerung so, dass sie die Temperatur nachts und, wenn niemand zu Hause ist, auch tagsüber herunterregelt.

3. Schalten Sie die Umwälzpumpe über eine Zeitschaltuhr nur in Zeiten ein, wenn kräftig geheizt werden soll. Sonst kühlt das Wasser durch das ständige Zirkulieren schneller ab – und braucht mehr Strom.

4. Die im Keller verlaufenden Heizungsrohre müssen isoliert sein, sonst geht dort viel Wärme verloren.

5. Duschen statt Baden spart Unmengen an Warmwasser, das die Heizung ebenfalls erzeugen muss.

MIT DER HAUSTECHNIK AUF VERTRAUTEM FUSS

> » Schauen Sie, welcher Sicherungsautomat den Kurzschluss ausgelöst hat «

✸ Markieren Sie, wenn das der Elektriker versäumt hat, welchen Bereich jeder Sicherungsautomat versorgt. Dann können Sie bei Störungen oder wenn Sie ein Gerät anschließen wollen, gezielt diesen Teil stromlos machen.
✸ Fällt ein elektrisches Gerät oder das Licht aus, versuchen Sie, den Fehler einzukreisen. Schauen Sie, welcher Sicherungsautomat dies ausgelöst hat oder ob es der FI-Schalter war.
✸ Trennen Sie defekte Geräte vom Netz, und lassen Sie beschädigte Schalter austauschen.
BILLIGER! Mit abschaltbaren Steckdosenleisten können Sie viel Strom sparen. Denn Geräte, die ständig in Bereitschaft (stand-by) stehen, verbrauchen insgesamt viel Strom. Der Schalter an der Steckdosenleiste aber macht sie alle auf einmal stromlos.

EXPERTEN**RAT**

Was tun bei Wasserschaden?

Bei einem Rohrbruch, wenn die Wand feucht wird oder gar das Wasser aus der Decke rinnt, muss rasch gehandelt werden.
• *Sperren Sie möglichst rasch den Wasserzufluss ab, zumindest den betroffenen Zweig, im Zweifel für das ganze Haus.*
• *Rinnt das Wasser in der Nähe elektrischer Installationen, schalten Sie den Bereich stromlos (an den Sicherungen).*
• *Rufen Sie einen Installateur (eventuell gibt es eine Notrufnummer), bei größeren Wassermengen die Feuerwehr.*
• *Stammt das Wasser aus der Wohnung über Ihnen, alarmieren Sie den Wohnungsinhaber oder rufen Sie die Polizei.*
• *Entfernen Sie nach Beseitigen des Wasserzulaufs die durchfeuchteten Teppiche und andere Gegenstände, und lassen Sie den Raum durch Lüften austrocknen. In schweren Fällen leihen Sie sich ein professionelles Trocknungsgerät.*

DIE WASSERVERSORGUNG im Haus

Das Frischwasserrohr kommt unterirdisch ins Haus, zunächst in den Keller. Dort durchläuft das Wasser das Hauptabsperrventil, meist vor der Wasseruhr. Nach der Wasseruhr folgt ein weiteres Ventil – damit kann man das Leerlaufen der Leitungen beim Auswechseln der Wasseruhr verhindern. Dann teilt sich das Rohr auf in Zweige, die die Bereiche des Hauses versorgen. Meist hat jeder Zweig ein Absperrventil, mit dem er abgeschaltet werden kann.

✳ Die Abwasserrohre, die das Schmutzwasser wegführen, erkennen Sie daran, dass sie meist aus grauem Kunststoff bestehen und einen größeren Durchmesser haben als die Frischwasserrohre. Mit Abstand am dicksten sind die Rohre für Abwasser aus den Toiletten. Schließlich vereinigen sich die Rohre und führen durchs Abwassersystem unter der Straße zur Kläranlage.

✳ Die Warmwasserbereitung kann im Haus auf unterschiedliche Art geschehen. Meist führt ein Frischwasserrohr durch den Kessel der Gas- oder Ölheizung, wo das Wasser erwärmt wird. Es kann auch aus einem groß elektrisch beheizten Tank stammen, oder aus einem kleinen elektrischen Boiler mit einem isolierten Vorratsbehälter von fünf bis 10 Litern Inhalt unter Spüle oder Waschbecken. Allerdings muss das Wasser (trotz Isolierung) immer wieder aufgeheizt werden. Sparsamer ist daher ein Durchlauferhitzer. Er braucht zwar einen stärkeren Stromanschluss, aber er zieht die hohe Stromstärke nur dann, wenn Wasser hindurchfließt und dabei aufgeheizt wird.

✳ Auch für die elektrische Warmwasserbereitung gilt: Duschen ist sparsamer als Baden.

✳ Schauen Sie sich Hauptabsperrventil und Wasseruhr genau an, und merken Sie sich die Stelle. Sorgen Sie dafür, dass sie stets rasch zugänglich ist und dass sich das Ventil gut bewegen lässt. Denn hier können Sie bei einem Wasserschaden im Haus oder wenn etwas

» *Duschen ist sparsamer als Baden* «

repariert werden muss, den gesamten Wasserzufluss unterbrechen.

BESSER! Besitzt die Abwasserleitung kein Rückschlagventil außerhalb des Hauses, sollte eines eingebaut werden. Denn es kann bei Überflutungen, z. B. heftigem Regen, verhindern, dass das Abwasser mit allem Dreck zurückgedrückt wird und aus den Toiletten quillt.

BILLIGER! Stellen Sie bei längerer Abwesenheit die Heißwasserboiler ab.

BITTE NICHT!

Sparen Sie sich „Entkalkergeräte", die außen am Wasserrohr angebracht werden sollen und angeblich „magnetisch" oder „mit Hochfrequenz" arbeiten. Solche Geräte sind sinnlos.

Das können wir selbst! Reparatur und Wartung

Für einfache Reparaturen und Renovierungsarbeiten brauchen Sie nicht unbedingt einen Fachmann, denn so manche handwerkliche Arbeit können Sie selbst übernehmen. Man muss nur wissen, wie man die unterschiedlichen Aufgaben anpackt.

Werkzeug, das Sie wirklich brauchen

Es lässt sich viel Geld und Zeit sparen, wenn man zumindest kleine und einfache Reparaturen selbst ausführen kann. Allerdings ist dafür ein Grundstock an qualitativ gutem Werkzeug nötig.

» Die Teile der Werkzeug-Grundausstattung können Sie einzeln kaufen, günstiger allerdings sind fertige Werkzeugkoffer «

DIE GRUNDAUSSTATTUNG für
handwerkliche Arbeiten

Mit einigen guten Werkzeugen können Sie überraschend viele Aufgaben im Haushalt selbst erledigen. Speziell für das jeweilige Vorhaben benötigte Dinge, etwa Schrauben, Muttern, Nägel und Dübel in bestimmter Art und Größe, kaufen Sie dann nach Bedarf ein.

✺ Die Teile der Werkzeug-Grundausstattung können Sie einzeln kaufen, günstiger allerdings sind fertige Werkzeugkoffer. Achten Sie aber auf gute Qualität – zu billiges Werkzeug aus schlechten Materialien geht rasch kaputt. Das Wichtigste im Überblick:

✺ Hammer mit etwa 500 Gramm Gewicht;
✺ Schraubendreher in unterschiedlicher Größe mit Flachschlitz- und Kreuzschlitzklinge, eventuell noch für weitere Arten, z. B. Sechsrund-(Torx)-Schrauben mit Innenstern;
✺ Hilfreich, wenn man es mit vielen Schrauben zu tun hat, ist ein Akkuschrauber, den man auch für einfache Bohrarbeiten nutzen kann; ideal ist ein Gerät mit einem Lämpchen vorne dran, das die Arbeitsstelle ausleuchtet;
✺ Steckschlüsselsortiment mit Ratsche (Drehgriff) und Verlängerung;
✺ Spitzzange zum Herausfischen feiner Teile;
✺ Kombizange für diverse Aufgaben;
✺ Kneifzange zum Herausziehen von Nägeln;
✺ Wasserpumpenzange für Rohrverbindungen;
✺ Feile;
✺ Kleine Bügelsäge;
✺ Nassschleifpapier in unterschiedlichen Körnungsgraden;
✺ Zollstock;
✺ Wasserwaage;
✺ Schraubzwingen;
✺ Teppichmesser;

* Doppelklebeband;
* Leitungssucher;
* Gipsbecher;
* Kleiner Spachtel;
* Schutzbrille, seitlich geschlossen;
* Malerwerkzeug: Pinsel in mehreren Größen für den jeweils gewünschten Zweck, Streichroller, Abstreifgitter, Kreppband zum Abkleben, Malervlies, Holzstäbe zum Aufrühren der Farbe; kaufen Sie nicht zu billige Pinsel – sonst müssen Sie eventuell oft Borsten aus der Farbschicht entfernen;
* Für Sanitärarbeiten: Sortiment Wasserhahndichtungen, Hahnfett für Wasserhahngewinde, Schlauchschellen.

>> *Werkzeug, das Sie selten brauchen, müssen Sie nicht kaufen; Sie können es sich genauso gut ausleihen* <<

EINFACHER! Kaufen Sie von Schrauben, Nägeln und Dübeln immer gleich einige mehr oder eine kleine Packung. Dann haben Sie eine Reserve und im Lauf der Zeit auch ein schönes Sortiment im Haus und müssen nicht für jede Schraube zum Baumarkt fahren.

BILLIGER! Werkzeuge, die Sie selten brauchen (etwa Bohrhammer oder Schleifmaschine), müssen Sie nicht kaufen. Fragen Sie Freunde oder Bekannte. Es gibt auch Firmen, bei denen man sie sich günstig ausleihen kann – und meist bekommt man gratis noch Ratschläge zur Benutzung.

VIELSEITIGE BOHRMASCHINE – nicht nur zum Löcherbohren

Eine elektrische Bohrmaschine ist das Highlight jeder Werkzeug-Grundausstattung. An ihr sollten Sie beim Kauf nicht sparen, denn sie ist ein Universalgerät, das sich entsprechend

GOLDENE REGELN!

Arbeitsschutz und Sicherheit

1. Tragen Sie eine Schutzbrille, damit Ihre Augen nicht von Splittern oder Spritzern verletzt werden. Setzen Sie beim Schleifen eine Staubmaske auf, und zögern Sie bei der Arbeit mit sehr lauten Elektrogeräten nicht, Ihre Ohren entsprechend zu schützen. Robuste Arbeitshandschuhe gewähren Ihren Händen Schutz vor Schrammen und Splittern, Einweghandschuhe schützen vor Farbe und Lack.

2. Wenn Sie schwere Teile bewegen, tragen Sie stabile Schuhe, die Ihre Füße (und speziell die Zehen) gut schützen. Sorgen Sie bei Arbeiten in der Höhe für eine stabile (und stabil stehende) Leiter oder einen Tritt. Steigen Sie nicht auf Stühle!

3. Arbeiten Sie nur mit guter Beleuchtung – wenn Sie nicht sehen, was Sie tun, gefährden Sie sich und leisten zudem keine gute Arbeit. Beim Arbeiten mit bewegten Teilen (z. B. Bohrer) ist es erforderlich, lange Haare und lose Kleidungsteile zu sichern.

ausgestattet für ganz unterschiedliche Aufgaben nutzen lässt. Kaufen Sie ein Markengerät mit verstellbarer Drehzahl. Die jeweiligen Zubehörteile können Sie dann zukaufen, wenn Sie sie benötigen. Für das Bohrfutter (das ist das Teil zum Einspannen des Bohrers) können Sie eines mit Schlüssel wählen oder – besser – ein Schnellspannfutter, das ganz ohne Schlüssel auskommt.

✱ Weil zu den typischen Heimwerkerarbeiten in einem Haushalt das Bohren von Dübellöchern in die Wand gehört, sollten Sie eine Schlagbohrmaschine wählen. Das Schlagwerk ist für Bohrungen in Holz oder Metall abschaltbar. Müssen Sie allerdings häufiger in harten Beton bohren, ist ein kräftiger Bohrhammer noch besser.

✱ Für kleinere Löcher in Holz oder Metall brauchen Sie zunächst HSS-Spiralbohrer für Holz und Metall, bis 10 mm. HSS bezieht sich auf das Material des Bohrers und heißt „High Speed Steel", meist als „Schnellschnittstahl" übersetzt. Wollen Sie ein größeres Loch in Holz bohren, also mit etwa 10 bis 50 mm Durchmesser, brauchen Sie einen entsprechenden Forstnerbohrer. Deutlich größere Löcher in Holz oder Blech – etwa ein Loch in die Schrankrückwand, durch das ein Stecker passt – erstellen Sie mit einem Kronenbohrer. Wände aus Backstein oder Kalksandstein bohren Sie mit den Steinbohrern an; zunächst sollten Sie 5 mm, 6 mm und 8 mm anschaffen. Nutzen Sie dazu das Schlagbohrwerk.

» **Weil zu den typischen Heimwerkerarbeiten das Bohren von Dübellöchern gehört, sollten Sie eine Schlagbohrmaschine wählen** «

✱ Bohren ist aber längst nicht die einzige Fähigkeit einer Bohrmaschine. Sie können in das Bohrfutter zum Beispiel auch diverse Arten von Schleifscheiben, Polierscheiben, Drahtbürsten oder sogar einen Rühraufsatz (zum Mischen von Farben im Farbeimer) einspannen und so viele unterschiedliche Arbeiten erledigen.

BESSER! Für präzise Bohrungen in Werkstücke ist das freihändige Bohren nicht zu empfehlen. Für diese Aufgabe schaffen Sie sich einen Bohrständer an. Dort werden sowohl die Bohrmaschine als auch das Werkstück eingespannt.

» **Für das Bohrfutter können Sie eines mit Schlüssel wählen oder ein Schnellspannfutter** «

WERKZEUG AUFBEWAHREN und pflegen, damit es einsatzfähig bleibt

Bewahren Sie Ihr Werkzeug gut auf, am besten in einem geräumigen, übersichtlichen Werkzeugkoffer oder, wenn Sie einen Satz im Koffer gekauft haben, in diesem Koffer, in dem alles seinen festen Platz hat. Zusätzliche, vor allem größere Teile legen Sie offen in ein Regal im Keller oder in einem Abstellraum.

✹ Machen Sie es sich zur Regel, Werkzeug nach Benutzung stets zu säubern. Dann hält es länger und ist bei erneuter Verwendung gleich bereit. Auf keinen Fall darf es feucht aufbewahrt werden: Rostgefahr.

✹ Sprühen Sie auf Zangen und Scheren bisweilen etwas Sprühöl, und verteilen Sie es mit einem alten Lappen; das schützt vor Rost. Aber geben Sie kein Öl auf Holzteile!

✹ Auch Pinsel müssen Sie nach Benutzung säubern. Bei wasserlöslichen Farben reicht es, sie unter fließendem Wasser auszuwaschen. Für einige Stunden Streichpause können Sie sie auch in einen Plastikbeutel stecken.

✹ Wenn Sie Lust am Selbermachen bekommen haben, richten Sie sich eine kleine Werkstatt ein, mit einem alten Tisch als Werkbank sowie Regalen. Nützlich ist auch ein Wand-Lochbrett mit Haken, in das Sie einen großen Teil Ihres Werkzeugs einhängen können. Der Boden sollte leicht zu reinigen sein – wo gehobelt wird, fallen bekanntlich Späne.

✹ Von da ist der Schritt zur halbprofessionellen Werkbank nicht mehr weit, mit Schubladen, Containern, Schraubstock usw. Grenzen setzen dann nur noch der Geldbeutel und der zur Verfügung stehende Platz.

SCHNELLER! Kleinteile, die Sie während der Arbeit brauchen (Nägel, Schrauben, Dübel), können Sie vor Beginn bereitlegen, indem Sie sie in einen Eierkarton einsortieren.

EINFACHER! Ordnen Sie Kleinteile wie Schrauben, Muttern, Dübel usw. je nach Sorte in durchsichtige Plastikboxen mit vielen kleinen

» Wenn Sie Lust am Selbermachen bekommen haben, richten Sie sich eine kleine Werkstatt ein «

Fächern ein. Dann sehen Sie immer gleich, was Sie haben und wo es ist. Solche Kästen gibt es in unterschiedlichen Ausführungen im Baumarkt.

BILLIGER! Obwohl es am besten ist, mit neuen Schrauben und Muttern zu arbeiten, werfen Sie angerostete kleine Metallteile nicht grundsätzlich weg. Legen Sie sie einen Tag lang in Cola – die darin enthaltene Phosphorsäure bildet mit Eisen eine stabile Schutzschicht. So manches Kleinteil lässt sich so noch retten.

BITTE NICHT!

Lassen Sie große Sägen nicht ungeschützt liegen: An ihren scharfen Spitzen kann man sich leicht verletzen. Schneiden Sie ein passendes Stück Gartenschlauch der Länge nach auf, und schieben es als Schutz darüber.

DAS KÖNNEN WIR SELBST! REPARATUR UND WARTUNG

Grundtechniken – gar nicht schwer

Einen Nagel in die Wand zu schlagen, einen Dübel einzusetzen oder ein Brett abzusägen erfordert keine allzu großen Fertigkeiten. Das schafft jeder, zumal wenn man ein paar Tipps beachtet.

EINEN NAGEL EINSCHLAGEN kann man schnell lernen

Einen Nagel muss man immer mal wieder einschlagen, um irgend etwas aufzuhängen – nicht nur ein (leichtes!) Bild, sondern auch vieles andere, zum Beispiel Kräuter zum Trocknen oder vielleicht einen dekorativen Strohhut, der eine große kahle Wandfläche gleich besser aussehen lässt. Nägel gibt es in reicher Auswahl.

Man braucht vor allem Drahtstifte und Stahlnägel, für besondere Zwecke auch Krampen, Haken, Bilderhaken und bisweilen Reißzwecken. Zum Verbinden von Holzteilen oder Gegenständen an Holz nutzen Sie Drahtstifte. Wenn Sie hingegen zum Beispiel Kabelschellen oder leichte Bilder an der Wand befestigen möchten, greifen Sie zu Stahlnägeln.

✱ Einen Nagel lernt man schnell einzuschlagen. Probieren Sie es zuerst an einem alten Brett. Halten Sie vorsichtig den Nagel mit Daumen und Zeigefinger und schlagen dann zunächst vorsichtig auf den Nagelkopf – möglichst senkrecht, sonst wird er krumm oder bricht. Erst wenn der Nagel richtig und fest sitzt, schlagen Sie ihn ganz hinein.

EINFACHER! Müssen Sie ein paar Nägel in Sicherheit bringen, haben aber keine Ablage-

» *An einem Nagel hängen Sie leichte Dinge auf, zum Beispiel Kräuter zum Trocknen* «

BITTE NICHT!

Ist ein Nagel krumm geschlagen, klopfen Sie ihn auf keinen Fall dennoch hinein, sondern ziehen ihn mit der Kneifzange heraus und nehmen einen neuen. Krumm eingeschlagene Nägel sehen hässlich aus, sind schwer wieder zu entfernen und bergen Verletzungsgefahr.

Grundtechniken – gar nicht schwer

fläche in der Nähe? Kleben Sie sie an einen Streifen Doppelklebeband, den Sie in Ihrer Reichweite befestigen.

SCHRAUBEN gibt es in zahlreichen Formen und Materialien

Schauen Sie sich im Baumarkt einmal um: Schrauben unterscheiden sich in diversen wichtigen Dingen. So gibt es nicht nur Schrauben in unterschiedlicher Größe (Durchmesser und Länge) und aus unterschiedlichem Material (z. B. Stahl, Messing), sondern auch mit unterschiedlicher Form des Kopfes (Linsenkopf, Halbrundkopf, Zylinderkopf, Senkkopf usw.).

✹ Außerdem unterscheiden sich Schrauben darin, wie man sie schraubt (Schlitz, Kreuzschlitz, Inbus …) sowie in der Art des Gewindes, beispielsweise Gewindeschrauben (für Muttern) und Holz-, Blech- und Spanplattenschrauben mit grobem Gewinde, die sich selbst festdrehen („selbstschneidend").

✹ Kleiner ist die Auswahl bei Muttern. Natürlich muss die Größe zur jeweiligen Schraube passen. Neben normalen Muttern gibt es selbstsichernde (erkennbar an einem innenliegenden Plastikring), die sich nach dem Festziehen nicht so leicht von selbst lösen. Flügelmuttern (mit „Flügeln" zum Anfassen und Drehen) hingegen kann man bequem lösen. Hutmuttern wiederum, die das Gewinde abdecken, verhüten Verschmutzung und Verletzungen.

✹ Wählen Sie stets die möglichst passende Schraube und auch den dazu optimal passenden Schraubendreher, sonst zerstören Sie sehr leicht den Schraubenkopf. Dann fasst kein Schraubendreher mehr, und die Schraube ist kaum noch zu bewegen.

>> *Wählen Sie stets den optimal passenden Schraubendreher, sonst zerstören Sie sehr leicht den Schraubenkopf; dann fasst kein Schraubendreher mehr* <<

EINEN NAGEL EINSCHLAGEN, OHNE SICH ZU VERLETZEN

Haben Sie Angst davor, einen Nagel einzuschlagen? Immerhin tut es ja tatsächlich sehr weh, wenn der Hammer statt auf dem Nagelkopf auf dem Finger landet. Doch es gibt einen einfachen Trick, wie man dies vermeiden kann.

1 Aus einem Stück fester Pappe schneiden Sie ein etwa 10 x 2 cm großes Rechteck aus.

2 Schneiden Sie die Pappe an einer Schmalseite ein; stecken Sie den Nagel durch das Ende des Einschnitts.

3 Halten Sie das Pappstück an einem Ende fest, und schlagen Sie mit dem Hammer auf den Nagel – erst behutsam, dann fester.

DAS KÖNNEN WIR SELBST! REPARATUR UND WARTUNG

✺ Besonders hilfreich ist ein Bit-Schraubendreher mit einem Satz unterschiedlicher Steckbits. Steckbits sind Schrauber, die in den Griff gesteckt werden. So hat man mit einem einzigen Werkzeug unterschiedliche Schraubendreher zur Hand, was die Gefahr mindert, dass man einen ungeeigneten Schraubendreher benutzt.

✺ Und so schraubt man richtig: Drehen Sie die Schraube per Hand ein Stück hinein und dann erst mit dem passenden Schraubendreher. Streifen Sie Schrauben vor dem Eindrehen kurz über ein Stück Seife. Dann lassen sie sich mit weniger Kraftaufwand festdrehen.

✺ Beim Anschrauben eines Teils mit mehreren Schrauben setzen Sie zunächst alle ein und drehen sie nur leicht fest. Erst dann ziehen Sie alle Schrauben fest an. Sonst hat man Probleme beim Ausrichten des Teils bzw. beim Auffinden der anderen Bohrlöcher.

EINFACHER! Bevor Sie irgendwo Schrauben lösen, die Sie noch brauchen, stellen Sie ein Gefäß bereit, um sie darin zu sammeln. Wenn Sie sie irgendwo ablegen, gehen leicht welche verloren, und Sie müssen suchen.

BESSER! Holzschrauben sollen besonders zuverlässig halten? Tauchen Sie sie vorher in warmen Tischlerleim.

>> Mit Steckbits hat man immer den passenden Schraubendreher zur Hand «

EXPERTENRAT

Festsitzende Schrauben lösen

Es ist ärgerlich, wenn sich eine Schraube nicht herausdrehen lässt. Je nach Ursache können Sie verschiedene Strategien probieren.
- *Ist die Schraube rostig, hilft oft ein bisschen Rostlöser oder Kriechöl (Baumarkt), das man einige Minuten einwirken lässt.*
- *Bei einem zerstörten Schraubenkopf kann man probieren, die Schraube mit einer Kombizange zu drehen. Aber Vorsicht: Die Zange rutscht leicht ab, und wenn die Schraube zu fest sitzt, bricht vermutlich der Kopf ab.*
- *Haben Sie das Loch einer Kreuzschlitz- oder Inbusschraube rundgedreht, lohnt sich der Versuch, einen Schlitz hineinzuschleifen, sodass Sie einen Schlitzschraubendreher benutzen können.*

BITTE NICHT!

Wenden Sie beim Schrauben nicht zu viel Kraft auf, denken Sie an den alten Handwerkerspruch: „Nach fest kommt ab." Ihr Werkzeug verstärkt nämlich nach dem Hebelgesetz Ihre Kräfte ganz erheblich, sodass ein Schraubenkopf rasch abgedreht ist.

BOHREN: Keine Angst vor der Bohrmaschine

Wenn Sie etwas gefühlvoll mit Ihrer Bohrmaschine umgehen, ist das Bohren nicht schwierig. Überzeugen Sie sich aber stets, ob der Bohrer auch wirklich fest im Spannfutter sitzt. Die normalen Spiralbohrer werden Sie vermutlich am häufigsten nutzen, um kleine Löcher für Holzschrauben vorzubohren. Auch wenn Sie größere Löcher ab etwa 7 mm planen, sollten

Sie stets zuerst mit einem dünneren Bohrer vorbohren. Das Loch führt danach den großen Bohrer, außerdem können Sie beim kleinen Loch leichter noch etwas korrigieren.

✳ Insgesamt aber werden Sie die Maschine vor allem einsetzen, um mithilfe des Schlagwerks und eines Steinbohrers Löcher für Dübel in die Wand zu setzen. Überzeugen Sie sich vorher auf jeden Fall, ob dort keine Elektrokabel oder Rohre verlaufen.

✳ Die richtige Größe für das Loch erkennen Sie am Dübel: Für einen 6-mm-Dübel brauchen Sie einen 6-mm-Bohrer. Probieren Sie vorher am Dübel, welche Schraubenlänge die richtige ist. Sie sollte mit der Hand ohne viel Kraftaufwand gedreht höchstens zu etwa einem Viertel in den Dübel passen.

» Bohrer- und Dübelgröße müssen übereinstimmen: Für einen 6-mm-Dübel brauchen Sie einen 6-mm-Bohrer «

✳ Bohren macht viel Schmutz. Decken Sie den Bereich unter dem zu bohrenden Loch ab. Am besten ist es, wenn ein Helfer eine Staubsaugerdüse unters Loch hält, um den größten Teil des Bohrmehls aufzufangen.

✳ Zeichnen Sie die genaue Position des Bohrlochs deutlich mit einem Bleistiftkreuz an. Dessen Arme sollten ein Stück über das geplante Loch hinwegragen, damit Sie die richtige Stelle auch dann wiederfinden, wenn der Bohrer etwas verrutscht.

✳ Bohren Sie immer genau senkrecht in die Wand, und zwar zuerst mit geringer Drehzahl, dann schneller. Wenn Sie mit einem kleineren Bohrer vorbohren, sollten Sie beim Bohrerwechsel vorsichtig sein: Die Spitze ist vermutlich ziemlich heiß.

✳ Bohren Sie stets etwa 20 Prozent tiefer als der Dübel lang ist, damit hinten im Loch Platz

GOLDENE REGELN!

Keine Leitung anbohren!

1. Damit Sie keine elektrische Leitung anbohren, sollten Sie wissen: Es gibt Bereiche in einer Wand, in denen normalerweise Elektroleitungen liegen. In Zimmern liegen 30 cm breite Gefahrenzonen entlang der Decke und entlang dem Fußboden; sie beginnen in 15 cm Abstand von der Decke bzw. dem Boden. Auch neben Fenstern und Türen verlaufen solche Zonen; sie sind nur 20 cm breit, aber auch dort ist der Abstand 15 cm. Abzweigungen von den waagrechten Leitungen führen senkrecht zu Lichtschaltern und Steckdosen.

2. In Küchen gibt es zusätzlich eine Gefahrenzone 1 m über dem Boden. Achten Sie auch auf die Steckdosen über der Arbeitsplatte. In Bädern verlaufen die elektrischen Leitungen nahe der Decke, mit senkrechten Abzweigungen zu den Anschlüssen.

3. Vergewissern Sie sich stets mit einem Leitungssuchgerät, ob die vorgesehene Stelle auch wirklich frei ist. Vor allem in älteren Häusern dürfen Sie sich auf nichts verlassen.

4. Leisten Sie sich ein hochwertiges Leitungssuchgerät. Das kostet zwar um die 80 bis 100 Euro, arbeitet aber viel genauer als ein billiges und ortet auch Kunststoffrohre und Holzbalken.

DAS KÖNNEN WIR SELBST! REPARATUR UND WARTUNG

» In einer gefliesten Wand sollten Sie Bohrlöcher, falls möglich, in die Fugen setzen «

für zusammengeschobenes Bohrmehl bleibt. Stecken Sie die vorgesehene Schraube probeweise in das Loch, um zu prüfen, ob es tief genug ist. Nicht den Dübel zur Probe hineinstecken: Sie bekommen ihn nicht wieder heraus, denn das ist ja der Sinn des Dübels.
EINFACHER! Alte Dübel bekommt man mit einer Spitzzange aus der Wand: Setzen Sie eine Zangenspitze in die Dübelmitte, die andere außen; nun fassen Sie den Dübel und ziehen ihn drehend heraus.
BESSER! Haben Sie keinen Helfer zur Hand, der den Bohrstaub mit dem Staubsauger auffängt, kleben Sie eine Kaffeefiltertüte mit Klebeband unter Ihre Bohrstelle an die Wand.
BILLIGER! Möchten Sie ein Loch einer ganz bestimmten Tiefe bohren, brauchen Sie zu diesem Zweck kein besonderes Zubehör für die Bohrmaschine zu kaufen. Wickeln Sie einfach um den Bohrer im gewünschten Abstand einen Streifen Klebeband als Markierung.

Fliesen bohren, ohne dass sie springen

In einer gefliesten Wand sollten Sie Löcher nach Möglichkeit in die Fugen setzen, allerdings nur, wenn die Fugen breiter sind als das vorgesehene Loch. Solche Löcher können Sie später leicht mit Fugenkitt wieder unsichtbar machen.
✺ Aber manchmal lässt es sich einfach nicht vermeiden, dass man in eine Fliese bohren muss. Da in diesem Fall immer die Gefahr besteht, dass sie springt, wählen Sie eine Stelle weitab vom Fliesenrand.
✺ Kleben Sie ein Stück Klebeband über die vorgesehene Stelle. Sie können darauf die Position des Loches anzeichnen; zudem verhindert das Klebeband, dass der Bohrer auf der Fläche wegrutscht.
✺ Schlagen Sie mit Hammer und Stahlnagel eine Vertiefung. Nun bohren Sie zunächst langsam, dann mit höherer Drehzahl, ohne Schlagwerk und mit wenig Druck.
✺ Als Mieter dürfen Sie übrigens eine überschaubare Zahl notwendiger Löcher setzen. Für dadurch entstandene Schäden freilich – also etwa zersprungene Fliesen oder angebohrte Rohre – sind Sie haftbar.
BESSER! Müssen Sie über Kopf bohren, stecken Sie einen halbierten Tennisball auf den Bohrer. Er fängt einen Großteil des Staubs auf. Und vergessen Sie die Arbeitsbrille nicht!

BITTE NICHT!

Bohren Sie keine Feinsteinzeug- oder Natursteinfliesen an: Sie sind für einen normalen Steinbohrer zu hart.

Grundtechniken – gar nicht schwer

>> *Während die Schraube in den Dübel hineingeschraubt wird, spreizt sie ihn, sodass er praktisch nicht wieder herausgezogen werden kann* «

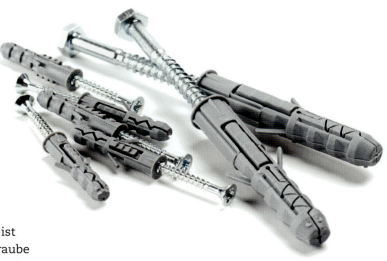

IM DÜBEL sitzt die Schraube bombenfest

Ist das Loch fertig, können Sie den Dübel hineinstecken. Der moderne Spreizdübel ist eine geniale Erfindung. Während die Schraube hineingeschraubt wird, spreizt sie den Dübel, sodass dieser unter normalen Umständen nicht wieder herausgezogen werden kann. Die Schraube sitzt fest in ihm und kann ebenfalls nicht herausgezogen, sondern nur durch Linksdrehung herausgeschraubt werden.

✷ Bei Ziegel- oder Kalksandsteinwänden oder Wänden aus Beton wählen Sie einen Kunststoffdübel. Reicht die Kraft des Daumens nicht, um den Dübel hineinzustecken, helfen Sie mit leichten Hammerschlägen nach; nötigenfalls schützen Sie die Wand mit einem Stück Pappe vor Verschmutzung. Schließlich schrauben Sie die passende Schraube hinein. Prüfen Sie durch Ziehen und Drücken, ob die Schraube anständig hält, bevor Sie sie stark belasten.

✷ Für Leichtbauwände aus Gipskarton gibt es Spezialdübel, die der jeweiligen Konstruktionsweise der Wand angepasst sind. Sie müssen den Aufbau der Wand also genau kennen.

KLEBEN kann eine gute Lösung sein

In manchen Fällen ist Kleben die bessere Methode, z. B. im Vergleich zum Schrauben. Allerdings sind Klebestellen schwieriger wieder zu lösen, mit Ausnahme von Klebebändern.

✷ Die Art des zu verwendenden Klebers hängt vom Material ab und von der Kraft, die darauf ausgeübt wird. Für manche Zwecke genügt Universalkleber, etwa für Pappe. Tragen Sie ihn dünn auf beide Teile auf, warten einige Minuten und drücken die Teile dann zusammen.

✷ Holzteile fixieren Sie mit Holzleim. Drücken Sie die Teile fest mit einer Schraubzwinge zusammen, bis der Leim getrocknet ist.

✷ Meist sollten Sie aber zum jeweiligen Spezialkleber greifen, etwa wenn Sie feste Kunststoffe, Tapeten, Textilien, Metallteile oder Styropor kleben möchten. In jedem Fall aber muss die Klebestelle frei von Staub und Fett sein. Halten Sie sich genau an die Benutzungsanweisungen.

✷ Neben den üblichen lösemittelhaltigen Klebern gibt es Reaktionskleber, die ihre Klebkraft durch chemische Reaktionen gewinnen. Bei Zweikomponentenklebern etwa müssen Sie zuvor Härter und Binder sorgfältig mischen und die Masse dann auftragen.

✷ Sehr rasch und fest härten Sekundenkleber. Sie reagieren chemisch mithilfe von Feuchtigkeit. Man braucht allerdings eine recht große Klebefläche, damit ein Sekundenkleber seine Wirkung entfaltet.

✷ Feste Klebeverbindungen können Sie mit einer Heißklebepistole erzeugen. Sie arbeitet mit Klebstoffen, die in der Wärme schmelzen,

> » Praktisch für viele Sägearbeiten ist eine elektrische Stichsäge mit Sägeblättern für unterschiedliche Materialien «

DIE RICHTIGE SÄGE für jedes Material

Müssen Sie Holzbalken oder Rohre kürzen, greifen Sie zur Säge. Für Holzstücke und dünne Metall- oder Kunststoffteile genügt die Universalsäge, auch als kleine PUK-Säge bekannt.

✹ Dickere Holzbalken sägen Sie per Hand mit dem Fuchsschwanz oder elektrisch mit einer Handkreissäge – die ist aber nichts für handwerkliche Einsteiger. Besser, Sie lassen sich die Holzteile im Baumarkt zurechtsägen.

✹ Für kleinere Holzarbeiten sollten Sie zur Feinsäge greifen. Sie besitzt ein breites, zusätzlich mit einer Rückenschiene verstärktes, feingezahntes Sägeblatt. Das hat den Vorteil, dass man gerade Schnitte gut hinbekommt.

✹ Wollen Sie zwei Leisten im rechten Winkel verbinden, müssen Sie Schrägschnitte mit genau 45 Grad herstellen können. Dafür sollten Sie sich eine Gehrungslade aus Holz oder Kunststoff zulegen. Sie besitzt in den Seitenteilen Führungsschlitze für die Feinsäge, und zwar für Winkel von 90 Grad und von 45 Grad nach rechts oder links. Wichtig für sauberes Arbeiten ist, dass Sie beim Sägen die Leiste fest einspannen; dann passen die Stoßstellen hinterher exakt aufeinander.

✹ Für größere Metallteile benötigen Sie ein feineres Sägeblatt als für Holz. Für solche Fälle ist eine Metallsäge nötig.

✹ Praktisch für viele Sägearbeiten ist eine elektrische Stichsäge mit Sägeblättern für unterschiedliche Materialien. Die Anschaffung lohnt sich aber nur, wenn Sie sie oft brauchen.

BESSER! Sorgen Sie stets dafür, dass das zu sägende Teil gut fixiert ist, zumal wenn Sie Elektrowerkzeuge einsetzen.

und werden mit Stangen dieser Klebstoffe bestückt. Allerdings eignen sie sich nur für Materialien, die die hohe Temperatur aushalten.

SCHNELLER! Beim Verwenden eines Zweikomponentenklebers sorgt Erwärmen mit dem Föhn für rascheres Aushärten. Die Teile müssen aber perfekt zusammengefügt sein – nach dem Härten lässt sich nichts mehr ändern.

BITTE NICHT!

Bringen Sie niemals Sekundenkleber an Ihre Haut! Blitzschnell haben Sie Ihre Finger zusammengeklebt, und dann kann nur eine Operation helfen.

MULTITALENT KORKENZIEHER

Ende des 18. Jahrhunderts, als man Wein zunehmend in verkorkten Flaschen statt in Fässern verkaufte, erfand der Engländer Samuel Henshall den Korkenzieher, eine Metallspindel mit Handgriff. Heute findet man dieses Gerät in jedem Haushalt – was günstig ist, da es keineswegs nur zum Öffnen von Flaschen taugt.

ZUM KÖRNEN

Beim Bohren harter Materialien neigt der Bohrer zunächst zum Wegrutschen. Durch „Körnen", also Erzeugen einer winzigen Vertiefung mit einem schraubenförmigen Korkenzieher, kann man das verhindern. Man setzt die Bohrerspitze dann in diesem kleinen Loch an.

DÜBEL HERAUSZIEHEN

Dübel lassen sich aus der Wand ziehen, indem man vorsichtig einen Korkenzieher gerade so weit hineindreht, bis er sicher fasst, und dann am Griff zieht.

KNOTEN LÖSEN

Einen festgezurrten Knoten in einer Schnur kann man am besten lösen, indem man die Schnur an einer Stelle hochzieht. Die scharfe Spitze eines Korkenziehers ist dafür gut geeignet.

PFROPFEN HERAUSHOLEN

Die Düse von gebrauchten Silikonkartuschen (Fugendichtung) ist oft verstopft, weil das Silikon an der Luft aushärtet. Nach Eindrehen des Korkenziehers kann man den Pfropfen herausholen.

GUMMISTOPFEN HOCHZIEHEN

Gummistopfen, etwa in Abflüssen, lassen sich bisweilen nur schwer entfernen. Bohrt man einen Korkenzieher hinein, geht es leichter.

Das Wasser läuft nicht, wie es soll

Wasser ist eine feine Sache, die man nicht hoch genug schätzen kann. Deshalb sollte man sich zu helfen wissen, wenn es mal nicht richtig fließt, nicht mehr abfließt oder gar zu viel fließt.

WENN DER WASSERZULAUF gestört ist

So rätselhaft es manchmal aussieht – die Technik am Wasserzulauf ist meist nicht allzu kompliziert. Denken Sie aber bei allen Vorhaben daran, zuerst die jeweilige Leitung abzusperren. Und rechnen Sie damit, dass etwas Wasser ausläuft – also Lappen bereithalten.

EINE WASSERHAHNDICHTUNG selbst austauschen

Tropfende Wasserhähne nerven, zudem verschwenden sie viel Wasser und besonders viel Energie, wenn der Warmwasserhahn tropft. Dabei ist meist nur eine Dichtung defekt.
✱ Schließen Sie zunächst das Leitungsventil oder die Eckventile unter dem Becken. Ziehen Sie den Griff vom Wasserhahn ab und lösen mit einem Schraubenschlüssel das Ventiloberteil. Am unteren Ende finden Sie die Dichtung in einer Messingform. Um sie auszubauen, müssen Sie eventuell noch eine Schraube lösen. Nehmen Sie sie heraus und reinigen ihr Bett von Kalk und Schmutz. Falls nötig, befreien Sie das Ventil mit Kalklöser von Kalkkrusten.
✱ Setzen Sie nun eine neue passende Dichtung ein (Baumarkt, nehmen Sie die alte als Muster mit), und bauen Sie alles wieder zusammen. Streichen Sie beim Zusammenbau die Gewinde mit etwas Hahnfett (Baumarkt) ein. Dann setzen sie sich nicht so leicht fest.
EINFACHER! Machen Sie sich keine Mühe mit der Reparatur alter Wasserhähne. Sie werden mit der Zeit innen brüchig und verkalken. Besser ist es dann, gleich neue einzubauen.
BILLIGER! Ist Ihr Problem ein feststeckender Wasserhahn, so schütten Sie ein kohlensäurehaltiges Getränk darüber. Die Kohlensäure löst Rost und andere korrodierte Substanzen. Nach zehn Minuten schlagen Sie mit einem Gummihammer vorsichtig gegen den Hahngriff. Nun sollte er sich wieder aufdrehen lassen.

> » Wenn ein Wasserhahn tropft, ist meist nur eine Dichtung defekt «

DIE TOILETTENSPÜLUNG ist defekt

Funktioniert der Wasserkasten an der Toilette nicht mehr, kann das mehrere Ursachen haben.
✱ Läuft ständig etwas Wasser, ist vermutlich die Dichtung am Ausfluss des Kastens defekt und muss ersetzt werden. Heben Sie das Standrohr heraus, kontrollieren Sie die schwarze Dichtung unten, und tauschen Sie sie aus.

Das Wasser läuft nicht, wie es soll

✱ Wenn Sie noch eine Spülung mit Schwimmkugel haben, kann diese undicht geworden sein – auch dann läuft dauernd das Wasser. Vorübergehend können Sie sie ausbauen, leeren, außen trocknen und das Loch mit Paketklebeband verschließen.
✱ Läuft kein Wasser, obwohl der Kasten voll ist, ist vielleicht der Hebearm ausgehakt oder gebrochen. Öffnen Sie den Spülkastendeckel und schauen nach. Ist er ausgehakt, haken Sie ihn wieder ein. Ist er gebrochen, ist vermutlich ein neuer Spülkasteneinsatz billiger.

EINEN DUSCHKOPF ganz einfach ersetzen

Stark verkalkte Duschköpfe an Handbrausen sollten gereinigt oder ausgetauscht werden – besser ausgetauscht, denn die Verkalkung zeigt an, dass der Duschkopf nicht mehr der Jüngste ist, und ein neuer kostet nicht alle Welt, zumindest nicht im Baumarkt, wo man durchaus ansprechende Modelle erhält.
✱ Drehen Sie den Wasserhahn zu, und lösen Sie zunächst den Anschluss des Duschkopfes. Dazu nutzen Sie am besten einen passenden Maulschlüssel oder eine Wasserpumpenzange und ein daruntergelegtes Tuch zum Vermeiden von Kratzern auf dem Chrom. Eventuell müssen Sie etwas Kraft aufwenden, weil das Gewinde verkalkt ist. Drehen Sie dann den Duschkopf

» *Ein stark verkalkter Duschkopf sollte gereinigt, aber besser noch ersetzt werden* «

heraus. Vorsicht, dass er Ihnen nicht herunterfällt! Säubern Sie den Anschluss, und schrauben Sie den neuen Duschkopf fest.
✱ Entscheiden Sie sich trotzdem dafür, den alten Duschkopf zu behalten und ihn lieber zu

EXPERTENRAT

Notreparatur bei Rohrbruch, bis der Klempner kommt

Sollte es Ihnen passieren, dass ein Wasserleitungs- oder Heizungsrohr einen Riss bekommt und undicht wird, müssen Sie rasch handeln (siehe auch S. 270 „Was tun bei Wasserschaden?"). Stellen Sie auf jeden Fall als Erstes soweit möglich die Wasserzufuhr ab. Brauchen Sie Wasser bzw. Heizung, bevor der Klempner-Notdienst kommt, müssen Sie versuchen, das Rohr provisorisch zu flicken. Dafür eignet sich zum Beispiel ein aufgeschnittener Gartenschlauch oder ein Fahrradschlauch. Wickeln Sie den Schlauch mehrfach um die Bruchstelle, und befestigen Sie ihn mit mehreren Schlauchschellen, die Sie immer im Haus haben sollten. Notfalls tun es vorübergehend auch viele Wicklungen Paketklebeband.

DAS KÖNNEN WIR SELBST! REPARATUR UND WARTUNG

» *Läuft das Wasser überhaupt nicht ab, lösen Sie die beiden großen Muttern des U-förmigen Siphons* «

entkalken, gehen Sie genauso vor, wie auf S. 44 „Einen Perlator entkalken" beschrieben, denn die Methode ist dieselbe.

DAS WASSER LÄUFT NICHT AB: So machen Sie den Abfluss wieder durchgängig

Läuft das Wasser im Waschbecken oder in der Spüle trotz offenem Abfluss und sauberem Sieb schlecht oder gar nicht mehr ab, probieren Sie zuerst einen Pümpel, also eine Saugglocke. Sie stellen sie über den Abfluss und bewegen den Griff auf und ab. Das reicht oft schon, um ein Hindernis im Rohr zu lösen. Läuft das Wasser wieder ab, spülen Sie kräftig nach.

✷ Konnte der Pümpel die Verstopfung nicht beseitigen, stellen Sie einen Eimer unter den Abfluss, und lösen Sie die beiden großen Muttern des U-förmigen Geruchsverschlusses (Siphon). Reicht die Kraft Ihrer Hände nicht aus, helfen Sie vorsichtig mit der Wasserpumpenzange nach – dabei die Backen weit auseinander-

ziehen. Achtung, eventuell strömt jetzt ein Schwall Wasser in den Eimer. Falls der Siphon verstopft ist, reinigen Sie ihn mit einer Flaschenbürste, spülen ihn durch und bauen ihn wieder ein.

✷ Liegt das Problem weder am Sieb noch am Siphon, ist die Abflussleitung verstopft. Versuchen Sie in diesem Fall, bei abgenommenem Siphon eine Reinigungsspirale einzuführen und so das Hindernis zu beseitigen. Gelingt das nicht, muss der Klempner kommen.

EINFACHER! Der Draht eines aufgeschnittenen Draht-Kleiderbügels eignet sich sehr gut zum Reinigen verstopfter Abflüsse. Wenn Sie das untere Ende zu einem Haken biegen, können Sie damit Dinge herausangeln. Umwickeln Sie den Draht unten mit Doppelklebeband, bleiben Schmutz und leichte Teile (zum Beispiel eine Haarnadel oder eine verlorene Schraube) daran hängen und lassen sich herausziehen.

DIE TOILETTE IST VERSTOPFT, da ist schnelles Eingreifen gefragt

Wenn das Wasser in der Toilette nicht abläuft, probieren Sie es zuerst mit einem Pümpel. Setzen Sie ihn auf den Abfluss, und bewegen Sie den Griff kräftig auf und ab. Meist läuft dann das Wasser plötzlich weg. Spülen Sie zwei oder drei Mal nach. Sinkt der Wasserspiegel nur etwas ab, müssen Sie weiter pümpeln.

✷ Ist das Hindernis noch nicht beseitigt, könnten Sie eine Rohrreinigungsspirale (Baumarkt) einsetzen. Dazu sollten Sie die Flüssigkeit aus der Toilette abschöpfen. Für diese Großtat streifen Sie lange Gummihandschuhe über. Schieben Sie die Spirale unter Drehbewegungen hinein, bis Sie auf Widerstand stoßen. Drehen und schieben Sie weiter, bis die Spirale das Hindernis durchstoßen hat und das Wasser abläuft. Funktioniert auch das nicht, müssen Sie den Klempner rufen, denn dann ist das Problem vermutlich ernsterer Natur.

Schäden an Boden und Wand

Schnell ist mal ein Holzfußboden oder ein Teppich beschädigt oder eine Wand verschmutzt. Aber Sie können derartige kleine Schäden ebenso leicht beheben wie beispielsweise das Quietschen einer Tür.

PARKETT AUSBESSERN, damit es wieder gepflegt aussieht

Kratzer und Löcher in Parkett oder Laminat können Sie mit Reparaturpaste im gleichen Farbton reparieren. Sie bekommen sie im Fachgeschäft oder im Baumarkt, meist als Reparaturset in Tuben, zusammen mit dem nötigen Werkzeug. Es gibt auch aufwendige Sets mit Hobel und elektrischem Wachsschmelzgerät für umfangreichere Reparaturen.

✳ Säubern Sie das Loch, und füllen Sie es dann mit der Reparaturmasse. Legen Sie ein Stück Plastikfolie darauf, und drücken Sie mit so geschützten Fingern die Masse fest, sodass sie sich in den Rauheiten des Loches verankert. Streichen Sie dann mit dem Kunststoffspachtel die Oberfläche glatt.

✳ Lassen Sie die Masse nach Gebrauchsanleitung aushärten. Eventuell polieren Sie sie nach. Manche Fußbodenbeläge sollten anschließend mit einem Klarlackstift versiegelt werden; beachten Sie hier die Herstelleranweisungen.

EINE BETONSTUFE reparieren

Von Treppenstufen aus Beton springt leicht einmal ein Stück ab. Bei sehr alten Treppen kann es auch ein großes Stück sein, vor allem, wenn durch einen Spalt Wasser eingedrungen ist, das im Winter gefriert und ein Stück der Stufe absprengt. Bei der Reparatur tragen Sie Arbeitshandschuhe und Schutzbrille. Sperren Sie die beschädigte Treppe während der Reparatur, damit niemand über die Verschalung fällt oder auf den noch feuchten Beton tritt.

✳ Ist der Bruch sehr glatt, rauen Sie ihn mit Hammer und Meißel auf und schaffen dadurch Vertiefungen, damit die Reparaturmasse gut hält. Beseitigen Sie alle losen Betonteile und den Staub. Tragen Sie dann Haftvermittler auf, und lassen Sie ihn einziehen.

✳ Nun bauen Sie aus Brettern eine Schalung. Meist reicht es, ein Brett gegen die vertikale Wand der Stufe zu drücken und provisorisch zu befestigen. Müssen Sie eine abgesprungene

> » Ein Reparaturset in Tuben, zusammen mit dem nötigen Werkzeug, bekommen Sie im Baumarkt «

DAS KÖNNEN WIR SELBST! REPARATUR UND WARTUNG

» Der Fliesenkleber muss mit einem Zahnspachtel aufgetragen werden «

Ecke reparieren, nutzen Sie zwei mit Schrauben im rechten Winkel verbundene Bretter; zuvor armieren Sie die Schadstelle mit zwei in die Stufe gesetzten Schrauben.

✴ Füllen Sie die Schadstelle mit Reparaturbeton oder Betonbrei (2 Teile Portlandzement, 8 Teile feiner Kies, 1 Teil Wasser). Drücken Sie die Masse mit einer Kelle fest, streichen Sie die Oberfläche glatt und lassen den Beton aushärten. Dann entfernen Sie die Verschalung.

EINE GESPRUNGENE FLIESE ersetzen

Ein Sprung in einer Boden- oder Wandfliese ist ärgerlich. Deshalb tut man gut daran, schon beim Verlegen einige Ersatzfliesen zurückzulegen.

✴ Für die Arbeit brauchen Sie einen Zahnspachtel, Dispersionskleber, Fugenmörtel im gleichen Farbton wie die alten Fugen, Gummischieber und einen Schwamm.

TEPPICHBODEN REPARIEREN

Ein Schaden im Teppichboden ist keine Katastrophe, wenn Sie noch ein Reststück haben. Doch zu alt darf der Teppichboden nicht sein, sonst ist das neue Stück zu auffällig. Für eine fachgerechte Reparatur brauchen Sie Teppichmesser, Schnittkantenverfestiger, Verlegeklebeband und Hammer.

1 Schneiden Sie ein Stück heraus, und schneiden Sie das Reparaturstück zu. Bestreichen Sie den Rand mit Schnittkantenverfestiger.

2 Kleben Sie Verlegeklebeband in das Viereck. Ziehen Sie das Schutzpapier von der Oberseite des Klebebandes ab.

3 Passen Sie das Reparaturstück ein, drücken Sie es auf das Verlegeklebeband, und klopfen Sie die Schnittkanten mit dem Hammer fest.

Schäden an Boden und Wand

* Lösen Sie zunächst mit Hammer und Meißel die beschädigte Fliese ganz ab. Aber mit Vorsicht, damit Sie keine Nachbarfliese beschädigen! Arbeiten Sie sich stets von der Fliesenmitte her zu den Rändern vor. Entfernen Sie auch das Fugenmaterial an diesen Stellen sowie den Klebemörtel vollständig. Glätten und säubern Sie dann die Fläche, am besten mit einem Schaber, und saugen Sie allen Staub weg.
* Streichen Sie nun Kleber mit dem Zahnspachtel auf die Fläche und setzen die neue Fliese ein, in Lage und Höhe genau orientiert an den umliegenden Fliesen, damit die Fugen gleichmäßig sind. Drücken Sie sie gut fest, um Haftung zum Kleber herzustellen, und lassen Sie ihn bis zum folgenden Tag aushärten.
* Mischen Sie als Nächstes nach Anweisung den Fugenmörtel, und verteilen Sie ihn mit dem Gummischieber in den Fugen – am besten diagonal wischen. Sobald er anfängt abzubinden, reinigen Sie die Fliesenoberflächen mit dem feuchten Schwamm.

EINFACHER! Sollten Sie keine Ersatzfliesen besitzen, weil Ihre Fliesen schon vor langer Zeit gelegt wurden, so suchen Sie im Internet nach Händlern, die noch alte und längst ausgelaufene Fliesenserien vorhalten. Bei ihnen können Sie Fliesen noch aus den 1960er-Jahren finden!

BESSER! Vermeiden Sie es, eine Wandfliese anzukleben, die nur ungefähr zu Ihren Fliesen passt, z. B. in einem ähnlichen Weißton. In diesem Fall setzen Sie ein Stück Mosaikmatte in einer Kontrastfarbe als Akzentgeber ein. Wer die Gelegenheit ergreifen und sein Bad verschönern möchte, schlägt gleich die ganze Fliesenreihe heraus und ersetzt diese Reihe durch eine dekorative Mosaikbordüre.

TAPETEN RICHTIG AUSBESSERN, dann sieht man nichts

Ist eine Tapete an einer Stelle so schadhaft, dass man den Defekt nicht mit Farbe zudecken kann, müssen Sie sie auswechseln. Wenn Sie beim letzten Tapezieren Reststücke übrig behalten und aufbewahrt haben, ist das Problem schon halb gelöst. Ansonsten müssen Sie zumindest eine Wand komplett neu tapezieren, denn Restehändler wie bei Fliesen gibt es für Tapeten nicht. Bestimmte Markentapeten kann man zwar lange nachkaufen, aber eine neue Rolle wird farblich anders ausfallen.
* Schneiden Sie aus einem Reststück der Tapete ein rechteckiges Stück ab, das im Muster hineinpasst und etwas größer ist als der geschädigte Bereich. Legen Sie das Stück auf die beschädigte Tapete, fahren an den Rändern mit einem scharfen Teppichmesser herum und schneiden so ein gleich großes Stück aus der unteren Tapete heraus. Lösen Sie es mithilfe eines Spachtels vorsichtig ab, eventuell unter mehrmaligem Befeuchten.

» Lösen Sie das Tapetenstück mithilfe eines Spachtels vorsichtig ab «

✳ Verteilen Sie nun mit einem großen weichen Flachpinsel Tapetenkleister auf dem Reparaturstück, und kleben Sie es in das freie Feld. Mit einem Kantenroller (Baumarkt) drücken Sie zum Schluss die Nähte fest an.

LÖCHER ZUGIPSEN mit einem Spachtel

Bei empfindlichem Bodenbelag decken Sie zunächst den Bereich um das Loch mit Zeitungspapier oder Folie ab. In kleinere Dübellöcher stecken Sie angefeuchtetes Zeitungspapier oder Watte. Drücken Sie es mindestens einen Zentimeter tief hinein – es soll verhindern, dass zu viel Gips im Loch verschwindet.

✳ Rühren Sie dann Gips zu einem nicht zu dünnflüssigen Brei. Feuchten Sie das Loch innen mit einem Pinsel leicht an und füllen es mit dem Brei, am besten mithilfe eines Spachtels. Drücken Sie den Brei schön fest hinein. Glätten Sie mit dem Spachtel die Oberfläche, und streichen Sie nach einigen Minuten mit einem nassen Pinsel nach, dann verschwindet die Stelle nach dem Trocknen meist optisch fast vollständig.

BESSER! Arbeiten Sie rasch: Gips härtet nach fünf bis zehn Minuten aus. Sind Sie dann noch nicht fertig, werfen Sie die harten Gipsreste in den Hausmüll und rühren neuen Brei an.

SILIKONFUGEN ERNEUERN, damit das Bad wieder gepflegt aussieht

Silikon ist ein bemerkenswert widerstandsfähiges Material. Dennoch werden Silikonfugen im Lauf der Jahre unansehnlich, unter anderem durch Schimmel, und müssen erneuert werden. Sie brauchen dafür einen speziellen Fugenschaber zum Entfernen von Silikon, Kreppband zum Abkleben, eine Kartusche mit Silikon der gewünschten Farbe, eine Kartuschenpistole, einen Fugenglätter und warmes Seifenwasser.

✳ Zuerst müssen Sie das alte Silikon und den anhaftenden Schmutz entfernen – und zwar vollständig, weil Silikon nicht auf altem Silikon haftet. Hier zahlt sich sorgfältiges Arbeiten bei guter Beleuchtung aus. Wenden Sie dennoch zusätzlich käuflichen Silikonentferner an und benutzen ihn genau nach der mitgelieferten Gebrauchsanweisung. Lassen Sie danach den gesamten Fugenbereich gründlich trocknen.

✳ Kleben Sie nun den Bereich beidseitig mit Kreppband ab, sodass nur die spätere Fuge frei bleibt. Decken Sie die Umgebung mit Zeitungspapier oder Folie ab, damit kein Silikon an falsche Stellen gerät.

✳ Schneiden Sie die Spitze der Kartusche schräg ein, und zwar so, dass sie der gewünschten Fugenbreite entspricht. Spannen Sie sie in die Pistole ein und geben vorsichtig Druck, bis die

» *Schneiden Sie die Spitze der Kartusche schräg ein, und zwar so, dass sie der gewünschten Fugenbreite entspricht* «

Masse vorne herausquillt. Drücken Sie hier zu heftig, lässt sich der Strom kaum stoppen, und die Gefahr der Verschmutzung ist groß!

✳ Füllen Sie nun die Fuge möglichst gleichmäßig mit dem Silikon. Falls irgendwo zu wenig ist, füllen Sie es gleich auf. Die Oberfläche spielt jetzt noch keine Rolle.

✳ Nach dem Füllen ziehen Sie die Oberfläche mit dem Fugenglätter oder mit in Seifenwasser getauchtem Finger glatt.

✳ Warten Sie einige Minuten, bis das Silikon eine festere Haut gebildet hat. Dann können Sie vorsichtig das Kreppband abziehen und eventuell hochstehende Ränder mit Seifenlaugenfingern festdrücken. Vollständig durchgehärtet und belastbar ist das Silikon aber erst nach 24 Stunden.

BESSER! Wenn Sie ein wenig Übung im Anbringen elastischer Fugen haben, arbeiten Sie ohne Kreppband. Sie tragen die Fugen freihändig auf und ziehen sie anschließend mit einem Abzieher (Baumarkt) ab. Dann umgehen Sie die Gefahr, dass an den Rändern des Kreppbandes ein winziger Spalt bleibt, durch den Schimmelsporen eindringen können.

» Mit Dispersionsfarben ist das Streichen überhaupt kein Problem «

WÄNDE STREICHEN – auf Putz oder Tapeten

Frisch gestrichene Wände, sei es auf Putz oder auf älteren Anstrichen über Tapeten, wirken gleich viel sauberer und angenehmer. Mit Dispersionsfarben ist dies heute kein Problem mehr. Zudem können Sie mit Abtönfarben den gewünschten Farbton erzeugen.

✳ Untersuchen Sie zunächst die Wände auf Löcher, Risse und abblätternde Farbe, und sanieren Sie sie. Decken Sie den Fußboden gut mit Malervlies ab – Folie, die von Heimwerkern meist verwendet wird, ist weniger gut geeignet. Malervlies reißt nicht so leicht, saugt Farbkleckse auf, ist nicht rutschig und recht billig.

✳ Umkleben Sie Türen, Fensterrahmen und Scheuerleiste mit Kreppband. Entfernen Sie von Schalter und Steckdosen die Kunststoffabdeckungen und schützen deren Inneres ebenfalls mit Kreppband. Bei hohen Räumen brauchen Sie eine stabile Leiter. Und tragen Sie Arbeitskleidung (festes Schuhwerk!).

BITTE NICHT!

Seien Sie beim Streichen vorsichtig an den Steckdosen. Da die Kunststoffabdeckung fehlt, gelangt leicht Farbe an die Schutzkontakte – das aber darf nicht sein, weil sie dann nicht mehr gegen Stromschlag schützen.

DAS KÖNNEN WIR SELBST! REPARATUR UND WARTUNG

✳ Streichen Sie nun zunächst mit einem Flachpinsel die Ecken und Ränder der Wandflächen. Dann hängen Sie das Abstreifgitter in den Farbeimer und tragen die Farbe mit einer Lammfellrolle auf. Nehmen Sie immer nur relativ wenig Farbe auf die Rolle, und verteilen Sie sie gut durch mehrmaliges Rollen über das Gitter. Streichen Sie nun mit der Rolle zunächst kreuz und quer und dann senkrecht über jeweils einen Teil der Wand, bevor Sie zum nächsten übergehen.

✳ Bei schlecht erkennbarer Farbe können Sie das Licht entsprechend richten, um den Glanz der frischen Farbe zu sehen, oder orientieren sich an den Kanten der Tapetenbahnen. Achten Sie darauf, dass sich keine Farbnasen bilden.

✳ Falls die Farbe nicht beim ersten Anstrich deckt, bringen Sie nach einigen Stunden einen zweiten auf (notfalls auch einen dritten, je nach Farbe des Untergrunds). Verschließen Sie nach Beendigung den Farbeimer gut, und waschen Sie die Rolle unter fließendem Wasser aus.

》 *Wenn die Tür schleift, brauchen Sie Einlegescheiben, die perfekt zu den Kloben passen* 《

`SCHNELLER!` Der Geruch frischer Farbe hängt oft lange in einem Raum. Um ihn schneller loszuwerden, schneiden Sie eine Zwiebel durch und legen die Hälften in entgegensetzte Ecken des Zimmers. Die Zwiebelstücke absorbieren den Geruch, und nach einem oder zwei Tagen ist er verschwunden.

`EINFACHER!` Wollen Sie am folgenden Tag weiterstreichen, können Sie die gebrauchte Rolle über Nacht auch in einen Plastikbeutel legen. Den Beutel gut verschließen.

`BESSER!` Rühren Sie Farbe vor jedem Benutzen mit einem Holzstab auf, denn die Farbpigmente setzen sich relativ rasch am Boden ab.

`BILLIGER!` Fleischerhaken – es gibt sie im Baumarkt – eignen sich beim Streichen gut, um Farbeimer an der Leiter aufzuhängen.

EINE SCHLEIFENDE TÜR anheben

Mit der Zeit leiern bisweilen die Türscharniere aus, oder das Holz verzieht sich. Die Folge: Die Tür schleift auf dem Fußboden. Dagegen sollten Sie rasch etwas tun, um Kratzer auf dem Boden zu vermeiden. Schätzen Sie, um wie viele Millimeter die Tür erhöht werden muss – achten Sie aber auch auf den verfügbaren Raum oben. Hängen Sie die Tür aus und messen Sie den Durchmesser der Kloben, der aufrecht stehenden Stifte, an denen die Tür hängt.

✳ Besorgen Sie im Baumarkt in Durchmesser und Aussehen passende Einlegescheiben und schieben sie auf die Kloben. Wenn Sie jetzt die Tür wieder einhängen, sollte sie frei schwingen.

`BITTE NICHT!`

Eine Tür sollten Sie nicht allein aushängen. Lassen Sie sich von jemandem helfen – zumal Sie die Tür mit Sicherheit nicht allein wieder einhängen können.

QUIETSCHENDE TÜREN ölen

Eine Zimmer- oder Gartentür, die quietscht oder knarrt, kann einem ziemlich auf die Nerven gehen. Dabei ist das Problem mit etwas Kriechöl oder Schmierfett leicht zu beheben, zumal wenn Sie einen Helfer haben. Heben Sie die Tür leicht an (wenn Sie allein sind, legen Sie ein dickes Brettchen darunter), und säubern Sie die Kloben samt Umgebung mit Küchenpapier von altem Fett.

✱ Fetten Sie nun die Kloben mit etwas Vaseline oder Schmierfett ein, oder sprühen Sie etwas Kriechöl darauf (Vorsicht, Teppich und Wand schützen!). Lassen Sie dann die Tür wieder herunter, und bewegen Sie sie ein paarmal, damit sich das Schmiermittel verteilt. Jetzt sollte sie ruhig sein.

SCHNELLER! Erste Hilfe gegen Quietschen in Sekundenschnelle: Sprühen Sie Rasierschaum auf die Ritzen der Angeln.

BITTE NICHT!

Nutzen Sie nicht etwa Lebensmittel wie Salatöl oder Butter zum Schmieren der Tür. Ihre Wirkung hält nicht lange an, weil sie sich zersetzen. Außerdem werden diese Fette schlecht und riechen dann übel.

TÜRDRÜCKER auswechseln

Ist der alte Türdrücker nicht mehr in Ordnung? Eine Drückergarnitur gegen eine neue auszuwechseln ist nicht schwierig. Am besten bauen Sie zunächst die alte Garnitur ab und kaufen nach dieser Vorlage eine passende neue.

✱ Beim Ändern von Form und Größe müssen Sie einiges bedenken – zunächst, dass die Einschraublöcher anders sind und Sie die alten mit Holzkitt verschließen müssen. Wenn Sie vorher eine Drückergarnitur mit durchgehen-

» *Denken Sie bei einer neuen Drückergarnitur daran, dass die Schraublöcher anders sein können als bei der alten* «

dem Schild hatten, ist es am einfachsten, wenn Sie wieder eine mit durchgehendem Schild besorgen, wobei der Schild minimal größer sein sollte als der alte, damit die Ränder, die der alte auf der Tür hinterlassen hat, abgedeckt sind. Der Abstand von Drücker zu Schlüsselloch ist genormt (außer bei antiken Garnituren).

✱ Aufwendiger wird es, wenn Sie eine Garnitur wählen, bei der Drücker und Schlüsselloch zwei getrennte kleine Schilde haben. Dann müssen Sie die gesamte Tür aufarbeiten, um die Spuren des durchgehenden Schildes zu beseitigen.

✱ Und nun geht es los. Suchen Sie zunächst nach einem Splint oder einer kleinen Schraube (meist an der Griffunterseite), die den Drücker an einer Seite festhält, und lösen Sie sie. Lösen Sie auch die Schrauben der Türschilde, und ziehen Sie die Türdrücker heraus. Einer trägt einen Vierkantstift, der andere die entsprechende Öffnung mit der Schraube.

✱ Schieben Sie die neuen Türschilde richtig herum auf die neuen Drückerteile, und stecken Sie diese durch die Tür. Richten Sie die Schilde aus, und fixieren Sie sie mit Holzschrauben. Bohren Sie dazu mit einem dünnen Spiralbohrer vor. Drücken Sie die Türdrücker fest an die Tür, und ziehen Sie die kleine Schraube fest.

Möbel mit Macken

Möbel sind teuer, dabei aber im Alltag oft großen Belastungen ausgesetzt – nicht zuletzt, wenn Kinder oder Haustiere im Haushalt leben. Aber kleinere Schäden kann man mit wenig Mühe selbst beseitigen.

KRATZER UND RISSE in Holzmöbeln

Kratzer und Flecken auf geölten Holzoberflächen sind ärgerlich. Wenn sie nicht zu tief gehen, kann man sie aber leicht beheben. Feinste Kratzer auf poliertem Holz behandeln Sie mit einem weichen Tuch und einer Möbelpolitur in der Holzfarbe, dann werden sie meist rasch unsichtbar. Reiben Sie mit einem trockenen Tuch nach, bis das Holz wieder ebenmäßig glänzt.

✳ Etwas tiefere Kratzer behandeln Sie mit einem Schleifvlies. Es arbeitet sehr viel schonender als Schleifpapier, mit dem man schnell das Furnier durchgeschliffen hat. Entfernen Sie zunächst allen Schmutz mit dem Vlies, und arbeiten Sie dabei stets in Faserrichtung. Geben Sie dann etwas Hartöl auf ein Leintuch, und tränken Sie die beschädigte Region durch mehrfaches Darüberfahren mit dem Öl. Lassen Sie das Öl einige Minuten lang einziehen, und wischen Sie den Überschuss mit einem weichen Lappen oder Küchenpapier ab.

» *Wachskitte zur Holzreparatur gibt es in verschiedenen Farben, die Sie auch durch Zusammenkneten mischen können* «

» Kleine Löcher in Holzmöbeln können Sie mit Kerzenwachs verschließen «

✳ Sind die Risse und Kratzer noch etwas größer, reparieren Sie sie mit Wachskitt und zugehörigem Kunststoffspatel. Sie müssen sorgfältig die zu Ihrem Möbelholz passende Farbe aussuchen, können aber auch verschiedene Wachskitte miteinander verkneten und sich so den gewünschten Farbton zusammenmischen. Den Wachskitt kaufen Sie in kleinen Stangen und wärmen ihn vor Gebrauch in der Hand etwas an. Dann nehmen Sie mit dem Spatel etwas Wachskitt ab und drücken das Stückchen in die beschädigte Stelle. Streichen Sie die Oberfläche glatt, und entfernen Sie überschüssigen Wachskitt sofort mit einem weichen Lappen. Reinigen Sie auch den Spatel gleich, solange der Wachskitt noch weich ist.

EINFACHER! Kleine Löcher an unauffälligen Stellen können Sie auch mit Kerzenwachs

verschließen. Zünden Sie eine Kerze in der passenden Farbe an (Achtung, manche farbigen Kerzen sind innen weiß), und lassen Sie das Wachs in das Löchlein tropfen. Für helle Hölzer eignet sich Bienenwachs gut, das Sie auch in einem kleinen Topf zum Schmelzen bringen können. Ist das kleine Loch gefüllt, lassen Sie das Wachs einige Minuten abkühlen und fest werden. Dann mit dem Finger festdrücken und die Oberfläche glätten.
BILLIGER! Kleinste Kratzer in dunklen Holzmöbeln können verdeckt werden, wenn man etwas feuchten Kaffeesatz hineinreibt.

EIN STUHLBEIN neu verleimen

Wenn ein Stuhl wackelt, ist meist die Verbindung zwischen der Zarge, auf der die Sitzfläche ruht, und einem Bein nicht mehr stabil. Diese Verbindung besteht bei älteren Stühlen aus Schlitz und Zapfen, die ineinander greifen; bei neueren Stühlen sind Beine und Sitzfläche mit Holzdübeln verbunden, die in entsprechende Bohrungen ragen und dort festgeleimt sind – bzw. waren, wenn der Stuhl wackelt.
✱ Lösen Sie zunächst die Verbindung der beiden Holzteile. Geht das nicht, greifen Sie zum Hammer. Legen Sie ein Brettchen als „Zulage" auf die entsprechende Stelle; es schützt das Möbel vor Beschädigung.
✱ Reinigen Sie nun alle Verbindungsteile, also Zapfen und Schlitz bzw. Holzdübel und Loch gründlich durch Abkratzen und Abschleifen von Leimresten. Wenn möglich, ersetzen Sie alte Holzdübel durch neue: Ziehen Sie sie mit einer Kombizange heraus und schlagen passende neue Dübel an gleicher Stelle hinein.
✱ Tragen Sie jetzt auf die Verbindungsstellen beider Teile Holzleim auf und fügen die Stellen zusammen. Besonders die Rillen der Holzdübel brauchen viel Leim. Nach dem Zusammenfügen wischen Sie herausgequollenen Leim gleich mit einem feuchten Tuch ab.

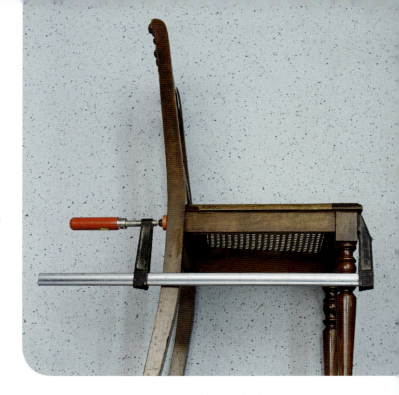

> » Damit die Schraubzwingen keine Spuren im Holz hinterlassen, legen Sie Pappe zwischen Stuhl und Zwinge «

✱ Holzleim hält nur gut, wenn die Teile während des Aushärtens zusammengepresst werden. Drücken Sie daher die verbundenen Teile mit großen Schraubzwingen aufeinander, und fixieren Sie sie so einige Stunden lang, bis der Leim getrocknet ist. Damit die Schraubzwingen keine Spuren im weichen Holz hinterlassen, legen Sie dünne Brettchen oder feste Pappe zwischen Stuhl und Zwinge.
✱ Haben Sie den Eindruck, dass das Leimen nicht hilft, oder wollen Sie das Möbel zusätzlich stabilisieren, können Sie PU-Kleber verwenden, der von sich aus stabilere Verbindungen schafft.
BESSER! Ist ein Stuhl schon öfter aus dem Leim gegangen, liegt es an der grundsätzlichen Konstruktion. In diesem Fall verbinden Sie die kritischen Stellen mit kleinen Metallwinkeln. Diese befestigen Sie mit Holzschrauben. Bohren Sie mit einem kleinen Bohrer vor, damit das Holz nicht reißt.

HOLZ SPACHTELN und schleifen

Löcher in Türen, Türzargen, Fensterrahmen, Fensterbänken, Fußleisten oder Ähnlichem können Sie leicht mit Holzspachtelkitt in einer passenden Farbe schließen, solange die Löcher nicht größer als etwa zwei Zentimeter sind. Am besten nehmen Sie diese Reparaturen vor, wenn Sie die entsprechenden Holzteile sowieso aufarbeiten wollen, z. B. neu lasieren, beizen oder streichen.

✱ Säubern Sie die Stelle gut, und entfernen Sie alle losen Teile.

✱ Füllen Sie das Loch mit Holzspachtelkitt auf, bei größeren Löchern eventuell in zwei Arbeitsgängen. Am besten funktioniert das mit einem schmalen Spachtel und den Fingern (Einmalhandschuhe tragen). Die Füllmasse sollte ein kleines bisschen über die umgebende Fläche emporragen.

✱ Lassen Sie den Kitt über Nacht trocknen und aushärten. Am nächsten Tag schleifen Sie erst mit grobem, dann mit feinem Schleifpapier die Oberfläche glatt. Jetzt fällt die Stelle kaum noch auf, und falls das Holzteil anschließend gestrichen wird, sieht man überhaupt nichts mehr.

» *Schleifen Sie den fest gewordenen Holzkitt erst mit grobem, dann mit feinem Schleifpapier glatt* «

BODENTRÄGER reparieren

Bei zu hoher Belastung eines Regalbretts oder durch ungeschicktes Einsetzen eines Bodens kann leicht ein Bodenträger aus der senkrechten Regal- oder Schrankwand ausreißen, sogar bei neuen Möbeln, die man gerade in Eigenarbeit zusammenbaut. Meist nimmt der Bodenträger noch ein Stück von der Spanplatte mit. Man kann das aber reparieren.

✱ Zum Reparieren brauchen Sie einen Zweikomponentenspachtel in der gleichen Farbe wie die Möbeloberfläche (meist weiß). Mischen Sie Härter und Binder einer passenden Menge gründlich, und füllen Sie die Schadstelle mithilfe eines schmalen Spachtels. Ziehen Sie den Spachtel dann so über die Masse, dass sie glatt mit der Möbeloberfläche abschließt. Geben Sie der Masse ein bis zwei Tage zum Durchhärten (Gebrauchsanleitung beachten).

✱ Bohren Sie dann mit dem Holzbohrer genau an der richtigen Stelle ein neues Loch, und zwar in der richtigen Tiefe, und setzen Sie den Bodenträger ein.

BESSER! Wollen Sie ein Möbel aus Fertigteilen zusammensetzen, studieren Sie sehr genau die mitgelieferte Anleitung. Legen Sie das nötige Werkzeug bereit, und sortieren und identifizieren Sie alle Teile – nicht zuletzt die oft ähnlich aussehenden diversen Schrauben. Prüfen Sie, ob kein Teil fehlt, und zählen Sie sie durch. Manche Kleinteile sind eventuell sogar im Überschuss vorhanden.

SCHRANKSCHARNIERE JUSTIEREN –
nicht so kompliziert, wie es aussieht

Die vielen Schrauben an den Scharnieren wirken auf den ersten Blick verwirrend. Aber es ist gar nicht schwierig, sie mit einem Kreuzschlitzschraubendreher so einzustellen, dass die Tür wie gewünscht hängt.

✱ Zum Verstellen einer Tür in der Höhe lockern Sie zuerst am Schrankkorpus die Befestigungs-

> *Eine ganz leichte Drehung der Schrauben hat schon einen deutlichen Effekt* «

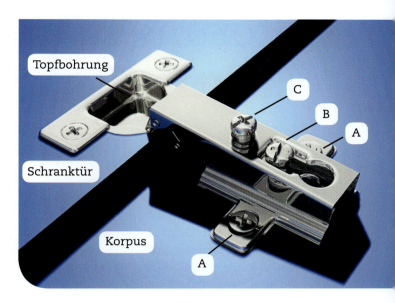

schrauben aller Scharniere (Abbildung rechts, Verweispfeile A). Nun können Sie die Tür in den länglichen Scharnierlöchern etwas nach oben oder unten schieben, bis es passt. Dann drehen Sie die Schrauben wieder fest.

✱ Wollen Sie erreichen, dass alle Türen den gleichen Abstand vom Korpus haben (also sozusagen alle Scharniere gleich lang sind), lockern Sie vorsichtig die hintere Schraube an der Korpusseite jedes Scharniers (B). Nun können Sie den waagrechten Metallteil hin und her schieben. Schrauben Sie den Metallteil anschließend wieder fest.

✱ Manche Scharniere besitzen eine weitere Schraube am Korpusteil (C). Mit der können Sie die Tür in der Senkrechten und Waagrechten ausrichten und so bei Schränken mit Doppeltür den Mittelspalt minimieren. Drehen Sie die kleine Schraube hinein oder heraus und probieren, bis die Tür richtig sitzt.

EINFACHER! Lösen und befestigen Sie Scharniere einer Tür stets von oben nach unten.

BESSER! Arbeiten Sie behutsam und mit viel Fingerspitzengefühl! In den meisten Fällen hat schon eine ganz leichte Drehung einen deutlichen Effekt.

EINE AUSGERISSENE TOPFBOHRUNG
in der Schranktür reparieren

Es kann schon mal passieren, dass Sie zum Beispiel über eine offene Schranktür stolpern und dabei eines der Topfscharniere aus der Spanplatte der Tür reißen (wo das Topfscharnier sitzt, sehen Sie in der Abbildung oben). Aber so schlimm der Schaden zunächst auch aussehen mag: Er ist relativ einfach zu beheben, zumal wenn, wie es meist der Fall ist, das Scharnier selbst heil geblieben ist.

✱ Entfernen Sie zunächst mit einem Schlitzschraubendreher alle losen Späne.

✱ Füllen Sie die beschädigten Stellen mit Reparaturmasse („Power-Knete" aus dem Baumarkt) in der benötigten Türfarbe. Verteilen Sie die Masse mit einem schmalen Spachtel, und glätten Sie die Oberfläche.

> *Füllen Sie die beschädigten Stellen mit Power-Knete aus dem Baumarkt* «

✱ Drücken Sie das Scharnier in die große Bohrung, solange die Masse noch weich ist, und lassen Sie sie aushärten – wie lange, steht in der Gebrauchsanleitung der Power-Knete.

✱ Bohren Sie vorsichtig dünne Löcher für die Befestigungsschrauben. Diese Löcher müssen dünner sein als das Gewinde der Schrauben, damit die Schrauben auch wirklich fest sitzen. Drehen Sie die Schrauben dann von Hand (nicht mit dem Akkuschrauber) behutsam fest.

DAS KÖNNEN WIR SELBST! REPARATUR UND WARTUNG

Störungen an Elektrik und Elektronik

Wir kommen ohne Strom nicht aus. Kleine Störungen an der Stromversorgung kann man mit einigen Kenntnissen und großer Umsicht selbst beheben, aber im Allgemeinen sollten Sie derartige Arbeiten dem Fachmann überlassen.

DAS RICHTIGE WERKZEUG für
Elektroarbeiten

Wenn Sie sich an Elektroarbeiten heranwagen und diese gefahrlos durchführen wollen, brauchen Sie einiges an speziellem Werkzeug:
* Einen zweipoligen Spannungsprüfer;
* Einen Seitenschneider zum Zuschneiden von Kabeln;
* Eine Abisolierzange zum sauberen Entfernen der Isolierung;
* Elektroschraubendreher (zuverlässig isoliert, mit VDE-Symbol);
* Ein Kabelmesser zum Entfernen des Kunststoffmantels von Kabeln;
* Eine Crimpzange zum Festdrücken („Crimpen") von Aderendhülsen und Steckverbindern;
* Diverse Kleinteile wie Isolierband, Lüsterklemmen und Aderendhülsen.

>> Mit einem zweipoligen Spannungsprüfer stellen Sie fest, ob eine elektrische Installation spannungsfrei ist <<

AUF SPANNUNGSFREIHEIT prüfen

Bevor Sie irgend etwas an einer elektrischen Installation verändern, müssen Sie prüfen, ob sie spannungsfrei ist. Nutzen Sie dazu am besten einen zweipoligen Spannungsprüfer. Die beiden Metallkontakte des Geräts müssen Sie mit beiden Polen der Steckdose oder mit beiden stromführenden Drähten eines Kabels verbinden. Das in Kabeln zusätzlich enthaltene grüngelbe Kabel ist normalerweise stromlos; es wird mit dem Schutzkontakt der Steckdose – oder bei Elektrogeräten mit deren Metallgehäuse – verbunden.

* Ein Multimeter, wie es manche Heimwerker besitzen, sollte für Messungen an Starkstrom nicht benutzt werden. Beim Hantieren mit den Kabeln und Steckern besteht Gefahr, spannungsführende Teile zu berühren. Zudem kann eine Fehlschaltung falsche Sicherheit vorgaukeln oder auch das Gerät unter Flammen zerstören. Schließlich entsprechen ältere Geräte meist nicht den aktuellen Vorschriften, wonach alle Strommessbereiche verwechslungssicher über eine einzige Buchse geführt werden müssen.

BITTE NICHT!

Nutzen Sie als Spannungsprüfer auf keinen Fall einen Phasenprüfer – diese schraubenzieherähnlichen Teile mit einer Glimmlampe sind als unzuverlässig berüchtigt.

> *Normalerweise enden die Anschlussdrähte in einer Lüsterklemme «*

EINE DECKENLEUCHTE wieder anschließen

Beim Renovieren einer Wohnung sind stets diverse Deckenleuchten wieder anzuschließen. Sie sind auf unterschiedliche Weise angebracht: meist an Haken an der Decke aufgehängt oder mithilfe von Dübeln festgeschraubt. Der elektrische Anschluss aber ist immer gleich.

✹ Bei korrekter elektrischer Installation kommen aus der Decke drei Drähte und aus der Lampe ebenfalls drei, manchmal allerdings auch nur zwei. Normalerweise enden die Anschlussdrähte, die aus der Decke kommen, in einer Lüsterklemme.

✹ Schalten Sie zunächst die entsprechende Sicherung aus, und prüfen Sie mit dem Spannungsprüfer, ob die Deckendrähte tatsächlich spannungsfrei sind. Ist das der Fall, befestigen Sie die Lampe, und zwar so, dass sich die jeweiligen Kabel fast berühren. Lässt sich die Lampe nicht an einem Haken aufhängen, brauchen Sie einen Helfer, der die Lampe festhält.

✹ Lösen Sie mit einem kleinen Schlitzschraubendreher die drei freien kleinen Schrauben der Lüsterklemmen, und zwar nur so weit, dass Sie Drähte hineinschieben können, aber nicht so weit, dass die Schrauben herausfallen. Schieben Sie auf jeden der Lampendrähte eine Aderendhülse und drücken sie mit einer Crimpzange fest.

✹ Schieben Sie nun die Drähte in die Lüsterklemme. Achten Sie dabei auf die Farben der Drähte: Sie müssen jeweils die gelbgrünen und die blauen Drähte miteinander verbinden

GOLDENE REGELN!

Vorsicht bei Arbeiten mit elektrischem Strom

1. Elektrischer Strom kann tödlich sein, zudem kann eine unsachgemäße Installation elektrischer Einrichtungen zu Bränden führen – auch noch lange Zeit nach der Einrichtung. Lassen Sie daher auf jeden Fall die Finger davon, wenn Sie sich mit Elektrizität und den entsprechenden Vorschriften und Normen nicht auskennen und nicht genau wissen, was Sie tun! Gehen Sie kein Risiko ein!

2. Bei einem Unfall wird stets derjenige zur Verantwortung gezogen, der zuletzt an der Anlage gearbeitet hat – und wenn das unsachgemäß geschah, erlischt der Versicherungsschutz.

3. Arbeiten Sie niemals an spannungsführenden Teilen. Schalten Sie vor Beginn die entsprechende Sicherung aus, und stellen Sie sicher, dass niemand sie versehentlich wieder einschaltet.

4. Prüfen Sie mit einem zweipoligen Spannungsprüfer trotzdem stets nochmal vor Ort, ob auch wirklich keine Spannung anliegt.

» *Prüfen Sie vor dem Bohren neuer Befestigungslöcher, wo das Stromkabel entlangläuft* «

und schließlich die dritten Drähte, egal welche Farbe sie haben (meist Schwarz, Braun oder Grau). Hat die Lampe nur zwei Drähte, bleibt der Anschluss für den gelbgrünen Draht frei.
✸ Ziehen Sie die kleinen Schrauben der Lüsterklemme wieder fest an, und prüfen Sie durch leichtes Ziehen an allen fünf bzw. sechs Drähten, ob sie zuverlässig fest sitzen. Befestigen Sie dann die Lampe endgültig.
BESSER! Prüfen Sie auf jeden Fall vor dem Bohren neuer Befestigungslöcher für die Lampe, wo das Stromkabel entlangläuft, damit Sie es nicht versehentlich anbohren.

BITTE NICHT!

Der grüngelbe Draht darf auf keinen Fall abgerissen sein oder auch nur eine lockere Verbindung haben. Er ist mit den Schutzkontakten verbunden und sorgt für die elektrische Sicherheit.

EINEN STECKER MONTIEREN – hier ist höchste Sorgfalt angesagt

Es kommt vor, dass das Kabel aus einem Stecker teilweise herausgerissen wurde. Sie sollten das Gerät bzw. das Kabel dann möglichst nicht weiter benutzen, sondern ein neues besorgen. Falls Sie es aber doch reparieren wollen, sollten Sie sehr sorgfältig vorgehen: Lose Drahtverbindungen können schmoren.
✸ Sorgen Sie dafür, dass das Kabel nicht mit dem Netz verbunden ist. Schrauben Sie dann zunächst den Stecker auf, und heben Sie das Oberteil ab. Sie sehen die beiden Steckerstifte, zu denen je ein Draht führt, eine Mittelschraube, die den gelbgrünen Schutzleiterdraht hält, und am Eintrittsort des Kabels eine Zugentlastung, die das Herausziehen verhindern soll.

» *Gehen Sie bei der Reparatur sehr sorgfältig vor: Lose Drahtverbindungen können schmoren* «

✸ Wollen Sie einen neuen Stecker benutzen, schrauben Sie alles los und ziehen das Kabel heraus. Ist es beschädigt, schneiden Sie die kaputten Bereiche weg, entfernen die Außenisolierung und isolieren vorsichtig die drei Adern je etwa 7 mm ab. Andernfalls schrauben Sie nur die eventuell gelösten Drähte wieder fest, befestigen auch die Zugentlastung und schrauben das Steckeroberteil wieder an.
✸ Falls das Kabel keine Aderendhülsen besitzt, crimpen Sie jetzt welche an. Lösen Sie beim neuen Stecker die Zugentlastung, und schieben Sie das Kabel hindurch. Lösen Sie die Schrauben an den Steckerstiften und in der Mitte, und befestigen Sie die Drähte. Sorgen Sie dafür, dass der gelbgrüne Draht am längsten ist – falls jemand am Kabel zieht, soll dieser Draht aus Sicherheitsgründen zuletzt abreißen.
✸ Drehen Sie nun alle Schrauben am Stecker zuverlässig fest, und prüfen Sie durch leichtes

Störungen an Elektrik und Elektronik

Ziehen, ob sie wirklich fest halten. Befestigen Sie das Kabel mitsamt der Zugentlastung, und schrauben Sie das Oberteil wieder an.

EINEN KLINGELKNOPF erneuern

Hat der Zahn der Zeit an Ihrem Klingelknopf genagt, so können Sie ihn leicht gegen einen neuen auswechseln. Da die Dübellöcher für die Schrauben, mit denen der Klingelschild an der Mauer befestigt ist, wahrscheinlich nicht mehr passen, wählen Sie einen Schild, der zwar ähnlich in der Form, aber ein Stück größer ist.

✱ Lösen Sie zunächst die Abdeckung (den Schild) und dann die Schrauben, die die beiden Drähte des Klingelknopfs, des Tasters, halten.

✱ Heben Sie den alten Klingelknopf ab, und zeichnen Sie durch die Schraublöcher in der

>> Wählen Sie einen Schild, der in der Form ähnlich wie der alte ist <<

neuen Abdeckung die Stellen für die neuen Bohrlöcher an. Achten Sie beim Bohren darauf, nicht das Kabel in der Wand zu beschädigen.

✱ Führen Sie dann die beiden Drähte, die aus der Wand kommen, in den Klingelknopf ein, und befestigen Sie die Kontaktschrauben. Setzen Sie den Klingelknopf in das Mauerloch ein, und schrauben Sie die Abdeckung an.

EINE LEUCHTSTOFFRÖHRE WECHSELN

Für eine flackernde oder ganz kaputte Leuchtstoffröhre besorgen Sie sich eine neue Röhre von gleicher Länge und Durchmesser, bei Doppellampen besser gleich zwei, um beide Röhren zu erneuern. Als Erstes schalten Sie dann die Sicherung im Sicherungskasten aus. Nehmen Sie die Abdeckung der Leuchte ab, und merken Sie sich genau, wie sie festsaß. Denn nach dem Wechseln der Röhre setzen Sie die Abdeckung wieder genau so auf, wie Sie sie abgenommen haben.

1 Fassen Sie die nicht mehr funktionierende Röhre mit beiden Händen an, und drehen Sie sie in beiden Fassungen behutsam um 90 Grad.

2 Ziehen Sie die Röhre vorsichtig nach unten heraus, ohne sie zu verkanten, also waagrecht.

3 Die neue Röhre schieben Sie so hinein, wie Sie die alte herausgezogen haben, und drehen sie um 90 Grad, bis es leise knackt.

EINE HERAUSGERISSENE STECKDOSE
wieder befestigen

Es geschieht leicht und oft bei Renovierungsarbeiten: Man zieht etwas zu kräftig an der Schnur oder am Stecker, und schon hängt die Steckdose selbst aus der Wand. Aus Sicherheitsgründen sollten Sie sie rasch wieder ordentlich befestigen.

✳ Schalten Sie zuerst die entsprechende Sicherung am Sicherungskasten aus; ziehen Sie vorsichtig den Stecker aus der Steckdose. Prüfen Sie mit dem Spannungsprüfer, ob die Steckdose wirklich spannungsfrei ist.

> » Schalten Sie zuerst die entsprechende Sicherung aus «

✳ Schrauben Sie nun die Schraube in der Steckdosenmitte los, und heben Sie die Kunststoffabdeckung der Steckdose ab. Sie sehen jetzt das Metallgehäuse. Es hat innen rechts und links Schrauben, die mit Spreizklemmen verbunden sind. Lösen Sie diese Schrauben und damit die Spreizklemmen.

✳ Ziehen Sie den Innenteil ganz vorsichtig etwas heraus, gerade so weit, dass Sie hinten auf die Anschlusskabel schauen können. Kontrollieren Sie, ob noch alle drei Drähte fest sitzen (in der Regel ein blauer, ein grüngelber und ein schwarzer, brauner oder grauer). Ist das der Fall, schieben Sie das Gehäuse wieder ganz in die Wand und klemmen es fest, indem Sie die Schrauben der Spreizklemmen anziehen.

✳ Schließlich setzen Sie die Kunststoffabdeckung wieder auf und schrauben sie mit der Mittelschraube fest. Schalten Sie den Strom wieder ein, und kontrollieren Sie mit dem Spannungsprüfer, ob Spannung anliegt.

BESSER! Überprüfen Sie, ob Sie die Steckdose mit den Spreizklemmen wirklich zuverlässig in der Wand befestigt haben. Sonst besteht die Gefahr, dass jemand sie mit einem Netzstecker herausreißt.

EIN ELEKTRONIKGERÄT FUNKTIONIERT NICHT MEHR – was tun?

Plötzlich verabschiedet sich die Internetverbindung, der MP3-Player will nicht mehr, der Computer ist wie eingefroren, der Fernseher hat kein Bild. Aber geben Sie nicht gleich die Hoffnung auf! Oft bringen einfache Maßnahmen die Geräte wieder zum Arbeiten.

✳ Funktioniert ein mit Akku oder Batterien betriebenes Gerät nicht mehr, liegt es natürlich nahe, dass diese leer sind. Schließen Sie das Gerät an ein Netz- oder Ladegerät an; wenn es dann funktioniert, lag es an den Batterien. Setzen Sie also neue ein. Möglich ist auch, dass eine Batterie keinen Kontakt mehr gibt, weil die

Störungen an Elektrik und Elektronik

Kontaktfeder im Gerät ihre Elastizität verloren oder sich eine isolierende Schmutzschicht auf ihr gebildet hat. In dem Fall versuchen Sie, sie behutsam blank zu kratzen.

✱ Ein häufig auftretender Fehler sind auch wackelige Kabel. Prüfen Sie stets, ob Stromversorgungs- und sonstige Verbindungskabel noch fest in ihren Anschlüssen sitzen.

✱ Bei Computern jeder Art – dazu zählen heute auch Smartphones, MP3-Player, Fernseher und fast alle anderen Elektronikgeräte – ist ein Neustart in den meisten Fällen hilfreich. Lässt sich ein Gerät nicht mehr regulär neustarten oder ausschalten, das heißt, wenn überhaupt nichts mehr geht, schaltet man den Strom ab. Nicht gespeicherte Daten sind dann zwar verloren, aber das hat auch einen Vorteil: Die steuernden Programme „vergessen" den gesamten aktuellen Zustand und damit auch die Fehlfunktion und gehen wieder auf den ursprünglich gespeicherten Zustand zurück.

» *Geben Sie nicht gleich die Hoffnung auf; oft bringen einfache Maßnahmen das Gerät wieder zum Arbeiten* «

✱ Streikt der Computer, könnte das auch an neuen Zusatzgeräten oder Programmen liegen. Versuchen Sie, den vorherigen Zustand herzustellen, und starten Sie den Rechner neu.

✱ Viele Geräte verfügen über Selbsttestfunktionen, die ebenfalls beim Start aktiviert werden. Die meisten Geräte besitzen zudem eine „Reset"-Funktion, die entweder über eine bestimmte Tastenkombination oder durch Drücken eines verborgenen Reset-Knopfes aktiviert wird (wo der ist, steht in der Bedienungsanleitung). „Reset" erzwingt einen Neustart; manchmal lassen sich so auch die ursprünglichen Werkseinstellungen wiederherstellen.

EINFACHER! Wackelt eine Batterie, kann man sich behelfen: Falten Sie ein Stück Alufolie mehrfach zusammen, und schieben Sie es zwischen Batterie und Kontakt. Wenn die elektrische Verbindung hergestellt ist, sollte das Gerät wieder Strom bekommen.

EXPERTENRAT

WLAN hat sich verabschiedet?

Haben Sie zu Hause keine Verbindung mehr zum Internet, machen Sie alle Geräte, die diese Verbindung herstellen, stromlos (Netzstecker ziehen). Dann zählen Sie bis zwanzig (Faustregel), stecken den (oder die) Stecker wieder in die Steckdose, und in aller Regel ist nach kurzer Zeit die Verbindung wieder da.

• *Ist dies nicht der Fall, schauen Sie auf die Lämpchen am Router und schlagen in der Bedienungsanleitung nach, wie sie leuchten sollten. Sie zeigen an, ob das Gerät arbeitet, ob es Verbindung zum Internet aufnehmen kann und ob ein Computer verbunden ist.*

• *Scheint der Router zu funktionieren und empfangen Sie das WLAN-Signal, ist vermutlich die Außer-Haus-Verbindung ins Internet gestört. Dann fragen Sie eventuell bei der Störungsstelle der Telekom nach.*

Mit Nadel und Faden

Für kleine Arbeiten mit Nadel und Faden braucht man den Änderungsschneider nicht. Das schaffen auch diejenigen, die sonst in solchen Dingen ungeübt sind. Außerdem macht es Freude, sagen zu können: „Das kann ich selbst."

WAS IM NÄHKÄSTCHEN liegen sollte

Es lohnt sich immer, ein Set mit Nähmaterial zu besitzen und in einem kleinen Kasten mit Unterteilungen aufzubewahren. Dann können Sie kleine Reparaturen sofort in Angriff nehmen, ohne erst das Benötigte besorgen zu müssen.

✱ Es wird nicht ausbleiben, dass sich Ihr Bestand an Nähmaterialien vergrößern wird. Im Lauf der Zeit werden Sie immer wieder Dinge, vor allem Nähseide in allen möglichen Farben sowie Knöpfe und Stopfwolle, hinzukaufen. Dann lohnt sich schon die Anschaffung eines schönen großen Nähkastens. Ihr Einsteiger-Kasten sollte enthalten:

✱ Eine kleine spitze Schere;
✱ Nähgarn (Polyester) in mehreren Farben, auf jeden Fall Weiß und Schwarz sowie Ihre bevorzugten Kleiderfarben;
✱ Baumwollzwirn in Weiß und Schwarz (ist absolut reißfest);

» Wenn man öfter näht, lohnt sich die Anschaffung eines schönen großen Nähkastens «

✱ Mehrere Einfädler (gehen leicht kaputt);
✱ Zwei Satz Druckknöpfe, Silber und Schwarz;
✱ Sicherheitsnadeln in verschiedenen Größen;
✱ Nähnadeln in verschiedenen Größen;
✱ Stecknadeln mit bunten Köpfen;
✱ Stopfnadeln mit großem Öhr und stumpfer Spitze;
✱ Stopfpilz;
✱ Wäschegummi, weich, 2 m, 1 cm breit;
✱ Fingerhut;
✱ Maßband.

Weiteres Nähmaterial bekommen Sie in der Kurzwarenabteilung von Kaufhäusern oder im Internet.

SCHNELLER! Sortieren Sie das Nähgarn, das Sie besitzen, im Nähkästchen nach Farben. Wenn Sie einen Faden brauchen, wissen Sie auf einen Blick, ob Sie einen in der passenden Farbe in Ihrem Kasten haben.

EINFACHER! Schaffen Sie sich ein Nadelkissen an, auf das Sie Ihre Nadeln stecken, und zwar nicht senkrecht, sondern quer anliegend. So sind sie übersichtlich untergebracht und können nicht herausrutschen.

BESSER! Anstatt Ihr Sortiment an Sicherheitsnadeln lose in ein Fach oder Kästchen zu legen, fädeln Sie sie der Größe nach auf die größte Sicherheitsnadel auf.

BILLIGER! Legen Sie sich nicht auf Verdacht einen Vorrat an Knöpfen zu, sondern bewahren Sie die Ersatzknöpfe auf, die heute in praktisch jedes Kleidungsstück eingenäht oder ihm in einem Tütchen beigegeben sind. Sammeln Sie die Knöpfe, das spart Geld.

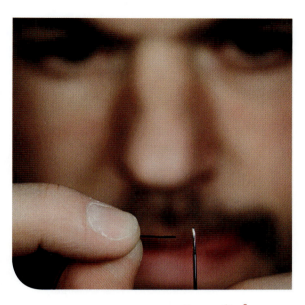

» Feuchten Sie den Faden mit den Lippen an, dann geht's einfacher «

FADEN EINFÄDELN kann man üben

So mancher Mann, der endlich einmal selbst zur Nähnadel griff, ist bereits am Einfädeln gescheitert. Es gibt aber Tricks, mit denen sich diese Aufgabe ganz gut bewerkstelligen lässt.

✱ Zunächst muss man natürlich eine Nadel passender Größe wählen: für dünnen Stoff eine dünne Nadel, für dicken Stoff eine dicke. Dünne Nadeln haben ein kleines Öhr, dicke Nadeln ein großes. Dann schneidet man ein Stück Garn von 40 bis 70 cm Länge ab und steckt es durch das Nadelöhr. Wer das nicht schafft, feuchtet den Faden mit den Lippen an oder nimmt einen Einfädler zu Hilfe (siehe unten).

✱ Schließlich machen Sie nahe einem Fadenende einen Knoten, besser noch mehrere, die aufeinander sitzen, damit der Faden beim Nähen nicht durch den Stoff rutscht.

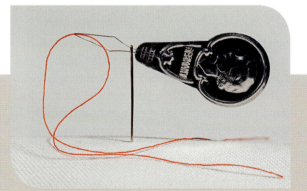

EXPERTENRAT

Der Einfädler

Kommen Sie nicht damit klar, den Faden durch das Öhr zu stecken, benutzen Sie als Hilfsmittel einen Einfädler. Stecken Sie zunächst dessen Drahtöse durch das Nadelöhr – das ist nicht schwer, weil die Drahtöse einigermaßen starr ist. Fädeln Sie dann den Faden durch die Drahtöse und lassen beide Enden herunterhängen. Dann ziehen Sie den Einfädler durchs Öhr zurück. Er nimmt dabei den Faden mit – und schon ist dieser durchs Öhr gezogen.

» Es ist kein Drama, wenn plötzlich ein Hosengummi reißt; das lässt sich leicht reparieren «

EIN NEUES HOSENGUMMI einziehen

Es schon ärgerlich, wenn plötzlich das Gummi in der Unter- oder Badehose reißt und sie rutscht. Ein Drama ist das allerdings nicht, denn ein Hosengummi ist leicht zu reparieren. Am besten, Sie ziehen gleich ein neues ein, da das alte ganz offensichtlich mürbe ist. Sie brauchen dazu Wäschegummi in der passenden Breite sowie eine Sicherheitsnadel.

✳ Ziehen Sie zunächst das alte Gummi heraus. Dafür gibt es meist eine kleine Öffnung im Bündchen. Wenn nicht, schneiden Sie die Naht innen am Bündchen zwei Zentimeter breit auf und schaffen so einen Zugang zum „Tunnel".

✳ Schneiden Sie ein Stück neues Wäschegummi ab, das 20 cm länger sein sollte als das alte. Stechen Sie eine Sicherheitsnadel durch ein Ende, und schließen Sie die Nadel.

✳ Nun schieben Sie die Sicherheitsnadel in das Bündchen und drücken sie durch Bewegen von Stoff und Nadel durch die gesamte Länge des „Tunnels". Achten Sie darauf, dass sich das Gummi nicht unterwegs verdreht und Ihnen das hintere Ende nicht ins Bündchen rutscht. Schließlich schneiden Sie die überschüssigen 20 cm ab, legen beide Enden des Gummis einen halben Zentimeter breit übereinander und vernähen die doppelte Lage Gummi mit einigen Stichen.

✳ Lassen Sie den Eingriff an der Innenseite des Bündchens ruhig offen. Er fällt nicht auf, und herausrutschen kann auch nichts.

BITTE NICHT!

Arbeiten Sie nie mit einem zu kurzen Faden, das ist Sparen an der falschen Stelle. Der Faden könnten Ihnen durchs Öhr rutschen, oder Sie haben am Schluss nicht mehr genug Faden übrig, um ihn sicher zu vernähen.

HEMD- ODER BLUSENKNOPF annähen

Fädeln Sie zunächst ein etwa 40 cm langes Stück Garn passender Stärke und Farbe durch die Nadel, und machen Sie an einem Ende mehrere Knoten aufeinander. Wer schon geübter ist, zieht den Faden so weit durch das Öhr, dass das Garn doppelt gelegt ist, und verknotet beide Enden miteinander. Dann braucht man nur halb so viele Stiche.

✳ Halten Sie nun den Knopf an die richtige (zuvor von Garnresten gesäuberte) Stelle des Hemds, und stechen Sie von innen her mit der Nadel durch den Stoff und ein Loch des Knop-

Mit Nadel und Faden

fes. Ziehen Sie die Nadel hoch, bis der Knoten Sie bremst, und stechen Sie dann von oben durchs zweite Knopfloch und durch den Stoff. Wiederholen Sie dies mehrfach. Bei vier Löchern können Sie selbst entscheiden, ob Sie parallele Stiche durch die Löcher machen oder diagonale.

✹ Sitzt der Knopf fest, stechen Sie innen ein paar Mal quer durch den Stoff unter dem Knopf. Dann verknoten Sie den Faden und schneiden das überstehende Ende ab.

SCHNELLER! Stellen Sie während jedes Durchziehens des Fadens sicher, dass sich auf der Rückseite des Stoffes nicht Schlingen oder Knoten bilden. Die bekommen Sie meist nicht gelöst; Sie müssen in diesem Fall den Faden abschneiden und wieder von vorn anfangen.

BESSER! Wenn Sie keinen Faden in der passenden Farbe haben, wählen Sie eine Schattierung

» *Knöpfe an Oberhemden sind fast immer mit weißem Faden angenäht* «

dunkler als der Stoff. Das ist unauffälliger, als wenn Sie eine hellere Farbe nehmen. Ausnahme: Knöpfe an klassischen Oberhemden sind fast immer mit weißem Faden angenäht.

EINEN MANTELKNOPF FACHGERECHT ANNÄHEN

Wegen eines abgerissenen Knopfs braucht man einen Mantel nicht zum Änderungsschneider zu geben. Aber der dicke Stoff erfordert ein spezielles Vorgehen, damit er nach dem Zuknöpfen unter dem Knopf genug Platz hat. Sie brauchen einen kräftigen Faden und eine starke Nadel mit großem Öhr.

1 Einen dicken Knoten am Ende des Fadens machen. Den Knopf platzieren. Zwei Streichhölzer gekreuzt zwischen Stoff und Knopf legen und die Nadel von der Innenseite her durch den Stoff und ein Loch führen.

2 Die Nadel von oben her durch ein anderes Loch im Knopf und den Stoff stechen. Dies mehrfach wiederholen. Die Streichhölzer bleiben immer an Ort und Stelle.

3 Zum Schluss den Nähfaden mehrmals um die Fäden, an denen der Knopf befestigt ist, herumwickeln, sodass ein „Stiel" entsteht. Den Faden innen mit mehreren Stichen vernähen und dann verknoten.

> *Stopfen Sie das Loch mit webenden Stichen – erst über einen Faden hinweg, dann unter einem hindurch*

✱ Drehen Sie den Stopfpilz um 90 Grad. Führen Sie erneut dicht nebeneinander liegende Stiche quer über das Loch, und zwar mit „webenden" Stichen: erst über einen Faden hinweg, dann unter einem hindurch. So entsteht ein stabiles Gittermuster. Schließlich vernähen Sie beide Fadenenden an der Innenseite mit einigen Stichen und schneiden die Reste ab.

BESSER! Winter-Strumpfhosen von kleinen Mädchen bekommen leicht Löcher an den Knien. Statt sie zu stopfen, kaufen Sie gehäkelte Flicken bzw. Applikationen mit Kindermotiven und nähen sie auf. Das wird das Kind schöner finden als eine gestopfte Stelle.

EIN LOCH IN EINER SOCKE stopfen

Sockenstopfen ist heute nicht mehr „in". Aber vielleicht haben Sie sich doch schon einmal geärgert, wenn in einer besonders schönen oder gar selbstgestrickten Socke ein Loch war, und mochten das gute Stück nicht wegwerfen. Also greifen Sie zum Stopfpilz!

✱ Schieben Sie zunächst den Stopfpilz unters Loch, damit Sie es gut sehen und bearbeiten können. Fädeln Sie passende Stopfwolle (bei selbstgestrickten Socken haben Sie sicher noch etwas übrig) durch eine stumpfe Stopfnadel mit großem Öhr, und beginnen Sie nicht zu nahe am ausgerissenen Rand. Keinen Knoten machen, sondern das Fadenende etwa 10 cm herabhängen lassen.

✱ Nähen Sie nun eine Reihe von dicht nebeneinander liegenden Stichen quer über das Loch, sodass die Fäden parallel dicht nebeneinander liegen. Das Loch nicht zusammenziehen!

REISSVERSCHLUSS REPARIEREN oder wieder gängig machen

Reißverschlüsse sind eine prächtige Erfindung – allerdings nur, wenn sie funktionieren. Manchmal lassen sie sich nur schwer betätigen oder gehen von selbst auf. Aber es gibt Rat.

✱ Läuft der Reißverschluss schwer, können Sie mit einem Stück fester Seife oder einer Kerze an den Zähnen entlang fahren und den Verschluss ein paar Mal betätigen. Die Seife bzw. das Kerzenwachs verteilt sich und wirkt als Schmiermittel.

✱ Ist der Schieber abgebrochen oder verloren gegangen, kann man ihn in vielen Fällen nicht ersetzen, obwohl es Ersatzschieber gibt. In den meisten Fällen bleibt nur übrig, ein Lederbändchen als Ersatz durch die Halterung zu ziehen. Für kurze Zeit tut es auch eine Büroklammer.

✱ Ist der Reißverschluss ausgeleiert, drücken Sie beide Seiten des Schiebers mit einer Kombizange vorsichtig ein wenig zusammen.

Mit Nadel und Faden

» Mit einer Lochzange stanzen Sie problemlos ein Zusatzloch «

IN DEN GÜRTEL ein Loch stanzen

Ist Ihnen der Gürtel zu eng oder zu weit geworden? Mit einer Lochzange (Baumarkt, Internet) können Sie problemlos ein weiteres Loch ins Leder stanzen.

✱ Messen Sie zunächst den Abstand der vorhandenen Löcher, und markieren Sie entsprechend den Ort für das weitere Loch, damit Ihr Gürtel auch weiterhin schön aussieht.

✱ Stellen Sie den Drehknopf der Lochzange auf die richtige Lochgröße ein; die Lochgröße ermitteln Sie an den vorhandenen Löchern.

✱ Schieben Sie den Gürtel in die Lochzange. Richten Sie die Zange nach der Markierung aus, und drücken Sie sie kräftig zusammen. Dringt sie nicht voll durch das Leder, wiederholen Sie den Vorgang von der anderen Seite.

HANDTUCHAUFHÄNGER ersetzen

Wer seine Handtücher lieber an Haken als über Handtuchstangen aufhängt, kennt es: Die Aufhänger reißen gern ab, und ohne Aufhängeösen kann man die Handtücher schlecht über Haken hängen. Meist hat das Reparieren keinen Sinn; also bringt man einen neuen Aufhänger an.

✱ In der Kurzwarenabteilung eines Kaufhauses besorgen Sie sich Schnur in der passenden Farbe, etwa 5 mm im Durchmesser. Stechen Sie mit einer Ahle (oder mit dem Metalldorn, den Sie zum Anstechen von Kondensmilchdosen haben) ein Loch in den Saum des Handtuchs, und ziehen Sie die Schnur hindurch. Dann stechen Sie in 3 bis 4 cm Abstand ein zweites Loch und ziehen die Schnur von derselben Seite des Handtuchs durch. Nun machen Sie an beiden Enden der Schnur je einen Knoten, sodass die Schnur nicht durch den Stoff rutschen kann, und Sie haben einen edlen Aufhänger.

SCHNELLER! Etwas rustikal ist die Methode, einen (rostfreien!) Schlüsselring nahe des Randes als Aufhänger durchs Handtuch zu ziehen, aber sie funktioniert nicht schlecht.

EINFACHER! Besorgen Sie sich nähfreie Aufhänger. Die bestehen aus Kunststoff und haben eine Art Druckknopf an jedem Ende. Mit einer kleinen mitgelieferten Kunststoffahle drücken Sie ein Loch durch den Handtuchstoff und verbinden die beiden Druckknöpfe des Halters durch das Loch hindurch.

» Ohne Aufhängeösen kann man ein Handtuch schlecht über einen Haken hängen «

REGISTER

A

Abfluss
    freihalten 180
    verstopft 288
Abnehmen dank Thylakoiden 206
Abwasserrohre 271
Aderendhülsen 300, 301, 302
Aftershave 247
Akku-Staubsauer 11
Alarmanlagen, elektronische 226
Aluminiumtöpfe 173
Ameisen 211
Antikwachs 28
Apfelessig, Morgentrunk 207
Aquarienfische 120
Arbeitsplatte reinigen 41, 158–159
Arbeitsschutz und Sicherheit
    (Goldene Regeln) 275
Arzneischränkchen
    siehe Hausapotheke
Aschesauger 27
Ätznatron (Natriumhydroxid), zum
    Rohrreinigen) 197
Audio-CD 254
Aufräumen 48, 49
Aufschieberitis (Prokrastination) 74
Aussortieren und Entsorgen 58–61

B

Babyphone 195, 265
Backofen
    Einbauhöhe 234
    Pyrolyse 234
    reinigen 175
    Typen 234
Backpulver als Reinigungsmittel 29,
    135, 146, 171, 174, 175, 231
Bad putzen 43–45
Badewanne, sichere 198, 199
Balkon und Terrasse gestalten 83
Bananenschale, zum Polieren von
    Schuhen 144
Baumwolle 128, 129, 130, 140, 142
Behinderte Menschen, Sicherheit für
    198–199
Beleuchtung
    Außenbereich 82–83, 100
    Bewegungsmelder 83
    Wohnbereich 97–100, 208
    Zeitschaltuhr 225

Bernstein pflegen 147
Betonstufe reparieren 289–290
Bett
    Aufsteh- 198
    Bezüge pflegen 37
    Daunen- 39
    Eiderdaunendecke 39
    hygienisches 39
    pflegen 38
    Synthetikdecke 39
Bio-Siegel 152
Biotonne 168–169
    was nicht hinein darf
    (Expertenrat) 169
Bit-Schraubendreher 280
Bleistiftstriche entfernen 17, 24
Blitzableiter 221
Bluetooth 259
Blumentöpfe als Einbruchschutz
    226
Blu-ray-Discs 251, 252
Blutflecken entfernen 135–136
Bodenträger reparieren 298
Bohnerwachs 16–17
Bohren, keine Leitung anbohren
    (Goldene Regeln) 281
Bohrhammer 276
Bohrmaschine 275–276, 280–282
Brille, Reinigung mit Filtertüte 264
Browser 261
Bücher, wie man eine große Zahl
    verwaltet (Expertenrat) 65
Büffet für Gäste (Expertenrat) 123
Bügel (Kleider-), immer der passende
    (Goldene Regeln) 139
Bügeleisen 243
Büro, papierarmes 71

C

Cake Pops aus Kuchenresten 189
CD 254
    -Player 254
Chemiefasern 128–129
Computer 258–260
    als Ordnungs-Assistent 67
    Cloud 260
    Sicherheit (Goldene Regeln) 263
    Speicher 259
    Störungen 304–305
    Tastatur reinigen 264
    siehe auch Elektronikgeräte
Crimpzange 300, 301

D

Dachboden 56–57
Dachschrägen nutzen 54
Dampfbügeleisen 243
Deckenleuchte anschließen 301
Deko-Gegenstände reinigen 32
Deko-Ideen 112–116
    Bilder und Fotos 115–116
    Kerzen 114–115
    Kissen und Decken 113–114
    Vasen 112–113
Diascanner 264
Diele, aufgeräumte 51
Digitalkamera
    kaufen (Expertenrat) 255
    Vorteile 255–256
Digitalradio 253–254
Dispersionsfarben 95, 293
Dokumente scannen 71, 264
3D-Fernseher 249, 252
    Polarisationsbrille 252
    Shutter-Brille 252
Drucker 264
    Dokumenten- 264
    Farbpatronen 264
    Laser- 264
    Tintenstrahl- 264
DSL-Anschluss 261
    Router 261
    Splitter 261
Dübel 281–283, 301
Düngen, richtig (Goldene Regeln) 105
Dunstabzugshaube 232
Dusche reinigen 44
Duschkopf ersetzen 287
DVD-T 249
DVDs 251

E

ebay (Internetauktionshaus) 61
Edelstahl
    Spülbecken reinigen 42
    Töpfe und Pfannen 171
Edelsteinschmuck reinigen 147
Eier
    Code entschlüsseln (Expertenrat)
    153
    Eierkocher 239
Einbruch
    Vorbeugemaßnahmen 222–227
    was hinterher zu tun ist 227
Einfädler (Expertenrat) 307

Einfrieren, was sich nicht dafür
eignet (Expertenrat) 156
Einkaufsliste 151
Einrichtungsstil 84–87
Elastan (Faser) 128, 129, 131, 133
Elektroarbeiten
Deckenleuchte anschließen 301
Klingelknopf erneuern 303
Leuchtstoffröhre wechseln 303
Steckdose auf Spannungsfreiheit
prüfen 300
Steckdose befestigen 304
Stecker montieren 302–303
Vorsicht bei (Goldene Regeln) 301
Werkzeug für 300
Elektrogeräte
Prüfzeichen (Expertenrat) 201
Schutz beim Benutzen (Goldene
Regeln) 203
Störungen beheben 304–305
Elektroprodukte, schlechte erkennen
(Expertenrat) 202
E-Mail-Konto einrichten 262–263
Emailtöpfe 174–175
Energiesparbirne für den Kühl-
schrank 236
Energiesparen beim Heizen
(Expertenrat) 269
Entionisiertes Wasser 31, 43, 243
Entkalken
Fliesen und Fugen 43
Perlator 44
Wasserkessel (Expertenrat) 174
Espressomaschinen 238
Essig
Dressing für Salate 187, 189
Fiebersenker 207
gegen Taufliegen 212
geplatztes Ei im Kochwasser
retten 179
Gesundheitshelfer 207
Kalkflecken von Edelstahltöpfen
entfernen 171
Kalkstein reinigen 20
Klarspüler für die Spül-
maschine 232
Mikrowelle reinigen 233
riechenden Kühlschrank aus-
wischen 157
Schweißflecken behandeln 136
Stockflecken behandeln 137
Terrakottafliesen reinigen
(Expertenrat) 21

Essig (Forts.)
verboten bei Marmor und
Messing 25
verboten bei verchromten
Armaturen 44
Wasserkessel entkalken 174
Wein- 12, 183
Essig-Essenz
Essig-Salz-Lösung für
Emailgeschirr 174
Essigreiniger
Schimmel im Schrank 142
Essigwasser
Ameisen 211
Auswischen nach Schäd-
lingsbefall 167
Etiketten *siehe* Wäschezeichen
EU-Bio-Siegel 152
Eurostecker 201–202

F
Facebook 262
Faden einfädeln 307
Farbkonzept für die Wohnung 90–91
Farbkreis, und Zusammenspiel der
Farben (Expertenrat) 89
Farbpatronen (für Drucker) 264
Federbetten pflegen 39
Fehlerstromschalter
siehe FI-Schutzschalter
Feinsäge 284
Feinstaubmaske 142
Feinsteinzeug reinigen 20
Fensterputzen, richtiges 25
Fensterwischer (Scheibenabzieher) 25
Fernbedienung 250
Fernseher (TV-Gerät) 248–250
3D-Fernseher 249
4K-Fernseher 248–249
Festplattenspeicher 251
Flachbildschirm 248, 249
HD-Fernseher 248
Plasma-Bildschirm 250
Festkörperspeicher (SSD) 259, 260
Festplatte 251, 255, 259
transportable 260
Fettbrand 219
Fettflecken entfernen 19, 135
Feuergefahr
Feuerlöscher 219
Löschdecke 52, 218
Vorsichtsmaßnahmen 218–221

Filtertüten *siehe* Kaffeefilter
Filzstiftflecken entfernen 135
Finanzsituation im Blick haben
76–77
Fische *siehe* Aquarienfische
FI-Schutzschalter 202–203, 269
Flachbettscanner 264
Flachbildfernseher 248, 249, 252
Flächenvorhänge 99–100
Flecken auf Kleidung
Grundregeln der Entfernung 134
siehe auch unter den einzelnen
Fleckenarten
Flecken in der Wohnung
Grundregeln der Entfernung 19
Kalkstein (Expertenrat) 21
Korkboden 22
Ledermöbel 30
Marmor (Expertenrat) 21
Mineralwerkstoffe
(Corian®) 43
Teppiche (Expertenrat) 19
Terrakotta (Expertenrat) 21
siehe auch unter den einzelnen
Fleckenarten
Fliegen (Stubenfliegen) 163, 210
Fliegengitter
als Abflusssieb 180
zum Aufbewahren von Ohr-
ringen 146
Fliesen 94
anbohren 282
ersetzen 290–291
reinigen 20
Flöhe 215
Flurbeleuchtung 98
Flusensieb reinigen 241
Föhn 245–246
als Staubbläser (Expertenrat) 14
Forstnerbohrer 276
Fotografieren mit dem Handy 256
Fotos ordnen 65–66
Frischwasserrohre 271
Fruchtfliegen *siehe* Taufliegen
Fuchsschwanz (Säge) 284
Funkkopfhörer 249

G
Gallseife 35, 36, 135, 136
Garage Sale 61
Gardinen waschen 34–35
Gartenbeleuchtung 100

Gartenvögel
ans Haus locken 110
Futterstelle 110
Gasheizung 266
Gefrierfach 156
Gefrierschrank 156, 237
Gehrungslade 284
Geprüfte Sicherheit (Zertifikate) 197, 201
Gerichte (Speisen) verlängern 182
Geschenkband gepflegt auf-bewahren 69
Geschirrspüler
Aquastop 231
Tabs 42, 231
Getreidekäfer siehe Vorrats-schädlinge
Glaskeramikfeld 235
reinigen 41, 42
Glassplitter aufnehmen 20
Goldschmuck pflegen 145, 146
Google 261, 262
Götterspeise, Förmchen aus PET-Flaschen 183
Granitboden reinigen 20
Grasflecken 136
Griffhebel, abschließbare 224
Grundreiniger 20, 22
Grüner Tee 206
Gummistiefel abstellen 144
Gürtellöcher stanzen 311
Gusseiserne Pfannen und Töpfe 172
entrosten (Expertenrat) 172

H

Hamster als Haustier 119
Händewaschen 158, 204
Handkreissäge 284
Handstaubsauger 239
Handtuchaufhänger ersetzen 311
Handtücher pflegen 36–37
Hausapotheke 205–206
Hausstaubmilben 215
Haustiere
Gefahren abwenden (Goldene Regeln) 195
siehe auch die einzelnen Arten
Haustür, sichere (Goldene Regeln) 225
HD-Fernseher 248
Heizdecke 246
Heizen, Energiesparen (Goldene Regeln) 269

Heizkissen 246
Heizkörper
entlüften 267
reinigen 26
Heizkosten sparen 269
Heizung
Gas 266
Öl 266
Pellets 266
Solarkollektoren 266
Hohe Räume ausstatten (Expertenrat) 86
Holz
Fußböden pflegen 16–17
Leim 283
Möbel pflegen 28
spachteln und schleifen 298
Türen reinigen 24
weiße Nässeringe entfernen 28–29
Holzwurm 214
Hosenbügel als Halterung für Kochbuch 184
Hosengummi einziehen 308
HSS-Spiralbohrer 276
Hühnersuppe bei Erkältung 206
Hundehaltung 118

I

Icon 262
Induktionskochfeld 235, 236
Infrarotlampe 246–247
Insektenkot entfernen 23
Internet 260–265
Provider 260
Radio 253

K

Kabel ordnen 50
Kaffee- und Espressomaschinen 237–238
Kaffeefilter, vielseitig verwendbar 181, 184, 282
zum Reinigen eines Bildschirms 264
zur Brillenreinigung 264
Kaffeeflecken entfernen 19, 135
Kaffeesatz, als Pflanzendünger 105
Kalender führen 75
elektronischer 76
Kalklöser (Entkalkerlösung) 11, 15, 44

Kamin 267
reinigen 27
Kaminofen (Schwedenofen) 216, 218, 267
reinigen 27
Kaninchen als Haustier 119
Kartoffel zum Reinigen von Edelstahl 42
Kartoffeldruck 113
Katzen 118, 120, 121
Kaufverhalten, das eigene analysieren (Expertenrat) 59
Kaugummiflecken entfernen 19, 137
Kellerraum nutzen 57
Kerzen
dekoratives Element 114–115
längere Brenndauer 115
richtiger Umgang (Experten-rat) 115
Weihnachtsbaum 218
Ketchupflecken entfernen 134
Kindersicheres Haus 194–195
Kinderzimmer aufräumen 52–53
Kissen und Decken als Deko 113–114
Kleben/Kleber 283–284
Holzleim 283
Reaktions- 283
Sekunden- 283
Universal- 283
Zweikomponenten- 283, 284
Klebstoffflecken entfernen 136
Kleiderschrank
begehbarer (Expertenrat) 140
Mottenschutz 139–141
Schimmelbefall 141–142
Kleingeräte in der Küche, Umgang mit (Expertenrat) 239
Klingelknopf erneuern 303
Knopf annähen 306–307
Kochen, ökonomisch (Goldene Regeln) 179
Kochgeschirr 170–175
Aluminium 173
beschichtetes 173–174
Edelstahl 171
Gusseisen 172
Kupfer 172–173
Kochpannen meistern 178–180
Kochplatten und -felder
Gas 235
Glaskeramik 235
Induktions- 235, 236
Infrarot (IR) 235

Kochplatten und -felder *(Forts.)*
    reinigen 41, 235
        Topferkennung 235
        Topfgrößenerkennung 235
Kompost aus Biomüll 168–169
Kondenswasser 141, 216, 217
Konserven 165, 167
Korallenschmuck pflegen 147
Kork reinigen 22
Korkenzieher, vielseitiger Einsatz 285
Kosmetikpinsel zum Entstauben 24
Krankenzimmer 208–209
Kräutergärtchen in PET-Flasche 166
Kresseherz ansäen 104
Kriechöl 25
Kronenbohrer 276
Küchengeräte pflegen 170–175, 234
Küchenhelfer 177
Küchenmaschinen 230
    intelligente 230
Küchenschaben 213–214
Küchenschränke reinigen 42
Kugelschreiberflecken entfernen 135
Kühlkette einhalten 161
Kühlschrank 154–157, 236–237
    Energiesparbirne (Experten-
    rat) 236
    Gefrierfach 156
    Maßnahmen vor einer Reise 157
    was gehört in welches Kühlfach
    (Goldene Regeln) 155
Kunstleder pflegen 30
Kupfertöpfe 172–173

L

Laminat
    ausbessern 289
    reinigen und pflegen 18
Lampen putzen 33
Laserdrucker 264
Läuse 215
Lebensmittel
    aufwerten 183
    Hygiene 156–157, 158–163
    klug einkaufen 150–153
    Kühlschrank 154–155
    saisonale und regionale 150
    schnelle 176
    Vorratsschrank 164–166
LED-Lampen 268
    statt Glühlampen (Experten-
    rat) 268

Ledermöbel pflegen 30
Leinenbindung (Weberei) 131
Leinöl ins Wischwasser 17
Leiter im Haushalt 197–198
Leitungen, Anbohren vermeiden
    (Goldene Regeln) 281
Leitungssuchgeräte 281
Leselampe, optimale 99
Leuchtstoffröhre 268
    wechseln 303
Linoleum pflegen 21
Löcher zugipsen 292
Löschdecke 52, 218
Lüften *siehe* Raumklima
Luftfeuchtigkeit 216–217
Lüsterklemmen 300, 301

M

Mantelknopf annähen 309
Marmorboden reinigen 20, 21
Mäuse 213
Meerschweinchen als Haustier 119
Mehlmotten *siehe* Vorratsschädlinge
Meisenglocke bauen 111
Messingteile reinigen 24, 25
Metallsäge 284
Mikrofaser
    Kleidung 130–131
    Möbel-Bezugsstoffe 31
    Mopp 17, 23
    Tuch (Lappen) 13, 23, 26, 28, 30,
    33, 131
    Tücher in der Küche (Experten-
    rat) 161
Mikrowelle 232–233
    reinigen 233
Milben als Vorratsschädlinge
    166, 167
    siehe auch Hausstaubmilben
Milchflecken entfernen 134–135
Mindesthaltbarkeitsdatum (MHD)
    152, 165, 167
Mineralwerkstoffe (z. B. Corian®)
    reinigen 43
Missgeschicken in der Küche
    vorbeugen (Expertenrat) 180
Möbel
    ausgerissene Topfbohrung
    reparieren 298
    Bodenträger reparieren 299
    Holz spachteln und schlei-
    fen 298

Möbel *(Forts.)*
    mit Transportrollen verrücken 22
    pflegen 28–33
    restaurieren 61
    Schrankscharniere justieren
    298–299
    Stuhlbein verleimen 297
    umstellen 87
Möbelpolitur 28
    Antikwachs 28
Modeschmuck aufbewahren 145
Mottenschutz 139–141
MP3-Player 254, 255
    Störungen beheben 304, 305
Mücken 211
Mückenfalle bauen 211
Munddusche richtig einsetzen
    (Expertenrat) 245
Mykotoxine 162

N

Nadelfilz 94
Nägel einschlagen 278–279
Nähen 306–307
    Hemd- oder Blusenknopf
    annähen 308–309
    Hosengummi einziehen 308
    Mantelknopf annähen 309
    Reißverschluss reparieren 310
    Socken stopfen 310
Nähkästchen 306
Natriumkarbonat *siehe* Soda
Natron (Natriumhydrogenkarbonat) 32
Naturfasern 128–129
Nein sagen 74
Netzwerk, soziales 262–263
Neutralreiniger 18, 22, 42

O

Ohrringe übersichtlich auf-
    bewahren 146
Öko-Tex Standard 100, Zertifikat für
    Textilien (Expertenrat) 131
Ölgemälde reinigen (Expertenrat) 24
Ölheizung 266
Opale reinigen 147
Ordner anlegen 70–71
Ordnung halten
    strategisch vorgehen 49
    Systeme 49
Orientteppiche pflegen 19

P

Papierarmes Büro 71
Parkett 16–17
    ausbessern 289
    Bleistiftstriche entfernen 17
    pflegen 16–17
    Wachsstiftstriche entfernen 17
PayPal 263
Pelletheizung 266
Perlator entkalken 44
Perlen
    aufbewahren 145
    pflegen 147
Pfannen und Töpfe, beschichtete
    173–174
Pflanzen
    Dünger, Typen 104–105
    Licht 105–106
    Pflege 102–105
    Schnittblumen 108–109
    Standortansprüche 101–102
    überlegt einkaufen 103
    Urlaubsbewässerung 106-107
    Vorplatz, Balkon und Terrasse
    107–108
Pflanzendünger
    Kaffee als 105
    schwarzer Tee als 105
Pflegehinweise *siehe* Wäschezeichen
Phalaenopsis (Orchidee) 101
Pinnwand, individuelle 73
Plasma-Bildschirm 250
Polarisationsbrille 252
Polstermöbel
    pflegen 31
    und Jeans 31
Power-Knete 299
PU-Kleber 297
PUK-Säge 284
Pümpel 288
Putz (Struktur- und Wischputz) 95
Putzen
    Hilfsmittel 10–12
    mit System (Goldene Regeln) 13
Putzmittel als Gesundheitsrisiko
    196–197
PVC reinigen 21

R

Radieschen
    frisch halten 155
    Suppe aus Radieschengrün 186

Radio (Digital-) 253–254
Rampen (im Außenbereich) 82
Rasierapparat
    elektrischer 247
    pflegen 247
Ratten 213
Rauchen in der Wohnung 205
Raufasertapete 96
Raumklima 216–217
    lüften 140, 216
    Luftfeuchtigkeit 216–217
    richtig heizen 216
    stoßlüften 216
    wenn es im Sommer zu heiß ist
    (Goldene Regeln) 217
Raumteiler 55
Reaktionskleber 283
Recyclinghof 60
Reise
    bei Abwesenheit Einbruch
    vorbeugen 225–226
    Papiere vorbereiten 77
    was mit Lebensmitteln zu tun
    ist 157
Reißverschluss reparieren 310
Ressourcenverbrauch (Naturfasern
    versus Chemiefasern) 129
Rohrbruch, Notreparatur
    (Expertenrat) 287
Rollläden steuern, mit dem
    Smartphone 265
Rotweinflecken 19, 136
Router 260
    WLAN 261

S

Säge 284
    Fein- 284
    Fuchsschwanz 284
    Handkreis- 284
    Metall- 284
    PUK- 284
    Stich- 284
    Universal- 284
Salmonellen/Samonellose 162–163
Saugroboter 238, 239
Scanner 71, 264
    Dia- 264
    Flachbett- 264
Schaben *siehe* Küchenschaben
Schädlingsbefall von Vorräten
    166–167

Schalter und Steckdosen reinigen 26
Scheuerleisten reinigen 23
Schieferboden reinigen 20
Schimmel 216, 217
    Kleiderschrank 141–142
    Küche 162
    Silikonfugen 44–45
    siehe auch Stockflecken
Schlafraum
    aufgeräumter 53, 138
    putzen 38–40
Schlagbohrer 276
Schlüssel ordnen 51
Schmuck
    aufbewahren 145–147
    selbst reinigen 145–147
Schneidbrett sauber halten 160
Schnittblumen 108–109
Schnitzereien entstauben 11, 29
Schokoladenflecken entfernen
    19, 137
Schornsteinbrand 218
Schrankscharniere justieren 298
Schrauben 275, 279–280
    festsitzende lösen (Experten-
    rat) 280
Schraubendreher 274, 279, 280
Schreibtisch und Ablage ordnen
    68–71
Schubladen 42, 49, 52, 53, 54,69
    braucht jeder (Goldene Regeln) 57
    klemmende 61
Schuhe aufbewahren 143–144
Schuhe putzen 144
    mit Bananenschale 144
Schuko-Stecker 201
Schweißflecken behandeln 136
Sekundenkleber 283
Selbstorganisation 72–77
Senfflecken entfernen 134
Senkrechtlamellen 99
Shutter-Brille 252
Sicherheit für Senioren und
    Behinderte 198–199
Sicherungen 269, 304
Sicherungsautomaten 269, 270
Sicherungskasten 200, 270, 304
Silber putzen 32
    Vorsicht mit Alufolie 32
Silberfischchen 213
Silberschmuck
    aufbewahren 145
    reinigen 145, 146–147

Silikonfugen
    erneuern 292–293
    Schimmel entfernen 44–45
Skulpturvasen 112, 113
Skype 262
Smartphone 259
    als Babyphone 265
    als Mädchen für alles 265
    Rollläden steuern 265
    Störungen beheben 305
Smart-TV 249
Smoothies 206
Socken stopfen 310
Soda (Natriumkarbonat) 11, 42, 43,
    44, 45, 135, 173, 175
Solarkollektoren 266
Sonnen- und Blendschutz 99
Spannbettlaken zusammenlegen 53
Spannungsprüfer 300, 301, 304
Speicher (Computer) 259
    Cloud 260
    SSD- 259, 260
    transportable Festplatte 260
    USB-Stick 260
Speisen aufwärmen 161
Sperrige Geschenke einpacken 116
Sperrmüll 60
Spielkarten auffrischen 32
Spinnen 210
Splitter (DSL-Anschluss) 261
Spülbecken reinigen 41
SSD-Speicher 259, 260
Staubentfernung 13–14, 29
    Föhn (Expertenrat) 14
    Pinsel 24, 29
Staubfänger 13, 14
Staubsauger 11, 18, 19, 24, 26,
    238–239
    Roboter 238, 239
Staubwischen (Goldene Regeln) 29
Stechmücken 211
Steckbits (für den Bit-Schrauben-
    dreher) 280
Steckdose befestigen 304
Stecker montieren 302
Steinbohrer 276
Steinfußboden reinigen 20–21
Stichsäge 284
Stockflecken behandeln 136–137
Stoffe 128–133
    Gestricke 131
    Gewebe 131
    Gewirke 131–132

Stoffherstellung 131–132
Stoffpuppen auffrischen 32
Stolperfallen 192, 196, 208, 209
Stores (Gardinen) waschen 34–35
Strom, vorsichtiger Umgang mit
    200–201
Stromversorgung im Haus 269
Strukturputz 95
Strukturtapete 96
Strumpfhosen, alte, neu verwen-
    det 133
Stubenfliegen 163, 210
Stuhlbein verleimen 297
Sturzgefahr im Haushalt 192–193
Suchmaschine (Internet) 261–262
Suppe aus Radieschengrün 186
Synthetische Fasern *siehe*
    Chemiefasern
Synthetikdecken (Bett) pflegen 39

T

Tablet-Computer 258–259
Tageslicht
    -Systeme 99
    verbessern 98–99
Tapeten 95–96
    ausbessern 291–292
    Raufaser- 96
    reinigen 23
    Struktur- 96
    Textil- 96
    Vlies- 96
Taufliegen (Fruchtfliegen) 163, 212
Tee als Pflanzendünger 105
Tee-Ei 184
Teeflecken entfernen 135
Telefon 257
    schnurloses 257
Telefonieren, richtig (Goldene
    Regeln) 257
Teppiche
    Imprägnierung 18–19
    im Schnee reinigen 19
    Orient- 19
    reinigen 16–22
    Schmutz entfernen 18
    -Shampoo 19
Teppichboden 93
    reinigen 16–22
    reparieren 290
Teppichklopfer 18
Teppichreinigungsmaschine 18

Termine stressfrei verwalten
    (Goldene Regeln) 75
Terrakottaboden reinigen 20
Texterkennungsprogramm (OCR) 264
Textilfasern 128–133
Textiltapeten 96
Thylakoide 206
Tierhaare entfernen
    von Polstern 10, 31
    vom Teppich 19
Tintenflecken entfernen 135
Tintenstrahldrucker 264
Tischdecken waschen 35–36
Toilette
    sauber halten 15, 45
    Sitz erhöhen 198
    Spülung reparieren 286–287
    verstopfte 288
Tomatenflecken entfernen 134
Tontöpfe, vielseitig verwendbar 111
Topfbohrung reparieren 299
Töpfe und Pfannen pflegen 170–175
Touch-Screen 259
Toxoplasmose, Ungeborenes
    schützen vor (Expertenrat) 120
Transportrollen 22
Trauerfliegen 212
Treppenbereich nutzen 54–55
Treppengitter 194
Treppenlift 199
Trockenvorräte lagern 165
Trocknerball 40, 242
Türen
    quietschende ölen 295
    schleifende anheben 294
    wischen 24
Türdrücker auswechseln 295
Türschloss
    auswechseln 223
    reinigen 24–25
Tütenvasen 112, 113
TV-Gerät *siehe* Fernseher
Twitter 262

U

Übergardinen sauber halten 34
Übernachtungsgäste aufnehmen 125
Ultraschallreiniger (Schmuck und
    Brillen) 147
Unfallrisiken
    für Kinder und Senioren 83,
    192–195

Unfallrisiken (*Forts.*)
Hausschuhe 193–194
im Haushalt 192–199
Unfallschwerpunkte
Bad 198, 199
Balkon 83
Küche 196
Putzmittel 196–197
Türschwelle 83
siehe auch Sturzgefahr im
Haushalt
Ungeziefer
siehe die einzelnen Arten
Universalkleber 283
Universalputzmittel der Profis
(Expertenrat) 12
Universalreiniger 10, 11, 32, 42, 43
Universalsäge 284
Unterhaltungselektronik 248–255
USB-Hub (Mehrfachstecker) 260
USB-Stick 260

V

Vakuumbeutel 40, 140
Vasen
Skulptur- 112, 113
Tüten- 113
Ventilator
ohne Rotorblätter 217
zum Austrocknen eines
Schranks 142
Verbrauchsdatum 152
Vergiftungen, was tun bei
(Goldene Regeln) 209
Verzierungen reinigen 11, 24, 29
Videorekorder 251
Vliestapete 96
Vögel 119
anlocken 110
Futterstelle bauen 110
Vorräte
auf Schädlingsbefall kontrol-
lieren 166–167
richtig lagern 165–166
Vorratsschädlinge 166–167
Vorratsschrank 164–167
Vorsichtsmaßnahmen
bei Abwesenheit 225
bei Sturm und Gewitter 221
gegen Brände 218–220
gegen Einbruch 222–225
Vinyl reinigen 21, 22

W

Wachsflecken entfernen 19, 136
Wachskitt 296
Wachsstiftstriche von Holzfußböden
entfernen 17
Wadenstecher (Stechfliegen)
210
Wände
reinigen 23
streichen 293–294
Wandfarben 95
Wandfliesen reinigen 43
Wandgestaltung 95–96
Wandverkleidung 96
Warmwasserbereitung 271
Waschball (Waschkugel) 242
Waschbecken reinigen 43
Wäschetrockner 242–243
Wäschezeichen 35, 132
Waschmaschine 240
Aquastop 241
Flusensieb reinigen 241
Waschmittel 240
Wasserabfluss, verstopft 288
Wasserhahn
Dichtung einsetzen 286
Perlator entkalken 44
tropfender 286
Wasserkessel entkalken
(Expertenrat) 174
Wasserschaden, was tun bei
(Expertenrat) 270
Wasserversorgung im Haus 271
Abwasserrohre 271
Zulauf reparieren 286
Wattestäbchen als Putzwerkzeug 17,
25, 264
Weichspüler
als Zusatz zu Fußboden-
Wischwasser 20
Vor- und Nachteile bei der
Wäschepflege (Expertenrat) 37
zur Möbelpflege 28
Wellensittich als Haustier 119–120
Werkzeug
aufbewahren und pflegen 277
Grundausstattung 274
Wespen 211–212
WhatsApp 262
Wi-Fi 261
Wischen, „nebelfeucht" 16, 18,
22, 144
Wischputz 95

WLAN 261
was tun bei Störungen
(Expertenrat) 305
WPA2 (Verschlüsselung) 261
Wohnung
Grundriss 82
optimale Größe (Expertenrat) 81
wenn sie im Sommer zu heiß ist
(Goldene Regeln) 217
Wohnungsbrände 219, 220
Wohnungssuche 81–82

Z

Zahnbürste
elektrische 244
Schall- 244
Ultraschall- 244
Zimmerpflanzen *siehe* Pflanzen
Zinn als Beschichtung in Kupfergeschirr 172, 173
Zitrone
als Allzweckreiniger 15
gegen Ameisen 211
zum Entfernen von Farbflecken
auf den Händen 15
zum Entfernen von Kalkflecken
auf Edelstahltöpfen 171
zum Reinigen der Mikrowelle 233
Zitronensäure
als Kalklöser 11, 15, 43, 45, 174
als Klarspüler für die
Spülmaschine 232
gegen Salmonellen 163
verboten bei Marmor und
Kalkstein 20
zum Entfernen von Schimmel im
Schrank 142
Zweikomponentenkleber 283, 284
Zweikomponentenspachtel 298

BILDNACHWEIS

Alamy
87 (MasPix), 284 (Zoonar GmbH), 307 u. (Torsten Becker/imageBROKER)

Christiane Krüger, Hamburg
186, 189

Corbis
5, 2. v. u. (Brigitte Sporrer), 5 u. (Chuck Savage), 86 (Comet/Adrianna Williams), 91 (William Geddes/Beateworks), 194 (Monalyn Gracia), 228 (Brigitte Sporrer), 272 (Chuck Savage)

Duscholux
(www.duscholux.com) 198

Dyson GmbH
217

Europäische Kommission
152 o.

Friedrich Strauss
104 u. (alle), 105, 107, 112

Getty Images
4, 2. v. o. (Mark Rose), 4, 2. v. u. (Paul Bradbury), 4, u. (Andersen Ross), 5 o. (Hero Images), 5, 2. v. o. (Geber86), 10 (Peter Dazeley), 11 (Andrew Dernie), 12 (Geografika), 14 o. (Hervé de Gueltzl), 14 u. (Vasiliki Varvaki), 15 (Valentyn Volkow), 16 (vm), 17 (Yogesh S. More), 18 (Okea), 19 (Vstock), 20 (anzeletti), 21 (Catherine Ledner), 22 u. (Olga Popova), 24 (Dimitri Otis), 25 o. (studiocasper), 27 (Ian Nixon), 28 (KatarzynaBialasiewicz), 29 (Lise Gagne), 30 (Erik Rank), 31 (Plattform), 32 o. (Rouzes), 33 (Brian McEntire), 34 (ONOKY-Eric Audras), 35 (8thCreator), 37 (Brian Hagiwara), 38 (Jose Luis Pelaez), 40 o. (Alessandro Zocchi), 40 u. (Don Farrall), 41 (Suljo), 42 (JPC-PROD), 43 (Wavebreakmedia Ltd), 45 (Ryan McVay), 46 (Mark Rose), 48 (Tom Merton), 50 (Glowimages), 51 (Sarah Salmela), 52 (PhotoAlto/Sigrid Olsson), 55 (KidStock), 58 (Dana Neely), 59 (Amanda Rohde), 60 (sandyriverman), 62 (Ruud de Man), 63 (Latitudestock), 64 (Lisa J. Goodman), 65 (Riou), 70 u. (Claire Cordier), 72 (Sharon Dominick), 74 (dnberty), 77 (Stuart Dee), 78 (Paul Bradbury), 80 (Rolf Bruderer), 81 o. (IGphotography), 81 u. (luismmolina), 82 (Steven Simpson), 84 (Per Magnus Persson), 85 (Paul Bradbury), 88 (Les and Dave Jacobs), 89 (bortonia), 90 (Eric Hernandez), 92 (Fuse), 94 (Joan Vicent Canta Roig), 95 (penguenstok), 97 (Perry Mastrovito), 98 (Per Magnus Persson), 100 (fStop Images-Andreas Stamm), 101 (aldra), 104 o. (Cadaphoto), 108 (Johner Images), 109 (jonathansloane), 110 o. (Mike Meysner), 113 o. (De Agostini/A. Dagli Orti), 114 (Charlie Drevstam, Johner), 117 (Slavik), 118 o. (Klaus Vedfelt), 119 (Asia Images), 120 (nicolas hansen), 121 (GK Hart/Vikki Hart), 122 (Frank Wartenberg), 123 o. (Per Magnus Persson), 124 (Sofie Delauw), 125 (Westend61), 126 (Andersen Ross), 128 (VisionsofAmerica), 129 (John Rensten), 134 (Alena Hrbkova) 135 (alenchi), 136 (Dorling Kindersley), 138 (JackF), 141 (Nature's Images), 142 (Rubberball/Mike Kemp), 144 (Nicki Bidgood), 148 (Hero Images), 150 (Lew Robertson), 151 (Richard Green), 155 (pederk), 156 (C Squared Studios), 158 (Antagain), 159 (Andersen Ross), 160 (Burke/Triolo Productions), 161 o. (Larry Washburn), 161 u. (s-cphoto), 163 (John Block), 164 (Don Farrall), 167 (Shana Novak), 169 o. (BanksPhotos), 169 u. (leongoedhart), 170 (adam smigielski), 172 (Jules Selmes), 173 (Martin Jacobs), 174 o. (SSC), 174 u. (Daniel Loiselle), 175 (Floortje), 176 (Gethin Lane), 177 (Will Heap), 178 o. (Dave King), 182 (Dorling Kindersley), 187 (Rita Maas), 188 (Steve Brown Photography), 190 (Geber86), 192 (Jaroslaw Wojcik), 193 (Kristin Lee), 195 (GK Hart/Vikki Hart), 196 (gawriloff), 199 (Huntstock), 200 (Simon Battensby), 201 o. (Panacea_Doll), 202 (Hero Images), 203 (BanksPhotos), 204 (Fuse), 206 (Rosy Outlook Photography), 207 (Maximilian Stock Ltd.), 208 (Hero Images), 209 (C Squared Studios), 210 (Jaydenwong), 212 o. (Michael Haul), 212 u. (Sasha Radosavljevic), 213 (mahout), 214 o. (Frank Pitthan), 214 u. (HAYKIRDI), 215 (Daly and Newton), 216 (Marina Ch), 219 (Michael Blann), 220 (Erich Spieldiener), 221 (STOCK4B Creative), 224 (Thomas Trutschel/Photothek), 226 (Anett Somogyva!ri), 227 (Image Source), 230 (Megan Maloy), 231 (PicLeidenschaft), 232 (Don Bayley), 234 (altrendo images), 235 (Oktay Ortakcioglu), 236 (Jessie Jean), 238 (pagadesign), 239 (craftvision), 240 (Andrew Olney), 242 (Greg Miller), 243 (fatihhoca), 244 (JustHappy), 245 (Edwin Remsberg), 246 (Patia Stephens), 247 (NA), 248 (Compassionate Eye Foundation/Rob Daly/OJO Images Ltd), 249 (Butch Martin), 250 (Jose Luis Pelaez), 251 (wsfurlan), 252 (Charles Mann), 253 (Simon Lees/MacFormat Magazine), 254 (andresr), 255 (Fuse), 256 (Valentin Casarsa), 257 (Alexander Raths), 258 (pressureUA), 259 (lisafx), 260 o. (Tetra Images), 260 u. (Ursula Alter), 261 (Oleksiy Maksymenko), 262 (Artizarus), 263 (Ludsam), 264 (Russell Sadur), 265 (Oleksiy Mark), 267, 1. v. l. und 2. v. l. (Steve Gorton, 267, 3. v. l. (Hans Laubel), 268 (Tara Moore), 270 o. (tentan), 270 u. (Teabum), 271 (Tim Platt), 274 (tein79), 275 (Alex Wilson), 276 (Tetra Images), 277 (Neil Beckerman), 278 (Diana Taliun), 280 (Andy Crawford), 282 (Jochen Tack), 283 (sbvasyl), 285 (YasuhideFumoto), 286 (Tomjac80), 287 o. (Robert Daly), 287 u. (AndreaAstes), 288 (lovro77), 289 (Adam Gault), 290 o. (Dorling Kindersley), 291 (Image Source), 292 (donatas1205), 293 (Jupiterimages), 294 (FranzGustincich), 296 (Sanna Pudas), 298 (Steve Gorton), 299 (Simon Pestridge), 302 (Ben Hung), 303 o. (Ryan McVay), 304 (PhotoAlto/Odilon Dimier), 305 (Eleonora Ghioldi), 306 (Comstock Images), 307 o. (JRJ-Photo), 308 (Natalia Kolyada), 309 o. (MIXA), 310 (Richard Clark), 311 o. (Difydave), 311 u. (Shkurd)

iStockphoto.com
3 (Gary Tognoni), 4 o. (Yuri), 6 (Floortje), 8 (Yuri), 23 (izusek), 32 u. (Rocter), 36 (Floortje), 56 (RapidEye), 57 (nicolas_), 61 (KatarzynaBialasiewicz), 66 (richcano), 67 (vesilvio), 68 (Tammy616), 70 o. (Kevin Dyer), 75 (manley099), 83 (vm), 93 (KonovalikovAndrey), 96 (ChuckSchugPhotography), 99 o. (constantgardener), 99 u. (malerapaso), 103 (Gannet77), 106 (8ran), 111 (mtreasure), 115 (andreveen), 118 u. (kadmy), 123 u. (fesoj), 132 (pialhovik), 139 (ipag), 140 o. (matka_Wariatka), 140 u. (jodiejohnson), 143 (Antagain), 145 (Tigress), 147 (KatarzynaBialasiewicz), 154 (varela), 157 (janka3147), 162 (frytka), 166 o. (acinquantadue), 171 (ugurhan), 178 u. (cglade), 179 (JulNichols), 197 (borabalbey), 223 o. (sturti), 233 (alxpin), 237 (PetrMalyshev), 267, 1. v. r. (Gudella), 295 (pagadesign), Einbandrückseite (Yuri)

Lazi+Lazi, Stuttgart
22 o., 25 u. (alle), 44, 53, 69, 73, 110 u. (alle), 113 (alle), 116, 146, 166 u. (alle), 183, 211, 279, 297, 300, 303 u. (alle), 309 u. (alle)

mauritius images
54 (Quickimage/Emilio Rodriguez), 102 (age/CaryL), 153 (Alamy), 165 (imageBROKER/Ulrich Niehoff), 218 (FVF)

picture alliance
152 u. (Inga Kjer/dpa), 201 u. l. (Fotoreport_dpa), 266 (FrankHoermann/SVEN SIMON), 269 (C. Huetter/Arco Images), 301 (Frank May/dpa-Report)

Reader's Digest
Einbandvorderseite, 185, 241, 290 u. (alle)

Shutterstock.com
133 (Christo)

SPL/Agentur Focus
130

StockFood
181 (Eising Studio-Food Photo&Video)

THEMA media
223 u. (alle)

ullstein bild
26 (Sylent Press), 131 (imageBROKER/ulrich niehoff), 137 (Sylent Press), 168 (Becker&Bredel), 184 (Sylent Press)

VDE Prüf- und Zertifizierungsinstitut GmbH
201 u. M. und u. r.

IMPRESSUM

Producing
AFR text edition, Hamburg
Autoren: Feryal Kanbay, Dr. Rainer Köthe, Dr. Heike Renwrantz
Bildredaktion: Dr. Heike Renwrantz
Layout und Satz: Britt Hansen

Reader's Digest
Redaktion: Falko Spiller (Projektleitung)
Grafik und Prepress: Peter Waitschies
Bildredaktion: Sabine Schlumberger

Redaktionsdirektor
Michael Kallinger
Chefredakteurin Buch
Dr. Renate Mangold
Art Director
Susanne Hauser

Produktion
arvato distribution: Thomas Kurz

Druck und Binden
Mohn Media Mohndruck, Gütersloh

© 2019, 2015 Reader's Digest Deutschland, Schweiz, Österreich
Verlag Das Beste GmbH, Stuttgart, Zürich, Wien

Das Werk einschließlich aller seiner Teile ist urheberrechtlich
geschützt. Jede Verwendung außerhalb der engen Grenzen des
Urheberrechtsgesetzes ist ohne Zustimmung des Verlags unzulässig
und strafbar. Das gilt insbesondere für Vervielfältigungen,
Übersetzungen, Mikroverfilmungen und die Verarbeitung in
elektronischen Systemen.

IE 0280/IC

ISBN 978-3-95619-133-6

Printed in Germany

Besuchen Sie uns im Internet
www.readersdigest-verlag.de | www.readersdigest-verlag.ch | www.readersdigest-verlag.at